成川の 深めて解ける！英文法 INPUT

河合塾　成川博康

Gakken

はじめに

　本書の前身にあたる『深めて解ける！ 英文法』『深めて解ける！ 英文法語法＆構文』を発刊してから、早いもので10年もの歳月が経とうとしています。この『深めて解ける！ 英文法 INPUT』は、これら2冊に大幅な加筆、修正をし、1冊にまとめたものです。

　前作の2冊を発刊した直後、当時の教え子や全国の読者の皆さんから嬉しい感想をたくさんいただきました。
　「目からウロコが落ちました！」
　「どんどん理解できるので、英語が楽しくなりました！」
　その中には、高校の先生として活躍されている方もたくさんいらっしゃいました。
　「明日からの授業で実践しようと思います！」
受験生だけでなく、私と同じように現場で英語を教えていらっしゃる方々から支持をいただけたことは大きな驚きでした。同時に、無味乾燥な暗記や慣れるしかないといった方法論に嫌気がさし、いくら努力しても一向にわかるようにならない。そんな自分にうんざりしている多くの受験生がいることを改めて思い知らされました。前作の2冊は、そんな状況に一石を投じることができたのではないかと自負しています。

　『深めて解ける！ 英文法』の元となる原稿を執筆していたのは2004～2005年ごろ。私が河合塾の教壇で授業をするようになってまだ間もない時期でした。当時、いやそれ以前から、大学受験関連の参考書や問題集は「頻出、でる順、公式」を標榜（ひょうぼう）するものが全盛だったように思います。そんな中、「脱丸暗記！」をコンセプトに夢中になって執筆に取り組んだことを覚えています。従来の暗記中心の参考書ではなく、本質からしっかり説明してとことん理解してもらいたい。本質を深めて理解することが、実は入試での得点力にもつながるということを生徒に実感してもらいたい。執筆中はそんな

思いをずっと抱いていました。

　それから今日に至るまでの約10年間で接してきた何万人もの生徒、そして前作の読者の方々からもたくさんの有益なご意見やご感想をいただきました。本書では、それらも十分に反映させ、解説をさらに充実させました。また、前置詞など、従来の受験参考書ではあまり扱われなかった項目も新たに掲載しました。もちろん、「脱丸暗記！」という前作からのコンセプトは本書でも引き継ぎ、以下の点に留意して執筆しました。

> ❶ 英語の「根っこ」、またはネイティブスピーカーの思考がイメージしやすい解説にする。
> ❷ 豊富なイラストや図解、フルカラーでの誌面作りでビジュアル的にも読者に訴えかける。
> ❸ 英文法の全体像を習得してもらうために、基礎から発展までを幅広く扱う。

　本書のコンセプトは「脱丸暗記！」ですが、私は暗記自体を否定しているわけではありません。語学の習得に、最低限の暗記や反復練習はつきものだからです。私が否定的に思っているのは、出る順や公式に頼った「丸暗記」なのです。「丸暗記」を強いられたばかりに、悲しい結末を迎えた生徒たちをたくさん見てきたからです。例えば以下のようなケースです。

ケースA

状況　英語の時制は難しい。

現場　「過去形＝過去の事柄を表す」と習う。

結果　仮定法で過去形を用いる理由、Will you…? が Would you…? となると丁寧な印象になる理由は、それでは説明がつかないので別個に暗記。

ケースB

状況 可算名詞・不可算名詞の区別は英語特有のものなので難しい。
現場 よく出る不可算名詞をひたすら丸暗記させられる。
結果 生徒が英語から離れ、英語嫌いになっていく。

　こういう学習の結果、無味乾燥な暗記が増え、最終的に英語が嫌いになってしまった生徒を数多く見てきました。そういう生徒は異口同音に言います。英語って結局覚えるしかないからつまらない…。この「つまらない…」の末期的症状が、「英語って大嫌い!!!」になるのです。「習うより慣れろ」なら、英語教師が存在する意味はないでしょう。「習うより慣れろ」は、「習ってから慣れよ」に言い換えるべきです。ネイティブスピーカーの子どもでさえ、原則から類推し、応用し、時に修正したりしながら、だんだん正しい英語を使いこなせるようになるのです。皆さんが、外国語として英語を習得しようとしているならば、英文法の世界を通して、ネイティブスピーカーがどんな認識で言葉を運用しているのかを感じとることが大切なのは言うまでもありません。本書で❶や❷を意識した理由はここにあります。英文法の理解を深めれば、英文法の問題を解くのはもちろん、英文読解や英作文などに取り組む際にも必ず役立ちます。「深めて解ける！」というタイトルには著者のそんな思いが込められています。

　なお、本書では、❸の点をよりパワーアップさせるために本冊に プラスα のコーナーを設けました。また、別冊として「要点ハンドブック」を付けました。 プラスα は、本冊の解説を読み進めていく中で、皆さんが気になる可能性のある事項を補完するものです。初級者が混乱しやすいもの、予備校の授業で英文法の学習が相当進んだ上級者から質問を受ける内容など、レベルを問わずに散りばめました。「要点ハンドブック」は、本冊のポイ

ントや本冊では掲載しきれなかった派生知識などを幅広く網羅しています。日常学習の知識の補強にはもちろん、入試直前のチェックリストとしても利用できます。

　本を書き、世に出すという仕事は、宛先のない手紙を出すという行為に似ていると思います。世の中に、受験関係の英語参考書なんて星の数ほどあります。そんな中で他には類を見ない、ひときわ異彩を放った本になればという思いで書きました。今、本書がどんなきっかけで皆さんの手元に届いたのかはわかりませんが、この本が放つ異彩を感じとって手にしてくれたなら、この上なく嬉しいです。そして、こういうスタンスの本が受験の世界において異色でもなんでもなく、スタンダードなものになる日が来てほしい。これが予備校講師としての私の本当の願いです。そうなる日を夢見て、これからも本を書き、願わくばその本が英語学習に悩む多くの人の手に届いてほしいと思っています。

　最後になりましたが、日ごろから授業や執筆に対して有益な助言を多数寄せてくださる河合塾の諸先生方、私の考えに賛同していただき、本書を一緒に作り上げてくれた編集部の田中宏樹さん、この場を借りて厚く御礼申し上げます。また、私自身が進化するたくさんのきっかけを与えてくれた多くの受講生に改めて感謝の意を表します。ありがとう！

2014年10月
成川博康

自信もっていけ！胸張っていけ！！

本書の特長と使い方

本書は大学入試で問われる文法＆語法項目を解説していく参考書です。公式や例文などの暗記をできるだけ避ける「脱丸暗記」をコンセプトに、成川流の解説であらゆる文法事項を解説します。ここでは本書の特長と構成を紹介します。本書を存分に活用して、入試突破に必要な「確かな文法力」を身につけてください。

本冊　入試突破に必要な文法力を養う「深める！ 講義」

暗記事項を並べるのではなく、「なぜ、そうなるか」にこだわり、文法事項をていねいに解説します。

解説
文法＆語法について具体例や例文をまじえながら、詳しく解説しています。

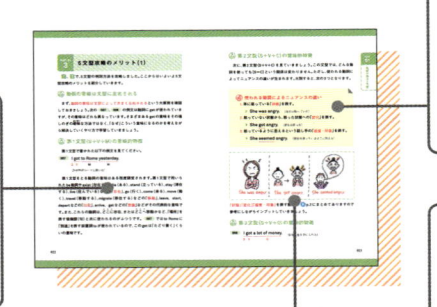

まとめ
押さえておきたいポイントは囲みでまとめて提示しています。

イラスト
言葉の説明だけでは理解が難しい箇所には、文法事項がもつイメージをイラストで提示しています。

図解
複雑な例文には、記号などを使って構造がわかりやすいように図解しています。

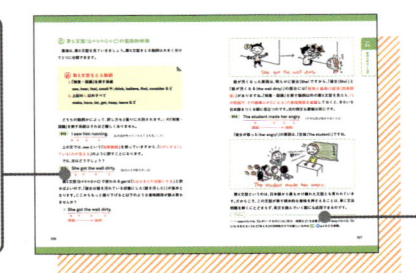

プラスα
知っていると入試で差がつくポイントや発展的な内容は、このコーナーでまとめて紹介しています。

別冊 本冊のポイントと重要表現が満載の「要点ハンドブック」

本冊の講義のポイントと、本冊で扱い切れなかった重要表現をまとめて掲載しています。この別冊は本冊から取り外しできるので、日常の知識補強にはもちろん、入試直前のポイントチェックにも使えます。

ポイントまとめ
本冊の講義のエッセンスをコンパクトに整理して収録。例文も豊富に掲載しています。

表現リスト
本冊で扱い切れなかった表現のリストを掲載。どれも入試でよく問われるものばかりなので、しっかり押さえておきましょう。

※本書にある 別 のマークは、この別冊への参照を示しています。

本書で使用している主な記号・略語

S ＝主語（Subjectの略）
V ＝動詞（Verbの略）
O ＝目的語（Objectの略）
C ＝補語（Complementの略）
M ＝修飾語（Modifierの略）
P ＝述部（Predicateの略）

A,B ＝対になっている名詞を示す
to V ＝to不定詞
Ving ＝動名詞・現在分詞
Vp.p. ＝過去分詞（p.p.はpast participleの略）
〔 〕[ ] ＝直前の語（句）と書き換え可能な語（句）を示す
(　) ＝省略可能であることを示す

問題演習は姉妹版の『深めて解ける！英文法 OUTPUT』で！

本書で文法知識をインプットし終えた後に、あるいは本書と平行して問題演習をしたいという皆さんには、『深めて解ける！英文法 OUTPUT』がおすすめです。『深めて解ける！英文法 OUTPUT』は、入試に出題されるあらゆる文法＆語法項目について入試問題を解きながら学習できる問題集です。

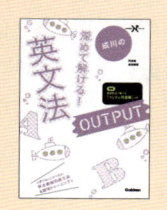

もくじ

はじめに		002
本書の特長と使い方		006

PART 01 動詞の語法と文型

1	第1〜3文型の判別方法	018
2	第4〜5文型の判別方法	020
3	5文型攻略のメリット(1)	022
4	5文型攻略のメリット(2)	025
5	S+V+O₁+O₂をとる重要動詞	028
6	S+V+O+to Vをとる重要動詞	031
7	使役動詞を用いた〈S+V+O+C〉	033
8	知覚動詞を用いた〈S+V+O+C〉	036
9	〈S+V+O+C〉をとるその他の重要動詞	039
10	自動詞と他動詞	042
11	パターンで理解する動詞(1) ―〈V+A+with+B〉	045
12	パターンで理解する動詞(2) ―〈V+A+from+B〉〈V+A+into+B〉	048
13	パターンで理解する動詞(3) ―〈V+A+for+B〉〈V+A+as+B〉	051
14	パターンで理解する動詞(4) ―〈V+A+of+B〉〈V+A+on+B〉	054
15	パターンで理解する動詞(5) ―〈V+A+to+B〉	057
16	「言う」の意味をもつ動詞	060
17	「貸し借り」の意味をもつ動詞	063
18	「疑う」の意味をもつ動詞	066
19	「合う」の意味をもつ動詞	068
20	「盗む、奪う」「書く、描く」の意味をもつ動詞	071
21	「思い出す」の意味をもつ動詞 ― remind, remember など	074
22	「思いつく」「着用」の意味をもつ動詞	076
23	意外な意味をもつ自動詞や他動詞	078

PART 02　受動態

1. 受動態の意味的特徴 ― 受動態はどんな場面で使われるのか？ 082
2. 受動態の形式的特徴 085

PART 03　時制

1. 現在形 090
2. 進行形 093
3. 過去形と現在完了形（1） 096
4. 過去形と現在完了形（2） 098
5. 過去完了形 100
6. 未来を表すさまざまな表現（1） 103
7. 未来を表すさまざまな表現（2） 106
8. 時や条件を表す副詞節中の時制、時制の一致 110
9. 動詞の原形について考える（1） 114
10. 動詞の原形について考える（2） 116

PART 04　助動詞

1. 助動詞とはどういうものか？ 120
2. 助動詞 may 123
3. may を用いた重要表現 126
4. 助動詞 can 129
5. 助動詞 must 133
6. 助動詞 should（1） 136
7. 助動詞 should（2） 138
8. 推量の助動詞 140
9. 〈助動詞＋have＋Vp.p.〉 143
10. would と used to の用法 147
11. その他の助動詞（1） 150
12. その他の助動詞（2） 153

PART 05 仮定法

1. 直説法と仮定法 ……………………………………………………………… 158
2. 仮定法過去 ……………………………………………………………………… 161
3. 仮定法過去完了、仮定法過去と仮定法過去完了の併用 ………… 164
4. 仮定法過去の重要表現 ―〈If＋S＋should＋V〉や〈If＋S＋were to＋V〉など 167
5. ifの省略と倒置 ……………………………………………………………… 169
6. if節以外が仮定法の「条件」を表す場合 …………………………… 171
7. 仮定法を使った重要表現(1) ―「もしも～がなければ」 ……… 173
8. 仮定法を使った重要表現(2) ―「まるで～のように」 …………… 176
9. 仮定法を使った重要表現(3) ―「～ならばなあ」、その他 ……… 178

PART 06 準動詞　不定詞・動名詞・分詞

1. 準動詞について ……………………………………………………………… 182
2. 不定詞(to V)の3用法 ― 文中での働きを理解する …………… 185
3. Vingの3用法 ― 文中での働きを理解する ……………………… 188
4. Vp.p.の2用法 ― 文中での働きを理解する ……………………… 190
5. 不定詞の名詞用法 vs. 動名詞(1) ― 文中での意味を理解する … 193
6. 不定詞の名詞用法 vs. 動名詞(2) ― 文中での意味を理解する … 197
7. 不定詞と分詞の形容詞用法 ― 文中での意味を理解する ……… 200
8. 不定詞と分詞の副詞用法(1) ― 文中での意味を理解する …… 203
9. 不定詞と分詞の副詞用法(2) ― 文中での意味を理解する …… 207
10. 準動詞の意味上の主語(1) ― 不定詞を中心に …………………… 210
11. 準動詞の意味上の主語(2) ― 動名詞・分詞を中心に …………… 213
12. 準動詞の意味上の主語(3) ― 分詞構文を中心に ………………… 217
13. 準動詞の時制と否定 ………………………………………………………… 221
14. 不定詞を用いた重要表現(1) ― タフ構文、〈It is…of A to V〉、代不定詞 … 225
15. 不定詞を用いた重要表現(2) ―〈be to不定詞〉〈疑問詞＋to V〉など … 228
16. 動名詞を用いた重要表現 ………………………………………………… 231
17. 分詞を用いた重要表現 …………………………………………………… 235

PART 07 接続詞　等位接続詞・従属接続詞

1. 等位接続詞 (and, but, or) の用法 (1) 240
2. 等位接続詞 (and, but, or) の用法 (2) 243
3. 等位接続詞を用いた重要表現、動詞の一致 246
4. 従属接続詞 that の用法 (1) 249
5. 従属接続詞 that の用法 (2) 252
6. 従属接続詞 whether と if の用法 255
7. as の用法 259
8. 「理由」を表す接続詞 262
9. 「目的・結果」を表す接続詞 265
10. 「時」を表す接続詞 269
11. 「条件」を表す接続詞 272
12. 「逆接・譲歩」を表す接続詞 276
13. 接続詞 vs. 前置詞 279
14. 接続副詞 282

PART 08 関係詞　関係代名詞・関係副詞・複合関係詞

1. 関係詞の働き 286
2. 関係代名詞と関係副詞 — 関係詞決定の手順 289
3. 関係代名詞 who, whom, which の用法 292
4. 関係代名詞 whose の用法 295
5. 関係代名詞 what の用法 298
6. 〈前置詞＋関係代名詞〉の用法 301
7. 関係副詞 305
8. 関係形容詞 what、その他の what 308
9. 非制限用法で用いられる関係詞 312
10. 連鎖関係詞 315
11. その他の関係詞の用法 318
12. whoever, whichever, whatever の用法 321
13. whenever, wherever, however の用法 325

PART 09　前置詞

1	前置詞 by の用法（1）	330
2	前置詞 by の用法（2）	332
3	前置詞 in の用法（1）	334
4	前置詞 in の用法（2）	337
5	前置詞 on の用法（1）	340
6	前置詞 on の用法（2）	342
7	前置詞 at の用法	345
8	前置詞 from の用法（1）	348
9	前置詞 from の用法（2）	350
10	前置詞 to の用法（1）	352
11	前置詞 to の用法（2）	354
12	前置詞 for の用法（1）	357
13	前置詞 for の用法（2）	360
14	前置詞 of の用法（1）	363
15	前置詞 of の用法（2）	365
16	前置詞 of の用法（3）	367
17	前置詞 with の用法	370
18	その他の前置詞の用法（1） — over, above, under, below	373
19	その他の前置詞の用法（2） — beyond, across, between, among, against	376
20	その他の前置詞の用法（3） — about, into, onto, through	379

PART 10　比較　原級・比較級・最上級

1	比較の基本原則	384
2	原級を用いた表現〈as ... as 〜〉	387
3	倍数表現、〈as ... as 〜〉を使う際の注意点	390
4	原級を使った重要表現（1）	393
5	原級を使った重要表現（2）	396
6	比較級・最上級の強調	399
7	比較級を使った重要表現（1）	402
8	比較級を使った重要表現（2）	405
9	比較級を使った重要表現（3）	409

10	比較級を使った重要表現(4)	412
11	〈no more ... than 〜〉の構文	415
12	最上級相当表現	418

PART 11　冠詞・名詞

1	不定冠詞a [an]の使い方	422
2	定冠詞theの使い方	424
3	可算名詞or不可算名詞	427
4	「お客」の意味を表すさまざまな名詞	430
5	「料金」の意味を表すさまざまな名詞	432
6	意味の紛らわしい名詞	434
7	注意すべき名詞の使い方	437

PART 12　代名詞

1	one, it, thatの用法	440
2	代名詞の相関的用法 — the otherとthe others	443
3	代名詞の相関的用法 — anotherとothers	445
4	2者に対して使う代名詞 — both, either, neither	447
5	3者以上に対して使う代名詞 — all, any, noneなど	449
6	itとthat、thisとthatはどう違う？	451

PART 13　形容詞

1	形容詞の働き	456
2	置かれる位置で意味の異なる形容詞	459
3	類似品にはご注意(1) — 紛らわしい形容詞の攻略法	462
4	類似品にはご注意(2) — 紛らわしい形容詞の攻略法	465
5	類似品にはご注意(3) — far fromやfree fromなど	467
6	mostやalmostを攻略しよう	469
7	数量表現	471
8	特定の名詞と数量表現	474
9	形容詞の語順	476

PART 14　副詞

1. 副詞の働き　　480
2. 「頻度」や「程度」を表す副詞　　482
3. 類似品にはご注意 — hard と hardly など　　484
4. 副詞 so, too, how とその語順、文修飾の副詞、その他　　487

PART 15　特殊構文・その他

1. 否定について　　490
2. 倒置が起こるシステム (1) — 任意倒置　　493
3. 倒置が起こるシステム (2) — 強制倒置　　496
4. 〈there be 構文〉について　　499

さくいん　　501

別冊・もくじ

PART 01	動詞の語法と文型	002
PART 02	受動態	028
PART 03	時制	030
PART 04	助動詞	034
PART 05	仮定法	039
PART 06	準動詞	043
PART 07	接続詞	053
PART 08	関係詞	064
PART 09	前置詞	072
PART 10	比較	083
PART 11	冠詞・名詞	088
PART 12	代名詞	100
PART 13	形容詞	106
PART 14	副詞	117
PART 15	特殊構文・その他	123

はじまるよ〜

PART 01
動詞の語法と文型

文型の勉強というと、文を5つの型に分けられるようになることだけが目標のようにされていますが、ただ単に分類するだけでは意味がありません。分類する意味を理解することが重要です。まずこのPARTの前半では、5文型の判別方法とそのメリットを紹介していきます。また、5文型の理論は万能なものではありません。中盤から後半では5文型の限界を知ってもらいつつ、その他のアプローチも数多く紹介していきます。このPARTでは、英文のいわばエンジンに相当するさまざまな動詞の本質に迫ってみたいと思います。

PART 01　1　第1〜3文型の判別方法

教師：Birds sing.　さあ、この文は何文型ですか？
生徒：はい。〈S＋V〉の第1文型です。

このような分類をしているだけなら単なる自己満足ですが、文型がわかると多くのメリットがあります。＊1　1 〜 2 では、文型の判別方法を徹底的に学習します。

🏠 第1文型〈S＋V＋M〉

001　She lives happily in Italy.
　　　　　S　　V　　　M　　　M
　　　　（彼女はイタリアで幸せに暮らしている）

文型の判別では、文の要素になるものとそうでないものを区別することが重要です。この文で、happilyは「副詞」で、in Italyは〈前置詞＋名詞〉なので文の要素にはなれません。文の要素とは、V（動詞）が必要とするS（主語）・C（補語）・O（目的語）のことだと考えてください。副詞や〈前置詞＋名詞〉は原則として文の要素にならず、M（修飾語（句））といって、文型を考える際には除外します。＊2

この文のように〈S＋V〉からなる文のことを第1文型と呼びます。ただし、第1文型は〈S＋V〉単独で使うことはあまりなく、**001** のhappilyやin Italyのように、何らかの修飾語（句）をともなうのがふつうです。

🏠 第2文型〈S＋V＋C〉と第3文型〈S＋V＋O〉

002　She became an announcer.
　　　　　S　　V　　　　C
　　　　（彼女はアナウンサーになった）

この文の動詞becameを中心に左右を

比べると、[She (S) ＝ an announcer (C)] の関係が成立しています。こうした関係が成立する文を〈S＋V＋C〉の第2文型と呼びます。

003 This suit does not become her.
　　　　S　　　　V　　　　　O
（このスーツは彼女には似合わない）

　今度は、does not becomeという動詞を中心に左右を比べると、[This suit (S) ≠ her (O)] の関係となります。こちらは〈S＋V＋O〉の第3文型と呼びます。「スーツ」と「彼女」がイコール（＝）だったら大変です。〈S＋V＋C〉と〈S＋V＋O〉の判別のコツは、否定文でも受動態でも、とにかく動詞を中心に左右の関係を考えることです。なお、SやOになれるのは名詞＊3、Cになれるのは形容詞＊4か名詞がふつうです。

🏠 第2文型〈S＋V＋C〉の補足事項

(✗) We are happiness.

　一見、Weとhappinessとの間にイコール関係が成り立つように思えます。しかし、〈S＋V＋C〉のCに「名詞」を置く場合、SとCは厳密な意味でイコール関係にならなくてはなりません。happinessは「幸福、幸せ」という意味の名詞で、「人」を表すWeとは厳密な意味ではイコール関係になれないのです。こういう場合は形容詞を使って、We are happy.（私たちは幸せだ）とするのがふつうです。形容詞に加えて名詞もCにできる動詞は、beとbecomeなどの一部の動詞に限られます。Cには形容詞が置かれることが圧倒的に多いのです。

> **プラスα**
> ＊1…具体的なメリットは **3**〜**4** で登場する。　＊2…除外するからといって、意味的な重要度が低いというわけではない。副詞や〈前置詞＋名詞〉も名脇役として重要な情報を伝えてくれる。
> ＊3…文型などを学習する際に出てくる「名詞」には、特に断りのない場合はheやmeなどの「代名詞」も含まれることにする。　＊4…本書ではexciting（興奮させるような）、surprised（驚いて）など、動詞から派生した分詞形容詞（→ p.235）も広く形容詞として扱う。

PART 01 - 2　第4〜5文型の判別方法

ここでは、第4文型〈S+V+O₁+O₂〉と第5文型〈S+V+O+C〉の判別について学習します。

🏠 第4文型〈S+V+O₁+O₂〉

004　He made her a meal.
　　　　　S　V　 O₁　O₂
（彼は彼女に食事をつくってあげた）

まずは、動詞を中心に左右を比較することが重要でした。ここでは、Heとherを比較してみると、[He≠her]の関係が明らかなので、herは目的語（O）と判断できます。ただし、**003**の例文とは違って、まだa mealが残っています。副詞でもなければ〈前置詞＋名詞〉の形でもないので、文の要素として、何らかの役割を与えなくてはなりません。動詞の後ろに文の要素が2つ並んだ場合には、その2つにイコールの関係があるかどうかを試してみるのです。「彼女（her）≠食事（a meal）」となり、イコールの関係は成立しません。この場合、2つ目の要素も目的語（O）とします。このように、目的語が2つ並ぶ場合には、最初の目的語をO₁、2つ目の目的語をO₂と呼ぶことにします。また、O₁、O₂のどちらにせよ、目的語になれるのは名詞のみです。

🏠 第5文型〈S+V+O+C〉

005　He will make her happy.
　　　　　S　　V　　　O　C＝形
（彼は彼女を幸せにするだろう）

では、この例文はどうでしょう。まず、will makeを中心に左右を比較して[He≠her]の関係をつかみ、herをOとします。次に、herとhappyの関係を確認しましょう。「彼女（her）＝幸せ（happy）」というイコールの関係が成立

するので2つ目の要素である形容詞happyは補語(C)となります。また、〈S＋V＋C〉とは違い、〈S＋V＋O＋C〉のCには形容詞だけでなく、chairpersonのような名詞が置かれることも多いです。

006 We made her chairperson.
　　　　S　　V　　O　　C＝名
（私たちは彼女を議長にした）

> 第4文型と第5文型の判別のコツ
> 1. 〈S＋V〉の後ろが〈O₁＋O₂〉か〈O＋C〉かの判別は、Vの後ろに並ぶ2つの要素にイコールの関係が成立するか否かで判別する。＊1
> 2. 目的語(O)になれるのは必ず名詞だが、補語(C)になるのは主に名詞か形容詞。

🏠 動詞の後ろに置かれるパターンに着目しよう！

　ここまで見てくると、どの文型も〈S＋V〉までは共通です。5文型を考える際には、動詞の後ろに何がどんな語順で置かれているのかを考えることが重要となります。文を5つの型に分類するというより、動詞の後ろに置かれるパターンに着目することが、この理論をマスターする上でのコツです。

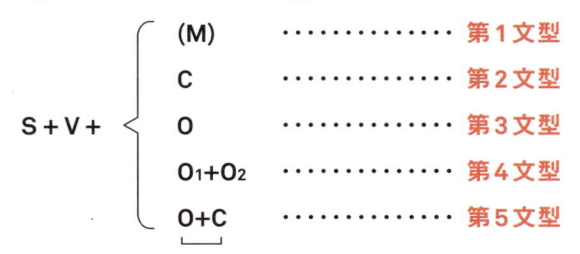

$$S+V+\begin{cases}(M) & \cdots\cdots\cdots 第1文型\\ C & \cdots\cdots\cdots 第2文型\\ O & \cdots\cdots\cdots 第3文型\\ O_1+O_2 & \cdots\cdots\cdots 第4文型\\ O+C & \cdots\cdots\cdots 第5文型\end{cases}$$

この部分の型に注目していこう！

プラスα

＊1…「イコールの関係」は、「主語と述語の関係」と考えてもよい。「彼女(her)は食事(a meal)である」は意味上成立しないためa mealは目的語(O)であり、「彼女(her)は幸せ(happy)である」は意味上何ら問題ないのでhappyは補語(C)となる。

3 5文型攻略のメリット（1）

1、2 で、5文型の判別方法を攻略しました。ここからはいよいよ5文型攻略のメリットを紹介していきます。

🏠 動詞の意味は文型に左右される

まず、動詞の意味は文型によって大きく左右されるという大原則を確認しておきましょう。次の 007 、008 の例文は動詞にgetが使われていますが、その意味はどれも異なっています。さまざまあるgetの意味をその場しのぎの曖昧（あいまい）な方法ではなく、「なぜ」こういう意味になるのかを考えながら解決していくやり方で学習していきましょう。

🏠 第1文型〈S＋V＋M〉の意味的特徴

第1文型で書かれた以下の例文を見てください。

007 I got to Rome yesterday.
　　　 S V　 M　　　 M

（私は昨日ローマに着いた）

第1文型をとる動詞の意味はある程度限定されます。第1文型で用いられたbe動詞やexist（存在する）、lie（ある）、stand（立っている）、stay（滞在する）、live（住んでいる）などの「存在」、go（行く）、come（来る）、move（動く）、travel（移動する）、migrate（移住する）などの「移動」、leave, start, depart などの「出発」、arrive, get などの「到着」などがその代表的な意味です。また、これらの動詞は、どこに存在、またはどこへ移動かなど、「場所」を表す修飾語（句）と共に使われるのがふつうです。 007 では to Rome に「到達」を表す前置詞 to が使われているので、この get は「たどり着く」くらいの意味です。

第2文型〈S+V+C〉の意味的特徴

次に、第2文型〈S+V+C〉を見ていきましょう。この文型では、どんな動詞を使っても[S=C]という関係は変わりません。ただし、使われる動詞によってニュアンスの違いが生まれます。大別すると、次の3つとなります。

> **使われる動詞によるニュアンスの違い**
>
> 1. 単に怒っている「状態」を表す。
>   ▶ She was angry.　（彼女は怒っていた）
> 2. 怒っていない状態から、怒った状態への「変化」を表す。
>   ▶ She got angry.　（彼女は怒った）
> 3. 怒っているように思えるという話し手の「感覚・印象」を表す。
>   ▶ She seemed angry.　（彼女は怒っているように思えた）

| She was angry. | She got angry. | She seemed angry. |

「状態」「変化」「感覚・印象」を表す動詞は 別 p.2 にまとめてありますので参考にしながらインプットしていきましょう。

第3文型〈S+V+O〉の意味的特徴

008　I got a lot of money.　（私は大金を手に入れた）
　　　　 S　V　　　O

この文型で用いられる動詞は多く、[S ≠ O]という関係で、「SがOに（何らかの）影響を与える」といった意味が基本となりますが、パターン化できるような定まった訳し方はありません。ちなみに、getが第3文型で用いられると「Oを得る、受け取る」の意味になります。

I ≠ a lot of money

文型を意識することで読み間違いを防ぐ

次の例文を比較しましょう。

009 She found the book easily. （彼女はその本を簡単に見つけた）
　　　　S　　V　　　O　　　副(M)

010 She found the book easy. （彼女はその本が簡単だとわかった）
　　　　S　　V　　　O　　　C

easilyは副詞だから文の要素になりません。一方、easyは形容詞で、Cになります。findは第3文型〈S+V+O〉だと「Oを見つける」、第5文型〈S+V+O+C〉だと「OがCだとわかる」となってまったく違った意味になります。文型の把握が間違った解釈を避けるために役立つのです。

5文型攻略のメリット（2）

PART 01 / 4

ここでは、第4文型と第5文型攻略のメリットを紹介していきます。

🏠 第4文型〈S＋V＋O_1＋O_2〉の意味的特徴

まずは、第4文型から見ていきましょう。

011　I got her a cellphone.　（私は彼女に携帯電話を買ってやった）
　　　 S　V　 O_1 ≠ O_2

　第3文型〈S＋V＋O〉で使われるget（Oを得る、受け取る）はよく見られる用法ですが、第4文型で用いられた場合はどのように訳せばよいのでしょうか？

　実は、第4文型〈S＋V＋O_1＋O_2〉で書かれている動詞の多くが、「O_1にO_2を与える」といった意味になるのです。＊1 この法則をgetにもあてはめて、「私は彼女に携帯電話を与えた」と訳してみるのです。ちなみに、この文型でのgetの本当の訳し方は「O_1にO_2を買ってやる」ですが「与える」でもなんとか意味が通る日本語にできましたね。ニュアンスまで正確にとはいきませんが、近い意味は出せるのです。英文読解で、まったく見たこともない動詞が出てきた場合でも、第4文型だとわかることである程度の意味は類推できるようになります。

第5文型〈S＋V＋O＋C〉の意味的特徴

最後は、第5文型を見ていきましょう。第5文型をとる動詞は大きく分けて2つに分類できます。

> **第5文型をとる動詞**
> 1. 「知覚・認識」を表す系統
>   see, hear, feel, smell や、think, believe, find, consider など
> 2. 上記の 1. 以外すべて
>   make, have, let, get, keep, leave など

どちらの動詞かによって、訳し方も2通りに大別されます。1.の「知覚・認識」を表す系統はそれほど難しくありません。

012 I saw him running. （私は彼が走っているところを目にした）
　　　 S V　 O　 C

上の文では、seeという「知覚動詞」を使っていますから、「OがCする（している）のが見える」のように訳すことになります。

では、次はどうでしょう？

013 She got the wall dirty. （彼女はその壁を汚した）
　　　 S　 V　　 O　　 C

第5文型〈S＋V＋O＋C〉で使われるgetは「SはOをCの状態にする」と訳せばよいので、「彼女は壁を汚れている状態にした（壁を汚した）」が基本となります。ここからもっと掘り下げると以下のような意味関係が読み取れませんか？

▶ She got the wall dirty.
　　S　 V　　 O　　 C
　（原因）─────▶（結果）

She got the wall dirty.

　壁が汚くなった原因は、明らかに彼女(She)ですから、「彼女(She)」と「壁が汚くなる(the wall dirty)」の部分には「原因と結果の関係(因果関係)」がありますね。「知覚・認識」を表す動詞以外の第5文型を見たら、「Sが原因で、その結果OがCになる」の意味関係を意識しておくと、きれいな日本語をつくる際に役立つのです。次の例文も要領は同じです。

014 The student made her angry. （その生徒は彼女を怒らせた）
　　　　　 S 　　　　 V 　　 O 　　C
　　　（原因）――――――→（結果）

「彼女が怒った(her angry)」の原因は、「生徒(The student)」ですね。

The student made her angry.

　第5文型というのは、日本語から最もかけ離れた文型とも言われています。だからこそ、この文型が表す根本的な意味を押さえることは、単に文法問題を解くにとどまらず、英文を読んでいく際にも応用できるのです。

> プラスα

＊1…take＋O_1＋O_2「O_1が(〜するのに)O_2(労力・時間など)を必要とする」やdeny＋O_1＋O_2「O_1にO_2を与えない」など「与える」の方向性だけでは厳しいものは **5**、**別** p.4などを参照。

PART 01 — 5　S＋V＋O₁＋O₂ をとる重要動詞

　4 では、第4文型〈S＋V＋O₁＋O₂〉は、「S は O₁ に O₂ を与える」が基本的な意味になると学習してきました。ここではもう少し突っ込んで、第4文型でも「与える」の意味にはならない（またはそのイメージからはほど遠い）ものを扱い、この文型の動詞を完全なものにしていきたいと思います。

🏠 まずは入試頻出の cost から

　たいていの参考書では、〈cost＋O₁＋O₂〉の訳し方を2つくらいに分類しています。

---
1. 「O₁ に O₂（額・費用など）がかかる」
2. 「O₁ に O₂（損失・犠牲など）を支払わせる」

　こんな風に2つ別々に覚えなくても大丈夫。以下のように覚えればもっとシンプルに攻略できるんです。

☝ cost の基本的な意味
〈cost＋O₁＋O₂〉→「S によって O₁ から O₂ が消える」

　例文で確認しておきましょう。

015　This bag cost me 10,000 yen.　（このカバンは 10,000 円した）

ここでの cost ＊1 を前述の意味にあてはめてみましょう。

　　このカバンによって私から 10,000 円が消えた。
　　→私に 10,000 円かかった。

次の例文でさらに深めておきましょう。

016 One mistake can cost a person his life.
（1つの間違いで人は命を失うことがある）

ここでも考え方は同じ。1つの間違いによって人から命が消えていく。こんな悲劇的な cost を使うことがないよう気をつけたいところです。

ちょっと紛らわしい spare と save

spareの基本は「使わずにとっておく」という意味。日本語でもスペアキーやスペアタイヤのように用いられていますが、どちらもふだんは使わないでとっておくものを表しています。「使わないでとっておく→負担などを軽減する」といった広がりです。そこで、〈spare＋O_1＋O_2〉が「O_1のO_2を軽減する（省く）」となるわけです。なお、この意味ではsaveもほぼ同様に使えます。「省エネする」ことをsave energyと言いますが、これにからめてsaveに「省く」や「節約する」のイメージを焼きつけましょう（→ 別 p.5）。

017 I spared her the trouble of coming here.
（私は彼女がわざわざここに来る手間を省いた）

使わないでとっておけばどうなるでしょう？　もしもの場合にそれを使ったり、与えたりできます。「とっておく→（だから）割くことができる」のように考えれば、〈spare＋O_1＋O_2〉が「O_1にO_2を割く」の意味になるのも納得できると思います。なお、saveには「割く」の意味がない点、spareは〈人〉を主語にして使うのが原則だという点などに注意しましょう。

018 Could you spare me a few minutes?
(私に少々時間を割いていただけないでしょうか？)

「与える」でも give が使えない！

do に第4文型があるのは意外に思えるせいか、入試では頻繁に問われています。〈do＋O₁＋O₂〉で「O₁ に O₂（利益・害など）を与える」になります。

019 Too much drinking will do you harm.
(酒の飲みすぎは体に悪い)

ただし、この文型で用いる do では O₂ に置けるものがある程度決まっています。プラスの意味では good（利益）、マイナスの意味では harm（害）や damage（被害）などがその代表例です。ここでの do が「与える」の意味になるからといって、give で置き換えることはできないので注意する必要があるでしょう（→ 別 p.5）。

プラスα

＊1…cost の主語に置かれるのは「物事」が原則。

PART 01 6　S＋V＋O＋to V をとる重要動詞

4 では〈S＋V＋O＋C〉の第5文型の基礎を学びました。ただ、この文型には入試でもよく問われるさまざまな重要事項が潜んでいます。

〈S＋V＋O＋C〉のCに動詞を置く際の原則

020　I advised her to put her cellular phone into silent mode
　　　S　V　　 O　　　　　　　　　　　　C
on trains.
（私は彼女に電車では携帯電話はマナーモードにした方がいいと忠告した）

　上の例文の her と to put 以下には主語と述語の関係が成立しているので〈S＋V＋O＋C〉の第5文型です。
　英語では、第5文型のCに動詞を置くときは to V（不定詞）とするのが原則なんです。これは to を右向き矢印（→）と考え、左側のものが右側のものへと到達するイメージをもつと、わかりやすくなるはずです。

```
     ┌ advised    ┐
     │ persuaded  │
I  ──┤            ├── him to go home.
     │ encouraged │        →
     └ forced     ┘
```

```
                        ┌ 忠告した。
                        │ 説得した。
私は彼に帰宅するように ──┤
                        │ 勧めた。
                        └ 強いた。
```

　このパターンをとる動詞は多数あり、挙げはじめたらきりがないですが、「忠告・説得・勧誘・強制」など何らかの働きかけをするような動詞が多いのが特徴です（→ 別 p.6）。

〈S+V+O+C〉のCにto Vが置かれない!?

英語の動詞の中にはCの位置にto V（不定詞）を置くことができないものがあります。同じ「強制」のニュアンスをもつ動詞でも、次の２つの例文はCに置かれる動詞の形が異なります。

021 The man forced me to sign my name.
　　　　　S　　V　　O　　C（＝to V）

（その男はむりやり私に署名させた）

022 His father always makes his son study.
　　　　S　　　　　　　V　　　O　　C（動詞の原形）

（彼の父親はいつも息子に勉強させる）

繰り返しますが、〈S+V+O+C〉の第５文型でCの位置に動詞を置く際には、**021** の例文のto sign ...のようにCにはto V（不定詞）を置くのが原則です。ところが使役動詞のような特別な呼び名がついているmake, let, haveや、知覚動詞と言われているwatch, see, hearなどは原則としてCにto V（不定詞）は置けません。

forceを用いた **021** の例文では、Cにto V（不定詞）が置かれていますが、makeを用いた **022** の例文では、Cに動詞の原形が置かれている点に注目です。Cに置かれる動詞の形に注目することは、これらの動詞を整理していく上で大切なポイントになるのです（→ 別 p.7）。

次の項からはCにto V（不定詞）が置けない動詞を中心に攻略していきます。数に限りがあるのでしっかり整理すれば必ずわかるようになります。

PART 01 — 7 使役動詞を用いた〈S+V+O+C〉

Cに to V（不定詞）が置けない動詞の第1弾は使役動詞です。使役動詞には主に make, have, let の3つがありますが、それぞれとりうる形や伝える意味が異なるので整理していきましょう。

🍙 まずは make から

使役動詞の make は本当によく問われています。make を〈S+V+O+C〉の第5文型で用い、かつCの位置に動詞を置く際は、原則として to V（不定詞）は不可なんです。ではどうするか？　次のようになります。

OとCの意味関係が…
1. 「能動」ならばCにはV（動詞の原形）
2. 「受動」ならばCにはVp.p.（過去分詞）

---

make はOに強く働きかけて何かをさせる場合に用いられる動詞です。

023 He made his son do homework.　（彼は息子に宿題をさせた）
　　　 S　　V　　　O　　C（動詞の原形）

024 He made his hair cut.　（彼は自分の髪をむりやり切らせた）
　　　 S　　V　　　O　　C（Vp.p.）

🏠 let は make と正反対

make とは異なり、let が C にとりうる動詞の形はたった 1 つで V（動詞の原形）のみです。let は形式的にはとてもシンプルです。

025 We let him go there. （私たちは彼をそこへ行かせた）
　　　 S　V　 O 　C（動詞の原形）

let はやりたいように自由にやらせる（自由放任）のイメージで用い、無理強いの make とは正反対の立ち位置です。

🏠 最後は have

have が C にとりうる動詞の形はほぼ make と同じです。

> O と C の意味関係が…
> 1.「能動」ならば C には V（動詞の原形）＊1
> 2.「受動」ならば C には Vp.p.（過去分詞）

こちらも例文で確認しておきましょう。

026 She had the bellboy take up her bags.
　　　 S　 V 　　　 O 　　　C（動詞の原形）
（彼女はベルボーイに荷物を運んでもらった）

027 He had his hair cut. （彼は自分の髪を切ってもらった）
　　　 S　V　 O 　C（Vp.p.）

makeやletなどとは異なり、haveは業者や部下など、それをやるのが当然の相手に依頼してやってもらう感じです。*2 このhaveの用法がgetと近いという意見もありますが、基本的には異質なものと考えましょう。getは相手を説得して何とかやってもらう感じです。*2 相手にそうする義務は特にないので、頼みこまないといけない感じになるのです。なお、getのCにはOとCの意味関係が「能動」ならばto V（不定詞）が、*3 「受動」ならVp.p.（過去分詞）が置かれます。haveと違って動詞の原形は置かれないので注意しましょう。

I (　　　) the barber cut my hair short.

have ¥3,000です
make オラオラ
let しょーがないな 切らせて！
get 切って〜 いいけどぉ〜

> プラスα

*1…CにVingを置くと「Oに（ずっと）〜させておく」といった意味になり、継続の意味合いが強まる。　▶ She had a taxi waiting.（彼女はタクシーを待たせておいた）

*2…〈S+V+O+C〉で用いられるhaveやgetのCにマイナスな意味のVp.p.を置くと「被害」の意味を表すことがあるが、両者の使い方は異なる。

▶ I had my wallet stolen.（私は財布を盗まれてしまった）
　　※財布を盗んだのは意志のある「人」
▶ I got my fingers caught in the doors.（ドアに指をはさまれてしまった）
　　※指をはさんだのは意志のない「ドア」

*3…まれだがCにVingが置かれることもある。

PART 01　動詞の語法と文型

PART 01 8　知覚動詞を用いた〈S＋V＋O＋C〉

　CにtoV（不定詞）が置けない動詞の第2弾は知覚動詞です。see, watch, hear, feelなど、人間の五感に関するものが多いのが特徴です。

🏠 Cにはどんな形が置かれるのか？

　知覚動詞は使役動詞のようにバラバラに押さえる必要はありません。次のような形で統一されています。

> 知覚動詞の場合はOとCの意味関係が…
> 1. 「能動」ならばCにはV（動詞の原形）かVing
> 2. 「受動」ならばCにはVp.p.（過去分詞）

　「受動」の際のVp.p.（過去分詞）は使役動詞の場合と同じですが、「能動」のバリエーションは2つある点に注意です。

028　I saw my friend walk across the street.
　　　　S　V　　　O　　　　C（動詞の原形）
　　　（私は友達が通りを歩いて渡るのを見た）

029　I saw my friend walking across the street.
　　　　S　V　　　O　　　　C（Ving）
　　　（私は友達が通りを歩いて渡っているところを見た）

V（原形）の場合には動作の一部始終をすべて見る、Vingの場合には動作の最中・途中を見るといった意味上の違いがあります（→ 別 p.8）。

030 He didn't hear his name called.
　　　 S　　V　　　　O　　　C (Vp.p.)

（彼は自分の名前を呼ばれるのが聞こえなかった）

🏠 使役動詞のCにはなぜ不定詞が置けない？

　ここからの話はかなりハイレベル。試験で点数をとることが最優先のアナタは読み飛ばしてもかまいません。

　6 で扱った動詞はCに to V（不定詞）が置かれるものが中心でした。これはSが何らかの働きかけをOにした結果、Oが→C (to V) するというイメージをもつせいでした。右向き矢印（➡）のイメージをもつtoが入る感覚はつかめていますか？

　ところが、7 で扱った使役動詞についてはちょっと状況が違います。makeは「無理強い」ですから、ガツンと言われて、間髪入れずにやらなくてはいけない感じ。説得などされて、じっくり考えた結果Oが→C (to V) するのような動きは感じられないわけです。だから右向き矢印（➡）のイメージをもつtoは似合わないのです。letは自由放任、勝手にやって！という感覚ですから、そもそも働きかけている感じではありません。haveも同様で、そうすることが当然の相手に用いる動詞ですから、説得のような働きかけは必要ありません。いちいち働きかけや説得をしないと動いてくれない業者だったらちょっと面倒ですしね。このあたりが、toが入らない理由だと考

えてください。

🏠 知覚動詞のCにはなぜ不定詞が置けない？

　使役動詞のCに to V（不定詞）が似合わない理由より、こちらの方が簡単に理解できそうです。to V（不定詞）は「まだ行われていない・これからのこと」を表すものでした。＊1

> ▶ 父がレストランで友人と食事しているところを見た(see)。
> ▶ 彼女がキッチンで鼻歌を歌うのが聞こえる(hear)。
> ▶ 部屋全体が地震で揺れているのを感じた(feel)。

　実際に食事したり、鼻歌を歌ったりしているからこそ見たり聞いたりできるわけでしょう？　ならば「まだ行われていない・これからのこと」を表す to V（不定詞）は似合うはずがありません。実際にやっていなければ見ることも聞くこともできませんからね。

プラスα

＊1…詳細は p.193（PART 06 5）を参照。

PART 01 9　〈S+V+O+C〉をとるその他の重要動詞

　〈S+V+O+C〉の講義もこれで最後です。この文型をとる動詞の中で有名なのはやはり make などの使役動詞、watch などの知覚動詞ですが、keep や leave も入試でよく問われていますのでしっかり確認しておきましょう。

🏠 keep, leave, find はセットで！

　これらの動詞には、Cに形容詞が置かれることが多いですが、OとCの意味関係が「能動」ならば Ving が、「受動」なら Vp.p. が置かれるという形式上の共通点があります。keep は「意識して保つ（保持）」、leave は「ほったらかし（放置）」、find は「気づく、わかる」とそれぞれに意味の違いがあります。次の例文で確認しておきましょう。

031　I kept the machine running.
　　　　S　V　　　O　　　　　C (Ving)
（私はその機械を運転し続けた）

032　Don't leave the engine switched on.
　　　　　　V　　　　O　　　　　C (Vp.p.)
（エンジンをつけっぱなしにしてはいけないよ）

033 I found her crying. （彼女が泣いているのに気づいた）
　　　S　V　　O　　C (Ving)

第5文型をとる「思考・認識」系の動詞を一気に！

　この文型をとる大切な動詞の中には、think, consider, believe, find などの「思考・認識」系の動詞もあります。

034 I think her (to be) very kind. （彼女はとてもやさしいと私は思う）
　　　S　V　　O　　　　　C

035 I believed her (to be) very kind.
　　　S　　V　　　O　　　　　C
（彼女はとてもやさしいと私は信じていた）

　これらの動詞のCには形容詞や名詞が置かれます。形式上での注意点は、OとCとの間にto beがはさまることがある点です。このto beは省略することも可能です。また、このタイプの動詞はthat節を用いて書き換えてもほぼ同じような意味が表せます。

▶ I think that she is very kind.
▶ I believed that she was very kind.

🏠 〈S＋V＋O＋C〉のCを決める際のコツ

　先ほどまでの講義では、「能動なら…」「受動なら〜」と繰り返してきましたが、この考え方に限界を感じている受験生が多いようです。
　私が待っている。だから、能動と考えてwaitingだ！
　いや、待てよ…。
　私が待たされている。こうも言えるじゃん。やっぱりwaitedかな？

　日本語でいくら考えても解決しそうにありません。「する、している」だから「能動」で、「れる、られる」だから「受動」と考えても判断のつかないケースが多くあるのです。

　ここでは、日本語に頼らない決め方をマスターしましょう。基本的には、Cに入る動詞が自動詞なのか他動詞なのか？　他動詞なら後ろに目的語があるかないか？などに注目してみましょう。例えば、waitは自動詞です。＊1 自動詞waitだけではそもそも受動態をつくれません。＊2 よって「能動」のwaitingしか選びようがないのです。では、I can't make myself (understand / understood) in English. ならどちらを選択しますか？

> 〜 make myself (understand / understood) ☐ in English.
> 　　　　　　　　　　　　　　　　　　　　目的語がない ↑

　understandは「〜を理解する」という意味の他動詞です。よって「能動」なら後ろに目的語に相当する名詞が必要ですが、どこにも見当たりません。他動詞なのに目的語がない場合は「受動」と考え、過去分詞understoodを選べばよいのです。意味だけでなく、動詞の語法と後ろの形に注目してみることも大切なのです。

(プラスα)　

＊1…自動詞waitはwait forなど前置詞をともなわない限り、後ろに名詞を置くことはできない。
＊2…p.85（PART 02 **2**）参照。

PART 01 — 10 自動詞と他動詞

英語の勉強をはじめて最初の壁。それは、自動詞と他動詞の区別なのかもしれません。

🏠 自動詞と他動詞をどう区別するか？

自動詞と他動詞の一番の違いは、動詞の後ろにどう名詞を置くかです。

036 He didn't mention the accident.
（彼はその事故について語らなかった）

mention は他動詞で、mention the accident のように、動詞の後ろにいきなり名詞を置くことが可能です。＊1 このように、他動詞は後ろに名詞を置く場合、前置詞は不要です。また、英語の動詞は、mention のように他動詞として使われる割合が多いことを覚えておきましょう。

一方、ほぼ同じ内容を refer で表すと、次のようになります。

037 He didn't refer to the accident.
（彼はその事故について語らなかった）

refer のように自動詞は、to などの前置詞を置かないと後ろに名詞を置くことができません。＊2 また、自動詞は後ろに名詞を置かなくても文は成立します。次の文は、後ろに名詞を置かないパターンの例です。

038 We worked together.　（私たちは一緒に仕事をした）
　　　 S　　V　　　M（副詞）

🏠 自動詞と他動詞は1つずつ覚えるしかないのか？

そんなことはありません！　自動詞と他動詞の用例を比べると他動詞が圧倒的に多く、自動詞は数少ない存在です。これからは、少数派の自動詞が出てきたら積極的にインプットしていきましょう（→ 別 p.9）。少ないものを覚えていく方が圧倒的に楽ですからね。

いくつかの注意点

　自動詞と他動詞の区別で注意すべき点をいくつか挙げておきましょう。実は、英語の動詞がすべて、自動詞か他動詞のどちらか一方に分類できるわけではないのです。試しに適当な動詞を辞書で調べてみてください。大半の動詞には、自動詞と他動詞両方の用法があることがわかるでしょう。ここでは、read を例にとって見ていきましょう。

039 She read her e-mail last night.
（彼女は昨晩メールを読んだ）

　この文の read は後ろに目的語（O）をとって「O を読む」という意味になるので他動詞の用法です。では、次の文の read はどうでしょう。

040 She likes to read.
（彼女は読書が好きだ）

　使っている動詞は同じ read ですが、目的語はありません。つまり、自動詞として使われています。この場合は、具体的にどういう本を読むかということは問題になっておらず、単に「読むという行為」を伝えているだけです。

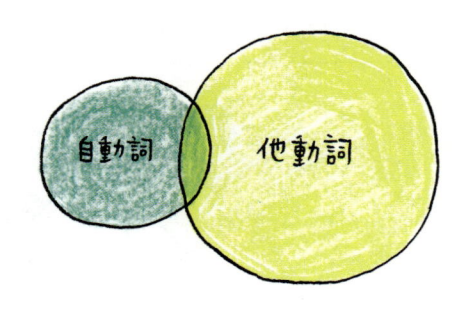

　なお、辞書で自動詞と他動詞を調べる際には、より上に出てくる用例が一般的と考えるようにしましょう。＊3 辞書では、ほとんどの動詞に自動詞・他動詞両方の用法が載っていますが、たいていはどちらかの用法にかたよるものです。

活用の紛らわしいものはまとめて攻略しよう！

　自動詞と他動詞で意味や活用が紛らわしいものもあります。lie と lay はその典型的な例です。

041 The book lies on the table. （その本はテーブルにある）
lie 自「（平らなところに）〜がある、存在する」(lie − lay − lain)

042 She laid the book on the table. （彼女はテーブルにその本を置いた）
lay 他「（平らなところに）〜を置く」(lay − laid − laid)

　このような動詞も入試で問われるものはある程度決まっているので、しっかりと押さえておけば攻略できます（→ 別 p.12）。

プラスα

＊1…この名詞のことを他動詞の目的語(O)と呼ぶ。
＊2…この名詞のことを前置詞の目的語(O)と呼ぶ。
＊3…例えば辞書でdoを引いた場合は、他動詞（辞書ではVtなどと表記されることもある）としての用法が先に出てくる。この場合、自動詞（辞書ではViなどと表記されることもある）より他動詞として用いられることが多いと考えよう。

PART 01 11 パターンで理解する動詞（1）
⟨V＋A＋with＋B⟩

1～5では、5文型という考え方を使い、動詞が後ろにどのような型をとるかに着目してきました。しかし、5文型のパターンだけですべてが解決できるわけではありません。

🏠 5文型は万能ではない !?

英語には、5文型を使った分類では効率のよい理解にはつながらない動詞があります。次の文を、今まで通り5文型で分類しようとすると第3文型になります。

043 She provided her child with a good book.
　　　　S　　V(≠)　　　O　　　　　M

（彼女は子どもによい本を与えた）

ところが、provideという動詞は⟨provide＋A＋with＋B⟩（AにBを与える）というパターンでまとめた方がすんなり理解できます。

▶ She provided her child with a good book.
　　S　　V　　　　A　　with　　B
　　　　　　　　　　パターンで！

そもそも5文型は、動詞の後ろに何をどのような順番で置くかに注目していく考え方でした。provideの後ろにどんなパターンが置かれるかに着

目するという点では、5文型の場合と同じ意識です。さらに、英語には、パターンが似ていると意味も似てくるという大原則があります。今まで見てきた5文型でもそうでしたし、ここでもその原則は変わりません。

〈V＋A＋前置詞＋B〉を攻略するコツ

　動詞の中には、〈V＋A＋前置詞＋B〉というパターンで覚えておくべきものが多くあります。このタイプの動詞は、次の2点に注目するとマスターしやすくなります。

> **〈V＋A＋前置詞＋B〉の注目ポイント**
> 1. それぞれの前置詞の意味
> 2. 〈V＋A＋前置詞＋B〉のパターンによって、動詞の意味がある程度絞られるという法則

　では、具体的に〈A＋with＋B〉というパターンをとる動詞を例に実践してみましょう。

〈V＋A＋with＋B〉のパターンをとりうる動詞

　provideを用いた 043 の例文でもそうでしたが、このパターンをとる動詞は「AにBを与える」となるものが多くあります。ここで、先ほどの1.に注目しましょう。withの基本イメージは「〜を持って、持っている」です。〈provide＋A＋with＋B〉は「AにBを与える」ですが、withの意味を考えると「AがBを持って〔持っている〕」という意味になります。 043 の例文なら、「her childがa good bookを持っている」というイメージが頭に浮かべばさらによいでしょう。her childがa good bookを持てば、her childとa good bookには何らかの関連・関係が生まれます。このことがwithと「関連や結合」を表す動詞との相性のよさにつながっているのです。

044 We associate Einstein with the theory of relativity.
　　　　S　　V　　　A　　　with　　　　B
（私たちはアインシュタインといえば相対性理論を連想する）

〈associate A with B〉は「AでBを連想する」の意味ですが、「連想する」ということは、Einstein と the theory of relativity を「関連させて（結びつけて）」考えているわけです。

〈A＋with＋B〉のパターンをとる動詞（→ 別 p.13）
1. AにBを与える（与える・供給）
2. AをBと結びつけて考える（関連・結合）
※動詞の意味を推測する際にも効果を発揮！

もちろん5文型の場合と同様、動詞の意味を推測するときにも役立ちます。次の例文で実践してみましょう。

045 Mr. Lawson endowed the college with a large sum of
　　　　S　　　　　　V　　　　　A　　　　with　　　　B
money.
（ローソン氏はその大学に多額の金を寄付した）

たとえ endow という単語の意味がわからなくても、上の1.か2.のどちらかの意味をあてはめて、「その大学に多額のお金を与えた」くらいには訳せるでしょう。

PART 01 12 パターンで理解する動詞（2）
〈V＋A＋from＋B〉〈V＋A＋into＋B〉

🏠 〈V＋A＋from＋B〉のパターンをとりうる動詞

fromの基本イメージは「出所」です。次の例文で確認です。

046 The rumor came from her. 　（そのうわさは彼女から出ていた）

The rumor（そのうわさ）の「出所」がher（彼女）なわけです。彼女がそのうわさを誰かに話した瞬間に、それは彼女から切り離されたことになる。よく「うわさだけがひとり歩きする」なんて言いますよね。この「切り離す」という感覚を中心にfromの意味の広がりを理解していきましょう。

047 Illness prevented her from going out.
　　　　 S　　　　V　　　　A　妨害　　B
（病気が彼女の外出を妨げた→彼女は病気のため外出できなかった）

「A（her）とB（going out）は切り離されてしまう」のですから、「AにBさせない」という「妨害・禁止」のニュアンスが出てくるわけです。また、切り離すことは「保護」にもつながります。たとえば、溺死のような危険から少年を切り離すことは保護することになるのです。

048 They rescued the boy from drowning.
　　　　 S　　V　　　　A　保護　　B
（彼らは少年が溺れ死ぬのを救った）

さらに、「AとBは切り離される」ということから、「AとBとは別個にグループ分けされる」という見方もでき、そこから「区別」という意味へとつながります。ゴミから不燃物を切り離すということは、可燃物と不燃物を区別したことになるでしょう。

049 We have to distinguish right from wrong.
　　　　 S　　　V　　　　　　 A　 区別　 B
（私たちは善と悪を区別しなくてはならない）

ここで〈V＋A＋from＋B〉の形を整理しておきましょう。

> ☝ **〈A＋from＋B〉のパターンをとる動詞**（→ 別 p.14）
> **AをBから切り離す**
> 1. AがBしないようにする（妨害・禁止）
> 2. AをBから守る（保護）
> 3. AをBと区別する（区別）

🏛 〈V＋A＋into＋B〉のパターンをとりうる動詞

次に〈A＋into＋B〉のパターンをとる動詞も見ていきましょう。intoの基本は「右向き矢印（→）」のイメージで「内部への移動」または「変化」です。次の例文では、彼の服がスーツケースの中へと移動していく様子がわかると思います。

050 He put my clothes into his suitcase. （彼は私の服をスーツケースの中に入れた）
　　　S　V　　　A　　　→　　　B

次は「変化」の例です。

051 She translated an Italian novel into English.
　　　　S　　　V　　　　　　A　　　　　➡　　B

（彼女はイタリアの小説を英語に訳しました）

an Italian novel が「変化」して English になるわけですから「変えた」「訳した」「翻訳した」などの訳語があてはまるわけです。

☞ **〈A＋into＋B〉のパターンをとる動詞**（→ 別 p.15）
基本イメージは「A➡B」
1. A が B の内部へ入る（移動）
2. A が変化して B になる（変化）

PART 01 13 パターンで理解する動詞（3）
〈V＋A＋for＋B〉〈V＋A＋as＋B〉

🔖 〈V＋A＋for＋B〉のパターンをとりうる動詞

forの基本は「ある対象に意識が向かう」です。 forのイメージの広がりは少しだけ複雑です。

052 I'm leaving **for** Hawaii soon.
　　　　　　　　　→
　　　　　　　意識の向かう先

（私はハワイに向けてまもなく出発する）

ここでのforが基本イメージに最も近い使い方です。今出発しようとしているⅠ（私）の意識の向かう先がHawaiiなのですね。空港でワクワク、気分はハワイへまっしぐらなのでしょう。では、次はどうでしょう。

053 He blamed me **for** the accident.
　　　　S　　V　　A　→　　B（理由）
　　　　　　　　　意識の向かう先

（彼はその事故のことで私を責めた）

He（彼）はme（私）のことを責めています。なぜでしょうか？　それは、事故を起こしたからでしょう。He（彼）はthe accident（事故）に意識を向けつつ、目の前にいるme（私）を責めていると考えればよいのです。thank（感謝する）、praise（ほめる）、criticize（非難する）、punish（罰する）など＊1はすべて〈A＋for＋B〉のパターンをとりますが、ここでのforは「**理由**」と考えればいいでしょう。B（理由）に「意識を向けて」そのような動作をしているのです。

では、次の文での〈A＋for＋B〉の使われ方はどうでしょう。

054 Mike exchanged an old shirt **for** a new one.
　　　　S　　　V　　　　　A　　　　→　B（優位なもの）

（マイクは古いシャツを新しいのと取り替えた）

「古いシャツ(A)」を「新しいシャツ(B)」と取り替える際のマイクの気持ちはどうでしょうか？　ここでも基本は同じ。マイクの気持ちの向かう先は「新しいシャツ(B)」でしょう。なにせ新品ですからね。このタイプの動詞を用いたその他の例文も確認し、まとめましょう。

055　Johnny paid $500 **for** the ticket.
＊お金を払って手に入れたいものはB（チケット）
（ジョニーはそのチケットに500ドル払った）

056　Mary sold the ticket **for** $50.
（メアリーはそのチケットを50ドルで売った）

057　He bought the ticket **for** $50.
（彼はそのチケットを50ドルで買った）＊売買で意識の向かう先はB（お金）

058　I substituted margarine **for** butter.
（マーガリンをバターの代わりにした）＊本来使いたいものがB（バター）にくる

どの例文でも共通するのはBに優位なものが置かれるという点です。forの基本イメージ「意識が向かう」を考慮すれば、このことは納得できるでしょう。なお、辞書などではこのforを「交換のfor」などと呼んでいます。

☞ **〈A＋for＋B〉のパターンをとる動詞**（→ 別 p.15）
Bが意識の向かう先
1. Bを理由にAを〜する
2. AをBと交換する

〈V＋A＋as＋B〉のパターンをとりうる動詞

次に〈A＋as＋B〉のパターンをとる動詞を見ていきましょう。前置詞asの基本イメージは「イコール（＝）」です。

059 I regard him as the best doctor in town.
　　　　S　V　　A　＝　　　　B
（私は彼を町で一番の名医だと考えている）

asはAとBをイコール（＝）でつなぐようなイメージです。＊2 この文では、[him= the best doctor in town]の関係をしっかりつかみましょう。また、このパターンをとる動詞の多くは、「AをBだとみなす・考える」の系統になります。

〈A＋as＋B〉のパターンをとる動詞（→ 別 p.16）
1. 「A＝B」の意味関係を意識しよう
2. 「AをBとみなす・考える」

プラスα

＊1…これらの動詞を「賞罰の動詞」と呼ぶことがある。
＊2…Bには名詞以外にさまざまな品詞が置かれる。▶ I regard cheating as wrong.（ごまかすのは悪いことだと私は思う）はBに形容詞wrongが置かれた例。

PART 01
14 パターンで理解する動詞（4）
〈V＋A＋of＋B〉〈V＋A＋on＋B〉

🏠 〈V＋A＋of＋B〉のパターンをとりうる動詞

　ofはoffの親戚で、基本イメージは「分離」です。「スイッチoff」を考えればoffが「分離」だということはわかります。その親戚であるofも基本的には「分離」を表します。

060 The man robbed her of her handbag.
　　　　S　　　V　　　A 分離　　B
（その男は彼女からハンドバッグを奪った）

　彼女からハンドバッグを奪うことは、言い換えれば彼女とハンドバッグの「分離」です。次の文を見てみましょう。

061 The picture reminded me of my ex-boyfriend.
　　　　S　　　　　V　　　　A 関連　　B
（その写真が私に元カレを思い出させた→その写真を見て私は元カレを思い出した）

　ここでの〈A＋of＋B〉はどうでしょう？　たまたま掃除か何かをしていたら幸せだったころの写真が出てきてしまったのでしょうか。それを目にした「私(me)」は、やっと忘れられた「元カレ(my ex-boyfriend)」を思い出すことになってしまうわけです。ここでのofは「関連（〜に関して）」と考えてみましょう。＊1remindは「〜に思い出させる」の意味。「その写真が私に

思い出させた(The picture reminded me)→何に関して(of)？→元カレ(my ex-boyfriend)」のような展開です。

〈A＋of＋B〉のパターンをとる動詞は、robのように「AからBを分離する」か、remindのように「AにBを知らせる」のどちらかの系統になるものが多いことを覚えておきましょう。

> 👉 〈A＋of＋B〉のパターンをとる動詞（→ 別 p.17）
> ofを「分離」or「関連」と考える！
> 1. AからBを分離・除去する
> 2. AにBに関して知らせる

〈V＋A＋on＋B〉のパターンをとりうる動詞

次に、〈A＋on＋B〉のパターンをとる動詞を確認していきましょう。onの基本イメージは「接触」です。間違っても「上に」などと覚えないでくださいね。onは上でも下でも側面でも接触していればOK。〈A＋on＋B〉のonを考える際には、AとBの接触をさらに発展させて、「AがBにのしかかる」というイメージをもつといいでしょう。

062 The government imposed a tax on cigarettes.
　　　　　　S　　　　　　V　　　A　接触　B
（政府はたばこに税金を課した）

たばこに税金を「課す」ということは、a tax（A）が cigarettes（B）に「のしかかっている」わけです。また、onの「接触」は「べったり」というイメージともつながります。次の例文で完全理解を目指しましょう。

063 He blamed the accident **on** me.
　　　　S　　V　　　　A　　　（べったり）なすりつける　B
（彼はその事故の責任は私にあると言った）

　blameは「非難する」という意味の重要動詞ですが、注目してほしいのはthe accident on meの部分。the accident（その事故）の責任をべったりme（私）になすりつけている感じをonからつかみましょう。

👉 **〈A ＋ on ＋ B〉のパターンをとる動詞**（→ 別 p.18）
onの「接触・べったり感」を意識
1. AをBに課す
2. A（責任など）をBになすりつける

プラスα

＊1… 「分離」を原点としたofがなぜ「関連」の意味に広がるのか疑問な人はp.367を参照。

PART 01 15 パターンで理解する動詞（5）
〈V＋A＋to＋B〉

パターンで理解する動詞もこれで最後です。ここでは〈A＋to＋B〉のパターンをとる動詞を攻略しましょう。

🏠 〈V＋A＋to＋B〉のパターンをとりうる動詞

toの基本イメージは「到達」です。したがって〈A＋to＋B〉の型をとる動詞は「AをBに到達させる」が根本の意味になります。

064 She adapted herself to her new life.
　　　　 S　　　V　　　　A　　到達　　　B

（彼女は自分自身を新たな生活に合わせた→彼女は新しい生活に順応した）

toのイメージが「到達」だということを考えると、adjust, adapt, applyなどの「合わせる」や「適応させる」といった意味の動詞との相性がよいのは必然だと言えるでしょう。

また、「到達させる」から「加える」の意味に広がった用例が次の文です。

065 Add a little oil　to　the water.
　　　　 V　　　A　　到達→追加　　　B

（少量の油を水に加えなさい）

「油が水に到達→油が水に加わる」といった展開です。

また、「到達」のtoは「制限・限定」へと広がります。例えば、Office hours are from nine to five.（営業時間は9時から5時までです）のtoは「到達」を表すと同時に、「制限」とも解釈できます。営業時間に制限を設けたことになるので、5時以降に訪れても対応してもらえないでしょう。次の例文もtoが「制限」の意味で用いられています。

066 He reduced his weight to 60 kg.
　　　　S　　V　　　　A　　　到達→制限　B
（彼は体重を60キロに減らした）

体重を60キロに「到達」させると考え、そこから「制限や限定」の意味へと広がっていったのです。

〈A＋to＋B〉のパターンをとる動詞（→ 別 p.18）

toの「到達」を意識

1. AをBに合わせる
2. AをBに加える
3. AをBに制限・限定する

🏠 いくつかの注意点

これまで、パターンで理解するべきさまざまな動詞を学習してきました。最後にいくつかの注意点をまとめておきましょう。例えば、例文 **065** の add A to B「AをBに加える」を考えてみましょう。

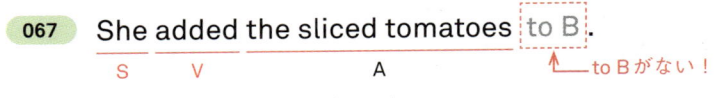

067 She added the sliced tomatoes to B.
　　　 S　V　　　　　　A　　　　　　　　↑to B がない！

（彼女は薄く切ったトマトを加えた）

この例文では to B にあたる語句が見あたりません。add は〈A to B〉というパターンで覚えることが重要ですが、状況に応じてAがなかったり、to B の部分がないこともありうることに注意しておきましょう。＊1 次の例はどうでしょう？

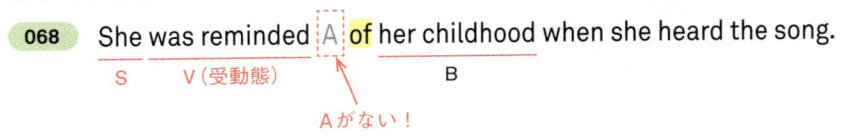

068 She was reminded A of her childhood when she heard the song.
　　　 S　V（受動態）　　　　　　B
　　　　　　　　　　　Aがない！

（その歌を聞くと、彼女は自分の子どもの頃を思い出した）

remind は remind A of B で「AにBを思い出させる」を基本パターンとする動詞でした。例文では、その remind を was reminded と受動態としたことで、もともとあったAは主語のShe として移動しています。＊2 そのため、Aには何も書かれていないように見えるだけなのです。このように、動詞を受動態にすると、基本パターンが崩され、パターンに気づきにくくなることがあるので気をつけておきましょう。

プラスα

＊1…何に加えるのかが周囲の状況などにより明確ならto Bの部分を書かないこともある。また、何を付け加えるのかが明確ならAの部分を書かないこともある。

＊2…受動態に関しては p.82 を参照。

PART 01
16 「言う」の意味をもつ動詞

　ここからは、5文型やパターン化などの考え方を利用しつつ、動詞そのものの意味や使い分けなど、今までとは少し違った角度から迫っていきます。
　英語で「言う」を表す動詞は speak, talk, say, tell などさまざまなものがありますが、これらにはどんな違いがあるのでしょうか？

🏠 speak, talk の共通点と相違点

　speak や talk は、あとで扱う say や tell と違い自動詞として使うのが原則です。よって、動詞の後ろに直接名詞を置くような使い方はできません。

(✗) speak her

(✗) talk my friend

　her のような話しかける相手を置く場合には、to や with などの前置詞をはさみ、speak to her のようにすればよいのです。
　では、両者にはどのような相違点があるのか？ *1　speak は「一方通行で話す」ことに重点を、talk は「双方向で話す」ことに重点を置いた動詞なのです。*2

---

　speak は、その名詞形の speech やステレオなどの speaker を考えればわかりやすいでしょう。speech も speaker も一方的に声や音を出している感

じですね。

一方で、talk は双方向でおしゃべりしている感じ。テレビ番組のトークショー（a talk show）もおしゃべり感覚です。日米首脳会談（summit talks between Japan and the U.S.）などで使われている talk も「会談・交渉」の意味で、やはり双方向という感覚がつかめるはずです。

🏠 say, tell の共通点と相違点

say, tell の共通点は他動詞として使われる点です。どちらも前置詞を置かずに目的語を直接置くことができます。ただし、目的語の置き方は大きく異なります。

say は「伝達内容」をOにとって〈S＋V＋O（内容）〉の第3文型で、tell はとても欲張りで、「相手＆伝達内容」の両方をOにとり〈S＋V＋O_1（相手）＋O_2（内容）〉の第4文型で使うのが原則です。

069 She said something in English. （彼女は英語で何か言った）
　　　　 S　 V　　　　O（内容）

070 Tell me all the details. （私に詳細をすべて言いなさい）
　　　　 V　O_1（相手）　O_2（内容）

なお、say を用いて「相手」を置く際には前置詞 to を用いて次のようにします。

071 She said something to him in English.
　　　　　　　　　　　　　 to＋相手　　　（彼女は英語で彼に何か言った）

🏠 speak, talk の他動詞用法

　speak は自動詞としての用法が原則ですが、「言語など」を目的語にとる他動詞としての使い方もあります。

072　John speaks Japanese.
　　　（ジョンは日本語を話す）

　speak が声や音に出して言葉を発することに重点がある動詞だということを考えれば当然の用法かもしれませんね。また、talk も一部の熟語表現として他動詞の用法があります（→ 別 p.19）。

073　I talked him into buying a new watch.
　　　（彼を説得して新しい時計を買ってもらった）

　この用法の talk は「説得して」という意味合いが濃くなります。他動詞用法であっても talk がもつ双方向の感覚が感じられるはずです。

女性：「あの時計かわいいよね！　セールで半額だしさあ！！」
男性：「まあ…、いいんじゃないかなあ…。オレ払うよ…」

　上の女性は男性を説得して時計を買ってもらえそうですが、ここにも2人のやりとり（双方向）を感じてください。

プラスα

＊1…speak より talk の方がややくだけた言い方とされるが、ほぼ同じ意味で使われることも多い。
＊2…speak は「言葉を発する」、talk は「相手を意識して話す」が基本の意味。

PART 01 17 「貸し借り」の意味をもつ動詞

borrow, rent, lend, loan, use, hire…。日本語とは違い、英語の「貸し借り」表現は多種多様で一見複雑です。攻略のコツは次の2つです。

> ☝ 「貸し借り」表現の攻略のコツ
> 1. 無料 or 有料？
> 2. どんな文型（パターン）で用いるか？

🏠 無料での「貸し借り」——lend, borrow, use

車を貸す、500円を貸す、携帯電話を貸す。まずは、無料で「貸す」を整理していきましょう。

074 He lent his car to a friend.
（彼は友達に車を貸した）

lend は〈lend＋O_1＋O_2〉の第4文型（または lend O_2 to O_1）で用いられることが多く、「O_1（相手）に O_2（モノ）を貸す」となります。

一方、図書館から本を借りる、彼女からポルノグラフィティのCDを借りるなど、無料で「借りる」場合はどうでしょう。

075 I borrowed the book from him.
（私は彼からその本を借りた）

borrow は〈borrow＋A＋from B〉のパターンで使い、「B（相手）からA（モノ）を借りる」となるんです。比較的日本語と同じような感覚で使えるので難しくないはずです。

一般的に、移動可能なものを「借りる」のが borrow で、トイレや場所など移動不可能なものを「借りる」場合には use を用いるのが原則です。＊1

🏠 有料での「貸し借り」―rent, hire

rent の系統は、レンタルビデオ (a rental video) やレンタカー (a rental car) など日本語でもおなじみになっています。そう、rent は家や車などを有料で「貸し借り」する場合に便利な単語なんです。

えっ!?　rent で貸し借り…???

rent の注意点はここなんです。この単語は「貸す」だけでも「借りる」だけでもない。実は1つの単語で「貸す」と「借りる」のどちらの意味でも使える一挙両得な単語。まずは、「貸す」の例からいきましょう。

076　The owner rents rooms to students.
（家主は学生に部屋を貸している）

〈rent＋O₁＋O₂ [O₂ to O₁]〉のパターンで「O₁に O₂ を貸す」が基本的な使い方です。

また、「借りる」なら borrow のときと同じパターンで〈rent A from B〉「BからAを借りる」となります。

077　I rent this apartment from her.
（私は彼女からこのアパートを借りている）

borrowの場合もそうですが、特に「B（借りる相手）」を言いたくないなら省略してもかまいません。

また、車を一時的に借りたり、人を一時的に雇ったりする際にはhireが最適。*2 hireの基本は「一時的」っていうこと。そういえば、今でもタクシーのことを「ハイヤー」って呼んでいる人がいますよね。

その他—loan, let

loanは日本語の「ローン」でおなじみ。「(有利子で)お金などを貸す」の用法はすぐに理解できそうですが、lendと同じように「(無料で)モノを貸す」の意味でもよく使われます。

また、letは「貸す」の意味のrentとほぼ同様の使い方ができますが、主にイギリスで用いられることが多い用法です。

078 I let (≒ rent) a room to him.
　　　(私は彼に部屋を貸している)

最後にlease。この単語は、契約書などを交わして「O（土地・建物・車など）を(有料で)借りる、貸す」くらいに覚えておけば十分でしょう。

プラスα

*1…実際には、そこまで厳密な区別はなされずに使われている。
*2…hireは「(一時的に)借りる」を基本とするが、hire outで「(一時的に)貸す」の意味でも用いられる。　▶ We hire out tables for parties. (私たちはパーティー用にテーブルを賃貸しする)

PART 01
18 「疑う」の意味をもつ動詞

「疑う」の代表格といえば suspect と doubt でしょう。この両者は似た意味をもつと思われがちですが、実際には全く正反対の意味をもつ動詞なのです。

次の2つの例文はそれぞれどんな意味を伝えているのでしょうか？

079 I suspected that he was guilty.
(私は彼が有罪だと思った)

080 I doubted that he was guilty.
(私は彼が有罪ではないと思った)

🏠 「suspect も doubt も疑う」では通用しない

suspect も doubt も後ろに that 節 をともなうことがほとんどですが、suspect は「(肯定的に)〜だと思う」で、doubt は「(否定的に)〜でないと思う」という意味になるのです。トランプゲームの「ダウト(I doubt it.)」なんかと絡めておくといいかもしれませんね！ suspect that 節は think that 節と近い感じで、doubt that 節は don't think that 節と近い感じとインプットしてもいいでしょう。

🏠 wonder の正しい意味を覚えよう

wonder の意味を「〜かしら」って書く人がいます。

生徒：「せんせー、wonder って女性の言葉ですか？」
私：「はい？？？」

これは高校2年生の男子生徒が私にしてきた質問です。どうやら辞書に「〜かしら」って書いてあるのをみて「女性的な表現」って思ったらしい…（苦笑）。

皆さんはちゃんと理解しなくちゃダメです。wonder は「〜を不思議に思う、疑問に思う」という意味です。『不思議の国のアリス』の原題が、*Alice in Wonderland* であることを考えれば納得できると思います。

081 I wonder if she knows something.
（彼女は何か知っているだろうか）

上の例文のように、後ろに「〜かどうか」の意味を表す if や whether ＊1 を置くことが多いのですが、that 節をとった際の wonder の訳には少し注意が必要です。

082 I wonder that she passed the bar exam.
（彼女が司法試験に合格したとは驚きだ）

wonder that 節では、「〜ということに驚く」となるのです。＊2 このような意味の違いを判別する際には、後ろに続く接続詞に注目すると効果的です。if や whether の意味が「〜かどうか」だということを考えれば、それらが ask（尋ねる）や wonder（疑問に思う）などの疑問系の動詞と相性がいいことは納得できるでしょう。

that の役割はどうでしょう？　that は接続詞であれ関係代名詞であれ、しっかり述べたり、しっかり説明したりする際の便利な目印ととらえてみましょう。こう考えると that 節の内容は疑問や疑いの対象などではなく、事実や断定的な事柄がぴったりなんですね。

> **プラスα**

＊1…「〜かどうか」の意味で用いる if や whether のほかに、when や how などの疑問詞も置かれる。
▶ I wonder how old she is.（彼女は何歳なんだろう）
＊2…この意味では It's a wonder (that) S+V 〜などとする方が一般的。

PART 01　動詞の語法と文型

PART 01
19 「合う」の意味をもつ動詞

- ▶ サイズが合う。
- ▶ 花柄の壁紙がその部屋に合う。
- ▶ 食べ物が体質に合わない。
- ▶ その服がユウコに似合う。

　上のような状況は、日本語ならばすべて「合う」というコトバ1つで片付けることができますが、英語ではそうはいきません。

🏠 fitの「合う」は「サイズ感」

この靴ジャストフィットだよ！！！

083　The shoe fits her foot.
　　　（その靴は彼女の足に合っている）

このfitは日本語の感覚と同じだから簡単。サイズや型がピッタリってことでした。

🏠 suitの「合う」は「揃っている」

　大学の入学式で着るスーツといったらパンツだけなんてことはありえません。スーツとは、ジャケットとパンツが揃ってスーツと呼べるはず。もちろん色や柄だって揃っている。そう、動詞のsuitは「一式揃っている」という意味を中心に考えてみましょう。＊1

スーツのジャケットとパンツ→上下が「合っている、調和している」このような意味の広がりで以下の例文のsuitを理解していきましょう。

084 Black suits you.
（あなたには黒がお似合いですね）

🏠 match はモノとモノとの調和

この単語を使う際の注意点はただ１つ。モノと人との調和には使えないということ。matchの調和はあくまでもモノとモノです。

085 Her dress matches her bag.
（彼女のドレスはバッグに合っている）

なお、match は go with とほぼ同じ意味で書き換えることもできます。＊2

🏠 agree with は食べ物や気候など周辺環境との適応

異国に行けば周辺環境はがらりと変化します。そんな周囲の環境、主に食べ物や気候などと人との適応を言いたいときは agree with がぴったりです。

086 Pork doesn't agree with her.
（豚肉は彼女に合わない→彼女は豚肉を受けつけない）

🏠 「～になる」とは限らない become

become は「(変化や成長などによってふさわしい状態に)達する」を基本の意味と考えましょう。

069

087 He became a teacher.
（彼は教師になった）

彼は教師に**達した**→彼は教師に**なった**！

この「達する」の意味が「合う、似合う」の意味に広がったのが次の例です。

088 The blue shirt becomes Yuko.
（その青いシャツはユウコに似合っている）

「達する」と「合う」は表裏一体の関係です。基準に達しているなら、基準に合っていると読み替えても何ら問題ないでしょう。例文も同じです。

色やサイズがユウコに**達している**→ユウコに**(似)合っている**！

「～になる」でおなじみのbecomeが「～に合う、似合う」の意味になるプロセスが理解できたら素敵ですよ。＊3

> **プラスα**

＊1…suitは「後に続く」がその根本の意味。「続く」から「一連のもの、ひとつながりのもの」に広がってスーツのような「洋服一式」へと発展。「後に続く」は「請願、懇願」「求婚、求愛」などに広がる。「書類を一式揃えて請願→訴訟、告訴」などの意味にも発展している。

＊2…matchは「色や量などの面で同様である、釣り合っている→調和」、go withは「似合っている」という意味合いが強い。

＊3…becomeを「(人に)似合う」の意味で用いるのは現在ではまれだとされ、suitを用いるのが一般的。

PART 01 20 「盗む、奪う」「書く、描く」の意味をもつ動詞

まずは steal と rob から

steal と rob は似たような意味（steal は「こっそり盗む」、rob は「力ずくで奪う」感じ）をもちますが、使い方はかなり異なる動詞です。日本語と似た感覚で使うことができるのは steal です。

089 He stole money from the safe. （彼は金庫から金を盗んだ）

steal は〈steal A（盗まれるモノ） from B〉で「BからAを盗む」となります。どうですか？　日本語のイメージと近くありませんか？

rob はどうでしょう？

090 The man robbed a bank of three million dollars.
（男は銀行から300万ドルを奪った）

上の例文のように〈rob A of B〉で「AからBを奪う」となります。rob は何を奪うかより、どこ（誰）から奪うかを優先する動詞なので、Aには「場所や人」が置かれ、Bに「奪われるモノ」がくるのです。steal とはうしろに置かれる形が異なるので注意が必要です。

rob と同じ形で使えるのが deprive や rid です。deprive は権利や能力など目に見えない抽象的なものを奪う場合に、rid は厄介なものを取り除く場合に好んで使われます。

091 The big trees deprived the house of light.
（その大きな木々がその家から光を奪った→その大きな木々のために家に光がささなかった）

🏠 「かく」にもさまざま── write, draw, paint, mark

- ▶ 絵をかく。
- ▶ 名前をかく。
- ▶ ペンキでかく。

上のような状況は日本語ならば、すべて「かく」で済みそうですが、英語では目的語に置かれる表現により、使う単語も異なるので気をつけましょう。

092 I often write a letter in English.
（私はよく英語で手紙を書く）

上の例文のように、writeの「かく」は文字を書くという場面で使用するのが基本。

同じ「かく」でも鉛筆やクレヨンなどを使って、線で引いて「かく」ような場合にはdrawが使われます。＊1

093 Draw a line here. （ここに線を引きなさい）

そしてpaint。paintの「かく」はペンキや絵の具などを用いる場合に使うのです。「かく」というよりは「塗る」の意味でインプットしておくことが大切な動詞です。

094 They painted the wall green.
（彼らは壁を緑色のペンキで塗った）

最後の「かく」はmarkです。markは「(印をつける意味での)かく」として用いる動詞です。次の例で確認しておきましょう。

095 My mother marked a shop on the map.
(母は地図にお店の印をつけた)

> **プラスα**
>
> *1…drawの基本イメージは「引く」だが、「モノや人を手で引く、線で引いてかく、預金などを引き出す、注意・注目などを引く、結論などを引き出す」など意味の広がりが非常に大きい。

PART 01 21 「思い出す」の意味をもつ動詞
remind, remember など

　「思い出す」の系統は入試でも大変よく狙われている項目です。ここでしっかり理解して使いこなせるようになりましょう。

🏠 記憶を呼び起こす remind

　remindは「人の記憶を刺激して思い出させる」が基本イメージとなる動詞です。ただし、すでに終わった過去のことを思い出させる場合と、これから先の未来にやるべきことを思い出させる場合とで、形が異なります。

096 The photo always reminds me of our first date.
（その写真を見るたびに初めてのデートを思い出すわ）

097 Remind me to go to the post office.
（郵便局へ行くように言ってね）

両者の違いはわかりますか？
▶ たまたま掃除してたら昔の写真が…
▶ 卒業アルバムに写っていた初恋の人を見て…

　人はいろいろな物をきっかけに過去へとフィードバックすることがあるわけです。過去の記憶などを呼び起こす場合には、〈remind＋A of B〉で「AにBを思い出させる」とします。

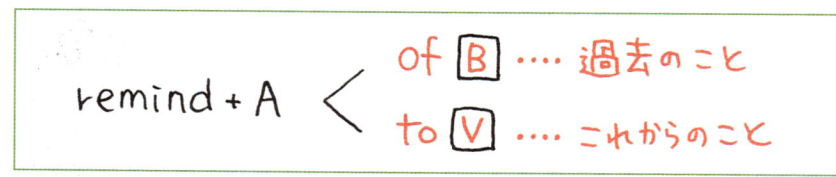

```
remind + A  <  of B …… 過去のこと
               to V …… これからのこと
```

　過去とは反対にこれからやるべき未来のことを気づかせる場合には、〈remind＋A＋to V〉で「Aに（これから）Vすることを気づかせる」となるんです。不定詞が「まだやっていないこと」を表す（→ p.194参照）ことを思い出せば、この用法でto Vが用いられることにも納得できますね。

🏠 意識 or 無意識で区別する remember

remember は中学校で学習する基本単語ですが、「思い出す」って訳されている場合と「覚えている」って訳されている場合があることに気づいていましたか？

098 I suddenly remembered her. （突然、私は彼女を思い出した）

099 I still remember my promise. （私はまだ約束を覚えている）

この両者が意外とテキトーになっているようです。remember の基本は「(意識して過去のことを)思い出す」です。そうやって思い出したことが記憶に定着すれば「(特に意識しなくても)覚えている」となるわけです。

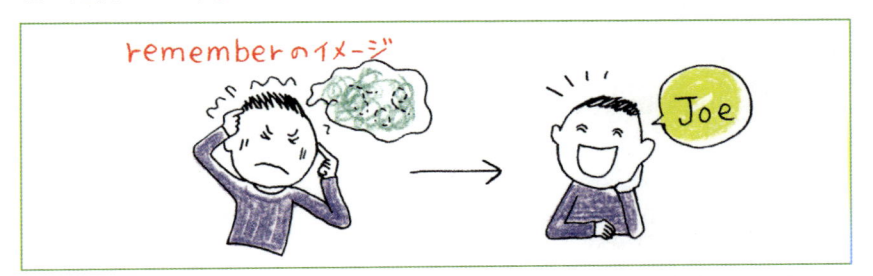

rememberのイメージ

remember の後ろに to V やら Ving が置かれる定番ものは p.197 を参照してください。その他で remember の大切な語法をいくつか紹介します。

100 I remember that the house was very hot.
（あの家がとても暑かったのを覚えている）

remember の後ろに名詞が置かれるのはふつうですが、that節などの節を置くことも可能です。また、〈remember＋A＋to＋B〉で「AのことをBによろしく伝える」とすることも可能です。

101 Please remember me to your mother.
（お母様によろしくお伝えください）

そのほかに、recollect や recall などにも「(意識的に)〜を思い出す」の意味がありますが、remember とは違って、過去の記憶を呼び起こすことにのみ重点がある動詞なので、後ろに不定詞をとることはできません。

PART 01 22 「思いつく」「着用」の意味をもつ動詞

🏠 2つのことに注意して「思いつく」を攻略しよう！

「思いつく」の表現は並べ替え問題などでもよく問われるので、しっかりマスターしたいところです。注意すべき点は次の2つです。

1. 自動詞 or 他動詞
2. 何が主語に置かれるか

次の例文で確認していきましょう。

102 The idea suddenly struck him.
▶ The idea suddenly occurred to him.
（その考えが突然彼の心に浮かんだ）

strike も occur も「思いつく」の意味を表す代表的な動詞ですが、使い方は大きく異なります。strike は他動詞なので後ろに直接名詞（目的語）を置くことができます。一方、occur は自動詞ですから occur to A のように前置詞 to が必要です。

それぞれ strike A や occur to A で「（考えなど）が A（人）の心に浮かぶ」となるのでしっかりインプットしておきましょう。ちなみに strike の基本イメージは「打ち付ける、打ち当たる」、occur は「起こる」といったところです。

▶ その考えが彼に**打ち当たった** ＼
　　　　　　　　　　　　　　　　 ＞ 彼の心に浮かんだ
▶ その考えが彼に**起こった** ／

また、人を主語にして「(人)がA(考えなど)を思いつく」の意味で使いたいときには hit on A（または come up with A）とすれば OK です。

103 He hit on a bright idea. （彼にすばらしいアイディアがわいた）

🏠 「着用」にも2種類！

次の2つの文の違いはわかりますね？

▶ サチコがセーターを着る。
▶ サチコがセーターを着ている。

「着用」には、「着る」という動作を表す場合と、「着ている」という状態を表す場合がありました。

英語では単語を使い分けることでこの違いを表現します。「着る」という動作は put on、「着ている」という状態は wear で表すのです。

104 She put on her purple sweater. （彼女は紫色のセーターを着た）

105 She wore a purple sweater. （彼女は紫色のセーターを着ていた）

また、「着る」ではなく「着せる」の意味をもつ動詞 dress も押さえておきましょう。たいていは、be dressed in A で「A を着ている（状態）」や get dressed in A で「A を着る（動作）」のような形で使われます。＊1

ちなみに、「着る」の反対の「脱ぐ」は take off を使いましたね。ついでに「服」関係の単語もしっかりインプット。

一般に、「衣服」を表したいときは clothes。それとよく似た cloth だと「布きれ」の意味になってしまいます。身につけているものすべて、すなわち「（集合的に）衣類全般」の意味で使いたいときは clothing を用います。

プラスα

＊1…どちらの表現も着用する「服」を話題に出す必要がなければ in A の部分は省略してよい。

▶ They were dressed alike. （彼らは同じような服を着ていた）

PART 01 23 意外な意味をもつ自動詞や他動詞

🏠 意外な意味をもつ動詞があるらしい？

英語の動詞の中には日本語にした際にちょっと意外に感じる意味をもつものがあるらしい。そんな意外性に目をつけてか、入試ではよく問われています。

run は自動詞で「走る」が一般的。でも時に「流れる」という意味になり、他動詞として使われると「経営（運営）する」の意味にもなる。「走る」と「経営する」を並べられたら意外に感じるのも当然です。

🏠 「意外じゃない！」って言えたらカッコイイ！

英語の学習をしていると、「この単語、意味がいっぱいあって面倒くさいなあ…」って感じることあります。そんな時こそ冷静になってほしい。単語は1つなのに意味はそんなにたくさんあるのかって？？？

run はどこまでいっても run です。根本的な意味は変わりません。

106 The boy ran in the 400-meter race.
（少年は400メートル競走を走った）

107 The Tone River runs in front of my house.
（利根川が私の家の前を流れている）

108 Mami runs a restaurant in Ginza.
（マミは銀座でレストランを経営している）

上の例文の3つの run に共通して流れているイメージは「止まらずに連続して流れる」です。

▶ 校庭のトラックを止まらずに連続して流れる少年
　　→ 少年が走っている

- 利根川が止まらずに連続して流れる
    - →利根川が流れている
- 会社が止まらずに連続して流れるようにする
    - →会社を経営する

　最後の「経営する」のあたり、大丈夫ですか？　今期も来期もその次も、資金不足で倒産なんてことがないように連続して会社が流れるようにすることを経営って言ってるだけなんです。

「多義語だから…」では片付かない

　runだけでは説得力に欠けるなら、他の語でも試してみましょう。入試頻出のmeetから。meetには「(必要性などを)満たす」の意味があるとされていますが、meetの基本は「SとOがあう」です。

- 私と彼があう→私が彼に会う
- 私と嵐があう→私が嵐に遭遇する
- 新商品がお客のニーズにあう→新商品がお客のニーズを満たしている

次はpay。「（お金などを）支払う」の意味で有名なpayに、「割に合う」という意味があるのはなぜでしょう？

　「そのCDに3,000円支払った」

　払った側からすれば単なる支出ですが、払われた側からすれば利益になるわけです。この利益になるが「割に合う、引き合う」などの意味に広がっただけです。払った側に立つか、払われた側に立つかの視点の違いが意味の違いを生んだというわけです。

　単語の基本的意味は原則1つなんです。前後に置かれる表現や光の当て方によって違った意味に感じられるだけ。だから、やみくもに多義語なんて言ってはいけないのです。辞書などに多数の意味が載っていたら、それらを最大公約数化する練習をするとほんとにいい訓練になりますよ。

PART 02
受動態

皆さんは簡単だと思うでしょうが、受動態はほんとによく勉強しないとダメです。中学レベルだと、能動態と受動態の書き換えをひたすらやるだけで、しまいには両者は同じ意味などとしている。これでは大学入試レベルの問題には通用しないでしょう。ちょっと「態」を書き換えられると、受験生はとたんにわからなくなってしまいがちです。大学側もそのことをよく知っているから、実によく出題します。単純なイディオムを難しく見せることも、内容真偽問題の選択肢を複雑にすることも、「態」の転換だけでできることがあるのです。心して勉強してください。

PART 02
1 受動態の意味的特徴
受動態はどんな場面で使われるのか？

先生：「受動態」と聞いて何が思い浮かぶかな？
生徒A：「〜れる、られる」ってやつですかね？
生徒B：〈be+過去分詞〉にby〜をつけて書き換えるやつでしょ？

　もし皆さんが、上の生徒たちのようなイメージをもっているなら受動態の理解は不十分です。まして、能動態と受動態の単純な書き換え練習をし、両者は意味的に等しいなんてやっているなら百害あって一利なし。受動態には能動態では表現できない何らかの意味があるはずです。ここでは、受動態が使われる代表的な例を考えていきます。

🏠 受動態を使って自然な情報の流れをつくる！

　英語には「文末焦点」といって、読み手〔聞き手〕がすでに知っている情報（旧情報）からはじめて、読み手〔聞き手〕の知らない重要な情報（新情報ともいう）はなるべく文末に置くという原則があります。＊1 このことを踏まえて、次の例文を見てみましょう。

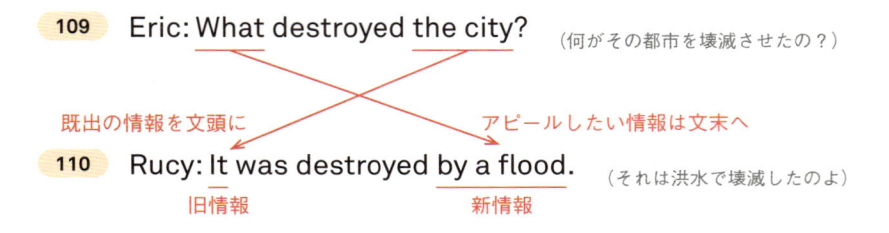

109 Eric: What destroyed the city?　（何がその都市を壊滅させたの？）

既出の情報を文頭に　　　アピールしたい情報は文末へ

110 Rucy: It was destroyed by a flood.　（それは洪水で壊滅したのよ）
　　　　　　 旧情報　　　　　新情報

　ここでは、一度出てきたthe cityを主語の位置に置き、疑問詞Whatの答えにあたる重要情報をby a floodとして文末に置くことで自然な対話の流れをつくっているのです。

あえて受動態を使うのはどんな時？

能動態という表現方法があるにもかかわらず、あえて受動態を使うのには主に次のような3つの理由があります。

> ✋ **受動態を使うとき**
> 1. 誰（何）がその行為をしたかをあえて表す必要がない。
> 2. 誰（何）がその行為をしたかが不明。
> 3. 誰（何）がその行為をしたかをあえて言いたくない。

111 Letters are delivered ~~by a postman~~ every day.
（手紙は毎日配達される）

「手紙が毎日郵便屋さんによって配達される」ではくどすぎます。あえて by a postman と示さなくてもわかります。それなら書かない方がずっと自然な文になるんです。次の場合はどうでしょう？

112 The gate was painted ~~by ???~~.
（門は塗装されていた）

お隣さんの門が、きれいに塗装されていたとします。でも誰が塗ったかはわからない。能動態ではSの位置で「誰（何）がその行為をしたか」を示すのがふつうですが、それが不明な場合には受動態を使ってby以下を書かないことで切り抜けられるのです。

今度は、推理小説を読んでいるとしましょう。最後まで読み進めていくと、犯人はBobだとわかるシナリオです。冒頭や途中で、The woman was killed by Bob.（その女性を殺したのはボブだ）なんて書いてしまったら、読者はその先を読む気が失せますね。The woman was killed. で十分なんです。このように「誰(何)がその行為をしたか」をあえて言いたくない場合にも受動態が使われます。

「受動態+by～」の形は実は少ない！

　以上のように見てみると、受動態には必ずしも〈by～〉がつくとは限らないことがわかります。ところが、英文を読んでいると、〈by+行為者〉をあえて示している文にも出会います。ここに隠されている意図を知るには、最初に説明した「英語の情報構造」の話に戻ればいいのです。受動態を使ってあえて〈by+行為者〉を置くときは、その部分を重要情報としてアピールしたいときだと言えます。「その都市を壊滅させたのは、火災でも地震でも竜巻でもなく…洪水なんだ！」という感覚がつかめれば問題ないでしょう。

プラスα

＊1…詳細は PART 15 **2** 参照。

PART 02 — 2 受動態の形式的特徴

1 の Eric と Rucy の会話では、受動態が表す意味的な特徴を学習しました。ここでは、受動態の形式的な特徴（目で見てわかる特徴）を学習していきます。

🏠 受動態には他動詞が最適！

113　Shakespeare wrote *King Lear*. （シェイクスピアは『リア王』を書いた）
　　　　　S　　　　V(他)　　O

114　*King Lear* was written by Shakespeare.
　　　　S　　　　　V

（『リア王』を書いたのはシェイクスピアだった）

上の例のように、目的語を主語に移すことによって受動態はつくられました。よって、受動態には他動詞が最適ということになります。*1 目的語を主語に移すのですから、目的語がなくてははじまりません。他動詞は後ろに目的語を必要とする動詞なので受動態にはもってこいなのです。

🏠 自動詞を使って受動態をつくるには？

ところが、自動詞でも受動態がつくれる抜け道があるんです。*2 laugh は自動詞ですが、前置詞 at をつけ、〈laugh at〉を1つのカタマリと見なすことで、ふつうの他動詞と同じように目的語をとることができます。

115 Her friends laughed at Mary.　（友だちはメアリーのことを笑った）
　　　　S　　　　V（自動詞＋前）　O

116 Mary was laughed at 〈by her friends〉.
　　　　S　　　V（自動詞＋前）
（メアリーは〈友だちに〉笑われた）

　at by の部分に違和感があるかもしれませんが、at を省略することはできません。くり返しますが laugh は自動詞で、本来、受動態はつくれない動詞です。でも前置詞 at の助けを借りて、実質、他動詞と同じように使えるわけです。at の後ろにあった Mary が受動態の主語として移動したことで at の後ろが空席になっているだけです。その直後に行為者を表す〈by 〜〉が置かれたために at と by がつながっているように見えるだけなんです。

🏠 受動態は能動態と比べてOが1つ欠ける形に

　最初の例文は〈S+V+O〉で書かれた文ですが、受動態にするとOが1つ欠けて見た目は〈S+V〉となります。

▶ *King Lear* was written ＿＿＿ by Shakespeare.
　　　S　　　　V　　　　　↑
　　　　　　　　　　　　Oが1つ欠落

　以下の例文は〈S+V+O₁+O₂〉で書かれた文ですが、受動態にするとOが1つ欠けて見た目は〈S+V+O₂〉の形となります。＊3

117 Joe gave me this ring.　（ジョーは私にこの指輪をくれた）
　　　　S　V　O₁　O₂

118 I was given ＿＿＿ this ring 〈by Joe〉.
　　　　S　　V　　O₁が欠落　O₂
（私は〈ジョーに〉この指輪をもらった）

　最後は〈S+V+O+C〉で書かれた文の受動態です。今までと同様にOが1つ欠けて見た目は〈S+V+C〉となります。

119 Everyone calls her Emma. 〈みんなは彼女のことをエマと呼んでいる〉
　　　　　S　　　V　　O　　C

120 She is called _____ Emma 〈by everyone〉.
　　　　S　　V　　　Oが欠落　C

〈彼女は〈みんなに〉エマと呼ばれている〉

> **プラスα**

＊1…like, want, contain, have, approach, become（～に似合う）, cost, enter, reach, resemble などは原則として受動態をつくらない他動詞。Bob resembles his father. を受動態にして＊His father is resembled by Bob. とはしない。主語の His father が resemble という動詞の作用や行為を受けるわけではないからだ。

＊2…He runs fast.（彼は走るのが速い）のような自動詞 run を用いた文を受動態にすることは不可能。単独で用いられた自動詞は、そもそも後ろに目的語をとらないためである。

＊3…ここでは O_1 を S にして受動態をつくったが O_2 を主語にして This ring was given to me. も可能。ただし、すべての第4文型動詞で2種類の受動態がつくれるわけではないので注意しよう。O_1 を S にできる受動態は実際はそう多くないのが現状。

MEMO

PART 03
時制

時制を苦手とする人はかなり多いようです。苦手な原因の1つは英語の時制と日本語の時制の考え方が根本的に異なるからでしょう。だからこそ、時制を攻略するためにはまず、それぞれの時制の「イメージ」をしっかりインプットすることです。用法が紛らわしいものに関しては日本語につられないような「解き方」で問題にあたることが攻略への近道です。このPARTでは、英語の時制を攻略するポイントをマスターしましょう。

PART 03 — 1　現在形

時制のトップバッターを飾るのは現在形です。中学からなじみのある時制かもしれませんが、勘違いが多いのも事実です。

🏠 「現在形＝現在のこと」ではない！

「現在形＝現在のことを表す」のような考え方では、現在形を攻略したことにはなりません。「現在形」は必ずしも現在のことを表しているわけではないのです。現在形を用いた例を、以下に３つ挙げてみます。

121　Vegetarians **don't eat** meat.
　　　（菜食主義者は肉を食べない）

122　John **belongs** to the Republican Party.
　　　（ジョンは共和党の党員である）

123　Light **travels** faster than sound.
　　　（光は音より速く伝わる）

これらの文にはすべて、現在形が使われていますが、どれも根っこは同じなんです。

🏠 現在形の本当の使い方

例文 **121** の菜食主義者が肉を食べないのは、現在に限ったことではありません。好みが変わらない限り、昨日（過去）も今日（現在）も明日（未来）も肉は食べないはずです。

例文 122 でも同じことが言えます。共和党員であるのは今に限ったことではありません。政治信条が変わらなければ、ずっと共和党員のはずです。

例文 123 はどうでしょう？ 光が音より速いのは、昨日も今日も、そして明日も変わらず成り立つ事柄です。次の文も同じですね。

124 　The sun **rises** in the east.
（太陽は東から昇る）

太陽は昨日も東から昇ったし、今日もそして明日も東から昇ります。天変地異でも起こらない限り、変化しない安定した内容を伝えています。

こうやって見ていくと、現在形は決して現在のことだけを表しているわけではないことがわかります。現在形は、現在を中心に過去、現在、未来のすべてを幅広くカバーしつつ、「いつも変わらない、安定していること」を表す時制なのです。＊1

🏠 現在形で未来が表せる!?

125 　Harrods **opens** at 10:00 a.m.
（ハロッズは午前10時に開店です）

これまでと同様に、現在形の文です。ハロッズの開店時間は毎日変わらず午前10時だということを伝えています。では、この文に未来の時を表すtomorrowを加えてみましょう。

▶ Harrods **opens** at 10:00 a.m. **tomorrow**.
（ハロッズは明日午前10時に開店です）

PART 03　時制

現在形を「現在のことを表す」と思っていると謎は解けません。ハロッズはいつも午前10時に開店するわけです。ならば明日も午前10時に開店することは、いつもと変わらないことだと言えるわけです。

126　The train **leaves** at six o'clock **tomorrow**.
（その列車は明日の6時に出ます）

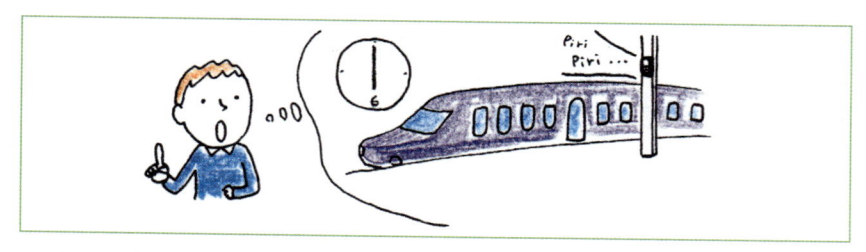

　昨日も今日も東京駅を6時に出発している新幹線は、明日も6時に出発するのは確実なことです。また、図書館が9時開館だと決まっているなら、昨日も今日も9時開館だし、もちろん明日だって確実に9時に開くはずです。時刻表や開館時刻などは、変化しない安定したものでないと困ります。
　このように、現在形を使うことで「確実な未来の予定」を表すこともできるのです。なお、この用法は、個人的なスケジュールなどより、集団に関わる公的な事柄を表すときに使われるのがふつうです。

> **プラスα**
>
> ＊1…英文法の世界では、121 を「現在の習慣」、122 を「現在の状態」、123 を「不変の真理」などと分類することがある。ただし、現在形の根っこさえきちんと押さえれば、これらの分類はどうでもよいだろう。

PART 03 - 2 進行形

「〜している＝進行形」ではない

ここからは、進行形について見ていきましょう。次の例文は、どちらも「〜している」と訳せますが、使われている時制は異なります。

127 Sarah usually **wears** red, but today she **is wearing** white. （サラはふだんは赤い服を着ているのに、今日はいつになく白を着ています）

前半のwearsの部分は、現在形を使って、「サラはいつも赤い服を着る人だ」といういつも変わらない、安定していることを表し、後半のis wearingは、ふだん白い服を着ない人がいつになく、一時的に白い服を着ていることを表しています。こうやって比べてみると、「〜している＝進行形」のような考え方では通用しないことがわかります。

進行形は〈be＋Ving〉の形で、実際に何らかの行為が行われている最中・途中のイメージで用います。

> **進行形のイメージ**
> 実際に行為が行われている最中・途中
> 最中・途中ということは→
> 1. まだ終わっていない
> 2. 近いうちに終わる
> 3. その気になればすぐに中断できる

例文を使って理解を深めていきましょう。

> **128** Mao **is making** breakfast in the kitchen.
> （マオはキッチンで朝食をつくっている）

進行形を使う際には、前述の 1. 〜 3. の全部でなくても、どれか1つはあてはまるのがふつうです。**128** の例文だと次のようにまとめることができます。

マオは料理中 →
1. まだ料理は終わっていない
2. 近いうちに終わる
3. 来客などあればすぐに中断できる

進行形とはなじみにくい動詞がある

「状態動詞は進行形をつくらない」のようなルールをむりやり暗記するのではなく、理解しながら深めていきましょう。例えば know（知っている）などの状態動詞を進行形で用いることは原則不可です。＊1

（✗）I am knowing Bob.

理由は簡単。すぐには中断できないし、近いうちに終わることもないからです。Bobのことを知っている（know）人に「すぐに記憶から消して！」なんて無茶な話です。

be動詞だって進行形になる!?

いわゆる状態動詞でも一時的であることを強調したいときには、進行形を用いることがあるのです。次の文を比較してみましょう。

> **129** You **are** kind.
> （いつも親切にしてくれるね）

> **130** You **are being** kind today.
> （今日はいつになく親切だね）

例文 **129** はふだんからの変わらない性質を表していますが、be動詞

を「進行形」にした **130** の場合は、「いつになく」といったニュアンスが加わり、ふだんとは違う一時的な状態であることを強調しています。冒頭の例文 **127** で用いられているwear（～を着ている）も状態動詞とされますが、後半では進行形を用いていました。ここでも同様に、「今日はいつになく」といったニュアンスが感じられると思います。

🏠 進行形で不快感やいら立ちを表す

「反復」を表すalways, continually, foreverなどの語句と進行形が一緒に使われると「いつも～ばかりしている」といったニュアンスになります。圧倒的に不快感やいら立ちを表すことが多いですが、まれに賞賛の意味にもなります。

131 John **is always going** to a movie.
（ジョンはいつも映画ばかり見に行っている）

Johnが受験生ならば親からの「非難」でしょうし、Johnが映画監督を目指す大学生ならば「賞賛・賛同」の意味になるでしょう。文脈判断が大切ということです。なお、現在進行形が「確実な未来の予定」を表す用法はこのPARTの **7** で扱います。

> **プラスα**
>
> ＊1…いわゆる状態動詞については **別** p.31 参照。

PART 03 — 3 過去形と現在完了形（1）

過去形と現在完了形はどう違うのか？

　ここからは、過去形と現在完了形を比較しながら理解を深めていきましょう。前回の現在形と進行形の例でもそうでしたが、時制は日本語の訳語にあてはめて考えるとうまくいきません。次の例を訳してみてください。

132 Paul **loved** Tiffany. 〔過去形〕

133 Paul **has loved** Tiffany. 〔現在完了形〕

　「過去形＝愛し**た**、現在完了形＝愛して**しまった**」ではもちろんダメです！ **132** のように過去形を使えば、以前は Tiffany を愛していたが、今では愛情がない感じに、一方、**133** のように現在完了形を使うと、以前から Tiffany を愛していて、今でもその愛情は変わらないといった意味合いになります。

　日本語で考えると区別しにくい過去形と現在完了形ですが、過去形は、切れている（離れている）を基本イメージとしてみましょう。**132** の過去形の文は、現在から切り離された過去のひとコマを伝えているだけです。おそらく、現在は気持ちが離れている可能性が高いですが、現在の2人の関係は、はっきりしません。

過去形で丁寧さや控え目な気持ちが表せる

134 **Can** you tell me the time?　（時間を教えて）

135 **Could** you tell me the time?　（時間を教えていただけませんか）

Can you ...？より Could you ...？とした方が丁寧で控え目な印象を与えます。これも、過去形がもつ「切れている（離れている）」イメージから説明できます。親友や身内など人間関係が近い間柄では、言葉はそれほど丁寧である必要はありません。ところが、初対面の人や、上司や先輩などの目上の人のような、それほど人間関係が近くない間柄の場合は、過去形を用いることで相手との距離感を演出できるわけです。こんな風に過去形をとらえておけば、仮定法の時に過去形が用いられる理由もしっかり説明できるようになります。＊1

🏠 現在完了形はどんなイメージで使われるか？

　現在完了形を理解するポイントは、〈have＋過去分詞（Vp.p.）〉という形にあります。haveの基本イメージを「現在もっている（have）」とし、過去分詞（Vp.p.）は「すでに過去にVした」とします。現在完了は、それら2つの足し算で理解するのです。例文で実践してみましょう。

136 I **have** lost my watch.
　　　　　もっている ＋ 時計をなくした →今でも時計がない

　haveとそれ以下 lost my watchに分けて考えてみると、「時計をなくした（lost my watch）」ことを「現在もっている（have）」。よって、「今でも時計が手元にない」ことが伝わるのです。また、現在完了形は、haveを使っている以上、現在がどうなのかということに視点があります。＊2 yesterdayや when I was in Londonのような特定の過去を表す語句と併用できないのは、ルールとして暗記するまでもなく、当然のことだと理解しましょう。＊3

> **プラスα**
> ＊1…仮定法についてはp.157〜を参照。　＊2…現在に視点があるため、ベートーベンのような故人を主語にした現在完了形は不適切とされる。よって、Beethoven has composed his greatest works. のような現在完了形は使わないのが無難だが、あえて現在完了形を用いることで、ベートーベンの楽曲が今でもこの世で多くの人々に身近に感じられていることが表せる。　＊3…since yesterday（きのう以来）のように、現在へとつなぐsinceを用いれば現在完了形を用いることができる。

PART 03 時制

PART 03
4 過去形と現在完了形（2）

現在完了形をもう少し詳しく見ていきましょう。

🏠 いちいち3つの用法に分類する必要はありません！

現在完了形を「経験・継続・完了・結果」などと分類して満足するのではなく、根っこをしっかり理解していきましょう。次の3つの例文で現在完了形を完璧にマスターしていきます。

137　I have visited Okinawa many times.
　　　もっている ＋ 沖縄を何度も訪れた → 今でも頭に残っている（思い出）

この文は、「沖縄を何度も訪れた」ことを「現在も（頭の中に）もっている」と考えます。単に「訪れた」という過去の事実を伝えているのではなく、今でも頭に思い出のように残っていることを伝えています。

138　I have known her since she was a girl.
　　　もっている＋彼女と知り合った →今でも彼女と知り合い

137 と考え方は同じです。「彼女と知り合った」という状況を「現在もっている」。ここでは、彼女との関係が今でも続いていることが読み取れます。

139　I have just finished my homework.
　　　もっている　＋　宿題を終えた →宿題を終えている

この文も、「自分の宿題を終えた」という状況を「現在もっている」が基本です。「終えた状態をもっている」ということは、宿題を終え、やることがないヒマな自分がいるのかもしれません。過去形で finished my homework と書いたらどうでしょう？　「宿題を終えた」という過去の事実は伝わりますが、現在の状況までは伝わりません。その後、別の宿題が与えられているかもしれないし、宿題を終えたので遊びに行っているかもしれません。

現在進行形と現在完了進行形はどう違う？

次の違いは、予備校でも質問されることが多い項目です。

140 He **is living** in India.

141 He **has been living** in India for two weeks.

140 のように現在進行形を用いた文だと、何らかの事情で今だけ一時的にインドに住んでいる感じがします。一方、**141** のような現在完了進行形だと、「2週間インドに住んでいる」という状況を「現在でももっている」ことになります。2週間前の3月1日から住みはじめて、今日は3月14日。今でも住み続けている感じが読み取れれば問題ないでしょう。

現在完了形と現在完了進行形はどう違う？

こちらも使い分けが紛らわしいとされていますが、have [has] と過去分詞(Vp.p.)以降を分けて考えれば違いは明確になります。

142 He **has** repaired the engine.
　　　もっている ＋ エンジンを修理した
　　　　　　→すでに修理は終わっている

143 He **has** been repairing the engine.
　　　もっている ＋ エンジンを修理中
　　　　　　→まだ修理は終わっていない

最後にもう一度、過去形と現在完了形の違いを確認しておきましょう。

> ## 過去形と現在完了形
> 1. **過去形** … 切れている（または、離れている）感じ。
> 2. **現在完了形** … 「Vp.p.（過去にVしたこと）を have（現在もっている）」を基本とする。過去の事柄が、何らかの意味で現在とつながりをもつ。

PART 03 時制

PART 03 — 5 過去完了形

過去完了形は苦手な人が多いようです。「現在完了形を過去へ平行移動したもの」とか「過去のある一時点までの継続・経験…」などの説明ではピンとこないかもしれません。

過去完了形とは？

過去完了形は、過去の一時点よりもさらに前の時間帯をカバーするものです。

144 The plane had already left when I got to Haneda Airport.
　　　　　　　　さらに前の事柄 ← 過去の一時点の事柄
（私が羽田空港に到着したとき、飛行機はすでに飛び立っていた）

上の文では、私が羽田空港に到着した時点（got）よりも前に飛行機が飛び立ってしまった（had ... left）ことを表しています。

次の文でも同様です。

145 The teacher got angry because we hadn't finished the
　　　　　　過去の一時点の事柄 → さらに前の事柄
homework by the deadline.
（期限までに宿題を終えなかったので、先生は怒った）

先生が怒った時点よりも、宿題を終えなかったことの方がさらに前の出来事です。これで基本は大丈夫ですね。

過去完了形の乱用はやめよう！

ここからは、少し発展的な説明に入りましょう。過去完了形を、「過去の一時点よりもさらに前の時間帯をカバーするもの」という説明で完結させて

しまうと、次のような疑問が発生してしまうようです。ある日の授業で次の例文を書き、あえて特別な説明もせずに教室を去りました。

146 I lost my key, but it was found in the store.
（私は鍵をなくしたが、そのお店で見つかった）

するとどうでしょう。かなりの数の生徒が質問に来るのです。私が黒板に書いた英文が間違っているかのように、不敵な笑みを浮かべて来るんですね。

生徒：「鍵が見つかったときよりも、鍵をなくした時点の方がさらに前のことだから I lost my key の部分は I had lost my key ですよね？」
私　：「過去の一時点より前のことはすべて過去完了形で表さなくてはいけないって思ってる？」
生徒：「えっ!?　違うんですか…」

過去完了形は、ある行為が過去のある時点よりさらに前だということをあえて明確にする必要があるときに使われる時制です。先ほどの文では、等位接続詞 but を使って、過去の出来事を起こった順番どおりに並べているだけです。過去完了形を用いて時間の前後関係を明確にしなくても、誤解が生じる可能性は限りなくゼロでしょう。こういう場面で過去完了形を用いるのは、かえって不自然なのです。また、before や after など時間の前後関係を明確に表す語句があるときも、あえて過去完了形を使わず、過去形で代用できます。

147 I went out after my brother had left.
（兄が去った後、私は外出した）　　　　　　　left でもOK！

「私の外出（went out）」よりも「兄が去った（had left）」ことの方が前の事柄なので過去完了形で had left とすべきところですが、過去形の left で代用できるのです。

👆 過去完了形

過去の一時点よりもさらに前の時間帯をカバー

【注意】過去完了形を使うには、前後に過去の一時点を表す表現が必要となる。それがないのに過去完了形単独の文を用いるのは不適切。また、過去完了形の乱用は避ける。

PART 03 – 6 未来を表すさまざまな表現（1）

ここまでは、現在形や過去完了形のように特定の形をもった時制について学習してきました。しかし、未来時表現についてはそう簡単にいかないのです。

🏠 英語には未来形なんて存在しない!?

英語には未来を表す特定の形は存在しません。「We will be busy tomorrow.のような〈will＋動詞の原形〉を未来形だと教わりました」なんて反論がありそうですね。では、次のような文で未来を表すことは無理でしょうか？

148　We may be busy tomorrow.
　　　　（私たちは明日は忙しいかもしれない）

mayでも立派に未来のことは表せます。willは未来形などではなく、mayと同様、単なる「助動詞」です。英語には、study[studies]のような現在形やstudiedのような過去形は存在します。しかし、（❌）studyllのような「未来形」はありません。そこで、助動詞などのさまざまな表現を借りてくることで未来時を表すことになります。もちろん借りてくる表現によって伝わる意味も違います。[will＝be going to]のような単純な書き換えではすまされないのです。

🏠 未来時表現① ― will, may, might

想像してみて下さい。家族でワイワイ食事をしている最中、テレビで京都旅行のCMが流れています。紅葉の美しい東福寺や、ライトアップされた清水寺が映し出されています。そこで娘は次のように言います。

149　I will go to Kyoto next month!
　　　　（私、来月京都に行くわ！）

willの基本イメージは「(その場での)意志表明」です。名詞でwillを使うと「意志」の意味になることも参考にしておきましょう。

　では、この発言を聞いた両親はどう思うでしょう？「京都に行くわ！」と意志表明したわけですから、「彼女は、きっと京都に行くだろう」といった推量が生まれます。

150 She **will go** to Kyoto next month.
(彼女は、来月きっと京都に行くだろう)

> I will go to Kyoto next month. 意志
>
> She will go to Kyoto next month. 推量

　このように考えると、willに「きっと〜だろう」のような「推量」の意味があることがすんなり理解できるわけです。また、willで表す「推量」は、確信度が高く、「十中八九」ぐらいの意味合いで使われます。また、willより推量の度合いを下げて、50%(〜かもしれない)にしたければmay、さらに度合いを下げたければmight(ひょっとして〜かもしれない)を用います。

▶ She **will go** to Kyoto next month.　(彼女は、来月きっと京都に行くだろう)
　　↓ 推量の度合いが下がる
　She **may go** to Kyoto next month.　(彼女は、来月京都に行くかもしれない)
　　↓ 推量の度合いがさらに下がる
　She **might go** to Kyoto next month.
　　　　　　　　　　　(彼女は、来月京都にひょっとして行くかもしれない)

なお、will で表される「推量」は、be going to に比べて、話者の主観的判断のニュアンスが強く、その場でとっさに判断している感じが特徴です。

> 👆 **will の基本用法**
> 1. (その場での) 意志表明　「〜しよう」
> 2. (その場での＆主観的な) 推量　「きっと〜だろう」

次のセクションでは be going to を見ていきます。will と比較しながら読み進めると、両者の違いが明確になるはずです。

PART 03
7 未来を表すさまざまな表現（2）

🏠 未来時表現② — be going to

さて、6 の京都旅行の話の続きです。その後、娘はインターネットで情報を収集。具体的な日時やコースを決め、新幹線やホテルなどの予約も無事とれたようです。安心して一息ついた彼女のもとに、同僚から別のイベントのお誘いメールが…。京都旅行を優先する彼女なら次のように言って断るでしょう。

151 I **am going to go** to Kyoto next month.
（来月、京都に行くことになっているんだ）

be going to は、あらかじめ決まっている確実な予定を表し、「〜することになっている」の意味で用います。will のようなその場での意志表明ではありません。手帳やカレンダーなどに書き込まれているスケジュールを表す際にぴったりな表現なのです。後日、旅行代理店から無事にチケット一式が届いたようです。そんな彼女を見た同僚は次のように言います。

152 She **is going to go** to Kyoto next month.
（彼女は、来月きっと京都に行くだろう）

will と考え方は同じで、be going to にも「きっと〜だろう」のような推量の用法があります。ただし、will と違って、何らかの根拠や兆候がある場合

に使うのがふつうです。ピンとこない人は次の例文で比較してみましょう。

153 It **will rain** this evening.
(今晩、雨が降りそうだね)

154 It **is going to rain** this evening.
(今晩、雨が降るらしいよ)

その場での推量なら 153 のwillが、天気予報などの客観的な根拠をもとにした推量なら 154 のbe going toがふさわしいということです。

be going toの基本用法
1. あらかじめ決まっている確実な予定
　　　　　　　　　　　　　　　「～することになっている」
2. (根拠や兆候などをもとにした)推量　「きっと～だろう」

未来時表現③ ― 現在進行形

　be going toをよく見ると、「進行形」が含まれていることに気づきます。実は、現在進行形でもbe going toと同様に「未来の確実な予定」を表すことができるのです。予定に向かって準備が着々と進んでいることがイメージできればいいでしょう。次の例文のように、現在進行形で未来の確実な予定

107

を表す場合には、tomorrow や next week のような未来を表す表現をともなうのがふつうなので、一般的な進行形と混同することはないでしょう。なお、この表現は、個人的な予定を述べる場合に使われることが多いようです。

> **155**　I **am taking** an exam next week.
> 　　　　（私は来週試験を受けることになっている）

🏠 未来時表現④ — 現在形

なお、電車やバスの時刻や施設の開館時間など、公的に決まっている予定に関しては「現在形」を使いました。＊1 これは、「変わらず安定している」イメージをもつ現在形を利用したものでした。それらとは違った例も見ておきましょう。

> **156**　Tomorrow **is** Sunday.　（明日は日曜日だ）
> **157**　I **will be** twenty tomorrow.　（私は明日で20歳になります）

どちらの例文も明日という未来のことを述べていますが、**156** では現在形、**157** では助動詞 will が用いられています。なぜでしょう？

仮に、今日が土曜日とすれば、Today **is** Saturday. と言います。これは、現時点で変わることのない事実だからです。ならば、「明日は日曜日だ」ということも変わることのない事実と考えられるので、同じように現在形を使っています。一方 **157** は、現時点では20歳になっていないため事実と断定することはできません。よって、推量を表す助動詞 will を用いた方が自然な文となるわけです。

🏠 未来時表現⑤ — その他

未来を表す表現は他にもあります。

> **158**　I **am about to** leave.　（私は今まさに出かけようとしているところだ）

〈be about to V〉で「まさに V するところだ」の意味になります。about は「周囲・周辺」が基本イメージなので、あと少しでその行為が行われる、間近

な感じが表現できます。〈be supposed to V〉で「（前提として）Vすることになっている」、〈be scheduled to V〉で「Vすることが計画されている」なども一緒に押さえておきましょう。

159 She **is supposed to** be here at ten every day.
（彼女は毎日10時にここに来るということになっている）

160 He **was scheduled to** be paroled in two days.
（彼は2日後に仮釈放されることになっていた）

🏠 いわゆる「未来完了形」などについて

未来完了形とは、〈will have＋Vp.p.〉で「未来のある一時点までにおける経験、継続、完了・結果を表す」とされますが、もっとシンプルに理解していきましょう。*2 例えば、すでに仕事を終えていてヒマな状態なら、現在完了形を用いて次のように言います。

▶ I **have finished** my work. （私は仕事をやり終えた）

この文の文末に by Friday（金曜日までに）などが加わると、未来のことになるので、事実と断定することはできません。よって、推量を表す助動詞 will を添えて以下のように表現します。

161 I **will have finished** my work **by Friday.**
（金曜日までに仕事をやり終えているだろう）

未来完了形は、今まで学習してきた現在完了形に、推量の助動詞 will が加わったものとした方がスッキリ理解できるのです。*3

プラスα

＊1…p.91 を参照。
＊2…will have finished のような未来完了形を will finish とすることもしばしばある。なお、will have been teaching のような未来完了進行形はあまり用いず、will have taught のような未来完了形を用いるのが通例。
＊3…推量の度合いを下げたければ、will を may などに変えることもできる。

PART 03 8 時や条件を表す副詞節中の時制、時制の一致

　この項目は時制の中ではダントツ1位の出題頻度を誇ります。「時や条件を表す副詞節中では未来のことでもwillを使わずに現在形(または現在完了形)で表す」という説明を聞いたことがあるかもしれません。*1 しかし、こうした公式で押し切るのはこの本の主旨に反します。なぜwillが不適切になるのかをしっかり理解しましょう。

🏠「前提」なのか「推量」なのかを考えてみる

次の例文を比較してみましょう。

162　I will discuss the matter [if he **comes** home].
　　　*2
　　　　　　　　　　　　　　　　　　→帰宅を前提→現在形

(彼が帰宅したら、私はそのことについて議論するつもりだ)

163　I don't know [if he **will come** home].
　　　　　　　　　　　　　　　　→帰宅するかは不明→推量のwill

(私は彼が帰宅するかどうかはわからない)

　どちらもifを使った表現です。**162** ではif節中でwillを使っていませんが、**163** ではwillを使っています。p.103の **6** で、willには「推量」の意味があることを学びました。例文 **162** の「彼が帰宅したら」の部分に「推量」のニュアンスは入っていません。むしろ、「彼が帰宅する」ことを「前提」にして述べているだけです。では、**163** の方はどうでしょう？ I don't know (私はわからない) と言っていますから、if以下の「彼の帰宅」は、はっ

きりしていません。「今日は記念日だから早く帰ってきてくれるかなあ」とか、「いや、最近残業ばかりだから今日の帰宅は無理かなあ」など、if以下の内容にはさまざまな「推量」が働いているのです。そうなることを前提に述べているならwillは入らず、推量があればwillが入る。たったそれだけのことなんです。次の例でさらに理解を深めておきましょう。

164 I wonder [when we **will meet** again].
（いつまた会えるだろうか）

165 [As soon as we **arrive** in Tokyo,] we'll visit Akihabara.
（東京に着いたらすぐに私たちは秋葉原に行きます）

willは「来るかな？ 来ないかな？ どっちなんだろう？」ということを表す「推量」でした。言い換えれば、「推量」のwillは白黒はっきりしていない、いわばグレーなイメージです。**164** では、「私たちが今度いつ会えるか」がはっきりしていません。このグレーな感じを「推量」のwillが表してくれています。

一方、**165** では、「東京に着くだろうか、いや着かないかもしれない」などの推量は一切していません。東京に着けば秋葉原に行けますし、着かなければ秋葉原には行けません。むしろ、白黒はっきりしているわけです。よって、「推量」のwillも似合わないということです。

---

whenやif節中にwillを用いるor用いない？

1. たとえ未来のことでも「そうなることを前提」にするなら「推量」のwillは入らない。
2. そうなるか、ならないか「はっきりしていない（グレー）」ことを述べるなら「推量」のwillを用いる。

時や条件を表す副詞節中でも will が入るとき *3

次はちょっと意地悪な例文です。

166 [If you **will succeed**,] you must work hard.
（成功したいのなら、懸命に勉強しなければいけない）

条件を表す副詞節なのに、なぜ will が入っているのでしょうか。will には「推量」の他に「（その場での）意志」を表す用法もありますね。ここでは、「成功する意志があるのなら…」と主語（ここでは you）の意志を述べています。ならば will が入るのは自然なことですね。

「〈will ＋ 動詞の原形〉は未来形です」といった理解では、説明しきれないものが多くなってしまうことがわかるかと思います。最初は少しつらくても、will についてしっかり理解しておくことが重要になるのです。

時や条件を表す副詞節中で現在形を用いる理由

これまで、時や条件を表す副詞節中で推量の will が使われない理由を説明しました。ただ、will が使われない理由を説明しただけで、なぜ現在形を用いるかという疑問には答えていません。次からのセクションをしっかり読み込んでみてください。最終的には p.117 のところでこの疑問が氷解することになります。

時制の一致

主節の動詞が過去形の時に限り、それに続く節中の動詞も過去形に合わせる約束事のことを 時制の一致 と呼びます。しかし、これは絶対的なものではありません。次の文はどちらも正しいです。

167 He **said** (that) light **travels** faster than sound.
168 He **said** (that) light **traveled** faster than sound.

「不変の真理は時制の一致を受けない」と言われますが、そんなことはありません。話者が that 節以降の内容をどうとらえているかで変化するだけ

です。 167 は時制を一致させず現在形で書かれています。この場合、話者は that 以下の内容を 疑いもない事実 だと見なしています。一方、過去形を用いた 168 では that 以下の内容について、事実かどうかわからず疑いをもっている ような感じに聞こえます。過去形のもつ距離感がそうさせていることは言うまでもありません。

プラスα

＊1…時を表す副詞節は、when, after, before, till, until, once, as soon as など、条件を表す副詞節は if, unless, as long as などで導かれることが多い。
＊2…この will は主語である I の「意志表明（〜するつもりだ）」と考えればよい。
＊3…この項目が文法単独で入試に出題されることはきわめてまれ。長文中などで出てきた際の参考程度にしていただきたい。

PART 03 — 9 動詞の原形について考える（1）

「動詞の原形」は、英語を勉強しているとたびたび耳にする言葉です。では、そもそも「動詞の原形」とは一体どのようなものなのでしょう？

🏠 動詞の原形が表すもの

まずは動詞の原形が用いられるさまざまなパターンを見てみましょう。

1. 命令文

169　**Memorize** a lot of English words.
（たくさんの英単語を暗記しなさい）

2. to＋動詞の原形（いわゆる不定詞）

170　I promised to **do** it today.
（私は今日それをする約束をしました）

3. 要求・提案・命令・主張などを表す動詞に続くthat節中

171　My father requested that I **be** here.
（父は、私にここにいるように要求した）

4. 原形を用いた譲歩の構文

172　**Be** it ever so humble, there is no place like home.
（たとえどんなに粗末であってもわが家にまさる所はない）

以上にはすべて動詞の原形が使われていますが、何か共通点が見えてきませんか？　動詞の原形は、まだ現実になっていない不確定なことに対して使われていると仮定してみましょう。

🏠 命令文が動詞の原形からはじまるのはなぜ？

先ほどの例文をもう一度見てみましょう。

169　**Memorize** a lot of English words.
（たくさんの英単語を暗記しなさい）

私たちが相手に命令するのは、まだ現実になっていないからでしょう。まだ単語を覚えていないからこそ「覚えなさい！」と言ったり、静かにしていない子に「静かにしなさい！」と言ったりすることからもわかります。

🏠 不定詞はなぜ〈to＋動詞の原形〉か？

再び先ほどの例文です。

170 I promised to **do** it today. （私は今日それをする約束をした）

不定詞は「まだそうなっていない」ことに対して使うのが原則でした。to do it today に着目すると、その行為はまだ現実になっていないことだとわかります。

🏠 なぜ My father requested that I be なのか？

私たちが、要求や提案をする時はどんな時？　もちろん、それがまだ現実のものとなっていない時でしょう。だから「まだ現実になっていないこと」を表すために that 節中では主語の人称や時制にかかわらず「動詞の原形」で表現するわけです。＊1

171 My father requested that I **be** here.
（父は、私にここにいるように要求した）

後に should をつける用法が発達し、〈should＋動詞の原形〉という形も多く見られるようになっています。＊2 should は、当然のことや本来あるべき姿を表現したい場合に用いられるものです。今回のような状況ではぴったりな助動詞だと言えましょう。＊3

> **プラスα**
>
> ＊1…要求・提案・命令・主張などを表す動詞に続く that 節中で動詞の原形が用いられるものを「仮定法現在」と呼ぶことがある。しかし、動詞の原形を用いて「まだ実現していないこと」を表しているので「仮定法原形」という用語に改めるべきだろう。　＊2…〈should＋動詞の原形〉の should を省略したのがアメリカ用法だというのは間違い。should は省略されたものではなく、後からついたものである。　＊3…should の基本用法については PART 04 の 6 を参照。要求・提案・命令・主張などを表す動詞に続く that 節中の should については PART 04 の 7 を参照。

PART 03 時制

PART 03
10 動詞の原形について考える(2)

前回からの続きです。

🏠 Be it ever so humble とは何者か？

最後はp.114の例文 **172** を解説しますが、これまでと同じ考え方で理解できます。

172 **Be** it ever so humble, there is no place like home. *1
（たとえどんなに粗末であってもわが家にまさる所はない）

この文は、「動詞の原形」を文頭に置くことで、譲歩（たとえ〜でも）の意味を表しています。ここでは、現実にそれが粗末だということを伝えているのではなく、まだ現実となっていない、不確定なことを伝えているに過ぎません。次の例で理解を深めましょう。

173 **Believe** it or not, he asked me to marry him! *2
（信じられないかもしれないが、彼は私に結婚してくれと言った）

ここでも文頭でbelieveが動詞の原形として使われています。前の例と同様、「信じる」ということが、現段階ではまだ現実のものになっていないことがつかめると思います。

🏠 やっと本題に！

実は、16世紀あたりの文献には、時や条件の副詞節中に動詞の原形を用いた表現が頻繁に登場していました。つまり、以下のように主語が3人称単数でも動詞の原形を用いて表していたわけです。

174 If it **rain** tomorrow, we'll stay at home.
（もしも明日雨ならば私たちは家にいる）

雨が降るのはまだ現実になっていないし、明日という未来時の不確定なことです。よって、動詞の原形を用いたわけです。どうやらこの動詞の原形

を用いた用法が、時間の経過とともに、現在形や現在完了形を使う用法に変化していったようです。

▶ If it **rain** tomorrow, we'll stay at home.

↓ 徐々に変化！

rains

（もしも明日雨ならば私たちは家にいる）

特に、一般動詞の場合は、原形と現在形で形が全く同じものも多いため勘違いや混同があったのかもしれません。

ネイティブスピーカーは「時や条件を表す副詞節…」のような公式に縛られて英語を使っているわけではありません。また、前出の命令文では、「命令文は主語 you が省略されているから動詞の原形ではじまるんだ！」のような説明を耳にします。しかし、本当にそうでしょうか？ Be quiet! といえば全体に向けて言っている感じがしますが、特定の個人に向ける際にはYou という主語を入れた次のような例も見られます。

175 You **be** quiet; I'll do the talking.

（私が話しますから、あなたは黙っていてください）

後からとってつけたようなルールを暗記するより、動詞の原形がもつ根っこのイメージを理解する方が英語を運用していく上でも有効だと思います。

本書を読んでいる皆さんには、理解をともなわないルールの丸暗記とは決別し、生きた英語が発するメッセージをしっかりと受け止める姿勢をもっていただきたいと思います。

> **プラスα**
>
> ＊1…この表現は非常に古風なもの。同じ内容を書くなら、However humble it may be などとするのが一般的。
> ＊2…文頭の Believe it or not という表現は Whether you believe it or not のように書き換えることもできる。

MEMO

PART 04
助動詞

ここでは、助動詞を学習しましょう。should（〜すべき）やmay（〜かもしれない）など、たくさんある助動詞にも基本イメージが存在しています。たとえば推理小説の犯人探しの場面を想像してみましょう。「ボブが犯人に違いない（must）。アリバイがあるからルーシーは犯人のはずがない（cannot）。でもひょっとするとマイクが犯人かもしれない（might）。」などと言いますね。このように、助動詞は、話し手の気持ちを反映するのです。人の気持ちは千差万別ですから、それを表す助動詞の意味もさまざまですね。だから助動詞を見たら、話し手の気持ちをくみとることが大切です。

PART 04 - 1 助動詞とはどういうものか？

　助動詞を、文字どおり「動詞を助けるもの」と覚えているだけでよいのでしょうか？　助動詞を攻略するには、その定義からしっかり考える必要があります。

🏠 助動詞で話し手の気持ちが伝わる！

176　I go jogging every morning.
　　　（毎朝ジョギングしているんだ）

177　I will go jogging this weekend.
　　　（今週末はジョギングするつもりなんだ）

　176 では現在形を用いて〈いつも変わらないこと・安定していること〉を伝えていますが、**177** では助動詞を用いることで、話し手の強い意志が伝わってきます。このように、助動詞には〈話し手の気持ちや主観〉を色濃く表す重要な働きがあるのです。

🏠 助動詞にはなぜ複数の意味があるのか？

　助動詞を勉強していると、ほぼすべての助動詞に、複数の意味があることに気がつくでしょう。上の例文で扱ったwillも、辞書には〈意志未来〉やら〈単純未来〉など、複数の意味が並んでいます。なぜ、助動詞には複数の意味が存在するのでしょうか？

先ほど、助動詞は〈話し手の気持ちや主観〉を色濃く表すものだと定義しました。以下は、結婚式の一場面です。

〈神父の問いに、新婦が返事をする場面〉

178 "**Will** you take Gordon to be your husband?" "I **will**."
（あなたはゴードンを夫としますか）　　　　　　　　　　　　　　　（はい）

willの基本イメージは〈（その場での）意志表明〉です。ここでは、神父が結婚の意志を問い、文の主語の私（＝I）がゴードンを夫とするという意志を表明しています。では、それを聞いた他の参列者はどう思うでしょうか？

179 She **will** be happy.
（彼女、きっと幸せになるね）

仕事もできて優しいゴードンと結婚した彼女を見て、こういう気持ちになるのが自然でしょうね。

つまり、助動詞には、〈主語の気持ちや主観〉を表す用法と、〈ある行為を他者（第三者）がどう思うか〉で2つの意味が生じているのです。

☞ **助動詞の2つの意味**
1. 主語の気持ちや主観を表す。
2. ある行為を他者がどう思っているか（客観的な推量）を表す。

🏠 基本助動詞の意味を押さえよう

まずは、助動詞の基本的な意味をインプットしていきましょう。理解するコツは、〈主語の気持ちや主観〉→〈それを他者(第三者)がどう思っているか〉の流れを大切にすることでしたね。

主要助動詞の意味

	主語の気持ち・主観	他者(第三者)の推量・判断	補足
will	～しよう(意志表明)	きっと～するだろう	意志表明したからには →きっとやるだろう
may	～してもよろしい(許可)	～するかもしれない	許可されているなら →やるかもしれない
can	～できる(実現の可能性)	～する可能性がある(理論上の可能性)	実現の可能性があるなら →する可能性がある
must	～しなければならない	～に違いない(確信)	～しなければならないと言っているなら →(その人は)～するに違いない
should	(当然)～した方がよい	(当然)～するはずだ	～した方がよいと言っているなら →(その人は)～するはずだ

なお、それぞれの助動詞は、次のセクションからしっかり深めていきましょう。*1

プラスα

*1…助動詞 will に関しては PART 03 の時制の単元(p.103～)を参照。

PART 04 — 2　助動詞 may

1 で身につけた考え方を基本にしながら、このセクションでは may の用法を深めていきます。

🏠 may の基本は上から目線の〈許可〉

明日のプレゼンの準備を万全にしたゴードン。そんな彼の帰宅を妨げるものは何もありません。そこで田中部長に聞きます。

180　Gordon: **May** I go home?　（帰宅してよろしいでしょうか）
　　　　Tanaka: You **may** go home.　（よろしい）

「(障害や妨げがまったくないので)やってよろしい」が may を〈許可〉の意味で使うときの話し手の気持ちです。ただし、友人同士で使うようなカジュアルな印象はあまりなく、上司と部下、大人と子どものように上下関係があるような場面で使われることが多いのが特徴です。＊1

🏠 may の〈推量〉は「降水確率50％」の感覚

ゴードンとは違って、他の社員は残業ムードです。彼らは、上司から帰宅の許可をもらったゴードンを見て、何やらこそこそ話しています。
「あいつ、俺らを置いて先に帰らないよな？」
「いやいや、新婚さんで奥さんが待っているから帰るかもよ」
それぞれ言いたい放題です。

確かに、〈許可〉をもらったからといって帰るとは限りません。彼らにしてみたら、どっちだかわからない状態です。こんな時にぴったりな助動詞がmayなんです。

181 He **may** go home. （彼、帰るかもしれないよ）

mayはどっちだかわからない半々な気持ちを表しています。天気にたとえると、雨が降るか、降らないのかはっきりしない降水確率50％のような感覚ですね。次の例で、さらにこの用法の理解を深めておきましょう。

182 "Are you going to visit him this weekend?"
"I'm not sure. I **may** go."
（「今週末、彼のところに行くつもり？」「わからないんだ。行くかもしれない」）

行くかもしれないし、行かないかもしれない。助動詞mayから五分五分の気持ちをしっかり読み取れるようにしましょう。なお、〈推量〉のmayを疑問文で使うことはできません。＊2 よって、May 〜 ?のように疑問文で使われているmayは、〈許可〉の意味だと考えるようにしましょう。

👉 **mayの基本用法**

1. 許可「〜してもよろしい」
   ⇔ may not 「〜してはいけない（軽い禁止）」＊3
2. 推量「〜するかもしれない（確率50％）」 ※疑問文では使えない。
   ⇔ may not 「〜ではないかもしれない（否定の推量）」

なお、may を用いた定型表現は 3 で扱います。そこでも may の基本用法が重要になってきますから、ここでしっかりインプットしておきましょう。

> プラスα

* 1…カジュアルな〈軽い許可〉には can を用いるとよい。また、〈許可〉の may を You を主語にして、You may... のように用いると、高圧的な感じすら漂うので使う場面には注意が必要。

* 2…推量の意味の疑問文は likely などを使って、次のようにするのが通例。
▶ Are there likely to be any problems? （ひょっとして何か問題があるのだろうか）

* 3…must not と比べると、やや柔らかい印象。規則で禁止している場合などに用いることが多い。
▶ Visitors may not feed the animals. （お客さまは動物にえさを与えないでください）

PART 04
3 mayを用いた重要表現

ここからは、助動詞 may を使った定型表現をいくつか紹介しておきましょう。

🏠 may を may [might] well に応用する！

2 で学習した〈推量〉や〈許可〉を表す may の意味がしっかり押さえられていれば may well は簡単です。

183 It **may well** rain tonight. （今夜はたぶん雨だろう）
〈推量〉(50%)＋〈強意〉＝ 70〜80%

〈推量〉の may に「十分に（強意）」の意味の well がプラスされれば、降水確率がグッとアップした感じになりますね。また、may を〈許可〉の意味で使い、well をプラスすれば、次のような意味で用いることができます。＊1

184 You **may well** believe it. （君がそれを信じるのももっともだ）
〈許可〉＋〈強意〉＝〜するのは当然だ

👉 〈may [might] well ＋ V〉
1. **十分に**（well）V かもしれない…V する可能性は十分ある
2. **十分に**（well）V してもよろしい…V してもおかしくない、当然だ

なお、どちらの表現も、may を might にすると、やや控えめな印象を与えます。

🏠 may[might] as well と had better は全く異次元！

では、次はどうでしょうか？

185 You **may as well** leave now.
（きみは今出かけた方がいいだろう）

　この表現は、「〜した方がいい」と訳されることが多いことで誤解の原因になっているようです。「今出かけた方がいいよ！　出かけないとまずいことになるよ！」のような積極的な意味合いで使われる had better とは全く別物なんです。＊2〈may[might] as well＋V〉は「Vしない理由も特にないので（Vしてもしなくてもたいして変わりないけど）Vでもしておこうかね〜」くらいの消極的な表現です。

> 👆 〈may[might] as well＋V〉
> **（やらない理由も特にないので）Vでもしておこうか**
> ※「やってもやらなくても変わらないが…」という気持ちが根本にある。

🏠 〈may[might] as well＋V₁＋as＋V₂〉

　〈may[might] as well＋V₁＋as＋V₂〉は、使用頻度がそれほど高い表現ではありませんが、確認しておきましょう。

186 You **might as well** throw your money away **as** spend it in gambling.
（ギャンブルにお金を使うくらいなら、お金を捨てる方がましだ）

この表現には〈as ... as〉が含まれているので、V₁するのとV₂するのは大差ないわけです。ただし、well がついている分、V₁ の方がまだましといったニュアンスになります。なお、V₁ にありえない表現が置かれたときは、may より might が好まれる傾向があるようです。

> 👉 〈may [might] as well＋V₁ as＋V₂〉
> V₂するくらいならV₁した方がましだ
> ※「V₂するのはV₁するのと同じようなものだ」という気持ちが根本にある。

🏠 祈りに使われる may

これで may はラストです。may は、祈りの気持ちを表して、「Sが〜でありますように」の意味で使われることがあります。主語の前に may が置かれるのが特徴です。

187 **May** you always be happy!
　　　（どうかいつまでもお幸せに）

ただし、次のように表現する方が一般的でしょう。

▶ I hope you'll always be happy.

> プラスα

＊1…会話はともかく、論説文などで出てくる may の多くは〈推量〉で用いられることが多い。よって、英文読解中に出てくる may well も「Vする可能性は十分ある」の意味で用いられることが多い。
＊2…had better については、p.150 の **11** を参照。

PART 04 助動詞 can

ここでは助動詞 can をマスターしていきましょう。

〈実現の可能性〉を表す can

can は、**実現の可能性がある**という気持ちを表す場合に用いられます。

188 Eito： I **can** get a perfect score on the next test.
〈実現の可能性〉
（ボクは次の試験で満点を取ることが可能だ）

こんな発言をしているエイト。彼の中では、その気になればできる可能性があるという気持ちなのでしょう。

〈理論上の可能性〉を表す can

「最近は温暖化が進行していて、11月でも暖かいことがあるんだよ」のような**理論上の可能性**を表す場合は can がぴったりです。

189 It **can** be very warm even in November.
〈理論上の可能性〉　　　　　　　　　　　　（11月でもとても暖かいことがある）

この can は、理論や経験などに基づいた一般的な可能性について述べる場合によく使われています。ここでは、can の基本をまとめておきましょう。

188 実現の可能性　　　**189** 理論上の可能性

👆 canの基本用法

1. 実現の可能性「（その気になれば）〜できる」
   ⇔ can't「〜できない」（実現の可能性なし）
2. 理論上の可能性「（時に）〜する可能性がある」
   ⇔ can't「〜のはずがない」（理論上の可能性なし）

🏠 canを応用してみよう

ここからは応用です。can「〜できる」を応用してみましょう。

190 You **can** count on me.
（キミは僕に頼ることができる）〈可能〉→（キミは僕に頼っていいよ）〈軽い許可〉

上下関係が意識されるmayとは違って、canで表現される〈許可〉はカジュアルです。友人同士など、対等な関係ではよく用いられます。また、「〜する可能性がある」のcanを疑問文で使うと、「〜する可能性があるの？」のような意味合いで、〈強い疑い〉を表すことがあります。

191 **Can** it be true?　（それは一体、本当だろうか）

👆 その他のcanの使い方

3. 軽い許可「〜してもいいよ」
4. 強い疑い「一体〜だろうか」

🏠 can と be able to について

　ここからは、さらにハイレベルな使い分けなので、参考程度でいいかと思います。

　ギターが得意なハルが、I can play the guitar. と言えば、「ギターなら、オレに任せてくれ。いつでも、どこでも弾くことが可能だよ！」のように、〈実現の可能性〉が強調されます。一方、be able to だと〈能力〉が強調されます。I'm able to play the guitar. だと、「実際に弾ける能力を備えている」といった意味合いになります。これは able の名詞形が ability「能力」だということを意識すれば、簡単に理解できます。では、2つの違いが明確にわかる例を出すので理解を深めておきましょう。

> **ex**
> **Q** 「明日、お目にかかりましょう」の意味ではどちらの文が自然な英語でしょうか？
> ① I can see you tomorrow.
> ② I'm able to see you tomorrow.

　解答はもちろん、①です。ここでは、会うことが〈可能〉だと言っているのであって、会う〈能力〉を強調しているわけではありません。ちなみに会話で頻繁に使われるのは can です。＊1 受動態でも、That can be explained ... のように can を使うのが通例です。

　なお、will などの助動詞と can を一緒に使うことはできないので、「〜することができるだろう」という意味を表したい場合には次のように表現します。

192　You **will** **be able to** dance next month.
　　　（来月には踊れるようになりますよ）

could と was[were] able to について

canやbe able toが過去形で用いられると、両者の違いはさらに強まります。

193 Thanks to his advice, I **was able to** finish it in time.
(✗) could

（彼の助言のおかげでそれを時間までに終えられた）

過去の1回限りの行為に対して「（実際に）Vできた」という場合にはcouldは用いずに、was[were] able to Vやmanaged to Vで表します。例文 **193** では、「実際に終えられた」ということを伝えたい文なのでcouldでは不自然です。一方、couldは、実現の可能性があったということを伝えているだけで、その行為が実際に行われたかは不明です。

194 Mike was an excellent runner when he was younger. He **could** beat anybody.

（マイクは若いころは優れたランナーだった。彼は誰にでも勝てた）

couldを用いた上の文は、「（実際に）一度だけ勝てた」という意味ではなく、「（その気になれば）誰にでも勝てる可能性があった」という意味で使われています。箱根駅伝などで、実際に勝利したということを伝えているわけではありません。

なお、couldやwas[were] able toを、否定文で用いると、ほぼ同じような意味で使うことができます。

195 My grandfather **wasn't able to** read the small print.
couldn'tでもほぼ同じ意味

（祖父は小さい活字が読めなかった）

> **プラスα**
>
> ＊1…ableは「人」を主語にして用いるのが通例。また、ableは〈能力〉をアピールしている印象が強いので、場合によっては自慢げに聞こえる。実際の会話でcanを使うことが多いのは、この点も一因になっていると思われる。

PART 04 - 5 助動詞 must

　mustといえば、have toと書き換えられる助動詞といった印象が強いかもしれません。しかし、両者はだいぶ違ったニュアンスを伝えています。まずは、mustから攻略しましょう。

🏠 mustの基本用法

　mustは、「(話し手の判断で)～しなければならない」というのが基本イメージです。以下はヒロのつぶやきです。

　「ライブ楽しかったなあ。そろそろ時間も遅いことだし10時までには帰らなくちゃ」

　そんなヒロの気持ちを表すにはmustがぴったりです。

196　Hiro: It's getting late. I **must** be back by ten o'clock.
　　　　（もう遅いなあ。10時までに戻らなくちゃ）

　今度は、「戻らなくちゃ！」って宣言しているヒロをみた友人ユウコのつぶやきです。

　「ヒロ、焦っているみたいだし、10時までにきっと帰宅するはずだ」

197　Yuko: Hiro **must** be back by ten o'clock.
　　　　（ヒロは10時までに帰宅するに違いない）

　このように、mustには「(話し手の推量で)～に違いない」という意味もあります。＊1 なお、〈推量〉を表すmustは、現在の状況に対して用いるのが基本です。未来の〈推量〉には用いないようにしましょう。

　(❌) It must rain tomorrow.
　　　　（明日は雨に違いない）

こういう場合には、It will certainly rain tomorrow. などとすればよいでしょう。

> 👉 **mustの基本用法**
> 1. **話し手の判断「〜しなければならない」**
> 2. **話し手の推量「〜に違いない」** ※ただし、未来時には用いない。

🏠 must と have to について

must と have to は別物と考えた方がよいでしょう。have to は、「**（外部のさまざまな圧力があるせいで）〜しなければならない**」が基本イメージです。以下はユイトのつぶやき。

「今日は早く帰って家の掃除をしなさいと言われてたよ。しかも、明日が締切のレポートまであった。まずいなあ」

そんな気持ちのユイトは have to を使って、次のように言うでしょう。

198 Yuito: I **have to** be back by three o'clock.
（3時までには戻らなくちゃ）

自発的な気持ちで用いる must とは違って、have to は周囲から強制されたり、規則などがあって「仕方なしに〜しなければ」という感覚で使われます。*2

> 👉 **have to の基本用法**
> 「**（外部のさまざまな圧力があるせいで）〜しなければならない**」

🏠 いくつかの補足

mustやhave toを否定文で使うと、意味が大きく異なってくるので注意が必要です。

199 You **must not** leave your seat. （席を離れてはいけません）
〈禁止〉

200 You **don't have to** work today. （今日は仕事する必要はない）
〈不必要〉

must notは〈禁止〉を表し「～するな」、don't have toは〈不必要〉を表し「～する必要はない」の意味を表します。

> 👉 **must / have to の否定形**
> - must not ＋ V 「Vしてはいけない」（禁止）
> - don't have to ＋ V 「Vする必要はない」（不必要）

また、mustには過去形がないため、「～しなければならなかった」と言いたいときはhad toを用います。

201 Yesterday, I **had to get up** at 5:00 in the morning to finish my homework.
（昨日、私は宿題を終わらせるために朝5時に起きなければならなかった）

▶ **プラスα**

＊1…最近では、have toやhave got toでも「～に違いない」の意味で用いるネイティブスピーカーが増えている。たいていはbe動詞と共に用いる。
▶ She has (got) to be an American. （彼女はアメリカ人に違いない）

＊2…have to＋Vは「これからやるべきことを (to V)＋もっている (have)」が基本となっている表現。mustやcanなどの助動詞とは違い、want to＋Vなどと同様に、一般動詞の延長線で考えた方がよいだろう。

PART 04 6　助動詞 should (1)

　should は「〜すべきだ」の意味が有名ですが、意外と意味の広がりが大きく、苦手とする人が多いようです。いつものように、基本のイメージをしっかりもてば決して難しくはありません。

🏠 should は shall の過去形だけど…

　教室で、「should は shall の過去形だったよね？」って言うと、生徒の反応が悪いんですね。それくらい、should は shall とは独立した世界を築いているようにも思えます。実際に、shall は聖書や法律などの条文、Shall we 〜？や Shall I 〜？などの定型表現で見られる以外は、絶滅の危機にある助動詞です。*1 以下は日本国憲法第25条の一節です。

202　All people **shall** have the right to maintain the minimum standards of wholesome and cultured living.
　　　（すべて国民は、健康で文化的な最低限度の生活を営む権利を有する）

　shall は、「(神の力や法律、運命など、個人の意志をはるかに超えたレベルで) 当然〜すべき、当然〜になる」が基本イメージです。「それ以外に選択肢はないんだ！」という力強さを感じる助動詞です。これを過去形にしてマイルドな意味になったのが should です。

🏠 should の基本イメージは〈当然〉

　ある日の電車の中。立っているあなたと、座っているアキがいます。次の停車駅で、近くに杖をついたおばあさんが乗車してきました。次の **203** の例文は、「当然、席を譲った方がいい」と思ったあなたがアキに言ったセリフです。

203　Aki, you **should** give up your seat to the old woman.
　　　（アキ、おばあさんに席を譲った方がいいよ）

should は、話し手が「当然だよな〜」という気持ちになった時に使われる助動詞です。shall や must などと比べるとだいぶマイルドな印象なので「〜した方がいいよ」くらいの訳し方がフィットしそうです。

（shall／should のイラスト：「汝の隣人を愛すべし」「席を譲った方がいいわよ」）

　ここでは、もう1つの should の使い方を紹介して基本は終了です。以下は、早朝からがんばっている社員を見て言ったセリフです。

204 This **should** be done by this afternoon.
（これは今日の午後までにはできあがるはずだ）

　このように、「(話し手の推量で)当然〜のはずだ」という場合にも should の出番です。ちなみに、どちらの意味であっても ought to ＋V とほぼ同じように使えます。＊2

☝ **should の基本用法**
1. **話し手の判断「当然〜した方がいい」**（≒ ought to ＋V）
2. **話し手の推量「当然〜のはずだ」**（≒ ought to ＋V）

▶ プラスα

＊1…Shall I 〜？は「私が〜しましょうか」だが、Do you want me to 〜？の方が一般的。Shall we 〜？は「〜しませんか」だが、Let's 〜．などで十分通じる。

＊2…ought to ＋V の否定形は ought not to ＋V。not の位置に注意。

PART 04 — 7 助動詞 should (2)

ここからは、should の応用的な用法を確認していきます。

要求・提案・命令・主張などを表す that 節中の should

205 I suggest [that you **should** follow a low-salt diet].
S　V(提案する)　　　　　　　　　　　(減塩食にすることをお勧めしたいと思う)

that 節中に should が現れる理由は簡単です。〈要求・提案・命令・主張など〉をするときは、「当然～した方がいい」と思っているからです。「減塩食の方が当然いいに決まってる！」という気持ちが should という助動詞にしっかり反映されています。なお、提案している段階では、まだ実現していない可能性が高いので、昔の仮定法である〈動詞の原形〉が用いられることもあります。＊1

▶ I suggest [that you **follow** a low-salt diet].
　　　　　　　　　　動詞の原形〈昔の仮定法〉

判断や感情を表す that 節中の should

〈判断や感情〉を表す that 節中で用いられる should もあります。まずは、〈判断〉の例から。

206 It is necessary that he **should** ask for a pay raise.
　　　　　必要だ〈判断〉
　　　(彼は賃上げを要求する必要がある)

necessary「必要な」という〈判断〉の裏には、「賃上げ要求は当然だよな」という話し手の感情が隠れているわけです。よって、should が入るのは簡単に理解できます。なお、「必要だ」と〈判断〉している段階では、まだ実現していない可能性が高いので、suggest の時と同様、he ask のような昔の仮定法が用いられることもあります。＊2

▶ It is necessary that he **ask** for a pay raise.
　　　　　　　　　　　　　動詞の原形〈昔の仮定法〉

では、〈感情〉の方はどうでしょう。

207　It is surprising that he **should** object to my plan.
　　　　　　　　　　　　　驚きだ〈感情〉

（彼が私の計画に反対するとは驚きだ）

「当然だよな〜」がshouldの基本イメージですが、当然だと思うこと（ここでは「計画への賛成」）が実現できなければ〈意外や驚き、残念や後悔などの感情〉につながるわけです。なお、that節中の事柄は、実際に行われている事実なので、現在形や過去形などの直説法を用いて次のように表現することも可能です。

208　It is surprising that he **objects** to my plan.
　　　　　　　　　　　　　現在形〈直説法〉

また、「当然だよな〜」のshouldを疑問文で用いると、「〜当然なんじゃない？？？」となって〈意外〉な気持ちが強調されます。

209　Why **should** he go for you?

（どうして彼がきみの代わりに行かねばならないのか）

なお、**7** で扱ったshouldはどれもought toに書き換えることは原則できないので、注意しましょう。

> プラスα

＊1…この用法の詳細については、PART 03 の **9** を参照。
＊2…〈動詞の原形〉なので3人称単数のsもつけない。

PART 04 8 推量の助動詞

　ここでは少し違った角度から助動詞を整理していきます。助動詞には、話し手がその事柄がどれくらいの確率で起こるかを〈推量〉する用法がありました。

推量の助動詞 must, may, can't

　〈推量〉のイメージがあまり頭に浮かばない人は、確率を表すパーセンテージ（％）とでも思ってください。ここでは、推量の助動詞の中でもよく出題される3つを紹介しておきます。

210 John got 95% on the test. He **must** be happy.
（ジョンはテストで95パーセントとった。彼は喜んでいるに違いない）

211 Mary got an average score on the test. She **may** be happy.
（メアリーはテストで平均点をとった。彼女は喜んでいるかもしれない）

212 Ken got only 10% on the test. He **can't** be happy.
（ケンはテストで10パーセントしかとれなかった。彼は喜んでいるはずがない）

　上の3つの例文と、それぞれ3人のイラストを照らし合わせるとイメージがしやすいでしょう。話し手の確信度が、限りなく100％に近いmust、50％くらいがmay、限りなく0％に近い場合がcan'tです。まずはこの3つを基本の柱としておきましょう。＊1

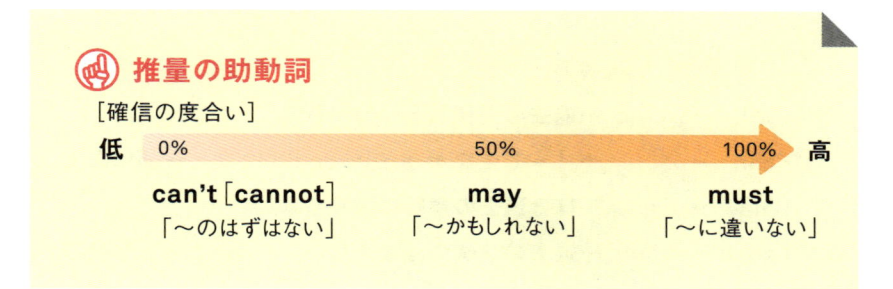

> 👆 **推量の助動詞**
> ［確信の度合い］
> 低 0% ──────── 50% ──────── 100% 高
> **can't**[cannot]　　**may**　　**must**
> 「〜のはずはない」　「〜かもしれない」　「〜に違いない」

🏠 推量の助動詞の大切な「お約束」

　実は、推量の助動詞は過去形にしても過去の意味は表せないという大切な「お約束」があります。たとえば、「〜かもしれない」のmayをmightにしても、「〜だったかもしれない」という過去の意味にはなりません。

213　She **may** pass the examination.
　　　　　　↳ mightとしても過去の意味にはならない！

（彼女は試験に合格するかもしれない）

　時制のところで、過去形は切れている感じ、離れている感じと学習しました。ですので、確率50%を表すmayをmightにすると、さらに合格は遠ざかる。つまり、確率が下がるのです。mustはそもそも過去形がないので除外しますが、can'tがcouldn'tになると、「（理論上）本当にありえない！」といった感じになります。

214　The rumors **could not** be true.

（うわさが本当であるはずはない）

🏠 助動詞の過去形は、過去の意味にならない！？

　推量の助動詞に限らず、助動詞の過去形単独で、過去の意味を表せる場面は実に少ないことがわかります。*2

> ### 👆 助動詞の過去形について
> - will → **would** …過去の習慣など一部に限る
> - can → **could** … 「〜できなかった」のcouldn'tなど一部に限る
> - may → **might** …ほぼ過去の意味にはならない
> - shall → **should** …過去の意味にはならない
> - must …そもそも過去形がない
> - need …そもそも過去形がない

　次のセクションでは、「具合が悪かったのかもしれない」のように助動詞に過去の意味をもたせる表現方法を紹介していきます。

(プラスα)

＊1…大まかな目安だが、mustとmayの間を埋めるのがmust＞will＞may well＞may。mayとcouldn'tの間を埋めるのがmay＞might＞can't＞couldn't。
＊2…時制の一致などは除く。

PART 04　9　〈助動詞＋have＋Vp.p.〉

　推量の助動詞は、過去形にしても過去の意味は表せないという原則を **8** で確認しました。ならば、「過去のことを推量したいときはどうするのか？」という疑問がわくのは当然です。

〈推量の助動詞＋have＋Vp.p.〉

以下は、小学生の息子と、その母の会話です。

215　Son: I have an awful stomachache.　（ひどくおなかが痛いんだ）
　　　　Mother: You **must have eaten** something that didn't agree with you.
　　　　　　　　（体質に合わないものを食べたに違いないわね）

　must, may, can't などの推量の助動詞を過去の意味にするときは、〈推量の助動詞＋have＋Vp.p.〉の形にします。ちなみに、ここでの〈have＋Vp.p.〉の部分は、時制で学習した〈現在完了形〉とは別物と考えてください。must, may, can't などの推量の助動詞に「過去の意味(Vp.p.)をもたせる(have)」ための形であることをしっかりインプットしておきましょう。

〈推量の助動詞＋have＋Vp.p.〉

- must＋have＋Vp.p.　「〜だったに違いない」
- may/might＋have＋Vp.p.　「〜だったかもしれない」*1
- can't/couldn't＋have＋Vp.p.　「〜だったはずはない」

　このように〈have＋Vp.p.〉を組み合わせて過去の意味を表す助動詞は他にもあります。

〈should＋have＋Vp.p.〉

shouldには大きく分けて2つの意味がありました。その意味をそのまま過去にスライドさせるときも、shouldの後ろに〈have＋Vp.p.〉を置き、次のように表現します。

216 I **should [ought to] have written** to you much earlier.
（私はもっと早くあなたに手紙を書くべきだったのに）

なお、should を ought to にしても、ほぼ同じような意味が表せます。否定形は、should not have written [ought not to have written] となります。

〈should[ought to]＋have＋Vp.p.〉
- 過去への後悔 「〜すべきだったのに（実際にはしなかった）」
- 過去への推量 「〜したはずだ、すでに〜しているはずだ」

一般動詞の need と助動詞の need

一般動詞としての need は、want to V などと同じように、不定詞をともなって使われます。

> 👆 **一般動詞としての need**
> ・肯定文 … He needs to go. （彼は行く必要がある）
> ・否定文 … He doesn't need to go. （彼は行く必要がない）
> ・疑問文 … Does he need to go? （彼は行く必要があるか）

また、過去形にしたければ He <u>didn't</u> need to go. とするだけです。一般動詞の need があればたいていのことが表現できるので、次に紹介する助動詞としての need は使用頻度が低くなっています。

> 👆 **助動詞としての need**
> ・肯定文 … ~~He need go.~~　肯定文では用いない！
> ・否定文 … He need not [needn't] go. （彼は行く必要がない）
> ・疑問文 … Need he go? （彼は行く必要があるか？）

なお、助動詞の need には過去形がないため、need not ＋ V の V の部分を〈have ＋ Vp.p.〉にし、次のように表現します。*2

217 I **need not have got up** so early.
（私はあんなに早く起きる必要はなかったのに）

> 👆 **〈need not ＋ have ＋ Vp.p.〉**
> 「〜する必要はなかったのに（実際はした）」

〈助動詞＋have＋Vp.p.〉が伝えるメッセージ

さまざまな〈助動詞＋have＋Vp.p.〉を見てきました。どれも助動詞の後ろに〈have＋Vp.p.〉という形が置かれている点では同じです。形が同じなら、意味的にも似ている点があるというのが英語の基本的な考え方です。〈助動詞＋have＋Vp.p.〉に共通して流れているのは、過去の事柄を現在の立場から推測や評価をするという感覚です。

218 Something **must have happened.**
（きっと何かが起こったはずだ）

プラスα

＊1…この用法のほかに、未来完了形のwillがmayに代わり、「〜してしまっているかもしれない」の意味で用いられていることもある。時を表す語句などを手がかりに判別しよう。
▶ By this time next year I may have married her. （来年の今ごろまでには彼女と結婚しているかもしれない）

＊2…助動詞needは、肯定文では用いないため、〈need＋have＋Vp.p.〉という肯定の形は存在しない。

PART 04
10　would と used to の用法

would と used to は、どちらも似たような意味を表しますが、使い方はそれぞれ異なります。

〈過去を回想〉する would と used to

219　When we were young, we **would** often play on the beach.
（若いころ、私たちは海辺でよく遊んだものだ）

would は動作動詞と一緒に使って、「昔はよく～したものだ」の意味を表します。＊1 また、仮定法で使われる would と区別するために、過去を表す語句や、often, usually などの頻度を表す副詞と共に使うのがふつうです。なお、状態動詞と共に使うことはできません。

一方、used to は、動作動詞と状態動詞のどちらでも使うことができます。

220　Joe **used to** be a nice boy.
（ジョーは前はいい子だった（今はそうではない））

221　She **used to** drive to work, but now she doesn't.
（彼女は昔はよく車で通勤していたが、今は違う）

220

👆 would や used to と相性のいい動詞

- would　　…動作動詞と共に
- used to …動作動詞・状態動詞と共に

　動作動詞ならば、would も used to も使えるのですが、両者は全く同じように使えるわけではありません。

▶ She **used to** drive to work, but now she doesn't.
　　　　↳ would にはできない！

　上の例文のように、過去と現在を対比して述べるときに would を使うことはできません。現在との対比で使えるのは〈used to＋V〉のみです。また、would も used to も漠然とした過去の習慣を示すだけなので、three times のような具体的な回数や、for two years のような具体的な期間を示す語句と一緒に使うことはできません。

👆 would や used to の使用上の注意

- would　　…現在との対比で用いるのは不可
- used to　…現在との対比で用いることが可能
　　　　　↳「現在はそうでない」というニュアンスを含む

※どちらも、具体的な回数や期間を示す言葉と一緒に使うことはできない。

"used to" 3兄弟

最後にちょっと意地悪な例文を2つ挙げてみましょう。

222 He is used to handling drugs.

223 Every means was used to solve the problem.

222 は「彼は薬品の扱いに慣れている」の意味で、be used to ＋Ving（Vすることに慣れている）という定型表現が使われています。**223** はwas usedの部分が単なる受動態で、to solve以下は不定詞の副詞用法（目的）。訳は「その問題を解決するために、あらゆる手段が使われた」となります。used toが含まれていても、**220** 、**221** のような過去を回想するused toと勘違いしないこと！

> **プラスα**

＊1…wouldは、〈意志〉を表すwillの過去形。よって、wouldにも「昔は**進んで**〜したものだ」のような主語の意志が感じられることが多い。〈意志〉をもってやっていたことなので、状態動詞より動作動詞が相性いいのは必然であろう。

PART 04 11 その他の助動詞（1）

　ここでは、入試頻出のその他の助動詞をまとめて攻略していきましょう。まずは、had better から。

🏠 使う場面に注意が必要な had better

　had better は「〜した方がいい」と訳されるせいで、使い方を間違えている人が多いようです。気軽なアドバイスではなく、むしろ場面によっては「やっておいた方が身のためだよ！」のような軽い脅迫や警告に近い効果が出てしまいます。＊1

224　You **had better** not tell it to anybody.
　　　（そのことを誰にも言わない方がいいよ〔言わない方が身のためだよ〕）

否定形は had better not V で、not の位置に注意しましょう。

👆 had better
- 意味…「〜した方がよい〔した方が身のためだよ！〕」
- 否定形…had better not V

☝ cannot V 〜 too ...

225 I **cannot** praise the food **too** much.
（そこの料理はいくらほめてもほめ過ぎではない）

「慣用表現だから丸暗記！」とは言いたくないので、理解のためのヒントを添えておきます。

可能性が限りなく0％に近いcannot「〜ありえない」と、too「〜過ぎ」が組み合わさった表現です。

	praise the food **too** highly	「そこの料理をほめ過ぎる」
＋	cannot	「〜ありえない」
＝	ほめ過ぎはありえない（どんどんほめてかまわない！）	

なお、この表現にはいくつかのバリエーションがあります。too muchの部分を1語でenoughとしたり、〈過剰〉を表す接頭辞（over-）などを対応させることもあります。

▶ I **cannot** praise the food **enough**.
▶ I **cannot over**praise the food.

また、cannotの部分はIt is impossible to Vなどとすることも可能です。

▶ It is **impossible** to overpraise the food.
▶ It is **impossible** to praise the food enough［too much］.

☝ cannot V 〜 too ...
「いくらVしてもし過ぎることはない（どんどんVしてかまわない）」
※さまざまな言い方が可能なので、一緒にチェックしておこう！

PART 04

助動詞

cannot help ＋ Ving

では、can でもう1つ。

226 I **couldn't help** laugh**ing** at his poor singing.
＝I **couldn't help** but **laugh** at his poor singing.
（彼の下手な歌についつい笑ってしまった）

help に「〜を避ける、〜を防ぐ」の意味があることを押さえておけば理解できます。＊2 意味的には「笑うのを避けられなかった→ついつい笑ってしまった」と考えれば簡単ですね。

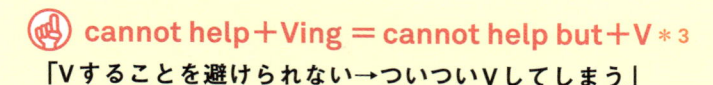

> **cannot help ＋ Ving ＝ cannot help but ＋ V** ＊3
> 「Vすることを避けられない→ついついVしてしまう」
> ※自分の意志ではどうにもならない感じ。

プラスα

＊1…You を主語にして用いると、脅迫めいた感じがいっそう強くなる。
＊2…この意味の help を用いた定型表現に、It can't be helped.（それは避けられない→仕方がない）がある。
＊3…もともと cannot but ＋ V という表現があった。この but は「〜以外」という意味。よって、「Vすること以外できない→Vするしかない」といった意味合い。cannot help but ＋ V は cannot but ＋ V と cannot help ＋ Ving が混合してしまったとされる。また、cannot help but ＋ V の help が欠落して cannot but ＋ V になったと考えるネイティブスピーカーもいる。

PART 04 12 その他の助動詞（2）

引き続き、入試頻出の助動詞の用法を確認しましょう。

☂ 〈意志〉の will を応用しよう！

will には〈意志〉を表す用法がありました。入試では、この will を否定にした won't がよく出題されています。

227 I **won't** give you a kiss.
（私はどうしてもあなたにはキスしたくない）

not で〈意志〉が否定され、「どうしても〜しようとしない」と考えれば理解は簡単です。この will を過去形にした would や、その否定形の wouldn't でも考え方は同じです。まとめておきましょう。

☝ 〈意志〉を表す will

will 「〜しよう」　⇔　won't 「〜しようとしない」
　↓ 過去形　　　　　　　↓ 過去形
would 「〜しようとした」　⇔　wouldn't 「〜しようとしなかった」

これを少しだけ応用したのが次の例文です。

228 He tried to open the door, but the key **wouldn't** turn.
（彼はドアをあけようとしたが、鍵がどうしても回らなかった）

the key のような〈モノ〉にはそもそも〈意志〉なんてありません。しかし、日常生活でも、携帯電話に八つ当たりのように、〈モノ〉をあたかも〈人〉のように擬人化して扱うことがありますね。ここでは the key にあたかも〈意志〉があるかのように使っていると考えましょう。

🏠 would rather の用法

何かと比較して「むしろ〜したい、どちらかと言えば〜したい」の気持ちを表したい場合は〈would rather＋V（原形）〉を用いるとよいでしょう。

229 "Let's go to the movies."
"I **would rather** stay at home."
（「映画に行こう」「どちらかと言えば私は家にいたい」）

なお、否定形は〈would rather not＋V（原形）〉で表します。次の例のように than をともなって使われることもあります。

230 I **would rather** stay at home **than** go out.
（出かけるよりは家にいたい）

🏠 〈have only to＋V〉の用法

〈have only to＋V〉は、have to＋V に only が加わったもので、「V しさえすればよい」の意味で用いられます。＊1

231 You **have only to** wait.
（あなたはただ待てばよいのです）

🏠 助動詞 dare の用法

助動詞 dare は、次の2つの使い方をマスターしておきましょう。

232 **How dare** you speak to me like that?
（よくもそんなふうに私に話しかけられるね）

〈How dare＋S＋V（原形）〜?〉で、他者に対する憤慨を表します。また、助動詞 dare には「あえて V する、V する勇気がある」の意味がありますが、否定文や疑問文で用いるのが原則です。

233 He **dare not** complain to her.
（彼は彼女に文句を言う勇気がない）

He dare not complain to her.

👆 助動詞 dare の用法
1. How dare＋S＋V（原形）〜?　「SはよくもVできるな」
2. dare＋V 〜　「あえてVする、Vする勇気がある」
   ↳ dare not＋V 〜や Dare＋S＋V 〜?のように否定文や疑問文で用いるのが通例。

　なお、dareには助動詞の他に、〈dare＋(to) V〉の形で用いる一般動詞としての用法もあるので、He doesn't dare (to) complain 〜のように書き換えることもできます。

> プラスα
>
> ＊1… 「待っていさえすれば→いいことがある」のように、そのことをすることで何らかの結果が得られるような場合に用いられる。また、〈only have to＋V〉でもほぼ同じ意味が表せるが、「Vだけやっていればよい（ほかにやる必要など全くない）」のニュアンスで、All you have to do is 〜 . と同じような意味合いになる。

MEMO

PART 05
仮定法

仮定法と聞くとなんだか難しいと思う人が多いようです。しかし、仮定法の規則はとても単純なのです。このPARTの前半では仮定法の基本的な考え方をしっかりインプットします。後半では、仮定法を使った入試頻出の重要表現を扱います。なお、仮定法の理解には時制や助動詞が重要になってきますので、これらの項目に自信のない人はしっかり復習してから仮定法に取り組むとよいでしょう。

PART 05-1 直説法と仮定法

　仮定法と耳にすると、「もし〜」と訳せるものや、「ifがついているもの」などを思い浮かべるかもしれません。しかし、それらだけで仮定法だと決めつけるのはとても危険なことなんです。

🏠 「もし〜ならば＝仮定法」とは限らない!?

　まず、「もし〜ならば」の表現には2種類あるということを理解しましょう。「(身長179cmの人が)もしも身長が210cmなら…」とか「(ボクがあの時)女性だったら…」など、話し手にとって現実味が薄いと感じられることや、事実と反対の事柄に対して用いるのが仮定法です。事実や現実とはかけ離れた事柄に対して使うという感覚を忘れないようにしましょう。詳しくはまた後で説明します。次の例文を見てください。

234 If it rains tomorrow, we'll have to put off the baseball game.
　　　(もし明日雨が降れば、野球の試合は延期しなければならない)

　ifもついてるし、「もし〜」という訳し方もできます。でも、これは仮定法とは言えません。砂漠などにいない限り、雨が降ることは十分ありえることでしょう。したがって、If it rains tomorrowの部分は、事実に反することでもなければ、現実味のない話でもありません。このような場合、仮定法は使わないのがふつうです。このように、事実をありのままに述べたり、現実味のある話を表す形を直説法といいます。仮定法以外の多くの文がこれにあたります。

🏠 I wish I were a bird. はなぜwereを用いるのか？

　では、話を元に戻して、仮定法とはどういう表現方法なのかを見ていくことにしましょう。まずは有名な例文から。

235 I wish I **were** a bird.
（私が鳥ならいいのになあ）

　実際にこのようなセリフをつぶやくことがあるかないかは別にして、wish は現在形なのに、後ろは were のように過去形になっているのはなぜでしょう。

　このことを理解するために次の質問に答えてみてください。

> **Q** あなたにとって、これは絶対にありえないだろうと思うことを思い浮かべてみてください。

「今、1 億円あったらなあ」
「お金持ちで、ルックスもよくて、私にすごく優しい彼氏がいたらなあ」
「もしも明日までに、体重が 10 kg 減ったらなあ」

　いろいろ浮かびそうですね。これらはどれも、現在または未来のことについて言っているのに、過去を言い表すような表現を使っています。この感覚は英語でも同じなのです。

(✗) I wish I am a bird.

　上のような言い方をしたら、周囲はみんなびっくりです。本気で鳥になれると思っているかのように聞こえてしまいます。現実とはかけ離れた感覚を伝えたかったら、時制を「現在」からひとつ遠ざけて「過去形」にすればいいのです。仮定法では、時制をひとつ切り離すことで現実離れした感じを表現するのです。

(○) I wish I **were** a bird.

PART 05
仮定法

過去形が切れている、離れている感じを表すものだと考えれば納得のいく表現方法だと思います。＊1

🏠 仮定法で用いるbe動詞はwereが一般的!?

昔のbe動詞は、通常の過去形と仮定法で用いる過去形は別物として存在していました。ふつうの過去形なら I was や You were のように主語に合わせて変化しますが、仮定法で用いられるbe動詞の過去形は were という形しかありませんでした。この歴史を今でも引き継いで、主語が何であっても were を用いるのが一般的になっているのです。現在では、主語がIや3人称単数のときはwereの代わりにwasを使う人も多くなっていますが、wereが原則だと考えてください。

> プラスα
>
> ＊1…過去形については PART 03 (p.96) 参照。

PART 05 - 2 仮定法過去

　ここからは、仮定法のさまざまな形を見ていくことにします。まずは、「仮定法過去」からです。いろいろな場面設定をもとに考えていきましょう。

🏠 真冬の1月。場所は札幌にて。

　真冬の北海道の大雪には、何ら違和感はないでしょう。このように現実に十分ありえる場合には「直説法」を使って書けばいいわけです。

▶ If it snows heavily tomorrow, we'll have to put off the baseball game.
（もし明日、大雪なら、野球の試合は延期しなければならない）

では次の場合はどうでしょうか？

🏠 真夏の8月。場所は沖縄にて。

　真夏の沖縄で大雪。さすがに現実味のない話です。この現実離れの感覚を「現在形→過去形」へと、時制を切り離すことによって表すのでした。snowsはsnowed、willはwouldへとそれぞれ過去形にします。

236 If it ~~snows~~ heavily tomorrow, we'~~ll~~ have to put off the
　　　　↳ **snowed**（現在形→過去形）　　↳ **would**（現在形→過去形）
baseball game.
（もしも明日、大雪なら、野球の試合は延期しなければならない）

それぞれ過去形を用いているので、仮定法過去と呼ばれています。

現在無職で、貯金ゼロ。未婚の男性のセリフ。

現実に反することを表すときも仮定法の出番です。

237 If I ~~have~~ one hundred million yen, I ~~can~~ marry her.
　　　　　　↓ had（現在形→過去形）　　　　　　　↓ could（現在形→過去形）

（もしも1億円もっていたら、彼女と結婚できるのに）

　結論部分の助動詞の形にも注意しましょう。現実離れの感覚を表すためには will や can, may ではなく、やはり過去形の would や could, might などを使います。入試では、would か could かといった助動詞のニュアンスまでを問うような問題は出ないので安心してください。それではまとめです。

📛 仮定法過去とは？

過去形を使って

1. 「現在」や「未来」の事柄に対し、話者が現実味が薄いと感じている内容を表す。
2. 現実とは反対の内容を表す。

※〈If＋S＋過去形, S＋助動詞の過去形＋V（原形）〉が基本形。

文法用語に関する使用上の注意

　最後に、よくある勘違いについてコメントしておきましょう。「仮定法過去」という用語の中に、「過去」という言葉があるからといって、「過去の内容」を表すわけではありません。単に、仮定法の表現の中に「過去形」が使われていることで、こんなネーミングになっているだけです。ちょっと紛らわしい文法用語ですが、注意しておきましょう。

PART 05 - 3 仮定法過去完了、仮定法過去と仮定法過去完了の併用

　さあ、今度は仮定法の2大看板のもう1つ、仮定法過去完了を攻略しましょう。ここでも具体的な場面を設定して考えていきましょう。

🏠 親からの耳の痛い忠告

　試験の前に遊び過ぎて合格できなかった子どもに、親からの厳しい一言。

238　If you **had worked** harder, you **would have passed** your exams.
（もっと懸命に勉強していたら、試験に受かっていただろうに）

　過去に対する発言なのに、過去完了形を使っているのはなぜでしょう？考え方は前に学習した仮定法過去と同じなんです。もしも、実際に勉強に励んでいたなら、You worked hard.のように過去形を使えばいいのです。でも、実際は勉強していなかったわけです。過去の事実と反対だという感覚を「過去形→過去完了形」へと、時制を切り離すことによって表すやり方は仮定法過去の時と同じです。

🏠 would have passed をどう考えるか？

　ここでは、結論部分のwould have passedに注目しておきましょう。仮定法過去では「will→would」のように、助動詞を過去形にしました。しかし、助動詞の過去形はあっても、過去完了形はありません。そこで、合わせ技で過去完了形をつくります。

---

would <u>have passed</u>
　過去　＋　完了形　＝過去完了形

willをwouldとし「過去」を担当。後ろの動詞は〈have＋Vp.p.〉と「完了形」にします。＊1 これら2つを合わせて過去完了形の出来上がりです。それでは、まとめておきましょう。

> 👉 **仮定法過去完了とは？**
> 過去完了形（主節には〈助動詞の過去形＋have＋Vp.p.〉）を使って過去の事実とは反対の内容を表す。
> ※〈If＋S＋過去完了形, S＋助動詞の過去形＋have＋Vp.p.〉
> 　が基本形。

🏠 仮定法過去と仮定法過去完了を併用する

実は、これまで学習してきた2つの仮定法を併用して使うことができるんです。例文を見てみましょう。

239 If he **had followed** her advice then, he **would be** happy now.
（あの時、もしも彼が彼女の助言に従っていたら、彼は今ごろ幸せだろうに）

if節（条件の部分）はhad followedと仮定法過去完了ですが、主節（結論部分）はwould beで仮定法過去です。「あの時もしも～だったら、今ごろは…だろう」のように表現したい時には、2種類の仮定法を併用することが可能です。問題を解く際には、nowやtodayなどの表現をヒントにすれば気がつくはずです。

🏠 if節中にも助動詞の過去形は現れる!?

最後に少し補足説明です。仮定法では、主節には必ず助動詞の過去形が登場します。しかし、助動詞の過去形は主節だけに置かれるわけではありません。

240 I will do it if I can. →できる能力があるし、実際にできる可能性あり。

241 I **would** do it if I **could**. →実際には能力がなく、できる見込みはない。

上の例文は、どちらも「私にできるなら、やるつもりだ」のように訳せますが、伝えている内容は全く違うことがわかります。**240** は直説法で、**241** は仮定法過去の文です。**241** のように「能力」の意味を表したければcould、「意志」の意味を表したければwouldなどの助動詞がif節中にも置かれることがあるのです。「意志」を表すwouldを含む例文も紹介しておきましょう。

242 If he **would** only try, he could do it.
（彼にやってみる気さえあればできるのに）

> プラスα
>
> ＊1…ここでの完了形は、PART 03で学習した現在完了形とは全く関係なし。過去完了形の「完了形」の部分を演出するために用いられたものである。

PART 05 - 4 仮定法過去の重要表現
〈If＋S＋should＋V〉や〈If＋S＋were to＋V〉など

「人間が鳥になる」のように、話し手の中で現実味がないと思っていることなら、If I were a birdのように仮定法過去で表現しました。では、「(実現の可能性は低いが)万一〜なら」という感覚はどう表現したらいいのでしょうか？

〈If＋S＋should＋V〉

たまたま海外旅行先で知り合い、意気投合した人への別れ際の言葉かもしれません。この人が東京を訪れることなどないかもしれないが、「万一東京にくることがあったら」という感覚です。こういう場合は、if節中にshouldを用いて次のように表現します。＊1

243 If you **should come** to Tokyo, please let me know.
（万一東京にくることがあったら、ぜひ知らせてください）

話し手の中で、実現の可能性がゼロではないという感覚は、please let me knowの部分にも表れています。仮定法過去ではなく、命令文が使われています。話し手自身が「万一〜なら」と言いながらも、実現の可能性がほぼないと感じているときは、仮定法過去を用いて次のように表現します。＊2

244 If I **should fail**, I would try again.
（万一失敗しても、またやってみようと思います）

〈If＋S＋should＋V〉の主節に置かれる表現
1. 直説法（willやcanなどの助動詞の現在形）
2. 命令文
3. 仮定法過去（wouldやcouldなどの助動詞の過去形＋V）

また、〈If＋S＋should＋V〉という表現は、「万一〜になったら、…しませんか」や「万一〜になったら、…しなさい」のように、「提案」や「命令」の表現とつながることが多いといった特徴もあります。

〈If＋S＋were to＋V〉

最後に、〈If＋S＋were to＋V〉という表現をマスターしましょう。この表現は、実現するかは別にして、「仮に〜なら、どうする？」のように相手に意見を求めたり、議論や会話を切り出すときなどによく使われます。＊3

245 If I **were to say** 'no', what would you do?
　　　（もしも私が「ノー」と言ったら、あなたはどうする？）

こういう発言をする人っていますよね。「（別れる気が全くなくても）仮に、私があなたをフッたらどうする？」なんて言われた方は困るだけですが…。なお、この表現は、「仮の話」で、実現の有無を全く問題にしていないので、主節には仮定法過去しか置かれません。

> **〈If＋S＋were to＋V〉の主節に置かれる表現**
> 仮定法過去（would や could などの助動詞の過去形＋V）のみ

文法問題などで、if 節中に空所があり、should と were to の両方が選択肢にある場合は、主節を見るといいでしょう。主節に I will 〜 や please 〜 のような仮定法以外の表現が置かれていれば、should の方が正解の候補となるでしょう。

プラスα

＊1…この用法での should を ought to に書き換えることはできない。
＊2…〈If＋S＋should＋V〉の主節に仮定法過去が置かれることはそう多くないのが実情。
＊3…この表現は、現実味のありそうなことからそうでないことまで、幅広く使うことができる。

PART 05 — ifの省略と倒置

次のような文を見てもしっかり対応できますか？

246 <u>**Had you worked**</u> harder, you would have passed your exams.
（もっと懸命に勉強していたら、試験に受かっていただろうに）

247 <u>**Should you come**</u> to Tokyo, please let me know.
（万一東京にくることがあったら、ぜひ知らせてください）

248 <u>**Were I to say**</u> 'no', what would you do?
（もしも私が「ノー」と言ったら、あなたはどうする？）

🏠 仮定法で使われるifには省略できるものがある

これらの英文の元となる文を皆さんはすでに見ています。 **246** は p.164、**247** がp.167で、**248** がp.168にありました。しかし、下線部分は、少々違和感があるかもしれません。**248** などはWere I to sayですからね。実は、仮定法で使われるifには省略できるものがあるのです。

すべてのifが省略できるというわけではありません。省略できるのはhad, should, were などが使われている場合に限ります。

☝ **仮定法におけるifの省略と倒置**

If ＋S＋had＋Vp.p.（仮定法過去完了）	→ Had＋S＋Vp.p.
If ＋S＋should＋V（万一～なら）	→ Should＋S＋V
If ＋S＋were to＋V（仮に～なら）	→ Were＋S＋to＋V

↑ 省略できる！

ただし、省略した証拠を残す必要があります。どうやってその証拠を残すのか？　ifを省略した際には、if節内の〈S＋V〉を、疑問文と同じ語順で倒置するのです。疑問文にするということは、had, should, wereなどを文頭に出せばよいだけなので簡単です。＊1 これが、最初に見た 246 ～ 248 の英文の正体です。もう一度、そういう視点で、これらの英文を眺めてみてください。きっと理解できるはずです。

　先ほど、すべての文でifを省略できるわけではないと述べましたが、もう少し詳しく見ていきましょう。たとえば、If it snows heavily tomorrow ～のifを省略し、かつ残りを疑問文にした次の文は不適切です。

(✗) Does it snow heavily tomorrow ～

　これは、If it snowed heavily tomorrow ～のような文でも同じです。

(✗) Did it snow heavily tomorrow ～

　were, had, shouldなどを文頭に出すだけで疑問文の語順がつくれるものの場合に限って、ifの省略は可能だということを忘れないでください。

249 　If I were you, I'd sell that car.　（もしも私がキミならあの車は売るね）
　　　└─ ifを省略して疑問文の語順にすると

　▶ **Were I you**, I'd sell that car.

🏠 仮定法にifは付き物なのか？

　最後に、6 へとつながることを説明しておきましょう。冒頭で見た3つの文はどうでしょうか？　どれも立派な仮定法の文ですが、ifはどこにも見あたりません。実は、仮定法の文に必ずしもifが出てくるとは限らないのです。仮定法にはifが付き物などと思い込んでいると、仮定法そのものを見抜けなくなってしまいます。6 では、if節以外が「条件（もしも～なら）」になっている例を見ていきます。また、ifの存在に頼らず仮定法の文だと見抜くテクニックも紹介していきます。

> プラスα
> ＊1…倒置する場合のbe動詞はwereに限る。wasの場合には倒置できない。

PART 05 - 6 if節以外が仮定法の「条件」を表す場合

　仮定法には、「もしも〜ならば」を表す「条件」が付き物で、その代表格がif節です。ところが、仮定法の文に必ずしもifが出てくるとは限らないということも、5 で少しだけ確認しました。

　これまで見てきたif節が「条件」になる文は、ある意味「お手本」のようなもの。実際の英文では、if節以外が条件になることの方が多いのです。でも、ここで頭を抱える必要はありません。if節以外で「条件」を表すものは、ある程度決まっているので心配無用です。

🏠 不定詞を使って条件を表す

　不定詞の副詞用法が、仮定法とセットで使われると条件を表す場合があります。

250 To hear her talk, you **would think** she was an actress.
（彼女が話すのを聞けば、彼女がまるで女優だと思うだろう）

🏠 副詞（句）を使って条件を表す

　次の例では「時」を表す副詞（句）が条件になっています。otherwise（そうでなければ）なども条件になりやすい副詞として有名です。

251 Thirty years ago, it **would have been regarded** as bad manners.
（もしも30年前なら、それは無作法だと考えられただろう）

🏠 主語に条件が隠れている

　「主語」に条件が含まれていることもあります。

252 A new computer **could work** much faster.
（新型のコンピューターならもっと速く動くのだが）

例文 250 から 252 までの〰〰線部をもう一度見てください。すべて事実とは異なる部分が条件になっています。250 では、実際に彼女が話すところは聞いていません。251 も、現在は30年前ではありません。252 では、実際に使っているコンピューターは旧式なのでしょう。仮定法の「条件」を見つけるコツは事実と異なる部分を発見することです。

🏠 条件そのものの省略

では、次の文はどうでしょう。

253　He **would have been** a good musician.
（彼は〈その気になれば〉立派な音楽家になっていただろう）

条件そのものが省略され、結論部分だけが残ることがあります。この場合は、裏側に「ひょっとしたら」や「その気になれば」のようなニュアンスが隠れていると考えましょう。こうやって見てみると、仮定法の条件には、if節以外のバリエーションがたくさんあることがわかります。

🏠 仮定法のランドマークとは？

しかしながら、条件にif節以外が現れることが多いとなると、どうやって仮定法の文だと見抜けばよいのでしょうか？　仮定法の文にはif節などよりもっと信頼のおけるランドマーク（目印）があるのです。それは、これまで見てきた多くの文に書かれていたwouldやcouldやmightです。仮定法では、条件部分をどう表現するのであれ、主節には助動詞の過去形が用いられるという特徴があるのです。これからは、助動詞の過去形を見たら、まず仮定法を疑うことを念頭に置くべきです。今までの例文を見返して、助動詞の過去形の部分に注目してみてください。

PART 05 - 7 仮定法を使った重要表現(1)
「もしも〜がなければ」

ここからは仮定法を使った重要表現を紹介します。今まで見てきた仮定法の基本の理解が土台となりますので、しっかり復習したあとで取り組んでください。

🏠 If it were not for A 「もしもAがなければ」

If it were not for Aで「もしもAがなければ」という重要表現があります。この表現だけは正確に覚えてください。

254 **If it were not for** your help, I couldn't pass the exam.
（あなたの助けがなければ、私は試験に合格できないだろう）

itを他の単語にすることも、wereをwasにすることも、notをとって肯定表現に変えることもすべて不可です。定型表現としてインプットしましょう。なお、forの後は、「人」や「人以外」のどちらも置けます。

🏠 If it were not for Aのバリエーションを理解する！

If it were not for Aは「もしもAがなければ」の意味で用いますが、意味を過去にスライドさせ、「（過去に）もしもAがなかったら」にしたければ、次のように表現します。

255 **If it had not been for** your help, I couldn't have passed the exam.
（あなたの助けがなかったら、私は試験に合格できなかった）

過去の事実と反することを表現するときは仮定法過去完了を使いました。If it were not for Aのwere notの部分を、had not beenと過去完了形にするだけでよいのです。

ところで、仮定法のifは省略可能でした。省略したら残りは疑問文の語順と同じになるように倒置すればよかったわけです。そうすると、上の例

文 254 や 255 は、それぞれ次のように書き換えることができます。

▶ **If it were not for** your help, …

↓ If を省略して were を文頭へ

Were it not for your help, I couldn't pass the exam.

▶ **If it had not been for** your help, …

↓ If を省略して had を文頭へ

Had it not been for your help, I could't have passed the exam.

どうですか？　最初のIf it were not for A から4つもバリエーションができました。これらすべてを丸暗記するのではなく、最初のIf it were not for A だけを覚え、そこから先は今まで学習したことを使いながら自分で表現を導けるように訓練するといいでしょう。以下に、単純な図式をまとめておきます。

☝「もしもAがなければ」の表現

If it <u>were not for</u> A
　　　　→ If の省略＆倒置 → **Were it <u>not</u> for A**
↓ 過去完了形に
If it <u>had not been</u> for A
　　　　　　　　　　　　　　↓ 過去完了形に
　　　　→ If の省略＆倒置 → **Had it <u>not been</u> for A**

🏠 Without A はシンプルで便利！

If it were not for A という長い表現を使わずに、Without A で表すシンプルな表現もあります。＊1 この表現の便利なところは、シンプルなだけでなく、If it were not for A と If it had not been for A のどちらの代わりにも用

いることができる点です。

　なお、「もしもAがあれば〔あったら〕」に対応する定型表現はないので、前置詞withを使うのがおすすめです。With Aで「もしもAがあれば〔あったら〕」の意味になることも覚えておきましょう。

256 <u>With</u> your help, I could have finished this in time.
（あなたの手助けがあったなら、これを制限時間内で終えることができたのに）

> プラスα

＊1…Without A は直説法の文で使用することもできる。But for Aで「Aがなければ〔なかったら〕」という表現もあるが、仮定法のみでしか使えず、古めかしく聞こえる表現。現在における使用頻度は低い。

PART 05 - 8 仮定法を使った重要表現（2）
「まるで〜のように」

〈as if S＋V〉は「まるで〜のように」と訳し、動詞には仮定法が使われることがあります。日本語でも、「あの人、まるで宇宙人のようだ」のように、事実と異なる場合に多く使われます。as if が仮定法と結びつくのもうなずけると思います。

〈as if S＋V〉が仮定法と結びつく場合

〈as if S＋V〉は他の仮定法表現とは少し性質が異なります。基本的には主節（前に接続詞がないS＋V）の動詞の時制を確認し、それと同じ時を表すのか、それより以前のことを表すのかで使い分けます。

1. 主節が「現在」で、as if 節内の内容も「現在」

257 She talks **as if** she **knew** the secret.
　　　　　　　　　　　　└─ 仮定法過去（主節と同じ時）

（彼女はまるで秘密を知っているかのように話す）

2. 主節が「過去」で、as if 節内の内容も「過去」

258 She talked **as if** she **knew** the secret.
　　　　　　　　　　　　　└─ 仮定法過去（主節と同じ時）

（彼女はまるで秘密を知っているかのように話した）

3. 主節が「現在」で、as if 節内の内容が「過去」

259 She talks **as if** she **had known** the secret.
　　　　　　　　　　　　　└─ 仮定法過去完了（主節より前の時）

（彼女はまるで秘密を知っていたかのように話す）

4. 主節が「過去」で、as if 節内の内容が「さらに前の過去」

260 She talked **as if** she **had known** the secret.
　　　　　　　　　　　　　　└─ 仮定法過去完了（主節より前の時）

（彼女はまるで秘密を知っていたかのように話した）

これらを簡単にまとめると、次のようになります。

> **as if 節内に使う仮定法**
> 1. as if 節内の内容が主節と同じ時→仮定法過去
> 2. as if 節内の内容が主節よりさらに前の時→仮定法過去完了 *1

要は、主節の時制と比較して「時」がずれているか、ずれていないかで決まっているだけです。

〈as if S＋V〉が直説法と結びつく場合

as if は直説法と結びつくことも多い表現です。次の例文を見てください。

261 You look **as if [as though]** you are very sleepy.
（あなたはとても眠そうに見える）

話し手が、現実性が高いと考えれば、as if の後に仮定法ではなく直説法が使われます。**261** でも、were とはせず、are となっている点に注目しておきましょう。なお、as if の代わりに as though とすることも可能です。*2

最後に、as if を使った応用表現を紹介しておきましょう。過去にセンター試験でも出題されました。

262 She shook her head **as if to say** "Don't trust him".
（彼女はまるで「彼を信用するな」と言うかのように首を振った）

〈as if to V〉で「まるで V するかのように」の意味になります。*3

プラスα

*1…as if 節内に仮定法過去完了を使う例は、現在では非常にまれ。
*2…though には昔、if と同じ意味があった。if を though とした as though はそのなごりである。
*3…as if の後には不定詞だけでなく、分詞、形容詞、前置詞句なども置かれる。

▶ She walked with difficulty as if in pain. （彼女は痛むかのように歩くのに苦労した）

PART 05 9 仮定法を使った重要表現（3）
「～ならばなあ」、その他

　願望と言っても、現実味のあるものからなさそうなものまで、さまざまあります。「(水族館で)イルカだったらどんなにいいだろう」や「(大好きだったエリックが別の女性と結婚した後に)エリックが彼女と結婚しなければよかったのに」といった願望は、どちらも非現実的なものです。

🏠 〈I wish S＋V〉を使いこなそう！

　願望を表す動詞はいくつかありますが、「(現実味の薄いことを)望む」の意味で使えるのが wish です。＊1 だから、I wish が仮定法と相性がいいのは当然なのです。I wish の後ろにどのような仮定法を置くかは as if の場合と同じ考え方をします。wish の時制と「同じ時」か、「それよりさらに前」かで決定します。

1. wish と同じ時の願望…仮定法過去

263 I wish I **were** a dolphin.
　　　　　　↑仮定法過去
　　（イルカならばなあ）　（wish と同じ時の願望）

2. wish よりさらに前の願望…仮定法過去完了

264 I wish Eric **had not married** her.
　　　　　　　　↑仮定法過去完了（wish より前の時の願望）
　　（エリックが彼女と結婚しなければよかったのに）

> ### ☝ 〈I wish S＋V〉で用いられる仮定法
> 1. wish と「同じ時」の願望 → I wish S＋仮定法過去
> 2. wish より「さらに前」の願望 → I wish S＋仮定法過去完了

　以上のことが理解できたら、次の例文でさらに理解を深めていきましょう。

265 I wished my uncle **were** at home when I visited him.
（私が訪ねたとき、おじさんが家にいればいいのにと思った）

when I visited him より、明らかに「過去」のことを述べています。それなのに、使われているのは仮定法過去完了ではなく仮定法過去です。なぜなら、wished も過去で、願望の内容もそれと同じ時の過去だからです。主節で使われている wish と比較して「時」がずれているか、ずれていないかで仮定法過去か仮定法過去完了かを決めることを忘れないでください。

〈I wish S＋V〉のバリエーションを攻略しよう！

I wish には、ほぼ同じ意味で使うことができる表現が存在します。If only などは特に頻出で、I wish よりもさらに強い願望を表します。＊2 この場合は、最後を「感嘆符（!）」で終わらせるのがふつうです。

266 If only I **were** a dolphin!
（ああ、イルカだったらどんなにいいだろう）

〈I wish S＋V〉の同意表現

I wish
≒ If only, How I wish, Would that　「〜ならばなあ」

また、「〜できたらいいのに」という願望を強く押し出す場合は、助動詞 could と一緒に使うこともできます。

267 I wish I **could go** bowling with you.
（あなたとボウリングに行けるといいのだけれど）

なお、助動詞 would を用いる場合は、「永久に〜ならばなあ」という願望より、「その場1回だけのこと」に対して使われるのがふつうです。

268 I wish he **would shut up**.
（彼が黙ってくれるといいのだけれど）

PART 05 仮定法

〈I would [I'd] rather S＋V〉について

〈I would [I'd] rather S＋V〉も願望を表して「(むしろ)～した方がよいと思う」の意味で用いることができる重要表現です。I wishの時と同様に、後ろには仮定法が続きます。どちらかというと、自分以外の他者に対する願望で使われることが多いようです。

269 I'd rather he **went** home now.
（彼にはもう帰ってもらった方がいい）

「もう～してもいいころだ」の表現

最後に、重要表現をもう1つ紹介して仮定法は終了です。

270 It is time you **started**.
（あなたはもう出発していいころだ）

〈It is time S＋V（過去形）〉で「もう～してもいいころだ」の意味を表す定型表現です。原則、後ろには仮定法過去が置かれます。要は、動詞の過去形が置かれればよいわけです。timeの前にhighをつけて強調したり（とっくに～すべきころ）、aboutをつけて弱めたり（そろそろ～すべきころ）することもありますが、基本は同じです。なお、この表現は苦情や誰かを非難するような時によく使われますが、次のような表現することの方が多いということも覚えておきましょう。

▶ It is time you started.
→It is time for you to start.

プラスα

＊1…現実味のある願望にはhopeを用いる。
▶ I hope (that) you'll succeed.（君の成功を望む）
＊2…後続の仮定法はI wishの時と同じ選択基準。
▶ How I wish I had been there!（自分がそこにいたらなあ）は仮定法過去完了。

PART 06
準動詞
不定詞・動名詞・分詞

準動詞とは、動詞の性質を多く残しつつ、文中で名詞や形容詞、さらには副詞などさまざまな役割を担っているものです。おなじみの用語で言えば、不定詞・動名詞・分詞のことを指します。本書では、従来の学習法とはかなり異なる方法で準動詞を攻略していきます。準動詞の文中での働きと意味をしっかり整理していけば必ず得意分野にできます。

PART 06
1 準動詞について

　英文法の世界では、不定詞、動名詞、分詞を合わせて準動詞と呼んでいます。もっと具体的な形で言えば、to V（不定詞）、Ving（動名詞、現在分詞）、Vp.p.（過去分詞）を指し、単独では述語動詞になれないものです。準動詞の攻略では、動詞との共通点を押さえつつ、準動詞特有の性質を押さえていくことがカギとなります。

🏫 見た目だけでは〈品詞〉という顔が見えてこない

　単語には、名詞や形容詞などの品詞があります。そして、それらの多くは、見た目である程度の品詞がわかるものです。with なら前置詞、university なら名詞といった具合です。では、to study という不定詞はどんな品詞なのでしょう？　seeing だって、見た目だけでは動名詞なのか、分詞構文なのか判断できません。

🏫 準動詞の品詞をどうやって決定するのか？

　このように、準動詞は見た目だけでは品詞の判断がつきません。よって、英文中での役割、つまり、品詞をある程度定めることが重要になってきます。*1 以下は、教室でのよくあるシーンです。

教師：「この to study はどんなふうに訳せるかな？」
生徒：「勉強することですかね……」
教師：「じゃあ、何用法かもわかるよね？」
生徒：「名詞用法です」
教師：「そうそう」

　「不定詞には3用法がある」ことは定着しているようですが、それらを訳

してから判断するクセがある人は、少々改めていった方がよいでしょう。簡単な文ならともかく、大学入試の和訳問題などは、構造を理解するだけでも困難なものが出題されるのです。つまり、最初から「～こと」や「～ために」のような訳語を簡単に決められるとは限らないのです。品詞の定め方については次の 2 で詳しく見ていきます。

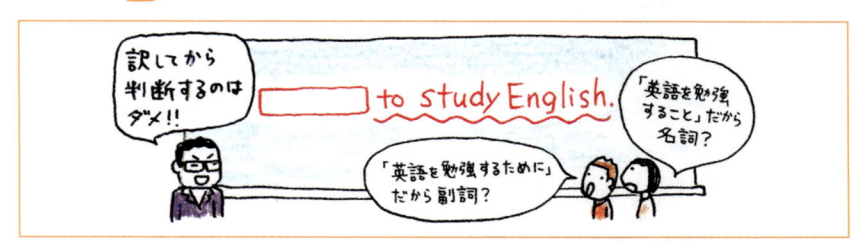

to study English とは「いつ」のこと？

不定詞の謎は品詞だけではありません。ふつうの述語動詞には、過去形や現在進行形などの「時制」が存在します。しかし、不定詞には過去形などの特定の形は存在しません。*2 不定詞の過去完了進行形なんて聞いたことはないでしょう。

271 Mary entered the university **to study** English.
　　　　S　　V＝過去形（時制が明確）　　　　不定詞（いつのことか不明）
（メアリーは英語を勉強するために大学に入学した）

この文の to study は、いったいいつの出来事なのでしょうか？ 準動詞の時制については 13 で扱います。

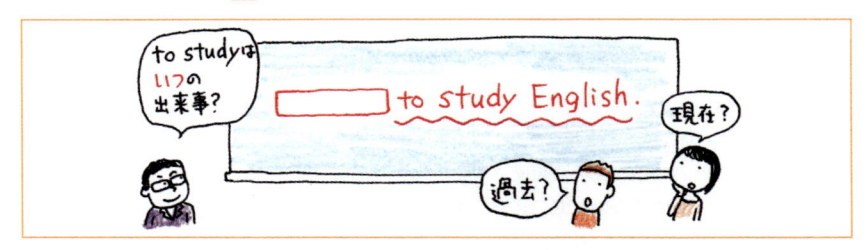

to talk with の主語は「誰」？

ふつうの述語動詞には、必ず主語が存在します。次の例文ならば、Sue です。

272 <u>Sue</u> <u>has</u> no friends **to talk** with.
　　　　S　　V　　　　　　　　　　不定詞（talk with の主語は？）
（スーには共に語る友だちがいない）

では、不定詞である to talk with の主語は、直前の friends、それとも文全体の主語である Sue のどちらでしょうか？　不定詞の主語を明確にする方法に関しては **10** で扱います。

to V（不定詞）を例に見てきましたが、不確定な要素が多くありました。実は、Ving（動名詞、現在分詞）や Vp.p.（過去分詞）にも似たような部分があります。この不確定さをしっかり確定していく方法を押さえることが、準動詞攻略の基礎となるのです。

> **プラスα**

＊1…例えば、〈want O＋to V〉の to V が何用法なのかをいちいち分析するメリットはあまりない。動詞の語法の一部や熟語として吸収してしまった方が効率のよいものもたくさんある。形容詞用法か副詞用法かで訳出に差が出るような場面でこだわればよい。「ある程度」としたのはそのため。

＊2…ふつうの述語動詞なら、study の過去形は studied、be 動詞の現在形で主語が we なら are のように定まった動詞の形がある。しかし、不定詞は人称やその単数、複数、時制によって<u>定まった形が存在しない</u>ため、不定詞と呼ばれている。

PART 06 - 2 不定詞(to V)の3用法
文中での働きを理解する

1 でも指摘したように、「〜するために」だから〈副詞用法〉のように、訳し方から用法を確定するやり方はおすすめできません。品詞など、語句の文中での働きを考える際には、〈意味〉だけでなく、〈文の構造〉にも着目することが重要です。では、実際にやってみましょう。

🏠 不定詞(to V)の名詞用法

273 I want **to go** abroad.
　　　　S　V　　O＝名用法

（私は海外に行きたい）

他動詞 want を中心に考えると、〈S+V+O〉の第3文型が成立していて、to go abroad は want の目的語になっています。

274 It isn't difficult ⟨**to master** English⟩.
　　　　S　V　　　C　　　名用法

（英語を習得することは難しくない）

to master English の部分は、形式主語の It に代入でき、主語として機能しています。次のように書き換え可能なことからも、to master English が文中で主語として機能しているのがわかります。

▶ **To master** English isn't difficult.
　　　S＝名用法　　　　　V　　C

このように、to V が文の要素になっていれば、名詞用法と考えてよさそうです。文の要素(S・O・C)になるとは、文中から取り去ることができないということです。**273** の to go abroad や **274** の to master English などはどちらも、文中から取り去ると文が成立しなくなります。

👉 不定詞(to V)の名詞用法
文の要素(S・O・C)になる。　※文の要素は文中から取り去れない！

⛺ 不定詞(to V)の形容詞用法

275　This is the best way 〈**to master** English〉.
　　　　　 S　V　　　　C　　　　　M＝㊡用法

（これが英語を習得する最高の方法だ）

isを中心に考えると、〈S＋V＋C〉の第2文型が成立しています。よって、to master Englishの部分は文の要素にはならない修飾語(M)です。

👉 修飾語(M)とは？
・形容詞…名詞を修飾する。
・副詞…名詞以外を修飾する。

ここでのto master Englishは、前の名詞wayを修飾しているので形容詞として機能しています。

👉 不定詞(to V)の形容詞用法
文の要素にならず(修飾語＝M)、前の名詞を修飾する。

不定詞（to V）の副詞用法

276 Bob worked hard ⟨**to support** his family⟩.
　　　 S　　V　　M＝㊛　　M＝㊛用法（目的）

（ボブは家族を養うために懸命に働いた）

　work は自動詞なので目的語はとらず、⟨S＋V⟩の第1文型が成立しています。hard は副詞ですから、文の要素にはなりません。to support 以下は worked を修飾していると考えればすんなりいくでしょう。このように、名詞以外（主として動詞）を修飾するものは副詞用法と考えます。

> ### 不定詞（to V）の副詞用法
> 文の要素にならず（修飾語＝M）、名詞以外（主として動詞）を修飾する。

　不定詞の用法は、まず名詞用法の可能性から確かめます。名詞用法でなければ残りは2つ。前の名詞を修飾すれば形容詞用法と考えます。名詞・形容詞用法のどちらでもなければ、残りはすべて副詞用法とすれば、おおよその見当はつけられるでしょう。

> ### 不定詞（to V）の3用法の判別方法
> to V ─┬─ 文の要素（S・O・C）→名詞用法
> 　　　└─ 文の要素にならない ─┬─ 前の名詞を修飾→形容詞用法
> 　　　　　　　　　　　　　　　└─ 名詞以外を修飾→副詞用法

PART 06　準動詞

PART 06-3 Vingの3用法
文中での働きを理解する

不定詞と同様に、Vingにも3つの働きがあり、判断の仕方も基本的に同じです。

🏠 Vingの名詞用法（動名詞）

277 I like **singing** that song.　（私はその歌を歌うのが好きだ）
　　　　S　V　　O＝图（動名詞）

singing以下はlikeの目的語になっています。つまり、文の要素になっているということです。主語や目的語になれるのは名詞なので、singing以下も名詞の働きをしているはずです。Vingが名詞の役割を果たしているものを、動名詞と呼びます。

278 Our boss insisted on **paying** the bill.　（うちの上司は勘定を払うと言い張った）
　　　　S　　　　V　　　前　　　图（動名詞）

上の文では、payingは前置詞onの後ろに置かれています。前置詞の後ろには名詞を置くのが原則でした。したがって、**278** のpayingも名詞の働きをしている動名詞だと判別します。

🏠 Vingの形容詞用法

279 The road 〈**joining** the two villages〉 is very narrow.
　　　　S　　　　M＝形用法　　　　　　　　　V　　C

（2つの村を結んでいる道路はとても狭い）

joining ... villagesの部分は、文の要素になっていないので修飾語（M）です。不定詞（to V）のときと同様、前の名詞を修飾していれば形容詞、名詞以外を修飾していれば副詞と考えます。ここでは、前の名詞The roadを修飾していると考えれば自然なつながりになるでしょう。このように名詞を修飾しているVingのことを、現在分詞（Ving）の形容詞用法と呼びます。これ

は、形容詞と同じ働きができるので、場合によっては補語(C)にもなれます。

280 The lady remained **standing** in front of the building.
　　　　S　　　V　　　　C＝形用法

（その女性はビルの前で立ったままでいた）

remainedの左右を比較すると、「その女性(The lady) ＝ 立っている (standing)」の関係が成立しています。よって、standing は〈S+V+C〉の第2文型のCとなります。＊1

🏠 Vingの副詞用法（分詞構文）

281 〈**Turning** to the right,〉 you will see the library.
　　　　M＝副用法（分詞構文）　　　S　　V　　　O

（右に曲がると、図書館が見えます）

seeを中心に〈S+V+O〉の第3文型が成立しています。Turning ... right は、文の要素になっていないので修飾語(M)です。前に修飾する名詞がないので形容詞ではなく、副詞と判断するしかありません。＊2 このようにVingが副詞として機能しているものを、英文法の世界では分詞構文と呼びます。

```
                    ┌ 名詞と同じように機能 … 動名詞
Vに -ing をつけて ┼ 形容詞と同じように機能 … 現在分詞の形容詞用法
                    └ 副詞と同じように機能 … 分詞構文
```

> **プラスα**
>
> ＊1…文型の理論を出さなくても説明できる。このstandingは、remainedの後ろで主語のThe ladyの意味を補っていると考えられるので、形容詞用法だと判別するのもOK。
>
> ＊2…「主節の前は全体で副詞になる」という便利なテクニックがある。Turning ... right は、主節(you will see ...)の前にあるので副詞として機能しているとわかる。なお、主節の前の副詞は、主節の述語動詞を修飾するのが通例。Turning ... right は、主節の述語動詞will seeを修飾していると考えればよい。

PART 06 4 Vp.p. の 2 用法
文中での働きを理解する

過去分詞(Vp.p.)には、the accused（被告）やthe unknown（未知のもの）のような一部の表現を除き、原則、名詞的な用法がありません。ですから、**形容詞と副詞の 2 用法**をしっかり押さえましょう。

🏠 Vp.p. の形容詞用法

282 This is a song ⟨**composed** by Mr. Okano⟩.
　　　　 S　 V　　C　　　M＝形用法
（これは、岡野氏によって作曲された歌である）

282 は、is を中心に〈S+V+C〉の第 2 文型が成立しています。よって、composed 以下は文の要素になっていないため修飾語(M)です。前の名詞a song を修飾し、「作曲された歌」とすれば自然なつながりになりますね。このように名詞を修飾している Vp.p. のことを、**過去分詞(Vp.p.)の形容詞用法**と呼びます。この Vp.p. は、形容詞と同じ働きができるので、場合によっては補語(C)にもなれます。考え方は、Ving のときと同じです。

283 The man sat **surrounded** by everyone.
　　　　 S　　 V　　 C＝形用法
（その人はみんなに囲まれて座っていた）

284 The businessman kept his car **parked** here without permission.
　　　　 S　　　　　　 V　　 O　　 C＝形用法
（そのビジネスマンは許可なく車をここに駐車しておいた）

Vp.p. の副詞用法（分詞構文）

285 〈**Written** in simple English,〉 the book is suitable for beginners.
　　　　M＝副用法　　　　　　　　　S　　V　　C

（簡単な英語で書かれていて、その本は初学者向きだ）

　is を中心に〈S＋V＋C〉の第2文型が成立しているので、Written in simple English の部分は修飾語（M）です。前に修飾する名詞もないので、副詞と判断するしかありません。*1 Ving のときと同様に、Vp.p. が副詞として機能しているものを、英文法の世界では分詞構文と呼んでいます。

準動詞とその働きをまとめてみよう！

　2 ～ 4 では、準動詞が文中でどんな働きをしているかに注目してきました。簡単に言えば、to V は 3 つ、Ving も 3 つ、Vp.p. には 2 つの働きがあるということです。全体像がつかめるように、表にしておきます。これから準動詞を学習する際には、自分がどこを勉強しているのか、つまり自分の立ち位置を確認しながら進めるとよいでしょう。

準動詞とその働き

	to V	Ving	Vp.p.
名　詞	不定詞の名詞用法	動名詞	×原則機能しない
形容詞	不定詞の形容詞用法	現在分詞の形容詞用法	過去分詞の形容詞用法
副　詞	不定詞の副詞用法	分詞構文	分詞構文

🏠 単なるつぶやきですが…

　こうして表を眺めてみると、不定詞(to V)は、きれいに「名詞・形容詞・副詞の3用法」と統一感がありますが、VingやVp.p.には、用法とネーミングの統一感が全くありません。分詞構文は副詞として機能しているのに、〈副詞〉という用語すら見あたりません。これでは皆さんが混乱するのも仕方ない気がします。〈動名詞〉と言うなら、〈動形容詞〉や〈動副詞〉と言ってもよさそうですが、誰も言いませんね。ならば、不定詞(to V)と同様に、Vingも「名詞・形容詞・副詞の3用法」と言った方がよい気もしますが、皆さんはどう思うでしょうか？

(プラスα)

＊1…3の(プラスα)＊2のテクニックを利用してもよい。主節はthe book is ... なので、Written in simple Englishは全体で副詞として機能している。修飾しているのは主節の述語動詞isの部分と考える。

PART 06 - 5 不定詞の名詞用法 vs. 動名詞（1）
文中での意味を理解する

2〜4 では、準動詞が文中でどんな働きをしているかに注目してきました。ここからは、文中での意味に注目していきます。

👆 to V も Ving も名詞になれる。ならば、意味の違いは？

以下は、4 で扱った表の抜粋です。

👆 名詞の働きをする準動詞

	to V	Ving	Vp.p.
名詞	不定詞の名詞用法	動名詞	×原則機能しない

to V と Ving のどちらも名詞として機能できることを学習しました。では、これら2つは全く同じ意味で使うことができるのでしょうか？　ここからは、名詞の働きをする to V（不定詞の名詞用法）と Ving（動名詞）の違いについての理解を深めていきます。

👆 不定詞と相性のいい動詞

同じ動詞でも、直後に不定詞をともなう動詞と動名詞をともなう動詞で分かれるものがあります。まずは、不定詞をともなっている例から見ていきましょう。

286　He decided **to postpone** his departure.
　　　　　S　　V＝他　　　　O＝to V（不定詞）
　　　　（彼は出発を延期することに決めた）

不定詞のtoは、次の例文で使われている前置詞のtoと親戚関係にあります（前置詞toについては、PART 09 **10** **11** を参照）。

287 He sent a nice present **to** her.
　　　　　　　　　　　　　　　　→
　　　　　　　　　　　　ある対象に向かって到達

（彼は彼女にすてきなプレゼントを贈った）

前置詞toには、ある対象に向かって到達するイメージがあります。これと同じように、不定詞のtoにも、「これから向かっていく、ある行為と向き合う」というイメージをもってみましょう。

👉 **不定詞を目的語にとる動詞**

1. **これから実行する（願望・意図・決定）**
hope, want, wish, care, intend, mean, expect, decide, determine など

2. **積極的に向き合う**
manage, pretend, promise, agree, seek など

3. **向き合うが実行しない（できない）**
refuse, hesitate, fail など

1.にあるdecide（〜しようと決心する）は、その意味からもわかるように、これからの行為に対して使われる動詞です。また、2.のmanage（なんとか〜する）も、ある行為に対して積極的に向き合う動詞です。to Vがもつイメージが理解できれば、1.や2.の動詞と相性抜群なのは理解できます。＊1　3.のグループは少々難しいかもしれません。to Vの「これから」というのは、裏を返せばまだやっていないことになります。向き合ってみたが実行できないことだってあるわけです。結果的に実行不可能でも、toの向き合うイメージはちゃんと生きています。

動名詞と相性のいい動詞

今度は、動名詞をともなう例を見ていきましょう。

288 I am considering **going** with her. （彼女と行くかどうか考え中だ）
　　S　　　V＝他　　　O＝Ving（動名詞）

動名詞は、「実際にやっている（ところを想像）」が基本イメージです。

動名詞を目的語にとる動詞

1. **実際にやっている**
   enjoy, finish, admit, practice, appreciate, give up, quit, risk など

2. **実際にやっているところを想像**
   consider, imagine, suggest, mind, fancy など

3. **実際にやることになっていることを回避・延期**
   avoid, escape, miss, deny, postpone（＝put off）, delay, resist など

1.にある enjoy は、enjoy watching the game のように、「実際に試合を見ている」からこそ enjoy できるわけです。例文 **288** で用いられている consider は、「実際に彼女と行っている姿を想像している」と考えればいいでしょう。2.のグループは、「頭の中で実際にやっている（ところを想像する）」ような動詞です。3.のグループにある avoid や postpone はどうでしょうか？　これらは「実際にやることになっている」のだが、何らかの理由で回避や延期せざるを得ない意味合いの動詞が多いことがわかります。消極的なイメージの動詞が多いのが特徴です。

289 She postponed **answering**. （彼女は回答を延ばした）
　　　S　　　V＝他　　　O＝Ving（動名詞）

My hobby is to look at pictures. は正しいか？

不定詞と動名詞の差は、動詞との相性に限ったことではありません。例えば、「自分の夢」を表現するには to V（不定詞）がぴったりです。

290 My dream is **to be** a pro baseball player.
　　　　S　　V　　　　C＝to V（不定詞）

（私の夢はプロ野球選手になることだ）

夢とは、まだ実現していないことですから、to V（不定詞）が適切なのは当然です。一方、「自分の趣味」を言いたいときはどうでしょう？

291 My hobby is **looking** at pictures.　（私の趣味は絵画鑑賞だ）
　　　　S　　V　　C＝Ving（動名詞）

趣味は、実際にやっていることのはずですから、動名詞と相性がいいのは必然ですね。

> **プラスα**
>
> ＊ 1…1. と 2. はどちらにも共通する部分があるので厳密に分ける必要はない。例えば、promise（〜すると約束する）は、1.の「これから実行する」と2.の「積極的に向き合う」のどちらのニュアンスも含んでいる。

PART 06　不定詞の名詞用法 vs. 動名詞（2）
文中での意味を理解する

　動詞の後ろに、不定詞や動名詞が置かれるパターンを分類すると、次の4パターンになります。

> 1. 不定詞と相性のいい動詞
> 2. 動名詞と相性のいい動詞
> 3. 不定詞・動名詞の両方置かれるが意味にあまり差のない動詞
> 4. 不定詞・動名詞の両方置かれるが意味に大きく差の出る動詞

　1. や 2. は 5 で学習済みです。3. はあまり差がないため、いちいち暗記する必要はないでしょう。ここでは 4. を中心に見ていきます。

不定詞と動名詞で意味に差の出る動詞

　このパターンでも to V や Ving のもつイメージが大きく影響します。

292　Please remember **to call** me at six tomorrow morning.
　　　　　　　　　　　　 V　　　 O＝to V（不定詞）

（明日の朝6時に私に電話するのを忘れないでね）

　不定詞は、「これから向かっていく、ある行為と向き合う」ようなイメージでした。ここでは to call という不定詞が使われていますから、電話するのは〈これから〉ですね。tomorrow morning が未来を表すことからも、〈これから〉の行為だとわかるでしょう。また、〈これから〉ですから to call という行為はまだ実行されていません。次はどうでしょう？

293　I remember **meeting** the man somewhere before.
　　　　 S　　V　　　　 O＝Ving（動名詞）

（私はその人に以前どこかで会ったのを覚えている）

　動名詞は、「実際にやっている（ところを想像する）」が基本イメージでし

た。remember meeting は「実際に会った（meeting）ことを覚えている（remember）」と伝えているのです。remember と同類のパターンをとる動詞 try も同様です。

294 He tried **to send** her presents.
（彼は彼女にプレゼントを贈ろうとした）

295 He tried **sending** her presents.
（彼は彼女にプレゼントを贈ってみた）

　不定詞を使った **294** では、プレゼントはまだ贈られておらず、贈る方向に気持ちが向かっていたと言っているだけです。一方、動名詞を使った **295** では、実際に彼女にプレゼントを贈った様子が伝わります。

不定詞と動名詞で意味に差の出る動詞

remember to V	「（これから）V することを覚えておく」
remember Ving	「（実際に）V したことを覚えている」
forget to V	「（これから）V することを忘れる」
forget Ving	「（実際に）V したことを忘れる」
try to V	「V しようとする（実際には V していない）」
try Ving	「試しに V してみる（実際に V している）」
regret to V	「（これから）V するのが残念だ」
regret Ving	「（実際に）V したことを残念に思う」

🏠 〈stop ＋ to V〉をどう考えるか？

stopの後ろは動名詞と決めつけていると、次のような例に対応できません。

296 I stopped 〈**to smoke**〉.
　　　　S　V　　　　　副用法（目的）

（私はタバコを吸うために止まった）　…これからタバコを吸う方向に向かっている

ここでのstopは自動詞で「立ち止まる」の意味。後ろの不定詞は副詞用法（目的）で、stoppedを修飾しています。前から訳し下して、「私は立ち止まってタバコを吸った」としてもいいでしょう。

一方、stopを他動詞で用い、動名詞を目的語とした場合は「（実際に）Vしているのをやめる」の意味になります。

297 I stopped **smoking**.
　　　　S　V　　O＝Ving（動名詞）

（私はタバコを吸うのをやめた）　…実際にタバコを吸っている

PART 06 / 7 不定詞と分詞の形容詞用法
文中での意味を理解する

to V、Ving や Vp.p. のどれも、名詞を修飾することができますが、違いはどこにあるのでしょうか？

🏠 to V も Ving も形容詞になれる。ならば、意味の違いは？

以下は、4 で扱った表の抜粋です。

✋ 形容詞の働きをする準動詞

	to V	Ving	Vp.p.
形容詞	不定詞の 形容詞用法	現在分詞の 形容詞用法	過去分詞の 形容詞用法

298 The best way 〈**to learn** English〉 is to read this book.
　　　　　　　　　M = to V の㊡用法

（英語を身につける最善の方法はこの本を読むことだ）

to learn English は The best way を修飾している不定詞の形容詞用法ですが、「これから英語を身につける（まだ身につけていない）」ということが前提になっています。＊1 不定詞の「これから向かっていく、ある行為と向き合う」イメージがしっかり生きています。次はどうでしょう。

299 The man 〈**crossing** the street〉 is a famous singer.
　　　　　　　M = Ving の㊡用法

（その道を渡っている人は有名な歌手である）

ここでの crossing the street は、The man を修飾している現在分詞の形容詞用法ですが、同じ形容詞の働きでも不定詞とは意味合いが異なります。Ving になると、「実際に道を渡っている」という意味合いが出ます。*2

👆 to V と Ving の形容詞用法の意味的な違い

・to V で修飾 … これから V する〔まだ V していない〕⑧
・Ving で修飾 … 実際に V している⑧

🏠 〈受動〉になっても基本は同じ

修飾される名詞との間に〈受動〉の意味関係がある場合、不定詞では to be Vp.p.、分詞ならば Vp.p. の形をそれぞれ用いますが、基本的なイメージは変わりません。

300 There are a lot of books ⟨**to be read**⟩ in Japan.
　　　　　　　　　　　　　　　　M＝to be Vp.p. の㊙用法

（日本には読むべき〔まだ読まれていない〕多くの本がある）

301 Japan is a country ⟨**surrounded** by the sea⟩.
　　　　　　　　　　　　　M＝Vp.p. の㊙用法

（日本は海で囲まれた国である）

不定詞を用いた 300 では、「これから読むべき〜（まだ読まれていない〜）」という意味ですが、ここでも不定詞がもつ「これから」の感覚はしっかり生きています。一方、Vp.p.（過去分詞）を用いた 301 では、「実際に囲まれた〜」という意味になります。

Vp.p. の〈完了〉用法

Vp.p.（過去分詞）が表す意味は〈受動〉だけとは限りません。自動詞がVp.p.（過去分詞）になると、〈完了（〜してしまった）〉の意味になるのが通例です。

302 **fallen** leaves　　（落ちてしまった葉〔落ち葉〕）

303 a **withered** flower　　（しおれてしまった花）

ただし、この用法はそんなに多くないので、出てくるたびにインプットすればよいでしょう。

> プラスα
>
> ＊1…名詞を修飾する不定詞すべてを形容詞用法と判断するのはやや乱暴。大まかだが3つのパターンに分類できる（→ 別 p.45のポイント129参照）。
>
> ＊2…「実際に…」という表現は、動名詞のところでも使っている。名詞として用いるVing（動名詞）、形容詞として用いるVing（現在分詞の形容詞用法）などの分類はもちろん重要。しかし、Vingはどこまでいってもvingで、基本となるイメージは変わっていないという視点をもてることも重要である。

PART 06 8 不定詞と分詞の副詞用法（1）
文中での意味を理解する

to V、Ving や Vp.p. のどれも、副詞として機能できますが、違いはどこにあるのでしょうか？

🏠 to V も Ving も副詞になれる。ならば、意味の違いは？

以下は、4 で扱った表の抜粋です。

☝ 副詞の働きをする準動詞

	to V	Ving	Vp.p.
副詞	不定詞の副詞用法 （ 8 で扱う）	分詞構文 （ 9 で扱う）	分詞構文 （ 9 で扱う）

ここでは、不定詞の副詞用法の意味を理解し、9 で扱う分詞構文と区別できるようになりましょう。以下で扱う例文はどれも、文の要素になっておらず、前の名詞を修飾しているわけでもないので副詞用法です。不定詞が副詞用法で用いられる場合は、ある程度の訳し分けが必要になります。

🏠 最大派閥の〈目的〉用法

文頭に不定詞の副詞用法が置かれたときは、そのほとんどが〈目的〉の意味となります。*1〈目的〉とは「ある行為に向かう」イメージですから不定詞で表すにはもってこいです。さらに、to V の to を、go to school などで使われている前置詞 to と同じ、右向き矢印（→）とイメージしておくといいでしょう。次の例では矢印（→）の先に study law という〈目的〉が書かれている感じです。

304 ⟨**To study** law,⟩ she went abroad.
　　　　→
　　　M＝副用法（目的）

（法律を研究するために、彼女は海外に行った）

なお、⟨目的⟩であるということをより明確にするためには、in order to V や so as to V などを使うと効果的です。＊2

🏠 見分けやすい⟨感情の原因⟩と⟨判断の根拠⟩

　驚きや悲しみなど、感情表現の直後に不定詞を置くと⟨感情の原因⟩を表すことができます。

305 I was surprised ⟨**to meet** Tom at the wedding⟩.
　　　　～～～～～～～　　　→
　　　　感情　　　　　　M＝副用法（感情の原因）

（私はその結婚式で、トムに会って驚いた）

「驚いた」という⟨感情の原因⟩が、矢印（→）の先に meet Tom ... という表現で示されています。次も考え方は似ています。

306 Bob must be crazy ⟨**to say** that⟩.
　　　　～～～～～～～～　　→
　　　　判断　　　　　　M＝副用法（判断の根拠）

（そんなことを言うなんて、ボブは気が変になっているに違いない）

「気が変になっているに違いない」という⟨判断の根拠⟩が、矢印（→）の先に say that で示されています。なお、これらの用法では、前に必ず⟨感情⟩や⟨判断⟩にあたる表現があるため、判別は簡単にできます。

🏠 ⟨結果⟩と⟨程度⟩は定型表現でインプット！

307 She grew up ⟨**to be** a great novelist⟩.
　　　　　　　　　　　→
　　　　　　　　　M＝副用法（結果）

（彼女は成長して偉大な小説家になった）

to のもつ矢印（→）のイメージを最大限に活用し、「成長して（grew up）to（→）偉大な小説家になる（be a great novelist）」と考えてみましょう。ただ

し、〈結果〉の用法は、定型表現が多いのも事実です。＊3

> She grew up ⓣⓞ be a great novelist. 小説家

次はどうでしょう？

308 He was kind enough 〈**to help** me〉.
　　　　　　　　　　　　　　M＝圖用法〈程度〉

（彼は親切にも私を助けてくれた）

「十分に親切（kind enough）」の〈程度〉を矢印（→）以下で表現しています。なお、この文は、次のように書き換えることもできます。

▶ He was so kind 〈**as to** help me〉.

so 〜となった場合には、単なる to V ではなく、〈as to V〉で〈程度〉を表す点に注意しましょう。〈程度〉の to V を用いた重要表現をもう1つ紹介しておきます。

309 He was **too** tired 〈**to walk**〉.
　　　　　　　　　　　　M＝圖用法〈程度〉

（彼は歩けないほど非常に疲れていた）

too tired「非常に疲れた」の〈程度〉を矢印（→）以下で表現しています。ただし、ここでの to walk は否定的に「歩けないほど」と訳す点に注意しましょう。不定詞の〈これから〉は、裏を返せば〈まだやっていない〉と否定的に訳すことができましたね。なお、この文は、〈so 〜 that S＋V ...〉を使って次のように書き換えることもできます。

▶ He was **so** tired [**that** he couldn't walk].

〈結果〉のときと同様に、〈程度〉に関しても、〈~ enough to V〉や〈too ~ to V〉などの定型表現が多いのが特徴です。

〈目的〉なのか〈結果〉なのか？

〈結果〉と表裏一体の関係にあるのが〈目的〉。「合格した」という〈結果〉には、「合格するために」という〈目的〉がその前提にあったはず。どちらで訳すか迷ったら、to 以下の行為に対して、主語の意志が強く働いていれば〈目的〉、そうでなければ〈結果〉で訳してみましょう。次の文は、to 以下の save money ... に対して、主語の Yasuko の強い意志が感じられるので、〈目的〉で訳すのが自然でしょう。

310 Yasuko worked hard **to save** money for college.
（ヤスコは大学へ行く資金をためるため懸命に働いた）

不定詞の副詞用法の意味

不定詞の副詞用法	補足　※to V の to は矢印（→）をイメージ！
1. 目的	文頭の場合はほぼこの意味。
2. 感情の原因	前に〈感情〉にあたる語句あり。
3. 判断の根拠	前に〈判断〉にあたる語句あり。
4. 結果	定型表現が多い。
5. 程度	~ enough to V などの定型表現が多い。

プラスα

＊1…〈条件〉の用法もあるが、主節が仮定法となっているときのみ有効であり、この用法を避けるネイティブスピーカーも多い。
＊2…〈否定の目的（V しないように）〉を表す時は、in order not to V や so as not to V を使う。なお、so as to V を文頭で使うのは原則不可。
＊3…別 p.46 のポイント**131**を参照。

PART 06 9 不定詞と分詞の副詞用法(2)
文中での意味を理解する

8 では不定詞の副詞用法の意味をマスターしました。ここでは、分詞の副詞用法である分詞構文を中心に見ていきましょう。*1

🏠 分詞構文は「あいまいに訳す」が基本!

分詞構文は、そもそも接続詞を使わず、あいまいに表現したものです。よって、無理やり1つの訳し方に分類するのではなく、あいまいなものはあいまいなまま、主節に対する追加情報として訳すのが適切だと言えます。

311 The students greeted me, **waving** flags.
(生徒たちは旗を振りながら私を迎えてくれた)

The students greeted ... からの主節が中心。そこに、生徒たちがどんな状況だったかの情報を追加する分詞構文 waving flags が添えられています。

312 **Shopping** at the store, I ran into my friend.
(その店で買い物をしていて、偶然友だちに会った)

I ran ... の部分が中心で、Shopping 〜 の部分はあくまで追加情報。「その店で買い物をしていた→偶然友だちに会った」くらいに理解できれば十分。

313 Not **knowing** her telephone number, I can't call her up.
(彼女の電話番号がわからなくて、私は電話ができない)

I can't call ... の部分が中心で、Not knowing 〜 の部分が追加情報。「電話番号がわからない→電話ができない」の関係を理解しよう。

> ## 👉 分詞構文の訳し方
> 主節に対する**追加情報**だということを意識しよう。接続関係をあえて明示せず、「**あいまいに訳す**」が基本姿勢。
> ※〈時〉や〈理由〉などの分類は便宜的なものにすぎない。

〈接続詞＋S＋V〉の文を、分詞構文に書き換えた経験があるかもしれませんが、こうやって分詞構文の持ち味を学習すれば、やみくもに書き換えるのは危険だとわかるでしょう。分詞構文と〈接続詞＋S＋V〉の文が意味的に完全に同じだと思ってはいけません。分詞構文には、分詞構文なりの持ち味があるのです。*2

🏠 接続詞＋分詞構文

分詞構文のあいまいさを避け、〈時〉の意味を明確にしたければ、分詞の前に接続詞を置き、**When** shopping at the store のように表現できます。なお、この形で用いられる接続詞は、時・条件・譲歩を表す when, while, after, before, if, unless, though などに限られます。

314 **Though admitting** her guilt, she still felt no wrong.
（彼女は自分の罪を認めたが、依然として罪悪感はなかった）

また、分詞構文を〈条件〉や〈譲歩〉の意味で訳すのは非常にまれです。分詞構文を〈譲歩〉の意味で使うなら、上の例のように接続詞を置くか、そもそもの使用を避けた方がいいでしょう。

🏠 〈受動〉の意味の分詞構文でも基本は同じ

分詞構文で用いられる being は原則、省略できるため、Vp.p.（過去分詞）からはじまる分詞構文を目にすることがあります。*3 〈受動〉の意味を意識しつつ、主節につながるように「あいまいに訳す」原則は変わりません。

315　~~Being~~ **Seen** from a distance, the lake looked beautiful.

（遠くから見るとその湖は美しく見えた）

🏠 不定詞と分詞の副詞用法のまとめ

　不定詞の副詞用法は訳し方が限定的ですが、分詞構文は「あいまい」であるがゆえに比較的広い意味で用いることができました。不定詞にはtoのもつ矢印（→）のイメージがあったように、Vingを用いる分詞構文も、どこかに「実際にやっている」の意味合いを感じることができます。この視点で 311 〜 313 の分詞構文を見直すと、次のように解釈することができます。

311　**waving** flags　　（実際に旗を振っている）
312　**Shopping** at the store　　（実際に買い物をしている）
313　**Not knowing** her telephone number

（実際に電話番号を知らない）

> **プラスα**
>
> ＊1…分詞構文を用いるのは、おもに小説などの書き言葉。話し言葉では、公的なスピーチやニュースなどで用いられることもある。
>
> ＊2…分詞構文は、主節の行為との同時性や連続性が表せる。例文 311 では、The students greeted meと waving flagsが同時並行で行われている。また、例文 312 では、「①Shopping at the store→②I ran into…」のように、①から②へと動作が連続している感じが表現されている。
>
> ＊3…Vp.p.（過去分詞）からはじまる分詞構文は、Vingからはじまる分詞構文に比べて少数。

PART 06
10 準動詞の意味上の主語(1)
不定詞を中心に

述語動詞と準動詞の違いは主語の置き方にも現れます。準動詞の主語は、述語動詞の主語との混同を避けるために意味上の主語と呼ぶことにします。*1

🏠 不定詞の意味上の主語をとくに置かない場合

次の不定詞to hearの意味上の主語は何でしょうか？

316 <u>He</u> <u>was surprised</u> 〈**to hear** the news〉.
　　　S (S')　V　　　　　　　　C

（彼はそのニュースを聞いて驚いた）

wasの主語は言うまでもなくHeです。述語動詞は、その左〔前〕に主語が置かれます。一方、to hearの意味上の主語は直前を見ても特に置かれていません。このように特に置かれていない時は、文全体の主語が不定詞の意味上の主語にもなっていると考えてみましょう。to hearするのもHeということです。

He was surprised to hear the news.
　　　　　　　　　to hearの主語もHe

では、次はどうでしょう？

317 <u>**To master** French</u> <u>isn't</u> <u>easy</u>.
　　　　　　S　　　　　　　　V　　　C

（フランス語を習得するのは簡単ではない）

この文では、特に意味上の主語は明示されていません。また、不定詞そのものが主語なので、文全体の主語が意味上の主語と考えることもできません。こういう場合は、誰とは限定しないで、一般の人々が意味上の主語と考えればいいのです。

> **不定詞の意味上の主語を特に書かない場合**
> 1. 文全体の主語と共通
> 2. 一般の人々

不定詞の意味上の主語を置く場合

　ここからは、不定詞の意味上の主語を置く場合について見ていきましょう。

318　It isn't easy **for me to master** French.
　　　　　　　　　　　S'　　→　　P'

（私がフランス語を習得するのは簡単ではない）

　不定詞の意味上の主語が文全体の主語と異なる場合、不定詞の前に〈for＋A〉の形で置きます。〈too ～ to V〉などでも、その原則は変わりません。

319　This box is **too** heavy for a child **to move**.
　　　　　　　　　　　　　　S'　　→　P'

（この箱は重すぎて子どもが動かすことはできない）

次はどうでしょう？

320　This is the first woman **to go** to the moon.
　　　　　　　　S'　　　　　→　P'

（こちらは月に行った最初の女性です）

　to go to the moon は woman を修飾する不定詞の形容詞用法です。同時に、the first woman は、to go の意味上の主語で、「最初の女性が月に行く」の関係が成立しています。

最後にもう1つ。

321 I want you **to go** to the post office.
　　　　S　V　　O　　to V　　　　　　　　　（私はあなたに郵便局に行ってもらいたい）
　　　　　　　　（S'）→（P'）

ここでは、to go の意味上の主語は文全体の主語の I ではなく、目的語になっている you です。〈S＋V＋O＋to V〉型の動詞は、O と to V との間に〈S' と P' の関係〉が成立するものがほとんどです。＊2

> 👉 **不定詞の意味上の主語を置く場合**
> 1. 〈for A to V〉の形にする。
> 2. 不定詞の形容詞用法で修飾される名詞が意味上の主語。
> 3. 〈S＋V＋O＋to V〉型の動詞で、O が意味上の主語。

プラスα

＊1…〈S'〉は〈意味上の主語〉、〈P'〉は〈述語〉の意味で用いる。ここでは意味上の主語〈S'〉には二重線を引くことにする。

＊2…〈S＋V＋O＋to V〉型の動詞は 別 p.6のポイント 014 を参照。

PART 06 11 準動詞の意味上の主語(2)
動名詞・分詞を中心に

不定詞の場合と同様に、動名詞や分詞の意味上の主語も確認していきましょう。

👆 動名詞の意味上の主語を特に置かない場合

322 He insisted on **paying** the bill.　（彼は勘定を払うと言い張った）
　　　　S (S')　　　V

不定詞のときと同じ考え方です。paying the billの前に、意味上の主語にあたる語句は特にないので、文全体の主語が動名詞の意味上の主語にもなっていると考えます。insistするのも、paying the billするのもHeということです。では、次はどうでしょう？

> He insisted on paying the bill.
> payingの主語はHe
> ごちそうさまでーす！
> オレが払う！

323 **Seeing** is **believing**.　（見ることは信じることだ〔百聞は一見にしかず〕）

この文では、特に意味上の主語は明示されていません。この場合は、Seeingもbelievingも、主語を誰とは特定せずに一般の人々と考えればよいのです。ここまでは不定詞と全く同じですね。

👆 動名詞の意味上の主語を特に置かない場合
1. 文全体の主語と共通
2. 一般の人々

🏠 動名詞の意味上の主語を置く場合

不定詞の場合は〈for＋A〉の形で意味上の主語を表しましたが、動名詞の場合はそれとは全く異なります。意味上の主語が文全体の主語と異なる場合は以下のようにします。

324 He insisted on my [me] **paying** the bill.
　　　　　　　　　　　 S′　→　P′

（彼は私が勘定を払うようにと言い張った）

insistするのがHe、paying the billするのが「私」なら、my [me] paying the billのように動名詞の前に〈所有格（または目的格）〉を置いて表します。

He insisted on my [me] paying the bill.
払えー　えっ!?ボクが払うの?
payingの主語はmy [me]

👆 動名詞の意味上の主語を置く場合
所有格（または目的格）＋Ving（動名詞）

ちなみに、動名詞の意味上の主語を所有格とするのはなぜでしょう？例えば、名詞bookの持ち主が「私」ならmy bookのように所有格を置きます。この感覚は名詞の性質を強くもつ動名詞でも同じなのです。

my book　⟶　my **paying**
所有格＋名詞　　　所有格＋動名詞

一方、目的格になるのは、左〔前〕の前置詞や他動詞につられているだけです。onやbyの直後には、on meやby themのように目的格が、他動詞の直後にもHe understands me.のように目的格が置かれることからもわかります。

on me ──→ on me **paying**
㋐＋目的格　　　目的格＋動名詞

やはり、英語は左から書き、左から読まれるため、左に置かれる語句の影響力は大きいわけです。*1

🏠 分詞の意味上の主語について

Ving（現在分詞）やVp.p.（過去分詞）の形容詞用法の意味上の主語も攻略しましょう。

325 the lady **singing** the song　（その曲を歌っている女性）
　　　　　S'　　→P'（能動）

現在分詞singingの意味上の主語は、修飾されているthe ladyになり、「その女性が歌っている」という〈能動関係〉が成立しています。

326 the book **read** all over the world　（世界中で読まれている本）
　　　　　S'　　→　P'（受動）

過去分詞readの意味上の主語はthe bookで、「その本が読まれている」という〈受動関係〉が成立しています。

👉 VingやVp.p.の形容詞用法の意味上の主語(1)
修飾される名詞＝意味上の主語

3 (p.189)で扱った例文を再度見てみましょう。

280 The lady remained **standing** in front of the building.
　　　　 S(S')　　　　 V　　　　 C＝形用法
（その女性はビルの前で立ったままでいた）

ここでは、現在分詞 standing の意味上の主語は、文の主語と共通でThe ladyですね。では、次はどうでしょう。これは **4** (p.190)で扱った例文です。

284 The businessman kept his car **parked** here without
　　　　　　 S　　　　　　 V　　 O　　　　 C＝形用法
　　　　　　　　　　　　　　　　　　　　 (S')→(P')

permission.
（そのビジネスマンは許可なく車をここに駐車しておいた）

過去分詞 parked の意味上の主語は、〈S＋V＋O＋C〉のOである his car です。

👉 VingやVp.p.の形容詞用法の意味上の主語(2)
Ving や Vp.p. が C (補語) の場合
1. 〈S＋V＋C〉のSが意味上の主語
2. 〈S＋V＋O＋C〉のOが意味上の主語

> **プラスα**
>
> ＊1…動名詞の意味上の主語は、〈所有格〉で表すのが通例だったが、現在では〈目的格〉とするネイティブスピーカーが多い。ただし、主語の位置では、左〔前〕に影響を及ぼす語句がないので、<u>His</u> behaving like that made everybody sad. のように〈所有格〉が好まれる傾向がある。

PART 06 — 12 準動詞の意味上の主語（3）
分詞構文を中心に

最後は、分詞構文の意味上の主語を考えていきましょう。

🏠 分詞構文の意味上の主語を特に置かない場合

次の例文はどちらも **9**（p.207、p.209）で取り上げた分詞構文の例文です。Shopping ... の意味上の主語は特に置かれていないので、文全体の主語が分詞構文の意味上の主語にもなっていると考えます。ran into するのも、Shopping ... するのも I ということです。

312　**Shopping** at the store, I ran into my friend.
　　　　　　S (S′)　　　　　V

（その店で買い物をしていて、私は偶然友だちに会った）

過去分詞を用いた分詞構文でも考え方は同じです。

315　**Seen** from a distance, the lake looked beautiful.
　　　　　　　　　　S (S′)　　　　　V

（遠くから見ると、その湖は美しく見えた）

Seen from a distance の意味上の主語は、文全体の主語である the lake です。

> ☝ **分詞構文の意味上の主語を特に置かない場合**
> 文全体の主語が意味上の主語

🏠 分詞構文の意味上の主語を置く場合（独立分詞構文）

では、次はどうでしょう。

327 It **being** rainy, we stayed home last Friday.
　　　　S'　　　　　　　　S　　V

（雨だったので、私たちは先週の金曜日は家にいた）

　文全体の主語と意味上の主語が異なる場合には、分詞構文の前に〈主格〉を置いて意味上の主語を明示します。being rainy の主語は、文全体の主語 we とは異なるため、天気などで用いる It が置かれているのです。こうやって、文全体の主語とは別に、独立した主語を置いている分詞構文のことを、英文法の世界では独立分詞構文と呼んでいます。

> It being rainy, we stayed home last Friday.
> 　主語が異なる

👉 分詞構文の意味上の主語を置く場合
主格を分詞構文の前に置く（独立分詞構文）

　ちょっと変わった独立分詞構文も紹介しておきましょう。

328 There **being** so much wind, we gave up sailing.
　　　　　　　　　　　　　　　　　　S　　V

（風がひどくて、私たちはヨットはやめた）

　これは、〈There be ～構文〉の there が、文全体の主語である we とは異なるために置かれた独立分詞構文です。

付帯状況の with は独立分詞構文から生まれたもの!?

最後に、いわゆる付帯状況の with をチェックしておきましょう。

329 I can't work **with** you standing there.
　　　　　　　　　　付帯状況 A　　　B＝Ving（能動）

（あなたがそこに立っていては仕事ができない）

前置詞 with の後ろに〈A＋B〉と2つの要素が並び、かつAとBに主語と述語の関係が成立していることがあります。こういう with のことを、英文法の世界では**付帯状況の with** と呼んでいます。訳し方は、分詞構文と同様、主節に対しての追加情報としてつなぐのが基本です。例文 **329** では、you と stand との間に〈能動〉の意味関係が成立しているので、Ving（現在分詞）が置かれています。以下は、Vp.p.（過去分詞）が置かれた〈受動〉の例です。

330 He sat on the chair **with** his arms folded.
　　　　　　　　　　　　　付帯状況　　A　　　B＝Vp.p.（受動）

（彼は腕を組んでいすに座っていた）

He sat on the chair **with his arms folded**.
　　　　　　　　　　　　　　付帯状況
　　　　　　　　　　　　　　追加情報

with の直後のAには必ず（代）名詞が置かれますが、Bには不定詞と動詞の原形を除き、さまざまな要素が置かれます。入試で問われるのは、Ving を置くか Vp.p. を置くかの識別がほとんどです。＊1

> ### 📝 付帯状況の〈with A＋B〉
> 1. **A**には（代）名詞、**B**には Ving や Vp.p.、形容詞などさまざまだが、不定詞と動詞の原形だけは置けない。
> 2. 訳し方は「AがBの状態で」を基本に、主節に対する追加情報を意識しよう。

なお、付帯状況の〈with A+B〉は、独立分詞構文の一種と考えることもできます。

▶ I can't work ~~with~~ you standing there.
　　S　　V　　　　　　 S'　独立分詞構文

例文 **329** の with を消去すれば、I can't work という主節に対する独立分詞構文と同じ構造になります。独立分詞構文の前に、「〜もって、もっている」が基本イメージの with を置いて発展したのが付帯状況の with なんです。分詞構文と訳し方が似ているのは、偶然ではなく必然だったわけです。

ここまでさまざまな準動詞の意味上の主語のパターンを見てきました。準動詞も述語動詞と同じように、何らかの主語をもっているのです。ただし、述語動詞の主語ほどシンプルではないので、もう一度それぞれのパターンを復習しておきましょう。

> **プラスα**
>
> ＊1…これらを識別する際には、意味だけでなく動詞の直後の形にも注目しよう。例文 **330** では、他動詞 fold（〜を組む）の目的語にあたる名詞がないため〈受動〉と考え、過去分詞 folded としている。「組んでいる or 組まれている」のように日本語で考えても混乱するだけ。

PART 06
13 準動詞の時制と否定

不定詞や動名詞など、準動詞の時制はどのように考えたらよいのでしょうか？　不定詞を例に考えてみましょう。

🏠 準動詞の時制は文全体の述語動詞の時制に準じる

331　Tom seemed to know everything.
　　　　　S　　V（過去形）
（トムはすべてを知っているようだった）

to knowの部分だけを見てもいつのことかはわかりません。そのようなときは、文全体の動詞をチェックすればいいのです。seemedは過去形ですから、to knowの部分もそれに準じて〈過去〉と考えます。**331**　の文を書き換えてみると、それがさらに明確になります。

▶ Tom seemed to know everything.
　　S　　V（過去形）
（トムはすべてを知っているようだった）

＝ It seemed that Tom knew everything.
　　　過去　　　　　　　過去

この感覚は、動名詞や分詞構文でも同じと考えてよいでしょう。

> 👉 **準動詞の時制（1）**
> **文全体の動詞と同じ**

ただし、不定詞の場合は、表す時制が文全体の動詞よりも先の未来となることもあります。ふつうに訳す場合には、あまり気にし過ぎることはないで

しょう。次の例文で一応確認しておきます。

332 Mary decided **to be** a doctor. 　（メアリーは医者になると決めた）
　　　　S　　V（過去形）

「決めた」のは過去のことですが、「医者になる」のはその時点よりさらに先の未来です。

🏠 完了形の準動詞を攻略しよう！

次の例文を見てみましょう。

333 Tom seems **to have known** everything.
　　　　S　　V　　　不定詞×完了形

（トムはすべてを知っていたようだ）

不定詞を、〈to have＋Vp.p.〉の形で完了形の不定詞にすると、文全体の動詞よりもさらに前のことを表すことができます。例文では、「思われる（seems）」のは現在ですが、「知っていた（to have known）」の部分はそれより前の過去のことを表しています。ここでの〈完了形〉は、いわゆる〈現在完了形〉とは別物です。あくまでも、文全体の動詞よりもさらに前のことを表しているだけです。この文も書き換えをしてさらに理解を深めましょう。

▶ Tom seems **to have known** everything.
　　S　　V　　　不定詞×完了形

= It seems that Tom **knew** everything.
　　現在　　→　　　過去

（トムはすべてを知っていたようだ）

333
過去　　　　　　　　現在

準動詞の時制(2)

文全体の動詞の時制よりもさらに前の時は、〈完了形〉の準動詞を使う。

動名詞や分詞構文の場合も同じです。次の例文で確認しましょう。

334　She is proud of **being** rich.
　　　　S　V(現在)　＝　現在(動名詞)
　　　(彼女はお金持ちであることを誇りに思っている)

335　She is proud of **having been** rich.
　　　　S　V(現在)　→　過去(完了形の動名詞)
　　　(彼女はお金持ちであったことを誇りに思っている)

334　She is proud of being rich.
現在

335　She is proud of having been rich.
過去　　　現在

336 **Not knowing** what to do, I remained standing.
　　過去（分詞構文）　　＝　　S　V（過去）
　（何をしていいのかわからなくて、私は立ったままでいた）

337 **Having finished** my work, I went home.
　　さらに過去（完了形の分詞構文＊1）　←S　V（過去）
　（仕事を終えて私は帰宅した）

🔺 準動詞の否定

準動詞を否定するときは前に not を置きます。＊2

338　He warned her **not** to do it.
　（彼はそんなことはするなと彼女に警告した）

339　They complain of **not** being given responsibility.
　（彼らは責任を与えられないと不平を言う）

動名詞を否定するときは **339** のように、否定語を動名詞の直前に置きます。なお、ミスが目立つのが完了形の準動詞を用いた場合です。

340　My father is ashamed of **not** having done it.
　（父はそれをやらなかったことを恥じている）

どうやら、現在完了形の否定文をつくるときの感覚で、（❌）having not done it としてしまうようです。準動詞の場合は、完了形であっても、準動詞の前に not を置くことを忘れないでください。

プラスα

＊1…完了形の分詞構文の使用頻度は非常に低い。例文 **337** は、After I had finished my work のように接続詞を用いた節で書く方が一般的。また、時間の前後関係が明確な場合は、完了形の分詞構文を使わず、ふつうの分詞構文にすることも多い。Having finished my work (→ Finishing my work)
＊2…not ではなく never を用いることがある。また、否定語として no を用いるのは、There is no Ving (Vできない) のような一部の定型表現を除いては不可。

PART 06 14 不定詞を用いた重要表現（1）
タフ構文、〈It is ... of A to V〉、代不定詞

ここからは不定詞を用いた重要表現を学習します。

🔰 タフ構文

不定詞の副詞用法の中には、特定の形容詞を限定する用法があり、英文法の世界では、タフ構文と呼んでいます。

341 The computer is difficult 〈to operate〉.
　　　　　　S　　　　　V　　C＝形　　　　↑限定

（そのコンピューターは操作するのが難しい）

「難しい（difficult）」といっても、具体的に何が難しいのかわかりません。後ろの不定詞（to operate）がそれを限定しているのです。ただし、この構文は、次の2つの条件を満たしていないと使うことができません。

> ☝ **タフ構文が使える2条件**
> 1. **不定詞の中に名詞が1つ欠けている。**
> 2. **その欠けている名詞が文全体の主語と一致する。**

ここでは、他動詞operate（～を操作する）の目的語の名詞が欠けています。その欠けている名詞が文全体の主語The computerと一致していますね。以下で視覚的に確認しておきましょう。

▶ The computer is difficult 〈to operate ＿＿＿〉.
　　　S　　　　　V　C＝形　　　　　　　　名詞が欠落

また、タフ構文には、次のような特徴もあります。

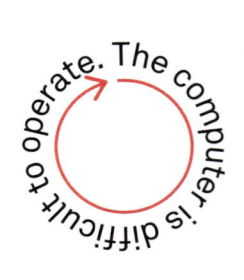

左の図のように文末のto operateが文頭のThe computerにつながり循環していることがわかります。グルグル回ってゴールがないのです。

なお、タフ構文で使われる形容詞はある程度決まっています。どんな形容詞でもこの構文になれるわけではありません。

> 👆 **タフ構文になりうる形容詞**
> **easy, difficult, hard, impossible, safe, dangerous, (un)pleasant, (un)comfortable, tough** など
> ※ **possible** はタフ構文にならない。

タフ構文は形式主語のitを使ってもほぼ同じ意味を表せます。

▶ It is difficult ⟨**to operate** the computer⟩.

⟨It is ... of A to V⟩の構文

It was very careless of you. で「キミは本当に不注意だった」の意味を表しています。*1 前置詞ofの前後でYou were very careless.のような主語(S′)と述語(P′)の関係を作っています。

▶ It was very careless **of** you.　= You were very careless.
　　　　　P′ ←　　　S′　　　　　S　V　　C

この文に、〈判断の根拠〉を表す不定詞の副詞用法を添えたものが次の文です。*2

342 It was very careless of you 〈**to leave** the door open〉.
　　　　　　　　　　　　　　　　　　　㊙用法（判断の根拠）

＝You were very careless 〈**to leave** the door open〉.
（ドアを開けっ放しにしておくとはキミはとても不注意だった）

代不定詞について

前に出てきた語句の繰り返しを避けるために、to V の V 以降を省略し、to だけを残したものを代不定詞といいます。

343 Sing if you want **to** ~~sing~~.　（歌いたいなら歌いなさい）
　　　　　　　　　　　　↳ 代不定詞（通例、省略不可）

なお、代不定詞の to は省略しないのが原則です。

プラスα

＊1…ここで用いられている it は、〈S+V〉の形を整えるために置かれた〈状況の it〉と考えるのが妥当。to V がなくても用いることができるので〈形式主語の it〉ではない。

＊2…この構文で用いられる形容詞は、careless, clever, wise, kind, foolish, polite, rude, considerate, cruel, stupid など「人の性質」を表すものが多い。

PART 06 15 不定詞を用いた重要表現(2)
〈be to 不定詞〉〈疑問詞＋to V〉など

引き続き、不定詞を用いた重要表現を学習します。

🏠 いわゆる〈be to 不定詞〉について

be動詞の後ろに〈to V〉が置かれると、「予定・意図・可能・運命・義務」など、1つの助動詞と似た意味になるとされています。しかし、このような分類は本当に必要でしょうか？　これらの意味に従えば、次の例文は次のように訳せます。

344　They are **to get married** in June.

「彼らは6月に結婚する予定だ」　　　…予定
「彼らは6月に結婚するつもりだ」　　…意図
「彼らは6月に結婚できる」　　　　　…可能
「彼らは6月に結婚する運命にある」　…運命
「彼らは6月に結婚しなければならない」…義務

どの訳し方でもそれなりに意味は通ります。でも分類する前に、根っこをしっかりとらえましょう。〈be to 不定詞〉は、「主語がこれからVする状況にある」を基本とします。不定詞は、「これから向かっていく、ある行為と向き合う」が基本イメージでした。〈be to 不定詞〉にもその原則はあてはまっているので結局、上のどの訳し方でも「彼らが、これから結婚する状況にある」という根っこは変わりません。

🏠 〈be to 不定詞〉の使用には注意が必要！

また、〈be to 不定詞〉には〈意図〉の意味があるなどと安易に覚えてしまうと、次のような文を書いてしまうかもしれません。

(⚠) I am to go skiing with my friends.
　　（友だちとスキーに行くつもりだ）

〈be to 不定詞〉は、主語以外の第三者（運命・神様など）の存在が感じられ、自分の意志ではどうにもならないような場合に用いるのが原則なんです。上の例文だと、「第三者によってスキーに行くことが決められていて、どうしても行かなくてはいけない運命にある」というニュアンスになってしまいます。〈be to 不定詞〉を使って、単なる個人の〈意図〉を表すのは避けるべきでしょう。

345 You are **to obey** the rules.
　　（規則には従わなくてはならない）

この例文などはイメージしやすいでしょう。話し手でも、聞き手でもない第三者（国や地方自治体など）によって決められた規則があるわけです。この感覚をふまえて、もう一度 **344** を見てみましょう。

344 They are **to get married** in June.

本人たちが決めた〈予定〉ではなく、誰か第三者の存在が感じられる雰囲気です。例えば、昔の政略結婚のように、本人たちとは関係のないところで結婚の話が進んでいるような状況です。自分たちの意志で結婚を予定し、式の日時が決まっているなら、現在進行形などを用いて書くべきです。

346 They **are getting** married in June.
　　（彼らは6月に結婚する予定だ）

このように〈be to 不定詞〉は特殊な意味を表すことが多いため、英作文などでの使用は極力避けた方がよさそうです。

〈疑問詞＋to V〉

〈疑問詞＋to V〉は主語・目的語・補語などに置かれ、名詞のカタマリとして用いられます。

347 I don't know 〈how **to use** this digital camera〉.
　　　　 S　　 V　　　　　O＝疑問詞＋to V

（このデジカメをどのように使用するかはわからない）

疑問詞にはhowだけでなく、what, which, who, where, when, whetherなどさまざまなバリエーションがありますが、why to Vという形だけは通例、用いることができません。

```
I don't know 〈how to use this digital camera〉.
                    └→ 名詞の働きをするカタマリ
わからん
```

独立不定詞

needless to say（言うまでもなく）のように、文全体を修飾している不定詞の表現を独立不定詞と呼ぶことがあります。*1 定型表現がほとんどなので、しっかりインプットしておきましょう。

348 **Needless to say,** they were delighted.

（言うまでもなく、彼らは喜んだ）

プラスα

*1…その他の独立不定詞は、別 p.47のポイント**137**参照。

PART 06 16 動名詞を用いた重要表現

ここからは動名詞を用いた重要表現を見ていきましょう。

〈to＋Ving（動名詞）〉となる重要表現

toの後ろには〈動詞の原形〉が置かれ、to Vとなるのがふつうです。しかし、次に挙げる表現は to をふつうの前置詞と見なし、〈to＋Ving（動名詞）〉となるため注意が必要です。

349 I'm looking forward **to seeing** my family again.
（私は、家族に再会できるのを楽しみにしている）

look forward to A は「A を楽しみに待つ」という重要表現ですが、A の部分に〈動詞の原形〉は置けません。そうなると、不定詞の to と前置詞の to はどうやって見きわめたらよいか、という疑問が出てくるはずです。実は、to なのに後ろが Ving になるものはごく少数なので、まずは、それらをしっかりインプットするのが賢明です。*1 もちろん、動名詞をとるからには理由があります。Ving は、「実際にやっている（ところを想像する）」が基本イメージでした。

I'm looking forward to seeing my family again.

「楽しみに待つ」というのは、頭の中ではすでにやっているイメージが強いわけです。

350 When it comes **to playing** the guitar, he is next to none.
（ギターを弾くことにかけては彼の右に出る者はいない）

when it comes to A は「Aのことになると」の意味ですが、これも実際に彼がギターを弾いていることを前提とした表現です。

🏠 〈need＋Ving（動名詞）〉の考え方

一般動詞として用いる need は、〈need＋to V〉（Vする必要がある）のように不定詞をともなって用いるのが通例です。

351 The building needs **to be painted**.
　　　　　　S　　　　　V　→ to V
（その建物は塗装される必要がある）

一方、〈need＋Ving〉のように動名詞が置かれ、「Vされる必要がある」という表現も存在します。これはどのように考えたらよいのでしょうか？

352 The building needs a clean.
　　　　　　S　　　　V　　O＝名
（その建物は清掃される必要がある〔その建物は清掃を必要とする〕）

この文を理解するのは簡単ですね。では、次はどうでしょうか？

353 The building needs **painting**.
　　　　　　S　　　　V　　O＝動名詞
（その建物は塗装される必要がある〔その建物は塗装を必要とする〕）

need の目的語が a clean という名詞の代わりに、動名詞 painting に変わっただけです。たとえば、「その建物は塗装を必要としている」を「その建物は塗装される必要がある」と意訳しても誰も疑問に思わないでしょう。「〈need＋Ving〉は受動の訳し方になる」などと丸暗記する必要はないのです。

👉 〈need＋Ving（動名詞）〉の考え方
「Vすることを必要としている」を基本に、「Vされる必要がある」と意訳しているだけ。

なお、〈need+Ving〉を使う際には、次の2つの条件を満たす必要があります。

👉 〈need＋Ving〉を使える2条件
1. 動名詞の中に名詞が1つ欠けている。
2. その欠けている名詞が文全体の主語と一致する。

例文 353 ではpaintingの後ろに名詞（目的語）が1つ不足していますが、それが文全体の主語であるThe buildingと一致しています。

▶ The building needs painting _____ .
　　　　S　　　　　V　　　O＝動名詞　名詞が欠落

🏠 用途や目的を表す動名詞

a waiting room（待つための部屋〔待合室〕）のように、動名詞が〈用途〉や〈目的〉を表すことがあります。これは、長文中ではわりとよく目にする表現です。ふつうの名詞を〈用途〉や〈目的〉の意味で用いるのはそう珍しいことではありません。

▶ **an alarm clock** （目覚ましのための時計〔目覚まし時計〕）

名…〈用途〉

動名詞にも同様の使い方がある！

354 a **walking** stick （歩くための棒〔つえ〕）

動名詞…〈用途〉

　ここでのVingを現在分詞と混同しないようにしましょう。a sleeping cat（眠っているネコ）のような現在分詞には、「ネコが眠る」という〈主語と述語の関係〉がありますが、動名詞にはありません。

a **walking** stick
歩くための棒（つえ）
「棒が歩く」ではない

a sleeping cat
ネコが眠っている

プラスα

＊1…〈to＋Ving（動名詞）〉となるその他の重要表現は 別 p.50のポイント143参照。

PART 06 — 17 分詞を用いた重要表現

準動詞の最後は、分詞を使った重要表現を攻略しましょう。

感情を表す分詞形容詞

exciting（興奮させる）と excited（興奮して）のような感情を表す表現の使い分けは紛らわしいですね。

> **Q** 次の日本語にあたる英文を考えてみよう。
> 「私は昨日、旅行のことを考えて興奮していた」

初歩的なミスですが、絶対に書いてはいけないのが次の英文です。

(✗) I was exciting about going on the trip yesterday.

おそらく、「興奮していた」という日本語につられてこのように書いてしまったのでしょう。こうした間違いを防ぐコツを紹介します。

感情を表す分詞形容詞
1. 感情を与える原因に対して…Ving
2. 感情を抱く側（人間など）に対して…Vp.p.

たったのこれだけです。*1 先ほどの例では、主語の「私(I)」は、〈感情を抱く側〉ですから Vp.p. を用いて次のように表現すればよかったのです。

(○) I was excited about going on the trip yesterday.
   └→ 感情を抱く側

次の2つの例で理解を深めておきましょう。

355 The news was **surprising**. （そのニュースは驚きでした）
　　　　　　　　　　↳感情の原因

356 He was **surprised** to hear the news.
　　　　　　↳感情を抱く側

（彼はそのニュースを聞いて驚いた）

感情を抱く側 = Vp.p.　surprised
感情の原因 = Ving　surprising

これらを考える際には、どの名詞とセットになっているかをしっかり確認しましょう。次の例で、excitingは直後の名詞showを修飾しています。

357 It was a very **exciting** show. （それはとてもワクワクするショーだった）
　　　　　　　　　↳感情の原因

show（ショー）は〈感情を与える原因〉ですからVingで表現するわけです。次の文は〈S+V+O+C〉の第5文型で書かれているので、OとCに主語と述語の関係を見出します。次のthe childrenは〈感情を抱く側〉ですからVp.p.を用いてexcitedとなります。

358 The story made the children **excited**.
　　　　　S　　　V　　O＝感情を抱く側　　C

（その物語で子どもたちははしゃいでいた）

感情の原因 = exciting　　　感情を抱く側 = excited

357　　　358

独立分詞構文を用いた慣用表現

15 で独立不定詞を学習しましたが、分詞にも定型表現としてインプットしておくべきものがあります。

359 **All things considered**, he's done very well.
　　　（あらゆることを考慮すると、彼はとてもよくやった）

独立不定詞と比べると、数は少ないので一気に攻略してしまいましょう。

独立分詞構文を用いた慣用表現
- such[that] being the case　「そういう事情なので」
- all things considered　　　　「あらゆることを考慮すると」
- other things being equal　　「他の条件が同じなら」
- weather permitting　　　　　「天気がよければ」

PART 06　準動詞

プラスα

＊1…感情を表す分詞形容詞は、他動詞 surprise（〜を驚かせる）が受動態となったものと考えるより、おしりの形が -ing や -ed の形をした形容詞と考えた方がよい。また、boring のような分詞形容詞を「人」に用いて、My father is boring. とすると「父親そのものが退屈の原因だ」のような意味になるが、あまり用いられることはない。

MEMO

PART 07
接続詞
等位接続詞・従属接続詞

> 同じように やりなさい

このPARTのテーマは接続詞です。「つなぐ」という働きをするものには前置詞と接続詞がありますが、ここでは文と文をつなぐ接続詞を見ていくことにしましょう。また、接続詞を攻略する際にはつながれる表現同士がどのような関係になっているかを考える力がたいへん重要になってきます。逆接、順接といった論理関係を示すものもあるので、長文を読む際にとても重要なヒントになります。ここでしっかりと押さえておきましょう。

PART 07 1 等位接続詞（and, but, or）の用法（1）

接続詞は大きく分けて2種類あります。when, if, because, though などの従属接続詞と and, but, or などの等位接続詞です。ここでは、等位接続詞を中心に学習していきましょう。

🏠 等位接続詞は正確な英文読解に欠かせない！

and, but, or などを等位接続詞と呼びます。and, but, or の左右には、文法上・意味上対等のものを並べるのが原則です。

> **ex**
> **Q** 次の文を等位接続詞 and に注目して和訳してください。
> We usually shake our heads when we mean 'no', and nod when we mean 'yes'.

等位接続詞が何と何を対等に並べているかをつかむコツは、等位接続詞の後ろの形を確認することです。例題の and の後ろは動詞 nod で、さらにその直後には when 節があります。これと対等の関係になるように前の部分を確認すると、以下のような構造になるわけです。

360 We usually { shake our heads [when we mean 'no'],
　　　　　　　　　　and
　　　　　　　　　　nod　　　　　　[when we mean 'yes'].

形が似ている＆意味上同類

（私たちはたいてい、「ノー」を意味するときには首を横にふり、「イエス」を意味するときは首を縦にふる）

文法上対等とは、言い換えれば、形が似ているということです。また、意味上対等というのは、内容面で何らかの共通点があるとも言えますね。これらの視点で上の例文を確認してみてください。

次からは、等位接続詞を使った英文を例に理解を深めていきましょう。

等位接続詞 and

まずは、and から見ていきましょう。次の文は、「A と B」のように同類のものを並べる用法です。

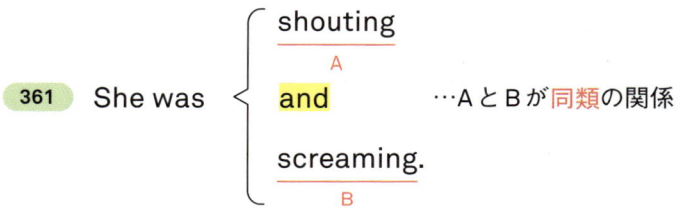

361 She was { shouting (A) and screaming (B) } …A と B が同類の関係

(彼女は叫んだり、悲鳴をあげたりしていた)

次の例は、「A そして〔だから〕B」のように順接の関係を表しています。

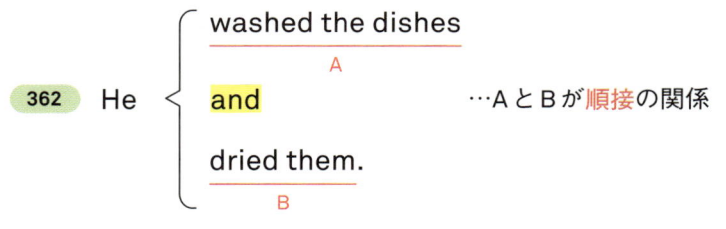

362 He { washed the dishes (A) and dried them (B) } …A と B が順接の関係

(彼は皿を洗って、それから乾かした)

等位接続詞 A and B
1. A＋B … 「A と B」のように同類のものを並べる。
2. A→B … 「A そして〔だから〕B」というように順接の関係を表す。

等位接続詞 but

等位接続詞は、上の例文のように語と語や語句と語句だけでなく、文と文を対等につなぐこともできます。but を使った次の例で確認しましょう。

363
$$\begin{cases} \text{I like him,} \\ \quad\quad\quad \underline{} \\ \quad\quad\quad\quad\text{A} \\ \text{but} \quad\quad\quad\quad\quad\quad \cdots \text{A と B は逆接の関係} \\ \text{he isn't interested in me at all.} \\ \quad\quad\quad \underline{} \\ \quad\quad\quad\quad\quad\quad\quad\text{B} \end{cases}$$

（私は彼のことが好きだが、彼は私に全く興味がない）

but は前に述べたこと（A）に対して、対立や矛盾することを述べる場合に使い、情報的にはbutの後にくる内容（B）に重点があります。*1

> 👉 **等位接続詞 A but B**
> A⇔B 「AしかしB〔だが〕B」のように逆接の関係を表す。

プラスα

＊1…but 以下にはふつう、「筆者の主張」や「聞き手が知らない新情報」が置かれる。

PART 07 2　等位接続詞（and, but, or）の用法（2）

1 に引き続き、ここでも等位接続詞を攻略していきましょう。

🏠 等位接続詞 or

orも重要な等位接続詞ですから、確認しておきましょう。

364　Which do you like better,
$\begin{cases} \underline{\text{baseball}} \\ \text{A} \\ \text{or} \\ \underline{\text{football}}? \\ \text{B} \end{cases}$ …AかBかを選択

（あなたは、野球とフットボールのどちらが好きですか）

2種類のスポーツのうちでどちらが好きかを選択させています。次の例はAをBでわかりやすく言い換えています。

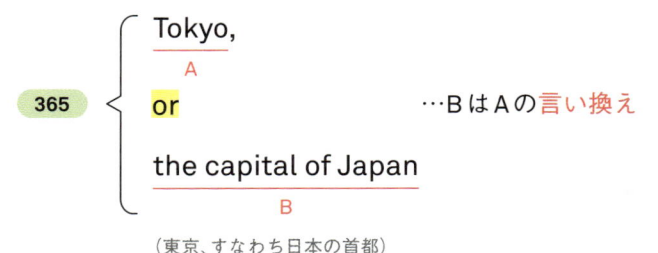

365　$\begin{cases} \underline{\text{Tokyo,}} \\ \text{A} \\ \text{or} \\ \underline{\text{the capital of Japan}} \\ \text{B} \end{cases}$ …BはAの言い換え

（東京、すなわち日本の首都）

> ### 👉 等位接続詞 A or B
> 1. A か B　「A、またはB」のように同類なものから選択させる。
> 2. A ≒ B　「A、すなわちB」のようにわかりやすく、または、より正確に言い換える。

🏠 その他の等位接続詞

and, but, or 以外にも重要な等位接続詞があるので以下で確認しておきましょう。

前置詞としての用法が有名な for ですが、等位接続詞として、理由を補足したい場合にも使えるんです。

366 She stayed behind, <mark>for</mark> she was tired by the long walk.
　　　　　　　　　　　　　等位接続詞（理由の補足）

（彼女は後に残った。というのも、長いこと歩いて疲れていたからだ）

その他、so ＊1 や yet なども等位接続詞としての使い方があるので例文で確認しておきましょう。

367 Peter was out, <mark>so</mark> I left a message with his secretary.
　　　　　　　　　　　　等位接続詞（結果）

（ピーターが外出中だったので、伝言は秘書に託してきた）

368 She tried hard, <mark>yet</mark> she could not succeed.
　　　　　　　　　　　　等位接続詞（逆接）

（懸命にやってみたが、うまくいかなかった）

🏠 等位接続詞と従属接続詞の違い

and, but, or などの等位接続詞は when や though などの従属接続詞とは違います。

369 It was raining, <mark>but</mark> she went out.
　　　（雨が降っていたが、彼女は外出した）

等位接続詞が文と文をつないでいる場合は、それぞれの文は対等な関係ですから、それぞれを独立させて書くこともできます。

▶ It was raining. <mark>But</mark> she went out.

従属接続詞は、あくまで主節に従えて使うのが原則ですから次のように用います。＊2

(◯) [**Though** it was raining,] she went out.
   　　　従属節　　　　　　　　　主節

(◯) She went out, [**though** it was raining].
   　　主節　　　　　　　　　従属節

(✗) She went out. Though it was raining.

　最後の例のように、2つの文に分けることはできません。なお、従属接続詞についてはp.249の 4 以降で詳しく扱います。

> **プラスα**

* 1…この so は so that (→ p.265) の that が省略されたものと考えることもできる。
* 2…主節とは、S＋Vの前に when や if などの従属接続詞がないものを指す。一般に、主節の前に置かれる従属節は主節の場面や条件設定を、後に置かれる場合には補足や追加情報を表すことが多い。

(a) When I was taking a bath, the phone rang.
　　（場面を設定し）私が入浴中の話なんだけど…
(b) The phone rang when I was taking a bath.
　　（補足説明や追加情報として）ちなみにいつのことかと言うと…

PART 07 3 等位接続詞を用いた重要表現、動詞の一致

ここからは、等位接続詞を用いた重要表現をマスターしていきましょう。

〈命令文＋and / or〉の基本用法

命令文の後のandやorには注意です。

370 Be a good boy, **and** I'll buy you a toy.
　　　　そうすれば→プラスの内容
（いい子にしてなさい、そうすればおもちゃを買ってあげますよ）

371 Hurry up, **or** you will be late.
　　　　さもないと→マイナスの内容
（急ぎなさい、さもないと遅れますよ）

これらは、命令または警告をしてから、提案したり忠告をしたりする際に使われます。andの後ろにはプラスの内容が、orの後ろにはマイナスの内容が置かれるのが通例です。

> **〈命令文＋and / or〉の使い方**
> 1. 〈命令文＋and ...〉 「～しなさい、そうすれば…」
> 2. 〈命令文＋or ...〉 「～しなさい、さもないと…」
> ※andの後ろにはプラスの内容が、orの後ろにはマイナスの内容が置かれる。

Either you or Jane <u>has</u> なのか Either you or Jane <u>have</u> なのか？

A and Bなどが主語に置かれた場合、動詞の一致が問われることがよくあります。代表的なものを表でまとめてみます。

👆 等位接続詞と動詞の一致

主語 (S)	動詞 (V)
A and B	複数一致
A or B	Bに一致
A but B	Bに一致

　原則として、〈A and B〉はAとBが足されて複数となるため、**複数一致**になります。〈A or B〉は動詞に近いBに一致し、〈A but B〉はBに重点が置かれているためBに一致します。この原則を次の例文で確認しておきましょう。

372 Both his wife and he like baseball.
　　　（彼の妻も彼も、野球が好きだ）

〈both A and B〉とandを含んでいる表現ですから複数一致です。

373 Either you or Jane has to do the dishes.
　　　（あなたかジェーンのどちらかがお皿を洗わなくてはならない）

〈either A or B〉は、orを含んでいるので、動詞に近いBに一致します。では、次の例ではどうなるでしょう？

374 Neither his wife nor he likes baseball.
　　　（彼の妻も彼も、野球が好きではない）

〈neither A nor B〉のnorにはorが入っていますから、Bに一致すると考えればいいんです。

〈not only A but (also) B〉「AだけではなくてBも」の場合はどうでしょうか？　butがあるから〈A but B〉の仲間と考え、Bに一致です。

375 Not only the pupils but also the teacher was laughing.
　　　（生徒たちだけでなく先生も笑っていた）

さらに、〈not only A but also B〉の文は、〈B as well as A〉を使って書き換えられました。書き換えができるということは、動詞の一致の原則も同じようにあてはまり、〈B as well as A〉もBに一致します。Bの位置に注意して下さい。

▶ The teacher, as well as the pupils, was laughing.

　wasの直前に置かれているthe pupilsにつられて、wereとしてしまわないように注意しましょう。

PART 07 4　従属接続詞 that の用法（1）

　ここからのセクションでは従属接続詞について見ていきます。ここではまず that の用法を詳しく説明します。that にはさまざまな使い方がありますが、ここでは名詞節や副詞節をつくる従属接続詞としての用法を中心に学習していきます。

🏠 名詞節をつくる that

名詞節とはどのようなものでしょうか？　実際に見ていきましょう。

376　I think [**that** she is a nice person].
　　　　 S　V　　　　　O ［名詞節］
（彼女はすてきな人だと思う）

　上の例文では、that 節が他動詞 think の目的語になっています。次の例文は、主語に that 節が置かれたものです。

377　[**That** he has a remarkable ability] is certain.
　　　　　　　　S ［名詞節］　　　　　　　　V　C
（彼にすばらしい才能があることは確かだ）

このような文は、形式主語 it を使って次のように書く方が一般的です。

▶ It is certain [**that** he has a remarkable ability].
　形式主語

> ☝ **名詞節とは？**
> 〈S＋V〉のカタマリが文の要素（S・O・C・前置詞のO）となっているもの。
> ※前置詞の後ろに名詞節の that S＋V 〜を置くのは原則として不可。

🏠 副詞節をつくる that

次は副詞節をつくる that です。

378 I was surprised [**that** she hadn't graduated from university].
　　　S　V　　　C　　　　　　　[副詞節…感情の原因]

（私は彼女が大学を卒業していなかったことに驚いた）

名詞節は、文の要素として働いているので文中から取り去ることはできません。一方、副詞節は、文中から取り去っても文は成立します。上の例では、I was surprised だけでも文は成立します。よって、後ろに続く that 節は文の要素にはならず、関係詞節でもないので副詞節だと考えます。

> 👆 **副詞節とは？**
> 〈S＋V〉のカタマリが文の要素（S・O・C・前置詞のO）にならず（文中から取り去れる）、関係詞節でもないもの。

🏠 so ... that 構文の that 節も実は副詞節！

例文 **378** で学習した that 節が副詞節なのはちょっと意外かもしれませんが、この that 節はどんな働きをしているのでしょうか？　that 節の前に「感情」や「判断」が示されていれば、その〈感情の原因〉や〈判断の根拠〉を表していると考えてみましょう。例文 **378** なら、「驚いた→原因は？→彼女が大学を卒業していなかったから」といった具合です。次は〈判断の根拠〉の例です。

379 Are you mad [**that** you should do such a thing]?
（そんなことをするとは気でもおかしくなったのか?）

また、副詞節の that は〈程度〉や〈結果〉を表すこともあります。次の文を日本語に訳してみてください。

380 My father is not **so** poor [**that** he cannot buy the car].

[副詞節…程度]

（父はその車を買えないほど、貧乏ではない）

　おなじみの so ... that 構文ですが、「父はとても貧乏でないから、その車を買うことができない」では意味的に不自然です。

（❌）「とても貧乏ではない（金持ち）→車を買えない」

　どう考えてもおかしいでしょう。so ... that 構文における that 以下は「とても…だから〜」のように〈結果〉の意味で訳せることも多いのですが、例文 **380** のように that 以下を so ... に対する〈程度〉としないとうまく訳せない場合もあるのです。*1

（⭕）「父はその車を買えないほど、貧乏ではない」

> 👉 **副詞節を導く that**
> 1. 〈感情の原因〉や〈判断の根拠〉を表す。
> 2. so ... that 構文などで〈程度〉や〈結果〉を表す。

PART 07 接続詞

プラスα

＊1…主節が否定文の場合は〈程度〉で解釈するのが原則。

PART 07-5 従属接続詞 that の用法(2)

ここでは、従属接続詞 that のその他の重要用法を学習していきます。

🏠 同格の that

同格の that は英文読解では特に重要となる項目です。*1

381 The rumor [**that** he was killed in the war] is not true.
　　　　　　　　同格節…The rumor の内容を説明
（彼が戦死したといううわさは本当ではない）

この文では、that 節が直前の名詞 The rumor の内容を詳しく説明しています。なお、同格はどんな名詞でも導けるわけではなく、「事実・情報・証拠」「思考・発言」「可能性」などを表す一部の名詞に限られます。*2

> 👆 **同格の that とは？**
> 1. 接続詞 that の一種で、前にある特定の名詞の内容を説明する。
> 2. 同格の that を導く名詞はある程度限られる。

また、同格の that は、関係代名詞の that と見た目が似ているので注意しましょう。

382 I cannot believe the fact [**that** she knows ＿＿＿].
　　　　　　　　　　　　　　関係代名詞　S　　V　　↑
　　　　　　　　　　　　　　　　　　　　　　　　　O なし
（私は彼女が知っている事実を信じられない）　　〔不完全な文〕

他動詞 knows の後ろに目的語がないので、that 以下は不完全な文です。この場合、that は関係代名詞と判断します。では、次の例はどうでしょう？

383 I cannot believe the fact [**that** she entered the room].
　　　　　　　　　　　　　　接続詞(同格)　S　　V　　　O〔完全な文〕
（私は彼女がその部屋に入ったという事実を信じられない）

that 以下は、これ以上名詞を補う必要のない完全な文です。この場合の that は、通例、接続詞と判断します。接続詞の that の中で、前の特定の名詞の内容を説明している用法のことを、英文法の世界では同格の that と呼んでいるのです。

> 接続詞の that と関係代名詞 that の判別
> 1. 接続詞…後ろに必要な名詞がすべてそろった「完全な文」
> 2. 関係代名詞…後ろに必要な名詞が1つ欠けた「不完全な文」

強調構文で用いられる that

最後に、強調構文で用いられる that を見ていきましょう。*3 次の文で、主語の Her lack of experience を強調したい場合にはどうしたらいいでしょうか？

▶ Her lack of experience irritates us.
　　　　　S　　　　　　　V　　　O
（彼女の経験のなさが私たちをイライラさせた）

会話ならば抑揚をつけて読むことができますが、書き言葉では不可能です。そこで、It is と that で強調したい要素（A とします）をはさみます。*4

384 It is her lack of experience that irritates us.
　　　　　　　S＝A　　　　　　　　　V　　O

このように It is と that という枠で特別にくくってあげることで、her lack of experience（彼女の経験のなさ）の部分を他の部分と区別し目立たせるという効果があるわけです。「私たちをイライラさせる」のは、彼女の「外見」でも「しゃべり方」でも「性格」でもなく、「経験のなさ」だということを際立たせていると考えてもいいでしょう。なお、強調構文の that は、A に置かれるものが「人」なら who、「人以外」なら which とすることもあります。その他の注意点も含めて次にまとめておきましょう。

👉 強調構文とは？

It is と that で A（強調する要素）をはさむことで他の部分と区別し、目立たせる手法。

[注意]　1. さまざまな要素（A）を強調できるが、動詞や形容詞、C になる名詞を強調することはできない。

　　　　2. 強調する要素（A）が「人」のときは that を who に、「人以外」の時は that を which にそれぞれ書き換え可能。

プラスα

＊1…「同格」とは、前に置かれた名詞の内容を説明する働きのことをいう。イコール（＝）のような働きと考えてもよいだろう。

＊2…これら特定の名詞については 別 p.55のポイント160を参照。

＊3…強調構文のことを、英文法の世界では「分裂文」と呼ぶことがある。

＊4…強調構文で用いられる that は、接続詞や関係代名詞などの分類はせず、「強調構文で用いられる that」だとわかればよい。

PART 07
6 従属接続詞 whether と if の用法

whether と if は、名詞節と副詞節で訳し方が異なるので注意が必要です。こういう場合に備えて、以前に学習した名詞節と副詞節の判別が重要になってくるわけです。＊1

🏠 whether の 2 用法

次の 2 つの例文にはどちらも whether が用いられていますが、訳し方は異なります。

385 I wonder [**whether** she knows everything].
　　　　S　V　　　　　O [名詞節]

（彼女がすべてを知っているかどうかは疑問である）

386 [**Whether** we succeed or not,] we have to do our best.
　　　　　　　M [副詞節]　　　　　　　S　　V

（成功しようと失敗しようと、私たちは最善を尽くさなくてはなりません）

385 の whether 節は、他動詞 wonder の目的語になっているので名詞節です。**386** は we have to do... という主節の前に置かれているので Whether 節全体は副詞節です。＊2 whether は名詞節か副詞節かによって次のような訳し分けが必要です。

> ### ☝ whether の訳し方
> 1. **名詞節**　「～かどうか」
> 2. **副詞節**　「～であろうとなかろうと」

なお、副詞節の場合は、or と一緒に使われることがほとんどで、訳し方も「～かどうか」ではなく「～であろうとなかろうと」のようになります。

ifの2用法

次の2つの例文にはどちらもifが用いられていますが、同じように訳してよいのでしょうか？

387 I wonder [**if** she knows everything].
　　　　S　V　　　　　　O［名詞節］
（彼女がすべてを知っているかどうかは疑問である）

388 [**If** it snows tomorrow,] I'll stay at home.
　　　　　　M［副詞節］　　　　S　　V
（もし明日雪なら、私は家にいるつもりだ）

387 のif節は、他動詞wonderの目的語になっているので名詞節です。**388** は、I'll stay... という主節の前に置かれているのでif節全体は副詞節です。*2ifは名詞節か副詞節かによって次のような訳し分けが必要です。

ifの訳し方
1. 名詞節　「〜かどうか」
2. 副詞節　「もし〜なら」

whetherとifの使い分けに注意しよう！

ここまでの学習で、whetherにもifにも「〜かどうか」という名詞節の用法があることがわかります。しかし、両者はまったく同じように使えるのでしょうか？

名詞節（〜かどうか）で用いるwhetherとif
whether　…　置かれる位置は問わない。
if　　　　…　他動詞の目的語の位置にしか置けない。

実は、名詞節のifは例文 **387** のように、他動詞の目的語でしか使えないというルールがあります。一方、名詞節をつくるwhetherはS・O・Cなどの文の要素になることもできるし、前置詞の後ろに置くこともできます。それぞれ、次の例文で確認しておきましょう。

389 [**Whether** he can live abroad] is another matter.
　　　　S　［名詞節］　　　　　　　　V　　C

（彼が海外で生活できるかどうかは別問題だ）

390 We argued about [**whether** it was the right answer].
　　　　S　V　　前置詞　　　→［名詞節］

（それが正しい答えなのかどうかを私たちは議論し合った）

上のような使い方のwhetherをifに書き換えることはできません。表にまとめてみると、whetherにはできてifにはできないことが多くあることがわかります。

👉 whetherにはできるがifにはできない用法

	文頭で主語となる節を形成	前置詞の直後で使用	直後にor notを置く	直後にto Vを置く
whether	Whether... (S)	前＋whether...	whether or not...	whether to V...
If	~~If... (S)~~	~~前＋if...~~	~~if or not...~~	~~if to V...~~

🏠 whetherに関するいくつかの補足

whether節をquestion, choice, decision, doubtなどの名詞の直後で用いると、同格節として用いることができます。

391 The question (of) [whether he knew] may never be
　　　　　S　　　　　　　［同格節］　　　　　V

answered.

（彼が知っていたかどうかという問題には答えが出ないかもしれない）

この場合、whether節の前に前置詞ofが省略されていると考えてもよいでしょう。なお、ifにこの用法はありません。

　また、whether節中にはor notという語句が頻繁に現れますが、置く位置はwhetherの直後、またはwhether節の末のどちらでも構いません。なお、if節の直後にはor notを置くことはできません。

(〇) I can't make out **whether** [**if**] he likes it **or not**.

(〇) I can't make out **whether or not** he likes it.

(✗) I can't make out **if or not** he likes it.

　　　（彼がそれを気に入っているかどうか私はわからない）

(プラスα)

＊1…p.249の 4 参照。
＊2…主節（前にifやbecauseなどの従属接続詞がないS＋V）の前は、原則として副詞の要素になる。

PART 07 — 7　asの用法

　asは受験生泣かせの代表的な単語のようです。「時」や「理由」や「様態」や「比例」、時には「譲歩（〜だけれど）」などを表す場合にも使うとされます。*1 また、前置詞のasというのもあります。これだけたくさんの意味が出てくるのは、単に日本語にする際の都合です。asはどこまでいってもas、asの根っこは同じだという視点で攻略していきましょう。

🏠 asの本質を理解しよう！

　次の例文では、asが前置詞として用いられていますが、どんな意味かを考えてみてください。

392　I regard him as the best singer in Japan.
　　　　　　　　　A　 ＝　　　　B

（私は彼を日本で一番の歌手だと思っている）

　asの左右の意味関係に注目してみましょう。A（him）とB（the best singer in Japan）が意味上イコール（＝）の関係となっていることがわかります。このように、同じようなことを並べる、イコール（＝）の関係を導くのがasの基本的な働きなんです。この考え方は、接続詞のasでも基本的には同じです。

393　[**As** we grow older,] our vision becomes weaker.
　　　（私たちは年をとるにつれて、視力が衰える）

「年をとるのと同時に、視力が…」と考えればよいでしょう。

394 I saw Ann [**as** I was getting off the train].
（私が電車から降りようとしたとき、アンを見かけた）

「電車を降りようとしたのと同時にアンを見かけた」といった意味合いがつかめれば十分です。さらにもう1つ。

395 Do [**as** we do]. （私たちがやるようにしなさい）

「私たちがするのと同じようにやりなさい」と訳せればOKでしょう。これらの例文をあえて分類すれば、最初から順に「（前置詞で）～として」「比例」「時」「様態」となりますが、asがもつ基本イメージを大切に理解していくことの方が重要です。

名詞限定のasだって怖くない

接続詞のasには直前の名詞を限定する用法がありますが、基本的な考え方は同じです。＊2

396 his life [**as** we know it] （私たちが知っている彼の生活）

ここでもasの本領を発揮させ、「私たちが知っているのと同じ彼の生活」と考えればいいでしょう。なお、この用法では、asで限定される名詞がas節中に代名詞となって再登場するという特徴があるので覚えておくとよいでしょう。

▶ his life **as** we know it
　　　　　　　　→ 代名詞

譲歩（～だけれども）のasを攻略する

最後に、英文和訳などでよく出題されているasを紹介しておきます。接続詞asの前後で倒置が起きると〈譲歩（～だけれども）〉の意味になります。

397 Tired [**as** I was ▭], I tried to help them.

倒置して文頭へ

※ ▭ は Tired の本来の位置

（私は疲れていたけれども、彼らの手伝いをしようとした）

本来 was の C として機能していたはずの tired が as の前に倒置されています。このように、接続詞 as の前に、形容詞・副詞・無冠詞の名詞・動詞の原形などが倒置された場合に限って、〈譲歩（～だけれども）〉の意味になります。*3 接続詞の though と同じような意味で用いることができると言い換えてもよいでしょう。倒置をしていない通常の語順で as が〈譲歩〉になることはないので注意しておきましょう。**397** の例文を though で書き換えると次のようになります。

▶ Tired [**as** I was], I tried to help them.
= Tired [**though** I was], I tried to help them. *4
= [**Though** I was tired,] I tried to help them.

また、as の前に名詞が倒置される場合は、a や the などをつけず無冠詞となることも押さえておきましょう。*5

398 Fool [**as** I am ▭], I never completely lost my head.

→ A fool のように冠詞をつけてはいけない！

（ばかな私だが、完全にわれを忘れてしまったことは一度もない）

プラスα

*1…接続詞 as は〈理由（～なので）〉の意味で訳せることもあるが、as は訳し方が多様であいまいになるので、英作文などでの使用は避けた方がよい。〈理由〉を明確にするときは、because や since などを使おう。

*2…この as は後ろに「完全な文」がきているため、関係代名詞ではなく接続詞と考えられている。

*3…Tired を文頭に出すことで「疲れていたんです（Tired）＝私は（I was）」と文頭の Tired を際立たせ、後続の文の「手伝いをしようとした」との対比を演出。そこから、「疲れていたけれども、手伝いをしようとした」という逆接の意味が生じたと考えられる。

*4…〈譲歩〉で用いられている as を though に書き換えることは可能だが、この though を although に書き換えることはできない。

*5…名詞を倒置させるときに無冠詞になるのは、具体的な個々の名詞を指すというよりは、その名詞がもつ一般的な性質に重点があるからだろう。

PART 07
8 「理由」を表す接続詞

「理由」を表す接続詞は、because だけではなく since, as や now that、また、等位接続詞の for などさまざまです。ここでは、それぞれの意味の違いに注目しながら攻略していきましょう。

🏠 理由を明確にしたいなら because が最適！

母親が急に「行っちゃだめだ」と言ってきたら、あなたはその理由を述べてほしいと思うでしょう。相手にとって未知の理由を明確に述べたいときには because がぴったりです。

399 You can't go [**because** you're too young].
（おまえはまだ小さいから行っちゃだめだ）

おなじみの接続詞ですが、使い方を間違えた答案をよく見かけます。

(✘) You can't go. Because you're too young.

前文に対する理由を Because ～ を使って表そうとしているのだと思いますが、こういう使い方は避けましょう。Why ～? に対する答えを除いては、Because を文頭に置くのは避けたほうがいいでしょう。例文 **399** のように、because 節は主節の後ろで使うのが原則です。*1

🏠 既知の理由を表すなら since が最適！

車で出かけようと思ったらエンジンがかからない。みんなが途方に暮れている中、あなたは次のように言うでしょう。

400 [**Since** the car isn't working,] we'll have to take the train.
（車が動かないので、私たちは電車で行かなければならないだろう）

「車が動かない」のは現場にいるみんなにとっては既知の事実です。このように、相手にとって既知の理由を述べる場合には since がぴったりです。as は、since より、さらに軽く理由を添えるようなときに使われることがあ

りますが、理由の意味で積極的に用いるのは避けた方がよいでしょう。

理由を表すその他の接続詞

過去との違いを強調して理由を述べるなら now that が最適です。

401 [**Now (that)** she is rich,] she can buy almost everything.
(今や金持ちなので、彼女はほぼ何でも買える)

この that は省略されることもあるので覚えておくとよいでしょう。
また、2 でも学習しましたが、等位接続詞 for にも理由を補足説明する働きがありました。もう一度、例文で確認しておきましょう。

402 I lay down, **for** I was tired from the road trip.
(私は横になった。というのも、車での長旅で疲れたからだ)

この用法は主節の後に置き、〈, for〉とコンマをつけて使うのが通例です。

「理由」を表す従属接続詞

	because	since, as	now (that)	for（等位接続詞）
文中での位置	文頭は避けて、なるべく後半に。	文頭が多い。	文頭が多い。	主節の後ろに置くのが通例。
使い方	相手にとって未知の理由。意味は強い。	相手にとって既知の理由。意味は弱い。	過去との違いを強調。that は省略できる。	理由を補足説明

再び because について

こうして見てくると、「理由」を表す接続詞の中では because が最も無難に使えそうですが、いくつかの注意点があります。次の2つの例文を比較してみてください。

403 She did**n't** marry him, because he was poor.
(彼女が彼と結婚しなかったのは、彼が貧しかったからだ)

404 She did**n't** marry him because he was rich.
(彼が金持ちだったからといって彼女は彼と結婚したわけではない)

2つの違いはわかりましたか？ notとbecauseが共に使われた場合、否定のnotがどこまで作用しているかで訳し方が異なります。

403 のようにbecauseの前にコンマ(,)がある場合
→notが作用するのはコンマ(,)まで
　→「彼女は彼と結婚しなかった。なぜなら〜」
　　→結婚しなかった理由はあくまでも彼が貧しかったから

404 のようにbecauseの前にコンマ(,)がない場合
→notが作用するのは文末まで
　→「彼が金持ちだということを理由に彼と結婚したんじゃない」
　　→ほかに結婚を決めた理由があることを暗示

becauseの前のコンマ(,)の有無である程度の判断が可能とされますが、最終的には前後の文脈での判断が重要となります。

また、partly because 〜（ひとつには〜の理由で）やonly [simply / just] because 〜（ただ〜の理由で）のような副詞を添えて使えるのはbecauseだけですし、〈It is because 〜 that ….〉のように「強調構文」にして使えるのもbecauseだけがもつ特権です。

405 It is dangerous to think a child is stupid [**just because** he doesn't like school].
(子どもが学校が嫌いだというだけでその子が愚かだと思うのは危険である)

406 It is [**because** he has behaved so badly] that he must be punished.
(彼はとても行儀が悪かったばかりにお仕置きを受けねばならない)

プラスα

＊1…相手にとって未知の情報はなるべく後ろに置くのが英語の原則。よってBecause you're too young, you can't go. のようにBecause節を主節の前に置くのは少々不自然に聞こえることがある。

PART 07 — 9 「目的・結果」を表す接続詞

ここでは、目的や結果を表すさまざまな接続詞を攻略していきましょう。

〈so that S＋V〉の 2 用法

「〜するために」のような「目的」を表す代表的な接続詞が so that です。

407 My father works hard [**so (that)** my family will live comfortably].
（私の父は家族が楽に暮らせるように、懸命に働いている）

しかし、so that は「その結果〜」のように「結果」で訳す場合もあるので注意が必要です。

408 It was extremely hot, [**so (that)** I took off my coat].
（とても暑かったのでコートを脱いだ）

「目的」か「結果」かを判別する際のある程度の目安があるので紹介しておきます。「目的」の場合は、so that の前にコンマ (,) を置かず、so that 節の中に will, can, may などの助動詞が置かれることが多いという特徴があります。一方、「結果」の場合は、so that の前にコンマ (,) を置くことが多く、so that 節の中に助動詞は用いられないのが通例です。

なお、どちらの用法でも that は省略できます。例文 **408** の that を省略したものが長文などでよく見かける〈..., so 〜〉(…、だから〜) です。

▶ It was extremely hot, **so** ~~that~~ I took off my coat.

〈so that S＋V〉の 2 用法

1. 〜するために（目的）
   ※ so that の前にコンマ (,) なし。so that 節中に助動詞あり。
2. その結果は〜（結果）
   ※ so that の前にコンマ (,) あり。so that 節中に助動詞なし。

しかし、これらはあくまでも目安です。最終的には文脈から判断していきましょう。

🏠 〈in order that S＋V〉の用法

「目的」を表すときは〈in order that S＋V〉という接続詞が使われることがあります。＊1 so that の場合は、「目的」や「結果」を表しましたが、〈in order that S＋V〉は「目的」だけを表します。in order that 節の中に will, can, may などの助動詞が置かれることが多いという特徴は so that の場合と同じです。＊2 なお、so that の場合とは違い、that は省略できません。
407 の例文を〈in order that S＋V〉を用いて書き換えると、次のようになります。

▶ My father works hard [**in order that** my family will live comfortably].
（私の父は家族が楽に暮らせるように、懸命に働いている）

ちなみに、in order that は so that と比べると、やや堅苦しい感じに響くようです。

🏠 「否定の目的（～しないように）」を表す接続詞

「かぜをひかないように」や「母に見つからないように」など、「否定の目的」を表すには、先ほど学習した so that 節中を否定文にし、次のように表現することができます。

409 Take care [**so that** you will **not** catch cold]!
（かぜをひかないように気をつけなさい）

また、for fear that という接続詞を用いて次のように表現することもできます。

410 My father hid the money [**for fear (that)** my mother should see it].
（父は母の目に触れないようにそのお金を隠した）

for fear that は fear が使われていることからもわかるように「〜するのを恐れて」が基本の意味です。「母の目に触れることを恐れて→母の目に触れないように」といった展開が理解できればよいでしょう。なお、for fear that の that は省略可能です。また、for fear that を接続詞 lest に書き換えることもできますが、今ではあまり用いられていない表現です。*3

411　He took his umbrella [**lest** it [should / might] rain].
　　　　（雨が降るといけないので彼は傘を持って行った）

> 👉 「否定の目的（〜しないように）」を表す接続詞
> ・for fear (that) S＋should [may / might] V 〜
> ・lest S＋should [may / might] V 〜
> ＝lest S＋動詞の原形〜

🏠 備えあれば憂いなし！

　最後は、in case を確認しておきましょう。case が「場合」の意味の名詞ということを考慮に入れ、「〜する場合に備えて〔必要になるから〕」を基本の意味とするとよいでしょう。「備えあれば憂いなし」のように、万一に備えて用心するような際に用いることが多い接続詞です。

412　Take your umbrella with you [**in case** it rains].
　　　　（雨の場合に備えて〔必要になるから〕、傘を持っていきなさい）

　なお、in case 節中は現在形とするのが原則です。*4 また、in case を条件

を表すifとほぼ同じような意味で用いた次のような用法も重要です。

413 [**In case** you find the woman,] please let me know at once.

（もしその女性を見つけたらすぐ私に知らせてください）

> 👉 〈in case S＋V〉の意味
> 1. ～の場合に備えて、～の場合に必要になるから
>   ※事前の用心を表す場合などに最適。
> 2. もし～の場合には（≒ if）

プラスα

＊1…不定詞を用いて「目的」を表す表現〈in order to V〉との混同に注意。

＊2…「目的」には話し手の気持ち（主観）が込められるのでso thatやin order thatなど、「目的」を表す節中に助動詞（**407** 参照）が用いられるのは必然。

＊3…for fear thatやlestの節中には、should [may / might] などの助動詞が用いられることが多い。また、lestの節中には動詞の原形が用いられることも多い。

＊4…現在形ではなく助動詞shouldが用いられることもあるが、やや堅い文体になる。

PART 07 — 10 「時」を表す接続詞

「時」を表す接続詞は when を筆頭に、時の前後を表す before, after など実に多様です。ここでは、皆さんの苦手意識が強そうなものを中心に攻略していきましょう。

till / until と by the time

「〜までずっと」のように将来のある時点まで何かが継続するような場合には till / until を使います。

414 Wait here [**till** I come back].
（私が帰ってくるまでずっとここで待っていなさい）

主節には wait, stay, walk など、継続性のある動詞を用いるのが原則です。一方、by the time は、「〜までに」のような期限や締切を表し、次のように使います。

415 [**By the time** you arrive,] I will have finished it.
（あなたが着くころまでに私はそれを終えているだろう）

---

till / until と by the time
- till / until S＋V 　「〜までずっと」（継続）
- by the time S＋V 　「〜までに」（期限）

「〜するとすぐに」を表す接続詞

as soon as が「〜するとすぐに」の意味の接続詞というのは問題ないでしょう。ここではむしろ、the moment や instantly など、名詞や副詞にしか見えないものが as soon as と同じ意味の接続詞になれるということを押さえておきましょう。これらの語句の後ろに〈S＋V〉があれば、接続詞の可

能性を疑ってみましょう。

416 Helen got married [**as soon as** she graduated from college].
→ the moment や instantly なども可
(ヘレンは大学を卒業するとすぐに結婚した)

> 👉 「〜するとすぐに」を表す接続詞
>
> **as soon as S＋V** 「〜するとすぐに」
> ＝ the moment, the instant, the minute, the second
> ＝ instantly, directly, immediately ＊1

「〜するとすぐに」は次のような表現もありました。

417 She had **no sooner** arrived [**than** she fell sick].
＝ She had **hardly** [**scarcely**] arrived [**when** [**before**]] she fell sick].
(彼女は到着するとすぐに病気になった)

なぜこれらの表現から「〜するとすぐに」のニュアンスが出てくるのでしょうか？ than を中心に左側を [A]、右側を [B] とします。

▶ She had **no sooner** arrived **than** she fell sick.
　　　[A]　　　　　　　　　　　　　[B]

[A] 彼女が到着した　(She ... had arrived) ＊2
[B] 彼女が病気になった　(she fell sick)

この [A] と [B] の両者の間に「時間差(sooner)がゼロ(no)」と考えればいいのです。[A] と [B] に時間差がないので、[A] と [B] の出来事には間(ま)がなく、連続していることになるのです。日本語の「間髪(かんぱつ)入れずに」などが近い感覚かもしれません。hardly 〜 when の場合も考え方はほぼ同じです。「時の

差 (when) がほとんどない (hardly)」という感じです。なお、hardly や no sooner などの否定語(句)が文頭に出ると、主節は疑問文型の倒置になります (→ p.493)。 417 の例文は、それぞれ次のように書き換えることも可能です。

- **No sooner** had she arrived [**than** she fell sick].

- **Hardly** [**Scarcely**] had she arrived [**when** [**before**] she fell sick].　　　　　　　→ 疑問文型の倒置

　no sooner のときは than (前に比較級 sooner があるから) が対応し、hardly [scarcely] のときは when [before] が対応している点にくれぐれも注意してください。

> プラスα

＊1…instantly, directly, immediately を接続詞として用いるのは、主にイギリス英語の用法。フォーマルな表現であり、現在ではやや古風な言い回しとなっている。
- She left instantly she heard the news. （そのニュースを聞くとすぐに彼女は帰った）
- I'll come directly I have finished this work. （この仕事が終わり次第、行きます）
- Let me know immediately you hear from her. （彼女から連絡があったらすぐに知らせてください）

＊2…[B]で用いられている過去形 fell の時点より、[A]の到着の方がさらに前の時点のことなので、過去完了形 had arrived を用いるのが通例。

PART 07
11 「条件」を表す接続詞

「条件」を表す接続詞はifが代表的。ただし、英語にはif以外で「条件」を表す方法も数多くあります。

「条件」を表す接続詞

一見、接続詞に見えないようなものもあるので、注意が必要です。

418 You can stay here [**providing (that)** you work].
(仕事をするならここにいてもよい)

「条件(もし〜なら)」を表す接続詞

if
= supposing (that), suppose (that)
= providing (that), provided (that)
= granting (that), granted (that)   〉S+V
= on (the) condition (that)
= as [so] long as, given (that)

まず、それぞれの形に注意しましょう。provide系とgrant系は、VingとVp.p.がどちらもありますが、suppose系ではVingと原形のsupposeしか存在せず、supposedのようなVp.p.の語形がありません。これらの中で、仮定法でも使用できるのはsuppose系のみだということを覚えておくとハイレベルな問題にまで対応できます。

419 [**Suppose (that)** my computer worked,] I could play video games.
　　　　　　　　　　　　　　　仮定法過去　　　　仮定法過去
→ Providingなどでの書き換えは不可
(もしも私のコンピューターが作動すれば、テレビゲームができるのに)

👆 as［so］long as と as［so］far as を区別しよう！

〈as［so］long as S＋V〉は、時間を制限して、「～している間は」(≒ while)の用法が本来の意味です。

420 I'll remember it [**as long as** I live].
（私が生きている間は忘れない）

「生きている間は→生きていさえすれば」のような広がりから、as［so］long as には、「（他はいいから）～しさえすれば」の意味が生まれました。接続詞として if only と同じように用いることができます。入試で問われるのは as［so］far as との違いです。＊1

421 You can go out [**as long as** you are home for dinner].
（夕飯までに帰宅するなら出かけてもいいよ）

422 [**As far as** I know,] she is honest.
（私が知る範囲内では［私の知る限り］、彼女は正直です）

as［so］far as は、自分の知識・認識・関係などが及ぶ範囲を区切る場合に使われます。as far as の後ろの動詞に know, see, remember, be concerned などが多いのはそのためです。

> 👆 **as［so］long as と as［so］far as**
> ・as［so］long as S＋V 「（他はいいから）～しさえすれば」
> 　　　　　　　　　　　（≒ if only）
> ・as［so］far as S＋V 「～の範囲内では」

👆 〈unless ＝ if ... not〉とは限らない!?

最後に、重要接続詞 unless を扱っておきましょう。〈unless ＝ if ... not〉という公式をよく見かけますが、必ずしも同じようには使えません。次の問題では、選択肢❶と❷のどちらが自然な文になるでしょうか？

> **Q** I'll be surprised (　　　) an accident. He drives too fast.
>
> ① if Tom doesn't have
> ② unless Tom has　　　　　　［センター試験（一部選択肢削除）］

　後半に He drives too fast. とあるので、トムが事故を起こす確率は相当高そうです。よって、「もしも、トムが事故を起こさなかったら驚きだ」くらいの文意にすればよさそうですね。

① **if Tom doesn't have** とすると
…トムが事故を起こさないとしたら驚きだ（〇）

　①にすれば自然な意味になりますね。一方、unless を選ぶと次のようになります。

② **unless Tom has** とすると
…私は驚くだろう→ただし唯一の例外はトムが事故を起こす場合ね（✗）

　unlessは、さまざまな条件の中から1つだけ例外を言いたい場合に使います。＊2 次のような例ならunlessを用いて自然と言えるでしょう。

423 You needn't contact me [**unless** there is something new].
（何か新しいことがない限り、連絡はよこさなくてよい）

▶ You needn't contact me unless there is something new.
連絡しなくていい(A)→ただし唯一の例外は→何か新しいことがある場合(B)

423

（A）に対する唯一の例外が（B）となっていることをつかんでおきましょう。最後に unless と if ... not がどちらも使える例も見ておきます。

424 We will go on a picnic **unless** it rains.
（雨が降らない限りピクニックに行く）

425 We will go on a picnic **if** it does **not** rain.
（雨が降らなければピクニックに行く）

unless を用いた **424** では、雨が降らないことがピクニックに行く絶対条件だということを強調しているようにも聞こえます。一方、if ... not を用いた **425** にはそこまでの強い意味合いはありません。「雨が降らなければ行きましょう（降っても行くかもしれないけどね…）」くらいのニュアンスです。

> ☞ **接続詞 unless の意味**
> 「〜する場合を除いて」（≒ except that, except if）
> 「〜しない限り」

PART 07 接続詞

プラスα

＊1…as [so] far as には、前置詞句としての使い方があり、「（場所的に）〜まで」の意味になる。
▶ I drove as far as Chicago on Monday.（月曜日にはシカゴまで車で行った）
＊2…unless 節の内容は、主節の内容に対する唯一の例外なので実際に起こる確率は低いという含みがある。 **423** の例文でも「何か新しいことはあまりないと思うが…」といった意味合いが感じられる。

275

PART 07 12 「逆接・譲歩」を表す接続詞

「若いけれども会社を経営している」のような「逆接・譲歩」を表す接続詞を攻略していきます。

though や although の用法

まずは最もポピュラーなものからです。

426 [**Though** he is young,] he is running a company.
（若いけれども、彼は会社を経営している）

従属接続詞で用いる though は、although としてもほぼ同じ意味で使えます。また、7 で学習した as を使って、形容詞や副詞を文頭に倒置させた形も復習しておきましょう。このパターンで although を用いるのは不可でしたね。

▶ Young [**as** he is], he is running a company.
＝ Young [**though** he is], he is running a company.

> **接続詞 though / although の意味**
> 〜だけれども
> ※〈形・副・無冠詞の名＋as S＋V〉のパターンは 7 参照。

even though と even if について

though の意味を even でさらに強め、既知の事実に対して「確かに〔実際に〕〜だけれども」としたいときは even though を使います。

427 You should climb the mountain [**even though** it is dangerous].
（危険ではあるけれども、その山に登るべきだ）

even if も日本語にすると even though とほぼ同じ意味に聞こえますが、異なるものとしてインプットするべきです。even if は if に even がついたものなので、これから起こることを仮定して述べる場合に使います。*1

428 You should climb the mountain [**even if** it is dangerous].
(危険かもしれないけれど、その山に登るべきだ)

👉 even though と even if
- **even though S＋V**
  (実際にそうであるという前提で)「確かに〔実際に〕〜だけれども」
- **even if S＋V**
  (実際にそうであるかは別として)「たとえ〜としても」

🏠 接続詞 while の用法

最後は while です。as ほどではありませんが、いろいろな意味を表すとされています。根っこを理解し、それを派生させていくやり方で一気に攻略してしまいましょう。

429 [**While** we were talking,] Mr. Brown said nothing.
(私たちが話している間、ブラウン氏は何も言わなかった)

while は名詞で使うと「時間」という意味(例えば、for a while の while)なので、「〜間(あいだ)」という日本語が出てくるのは、偶然ではなく必然です。よって、接続詞 while は「〜する間に」を根っこにして次のように広がったと考えられます。

「私たちが話している<u>間に</u>ブラウン氏は何も言わない」…**原義**
→「私たちが話している<u>一方で</u>ブラウン氏は何も言わない」…**対比**
→「私たちが話している<u>けれども</u>ブラウン氏は何も言わない」…**譲歩**

実は、どれで訳しても伝えている内容の根本は、それほど変わっていないことに気づくでしょう。

接続詞 while の広がり

〈while S+V〉は「〜する間に」を基本に

1. 〜する間に
2. 〜なのに対して（対比）
3. 〜だけれども（譲歩）

※ 2. と 3. の意味では whereas が用いられることもある。

> プラスα

＊1…even if は仮定法で使われることもあるが、even though は事実を前提にするので、仮定法では用いないのが通例。

PART 07 13 接続詞 vs. 前置詞

「〜間(あいだ)」という意味が同じでも、while は接続詞で during は前置詞といった具合で、紛らわしいですね。ここでは、そんな紛らわしい用法を使い分けられるようになりましょう。

🔺 while と during

while は「接続詞」ですから〈S＋V〉の節が続き、during は「前置詞」ですから後ろには名詞が続くのが原則です。

430 They invited me to dinner [**while** I was staying in Paris].
＝ They invited me to dinner 〈**during** my stay in Paris〉.
（パリ滞在中に彼らは私を夕食に招待してくれた）

ただし、〈during＋Ving（動名詞）〉という形は存在しないので注意しましょう。

(◯) **While** I was read**ing**, I fell asleep.
(◯) **While** read**ing**, I fell asleep. ※分詞構文に接続詞 while がついたもの。
(✗) **During** read**ing** I fell asleep.
（本を読んでいるうちに私は眠ってしまった）

👉 「〜間」を表す接続詞 vs. 前置詞
- **接続詞**　while S＋V
- **前置詞**　during＋名詞
   ※during の直後に Ving の形を置くのは不可！

because と because of

次は、「理由」を表す接続詞と前置詞です。

431 The game was called off [**because** it snowed].
＝ The game was called off 〈**because of** the snow〉.
（雪のために試合は中止になった）

> **「理由」を表す接続詞 vs. 前置詞**
> ・接続詞　because S＋V
> ・前置詞　because of＋名詞

なお、「理由」を表す前置詞句は、because of 以外にもありますが、どんなイメージで使うかが大まかに決まっています。

> **「理由」を表す前置詞句**
> ・because of / on account of＋名詞　（プラス、マイナス両方）
> ・owing to / due to＋名詞　（マイナスイメージ）
> ・thanks to / by [in] virtue of＋名詞　（プラスイメージ）

though と in spite of

「〜にもかかわらず」を意味する表現にも、接続詞と前置詞の２つのバリエーションがあります。

432 He can't see very well [**though** he wears glasses].
＝ He can't see very well 〈**in spite of** his glasses〉.
（彼はメガネをかけているにもかかわらずよく見えない）

なお、in spite of は despite と１語で書き換えることもできます。

in spite ofのofにつられて(✗) despite ofとしないこと！

> 👉 「～にもかかわらず」を表す接続詞 vs. 前置詞
> ・接続詞　though S＋V
> ・前置詞　in spite of / despite ＋名詞

　in spite of と regardless of は異なる意味を表すので注意しましょう。regardless of は「～とは無関係に、～があるなしに関係なく」という意味です。 432 の例文の in spite of を regardless of で書くと、「メガネがあるなしに関係なくよく見えない」となります。濃霧や視力が相当悪いなど、メガネ以外の理由でよく見えないという状況がつかめます。

🏠 by the time と by

by the time の詳しい使い方は p.269 の 415 を参照しましょう。

433　You must finish the work [**by the time** he arrives in Tokyo].
　　＝ You must finish the work ⟨**by** his arrival in Tokyo⟩.
　　（あなたは、彼が東京に到着するまでにその仕事を終えなくてはならない）

> 👉 「～までに（期限）」を表す接続詞 vs. 前置詞
> ・接続詞　by the time S＋V
> ・前置詞　by ＋名詞

　また、till / until, before, after などは、前置詞と接続詞の形が同じなので特に問題はないでしょう。

PART 07
14 接続副詞

英語には、さまざまな論理関係を表すことができる接続副詞があります。

🏠 接続副詞は接続詞にあらず！

「メアリーはやせているが、丈夫だ」という日本語を英語にする場合、次のような文を書いてしまう人がいます。

(✗) Mary is thin, **however** she is strong.

接続副詞howeverの日本語訳が「しかしながら」であるせいで、butと同じ等位接続詞だと勘違いしているようです。howeverは接続副詞です。

> 1. **接続副詞はあくまでも副詞なので、文と文を直接つなぐことはできない。**
> 2. **コンマ(,)にも文と文を直接つなぐ働きはない。**

接続副詞を使う際には以上の2点に特に注意してください。howeverを使って書くなら、次のような手段をとるしかありません。

434 Mary is thin**.** **However,** she is strong. (〇)
→ 文をいったんピリオドで終わらせる。

▶ Mary is thin**;** **however,** she is strong. (〇)
→ セミコロン(;)を添えて使う。

howeverと違い、butは等位接続詞なので、文と文を並べても構いません。

▶ Mary is thin, **but** she is strong. (〇)

また、等位接続詞ではなくthoughなどの従属接続詞を使って書き換えることもできます。*1

435 [**Though** Mary is thin,] she is strong. (〇)
≒ Mary is strong [**though** she is thin]. (〇)

接続副詞の置かれる位置

等位接続詞のbutは、文と文の間にしか置けません。一方、接続副詞は、文頭・文中・文末などさまざまな場所に置かれます。ここが接続副詞の便利な点とも言えます。センテンスを書き終えるころに「逆接」を明示したいと思えば、文末にhoweverを置くこともできるわけです。

▶ Mary is thin. {
　However, she is strong. （文頭）
　She is, however, strong. （文中）
　She is strong, however. （文末）
}

接続副詞について、2つほど注意点を挙げこのセクションを終えましょう。まずは、和訳の際の注意点です。接続副詞は文中のどこに置かれていても文頭で訳すことを心がけてください。

▶ Mary is thin. She is, however, strong.

文頭で訳出！

（メアリーはやせている。しかしながら、彼女は丈夫だ）

また、thoughには 435 の例文で見た従属接続詞としての用法のほかに、「けれども」の意味の接続副詞としての用法があります。＊2 ただし、文頭では使用できず、文末や文中などで挿入的に用いましょう。なお、thoughを文頭で用いないのは、あくまで接続副詞の場合だけです。435 の例文のような従属接続詞の場合なら文頭での使用は何ら問題ありません。

▶ Mary is thin. {
　Though, she is strong. （文頭…✗）
　She is, though, strong. （文中…○）
　She is strong, though. （文末…○）
}

その他の代表的な接続副詞については 別 p.62 を参照しておきましょう。

> **プラスα**
>
> ＊1…従属接続詞を用いた節を主節の後に置く場合、特別な理由がない限り、従属接続詞の前にコンマ(,)は打たないのが通例。よって、例文 435 のthoughの前にはコンマ(,)はない。
> ＊2…althoughには従属接続詞としての用法しかなく、接続副詞としての用法はない。

MEMO

PART 08
関係詞
関係代名詞・関係副詞・複合関係詞

関係詞は、入試では間違いやすいものを中心によく出題されています。関係詞は、2つの文を関係づけて1つに結びつけるものなので、わからなくなったら必ずもとの2つの文に戻して考えるのが基本です。しかし、スピーディーに解答を出さなければならない入試の状況を考えると、いちいち2文に分解する方法では時間がかかってしまいます。このPARTでは、極力2文に戻さないやり方を身につけて、関係詞を得意分野にしてしまいましょう。

PART 08 - 1 関係詞の働き

まずは、関係詞が英文中でどのような働きをしているかを理解していきましょう。

🏠 関係詞とはどういうものか？

ごくシンプルに言えば、**関係詞の働きは情報〔説明〕の追加**です。

436 the fountain pen [**which** she likes very much]
「万年筆→(説明すると)→彼女がとても好きな」

437 the person [**who** is reliable]
「その人→(説明すると)→信頼のおける」

438 the place [**where** he parked his car]
「その場所→(説明すると)→彼が車を駐車した」

関係詞 → 前にある名詞に情報〔説明〕を追加する
the place where he parked his car
? / その場所ってどこ？ / 説明しよう！ / where / その場所とは彼が車を駐車した場所なのであーる

いくつかの例外もありますが、関係詞の基本イメージはつかんでおきましょう。このPARTで身につけるべきことは大きく2つです。

1. 関係詞を使った文が正しく訳せるようになること。
2. 適切な関係詞を選べるようにすること。

英文読解なら 1. が、文法問題なら 2. が特に大切になってきそうですね。

🏠 関係詞攻略の下準備

関係詞を学習していく際には、「完全な文」と「不完全な文」という考え方を身につける必要があります。まずは両者を定義しておきましょう。

> 👉 「完全な文」と「不完全な文」
> - **完全な文** …必要な名詞（S・O・C・前置詞の後ろの⑧）がすべてそろっている。これ以上名詞を補えるところはない。
> - **不完全な文**…必要な名詞（S・O・C・前置詞の後ろの⑧）が1つ欠けている。名詞を補えるところがある。

では、次の例文で確認していきましょう。

> **Q** 次の各文の下線部は完全な文、不完全な文のどちらか？
> (1) This is the house [where I lived]. （これは私が住んでいた家だ）
> (2) This is the house [which I visited]. （これは私が訪問した家だ）
> (3) This is the girl [whose mother is a doctor].
> （こちらは母親が医者である女の子だ）
> (4) I don't like women [who put on make-up in the train].
> （私は電車の中で化粧をする女性は好きではない）
> (5) The car [which you see over there] is mine.
> （あそこに見える車は私のものだ）
> (6) This is the house [which I lived in].
> （これは私が住んでいた家だ）

PART 08

関係詞

A

(1) 〈S＋V〉の第1文型が成立しているので完全な文。liveは、通例、自動詞なので後ろに目的語などの名詞を置く必要はない。
(2) 他動詞visitedの後ろに、目的語が欠けているので不完全な文。
(3) 〈S＋V＋C〉の第2文型が成立しているので完全な文。
(4) put onの主語にあたる名詞が欠けているので不完全な文。
(5) 他動詞seeの後ろに目的語が欠けているので不完全な文。
(6) 前置詞inの後ろに名詞が欠けているので不完全な文。

　完全な文・不完全な文の判別は、意味よりもカタチに注目しましょう。主語(S)、目的語(O)または補語(C)の有無を確かめることが重要です。その際、自動詞・他動詞などの動詞の語法や前置詞などにも注意しましょう。また、関係詞そのものは考慮に入れない点にも注意し、関係詞を含まない残りの部分がどうなっているかを考えるようにしましょう。

PART 08 / 2 関係代名詞と関係副詞
関係詞決定の手順

　ここでは、関係代名詞と関係副詞の違いに注目していきましょう。This is the city which I visited last year. → This is the city. ＋ I visited it last year. のように、英文を2つに分けて考える方法は、関係詞の基礎を学ぶ際には適した考え方です。しかし、本書では入試問題を意識し、限られた時間内で問題を解くために、極力2文に分解しないやり方で答えを導く方法を紹介していこうと思います。

🏠 the house which もあれば the house where もある !?

　以下は、**1** の **Q** で扱った例文です。どちらの文でも先行詞は同じ the house ですが、関係詞はそれぞれ異なっています。*1 なぜでしょう？

439　This is the house [**which** I visited]. 　（これは私が訪問した家だ）
440　This is the house [**where** I lived]. 　（これは私が住んでいた家だ）

　「the house は『場所』を表すが先行詞だから where でいいのでは？」なんて思っていたらいけません。関係詞を選択する際に、先行詞をチェックするのは最後の最後です。まずは、関係詞の後ろが「完全な文」か「不完全な文」かを判別するところからはじめましょう。*2 慣れるまでは、必ずこの判別を行ってください。関係詞の中で、後ろに「不完全な文」が置ける主要なものは次の5つです。

> 👆 **後ろに「不完全な文」が置ける関係代名詞**
> who, whom, which, what, that（関係代名詞）

　この知識は、関係詞を選ぶ際には最重要となります。これらの関係代名詞だけは必ず覚えておくようにしましょう。

▶ This is the house (**which**) I visited _____.
　　　　　　　　　　　関係代名詞 S　V　　　→Oなし(不完全な文)

　関係詞を決める際には、主語が欠けていれば「主格の関係代名詞」、目的語が欠けていれば「目的格の関係代名詞」というように、後ろに欠けているものを関係詞で埋めるといった発想が重要です。例文 439 では、目的語が欠けているので、目的格になれる関係代名詞which を補えばいいわけです。いくら先行詞がthe houseと「場所」になっていてもwhereとすることはできません。先行詞だけで関係詞を決定するのは絶対にやめましょう！

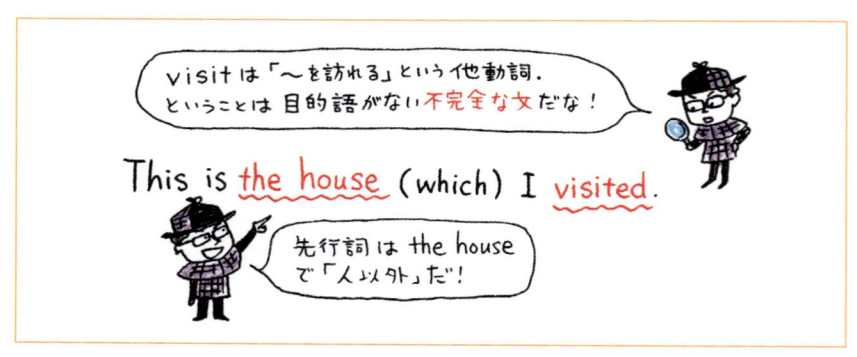

> visitは「〜を訪れる」という他動詞。ということは目的語がない不完全な文だな！
>
> This is the house (which) I visited.
>
> 先行詞は the house で「人以外」だ！

それでは、それぞれの関係代名詞を表で確認しておきましょう。

関係代名詞の格変化

先行詞＼格	主格	所有格	目的格 ※省略するのが通例
人	who [that]	whose	who [whom / that]
人以外	which [that]	whose	which [that]

　また、when, where, why, howの4つを関係副詞と呼びますが、これらの後ろは「完全な文」になります。例文 440 を使って、具体的に見てみましょう。

440　This is the house (**where**) I lived.
　　　　　　　　　　　関係副詞　S　V　→名詞の不足なし(完全な文)

例文 **440** では、I lived と〈S＋V〉の第1文型が成立している「完全な文」です。さらに先行詞は the house と「場所」に関連する語句ですから関係副詞 where がぴったりです。

> live は「住む」という自動詞ということは 完全な文だ．
>
> This is **the house** (**where**) I **lived**.
>
> 先行詞は the house

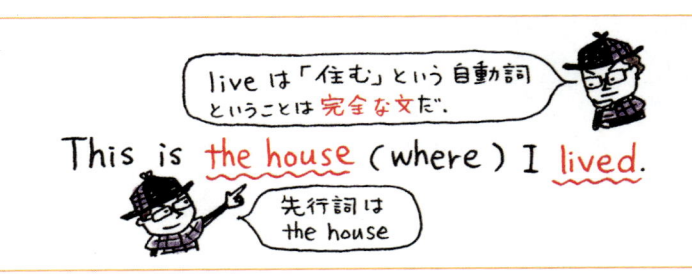

関係代名詞と関係副詞
- 関係代名詞(who, whom, which, what, that)の後ろ　　…**不完全な文**
- 関係副詞(when, where, why, how)の後ろ　　…**完全な文**

　関係代名詞と同様、関係副詞を使う際にも、「完全な文」か「不完全な文」かをしっかり見きわめてから先行詞をチェックするという手順を徹底してください。「『時』を表す time が先行詞だから when」のように、先行詞だけを見て関係詞を決めないことです。

関係詞を選択する手順
1. 関係詞の後ろが「完全な文 or 不完全な文」かを確認する！
2. 先行詞をチェックする！

> プラスα

* 1…先行詞とは関係詞が説明する名詞(句)のこと。
* 2…それぞれの判別の仕方は p.286 の **1** を参照。

PART 08 3 関係代名詞 who, whom, which の用法

ここでは、代表的な関係代名詞である who, whom, which をより詳しく攻略しましょう。

関係代名詞 who, whom, which の基本用法

ここからは次の例題を解きながら攻略していきます。

> **Q** (　)に入れるのに適切なものを1つずつ選びなさい。
> (1) The taxi driver (　　) took me to the station was friendly.
> 　① when　　② which　　③ who　　④ whom
> (2) The house (　　) he was looking for was on the main street.
> 　① where　　② whose　　③ which　　④ in which

まずは **Q** の(1)を見てみましょう。(　)の後ろの形を確認すると、took の主語がない「不完全な文」だと判別できます。よって、関係副詞の①when は不可です。また、欠けているものは主語ですから、目的格の④whom も不適切。先行詞は The taxi driver で「人」ですから③who を選べば OK です。

441 The taxi driver [**who** took me to the station] was friendly.
　　　　　　　S　　　　　　　　　　　　　　　　　　　　　　V　　C
（私を駅まで連れて行ってくれたタクシードライバーは親切だった）

次に **Q** の(2)です。the house で「場所」が先行詞だから①where でしょうか？　ここでは前置詞 for の後ろに名詞がないので「不完全な文」です。＊1 そこで、目的格の関係代名詞を補い、先行詞は the house で「人以外」ですから③which を選ぶことになります。

> ☝ **補う関係代名詞の種類**
>
> 欠けているものが ┌ 主語なら　→ 主格の who, which
> 　　　　　　　　 └ 目的語なら→ 目的格の who[whom], which

🏠 いくつかの補足

　ここまでの基本に、いくつか補足しておきましょう。who, whom, which は原則 that で代用できます。*2 よって、**Q** で解答となった関係代名詞はすべて that に置き換えられます。

　なお、先行詞が「人」の場合、目的格の関係代名詞は whom が基本とされてきましたが、現在ではむしろ who とするのがふつうになっています。関係代名詞 whom は一部の表現を除き、あまり使われないものとなっているようです。このことを反映してか、入試問題で単独の whom の出題は絶滅の危機に頻しています…。

🏠 目的格の関係代名詞は省略するのがふつう

　目的格の関係代名詞は省略できるのではなく、省略するのがふつうです。よって、**Q**(2)の which は目的格なので、省略して次のように書くのが通例です。

442　The house [**which** he was looking for] was on the main street.
　　　　　　S　　　省略が通例　　　　　　　　　　　　V
　　　　（彼が探していた家は本通り沿いにあった）

　ここでは、関係代名詞の省略を自分で発見するためのコツを紹介しておきましょう。

> 👉 **関係代名詞の省略に気がつくためのヒント**
>
> 1. **不自然に名詞が２つ並ぶ。**
>   - ▶ The house he was ...
> 2. **２つ目の名詞を含む文が不完全な文となる。**
>   - ▶ The house he was looking for ▢ was ...
>   - 前置詞 for の後ろに名詞がない！
> 3. **述語動詞が２つあるのに、それらをつなぐ接続詞や関係詞にあたるものがない。**
>   - ▶ The house he was looking for was ...
> 4. **したがって、The house which he was looking for was のように関係代名詞 which の省略に気がつく。**
>   - ※英文読解なら、1. から 2. へと進む中で、整序問題なら 3. あたりで省略に気がつくはず。

> **プラスα**
>
> ＊１…前置詞の後ろに置かれる名詞のことを「前置詞の目的語」と呼ぶ。よって、補う関係代名詞は目的格となる。
>
> ＊２…コンマ(,)のついた非制限用法では、that で代用することは不可。

PART 08 - 4 関係代名詞 whose の用法

　実際の使用例がそう多くないせいか、関係代名詞 whose の出題はめっきり減りました。それでも、基本はしっかりマスターしておきましょう。

🏠 関係代名詞 whose の特徴

　who, whom, which, what などの関係代名詞とは異なり、whose の後ろは必要な名詞がすべてそろった「完全な文」となります。*1

443 This is the man [**whose** car I bought].
　　　　　　　　　　　　　　　 O　S　　V　→名詞の不足なし（完全な文）

（こちらが私が買った車の持ち主である）

　また、whose は「人」を先行詞とし、〈whose ＋名詞〉の形で使われるという大きな特徴があります。*2 whose は所有格の関係代名詞で、my や his などの代名詞の所有格と仲間ですから、当然のことです。代名詞の所有格は、my car や his desk のように直後に名詞をともなって使います。この点はwhose でも同じです。

(✗) whose the car ...
(✗) whose Mary was ...

his the car のように代名詞の所有格と冠詞の the を並べることが不可なら whose the car も不可だし、my Mary のような表現がありえないとわかれば whose Mary も絶対にありえないとわかるでしょう。whose はあくまで所有格で、my や his の仲間だという感覚をしっかり身につけていれば、このようなミスは防げるはずです。

〈whose ＝ the ＋ 名詞 ＋ of which〉とは何者か？

〈whose ＝ the ＋ 名詞 ＋ of which〉のような公式を見たことはありませんか？ これだけを丸暗記させるのはかなり強引な気がします。そもそも、whose と〈the ＋ 名詞 ＋ of which〉では、もととなる文が全く違います。次の例文を見てください。

(1) He lives in that house. Its roof is red.

この文を1文にまとめれば、所有格の Its（あの家の）が whose にかわり、次のようになります。

Its roof is red.
↓

444 He lives in that house whose roof is red.
（彼は屋根が赤いあの家に住んでいる）

(2) He lives in that house. The roof of it is red.

「あの家の」の表現は、(1)の Its のような代名詞の所有格で表すこともできますが、所有の意味の前置詞 of を用いて of it（あの家の）とすることもできます。この it を目的格の関係代名詞 which にかえて、1文にまとめたものが次の文です。

The roof of it is red
↓

445 He lives in that house the roof of which is red.
（彼はあの家に住んでいて、その家の屋根は赤いです）

なお、of which を節の先頭に移動して、次のようにすることもできます。

▶ He lives in that house of which the roof is red.

いずれにせよ、〈the＋名詞＋of which〉は、相当堅苦しい表現になるので前置詞 with などを用いて次のように書けば自然な文になるでしょう。

▶ He lives in that house with the red roof.

> 関係代名詞 whose
> 1. 後ろには「完全な文」がくる。
> 2. 〈whose＋名詞〉の形で用いられる。
> 3. whose を〈the＋名詞＋of which〉で書き換えられることがあるが、もととなる表現は全く違う。

プラスα

＊1…本書では語句の倒置が起こっていても、必要な要素がそろっていれば「完全な文」とみなす。
＊2…whose の先行詞は「人」が通例。「人以外」が whose の先行詞となることもあるが、これを認めないネイティブスピーカーもいる。

PART 08 5 関係代名詞whatの用法

関係代名詞のwhatは、関係詞の中でも特に頻出です。他の関係代名詞との共通点と相違点をしっかり整理しておくとすんなりマスターできます。なお、whatを用いた定型表現は 別 p.66 で確認しておきましょう。

関係代名詞whatの特徴は？

4 で学習した、関係代名詞who, whom, whichと同様に、関係代名詞whatの後ろにも「不完全な文」が置かれます。次の 446 でも、他動詞saidの後ろに目的語が欠けた「不完全な文」になっています。

446　[**What** Aki said ____] made everybody laugh.
　　　　　　　　S　　V　　　　→ 他動詞saidの後ろに目的語がない！

（アキが言ったことはみんなを笑わせた）

> 関係代名詞whatと関係代名詞who, whom, whichとの共通点
> **後ろに置かれるのは不完全な文**

では、関係代名詞who, whom, whichとの大きな違いは何でしょう？もう一度、例文 446 で確認すると、What Aki saidのカタマリはmadeの主語の位置に置かれています。

▶ [What Aki said] made everybody laugh.
　　　S…名詞節　　　V　　　O　　　C

英語で主語になれるのは名詞だけです。よって、このWhat Aki saidは名詞の働きをしている節（S+Vのカタマリ）なので名詞節となります。ふつうの名詞と同じ働きができるので、置かれる位置はさまざまです。主語だけで

なく、目的語や補語、前置詞の後ろに置くことだって可能です。そんなwhatの性質を理解してもらうためにもう1つだけ例を挙げておきます。

447 Do you agree with [**what** he said ▭ on the phone]?
　　　　　S　　V　　　前→名詞節
（彼が電話で言ってたことに賛成する？）

　what節は名詞節となるので前置詞の後ろに置くことも可能です。もちろん、whatの後ろは、他動詞saidの目的語が欠けた「不完全な文」になっていることを見逃してはいけません。

　ちなみに、who, whom, which, whoseなどの関係代名詞は何節をつくるのでしょうか？　次の例文を見てください。

448 I can't marry a woman [**who** hates me].
　　　　S　　V　　　O　　　　形容詞節
（ボクのことを嫌っている女性とは結婚できない）

　主格の関係代名詞whoが使われた文ですが、who hates meの部分は先行詞である名詞（a woman）を修飾しています。名詞を修飾するものは形容詞ですね。したがって、what以外のwho, whom, which, whoseなどの関係代名詞は、名詞を修飾する形容詞節と言ってよいでしょう。ここが関係代名詞whatとの最大の違いです。*1

☞ **関係代名詞whatとその他の関係代名詞との相違点**
　・関係代名詞what　…　名詞節をつくる
　・その他の関係代名詞（who, whom, which, whose）
　　　　　　　…　形容詞節をつくる

PART 08　関係詞

関係代名詞 what の訳し方

　関係代名詞の what は「〜こと・もの」と訳すのが基本ですが、文脈に応じてさまざまな意訳が可能になることもあります。例えば、次の文の what を、文脈によっては「意図」や「本音」のように解釈しても問題ありません。

449　I am beginning to see **what** he means.

　　　　　　　　　　　　　　　　→ 彼の言いたいこと
（彼の意図がわかりはじめてきた）　→ 彼の意図 or 彼の本音

関係代名詞 what の訳し方
「〜こと・もの」を基本とする。
※文脈に応じてさまざまな意味の名詞に訳せることがある。

プラスα

＊1…関係代名詞の what は、「〜こと・もの」を意味する thing(s) のような先行詞がすでに組み込まれているとも考えられるので、先行詞は置かれない。

PART 08 6 〈前置詞＋関係代名詞〉の用法

〈前置詞＋関係代名詞〉というと、難しそうなイメージをもつ人が多くいますが、前置詞のつかない whom や which などとの共通点と相違点をしっかり区別していけば意外に簡単なんです。

関係代名詞と〈前置詞＋関係代名詞〉は何が違う？

まずは、目的格の which を使った文から見ていきましょう。

▶ This is the house [**which** Ohgai Mori was born in ▢].
　　　　　　　　　関代←in the house の the house が which となって移動

（これが森鷗外が生まれた家だ）

前置詞 in の後ろに名詞が欠けているので「不完全な文」です。では、次の〈前置詞＋関係代名詞〉のパターンではどうでしょう？

450　This is the house [**in which** Ohgai Mori was born].
　　　　　　　　　　　　前＋関代←in the house が in which となって移動

Ohgai Mori was born は〈S＋V〉の第1文型で文は成立しています。はじめの例文で不完全な文をつくり出していた前置詞 in を、in which として前に移動したことで、名詞の欠落が解消されたわけです。

関係代名詞と〈前置詞＋関係代名詞〉の相違点
- 関係代名詞　　　　　　…後ろは**不完全な文**
- 〈前置詞＋関係代名詞〉…後ろは**完全な文**

〈前置詞＋関係代名詞〉には2パターンしかない！

最初に覚えてほしいのは〈前置詞＋関係代名詞〉のパターンはたったの2

種類しかないということです。

> 1. 先行詞が「人」の場合　　…〈前置詞＋whom〉
> 2. 先行詞が「人以外」の場合…〈前置詞＋which〉

451　Do you know the girl [**to whom** Bob spoke]?
　　　　　　　　　　　　　　　　前＋関代←to the girl が to whom となって移動
（ボブが話しかけた少女を知っていますか）

450 では先行詞がthe houseで「人以外」だったため in which が、**451** では「人」である the girl が先行詞なので to whom が用いられています。なお、ふつうのwhomやwhichは関係代名詞thatで置き換え可能なことが多いのですが、〈前置詞＋関係代名詞〉の場合、whomやwhichをthatで置き換えることはできません。

▶ Do you know the girl [**to whom** Bob spoke]?
　　　　　　　　　　　　　→ whom を that には置き換えられない！

〈前置詞＋関係代名詞〉の前置詞はどう決まる？

次に、in which などで使われる前置詞の決定方法です。

> 🗨 **前置詞の決定は？**
> **後ろに続く表現に、どんな前置詞を補えば先行詞とうまくつながるかを考える！**

先ほどの例文で確認できます。**450** なら、in を補うことで was born in the house、**451** なら、speak to〈人〉の to を想定し、spoke to the girl と考えれば先行詞と自然なつながりがつくれます。少しレベルの高めな例題で理解を完璧なものにしましょう。

> **Q** 次の（　）にはどんな前置詞が適当か？
>
> 　The conditions （　　） which the workers in Mexico work are very bad.　（メキシコの労働者が働く条件は劣悪だ）

　under the conditions（状況下で）という重要フレーズを想定して、the workers in Mexico work under the conditions と考えれば自然な英文となりそうです。under the conditions を under which とし、前に移動したと理解してみましょう。

▶ The conditions [**under which** the workers ... work ~~under the conditions~~] are very bad.

　the conditions と under の関係のように、特定の名詞に特定の前置詞がつくことはしばしばあるので、これから学習していく際に注意していくとよいでしょう。ちなみに、よく出題されているのが次の3つです。

☝ 特定の名詞と特定の前置詞のつながり

- **for the reason** を想定 → **the reason for which ...**　（…な理由）
- **to the extent** を想定 → **the extent to which ...**　（…な程度）
  　※ extent を degree としてもほぼ同じ意味が表せる。
- **in the way** を想定 → **the way in which ...**　（…なやり方）

PART 08

関係詞

注意事項を2つだけ

〈前置詞＋関係代名詞〉の訳し方は、関係代名詞だけの場合と基本的には変わりません。訳す際に、前置詞の存在が気になりそうですが、先行詞を修飾するという本来の働きを忘れないようにしましょう。

5 で学習したwhatの英文をもう一度見てみましょう。

447　Do you agree with [**what** he said on the phone]?
　　　　S　　V　　　前→名詞節　　S　　V　　Oがない(不完全な文)
（彼が電話で言ってたことに賛成する？）

with whatの部分を見て、〈前置詞＋whom [which]〉のパターンと混同してはいけません。これらは、全くの別物です。〈前置詞＋whom [which]〉の後ろは「完全な文」、関係代名詞whatの場合は、whatの前の前置詞の有無に関係なく、後ろは「不完全な文」でした。もう一度、確認しておいてください。

より自然な表現をめざして

実は、ここで学習している〈前置詞＋関係代名詞〉を用いた表現は、とても堅苦しく聞こえる表現とされています。実際には、後ろに前置詞を残し、目的格の関係代名詞を省略した、次のような文が一般的です。

> ▶ This is the house ~~which~~ Ohgai Mori was born **in**.
> ▶ Do you know the girl ~~whom~~ Bob spoke **to**?

PART 08
7 関係副詞

関係代名詞と関係副詞の違いは **2** で説明済みなので、ここではそれぞれの関係副詞を攻略していきます。

関係副詞 when の用法

452 The time will soon come [**when** we have a world without war].
　　　　　　　　　　　　　　　　　　　　S　　V　　　O　　…完全な文
(戦争のない世界がじきにやってくるだろう)

関係副詞を使う際には、関係副詞の後ろが「完全な文」となっていることを必ず確認しましょう。また、例文 **452** のように先行詞(The time)と関係副詞節(when 以下)が離れることもあります。関係副詞 when が「時」を表す表現を先行詞とすることを考えれば、見抜くのは難しくないでしょう。

---

the time
「離れていても見つけてね」

The time will soon come when we have a world without war.

「時を表す表現がきっとあるはずだ！」

関係副詞 where の用法

次は where です。

453 I want to go to the school [**where** my mother studied music].
　　　　　　　　　　　　　　　　　　　　　　　S　　　V　　　O
　　　　　　　　　　　　　　　　　　　　　　　　　　　　…完全な文
(私は、母が音楽を学んだ学校へ行きたい)

whereは「場所」を表す表現を先行詞にしますが、英語ではcase（場合）、situation（状況）、point（点）、circumstances（境遇）なども広い意味で「場」ととらえる傾向があるので注意しましょう。

関係副詞whyの用法

関係副詞whyが先行詞にできるのは、reasonなどの「理由」を表す語ですが、後ろにはやはり「完全な文」が続きます。

454　This is the reason [**why** he couldn't attend the meeting].
　　　　　　　　　　　　　　　　　　S　　　　V　　　　　　　O　…完全な文

（これが、彼が会議に出席できなかった理由だ）

関係副詞howの用法

関係副詞howは少しだけ面倒です。howの先行詞はthe way（方法）を前提としていますが、the way how ... のように並べることはできません。先行詞the wayか関係副詞howのどちらか一方を必ず省略します。＊1

455　This is ~~the way~~ [**how** he behaves toward me].
　　　　　　　　　　　　　　　　　S　　V(自)　…完全な文

（これが彼の私に対するふるまい方〔態度〕である）

なお、howを省略し、次のように表現することも可能です。

▶ This is **the way** ~~how~~ he behaves toward me.

関係副詞の省略と先行詞の省略

　先行詞に多少の制限がありますが、関係副詞そのものを省略することがあります。なお、冒頭の例文 **452** のように、先行詞と関係副詞が離れるような場合には省略できません。

関係副詞の省略

関係副詞	省略の有無
where	先行詞が place の場合に限り省略 OK。
when	省略 OK。　※ただし、先行詞と when が離れる場合は省略不可。
why	省略 OK。　※ただし、先行詞と why が離れる場合は省略不可。
how	the way と how の併記は不可なので、必ずどちらかを省略。

　place, time, reason など、先行詞が明白な場合は、先行詞そのものを省略することもあります。

関係副詞と先行詞の省略

関係副詞	先行詞	先行詞の省略
where	place などの「場所」, case, situation, point, circumstances など	省略 OK
when	time, day, week, year などの「時」	省略 OK
why	reason	省略 OK
how	way	how を使うなら必ず省略

456　I remember ~~the time~~ when cell phones were still rare.
（私は携帯電話がまだめずらしかったときのことを覚えている）

プラスα

＊1 …the way how … とすると「…のやり方方法」のように同じ意味の語が2度繰り返されたように響く。よって、どちらかを必ず省略して用いる。

PART 08 関係形容詞what、その他のwhat

関係形容詞は、定型表現として処理するのではなく、しっかり基本から理解していきましょう。

関係形容詞のwhat

関係形容詞の代表格はwhatです。関係代名詞whatとの相違点や共通点を考えれば、うまく整理できるでしょう。

457 He had to sell [**what** books he had].
　　　　　　　　　　　　　　O　　S　　V …完全な文

（彼は、持っていたすべての本を売らなければならなかった）

関係代名詞whatとは違い、関係形容詞whatの後ろは完全な文が続きます。例文 **457** では〈O＋S＋V〉と形はいびつですが、必要な要素はすべてそろった完全な文です。＊1

関係形容詞のwhatは、その名のとおり形容詞の働きをするので、目的語の位置にあった名詞booksを前に引っ張り出し、what booksとなっています。

▶ He had to sell [**what** books he had ~~books~~].
　　　　　　　　関係形　O＝名　S　V　　O

なお、関係代名詞whatは、後ろに不完全な文をとりました。これが、関係形容詞のwhatとの最大の違いの1つなので、しっかり覚えておきましょう。訳し方も大きく異なります。関係代名詞whatは「～こと・もの」と訳しますが、関係形容詞whatは「すべての～」と訳します。さらに、whatの後にfew（可算名詞の場合）やlittle（不可算名詞の場合）が置かれると、「少ない」という意味が足されて、「少ないながらもすべての～」という意味になります。例文で確認しておきましょう。

458 He had to sell **what few books** he had.
（彼は、わずかながら持っていたすべての本を売らなければならなかった）

459 She gave me **what little money** she had.
（彼女は、わずかながら持っていたすべてのお金を私にくれた）

関係代名詞 what と関係形容詞 what の共通点は、どちらの what も名詞節をつくるという点です。**458** では他動詞 sell の O として、**459** では他動詞 give の O₂ として機能していることにも着目しておきましょう。

> **関係代名詞 what vs. 関係形容詞 what**
> ・関係代名詞 what
>   【形】後ろは不完全な文　　【訳し方】〜こと・もの
> ・関係形容詞 what
>   【形】後ろは完全な文　　【訳し方】すべての〜

関係形容詞 which

what に比べるとややマイナーな存在ですが、which にも関係形容詞としての用法があります。

460 The train might be late, in **which** case you may take a bus.
→ 関係形

（電車は遅れるかもしれない。その場合はバスを使ってよい）

コンマ (,) のある非制限用法で用い、〈前＋which＋名〉という形で表現されることがほとんどです。＊2 なお、which の先行詞は前の節全体（または一部）となります。次は、前置詞をともなわない関係形容詞 which の例です。which の先行詞は、she ... the story の部分です。

461 My mother said she didn't like the story, **which** opinion surprised me.
→ 関係形

（母はその物語は好きじゃないと言い、その意見は私を驚かせた）

🏠 オレのことも忘れるな！

　関係代名詞のwhatや関係形容詞のwhatにばかり気をとられていると、疑問詞のwhatがあったことをすっかり忘れてしまうんですね。ぜひとも気をつけておきましょう。

462　He doesn't know [**what** is most important in life].

さあ、この例文はどんなふうに訳せばよいでしょうか？

（1）　関係代名詞として訳すと…
　　「彼は、人生において最も大切なことがわかっていない」
（2）　疑問代名詞として訳すと…
　　「彼は、人生において何が最も大切なのかがわかっていない」

　実は、関係代名詞のwhatと疑問代名詞のwhatは、(1)や(2)のどちらで訳しても通じる場面が多く、どちらがよりよいかは、文脈次第です。強いて言えば、askやwonderのような、質問・疑問の意味を含む動詞の場合は疑問代名詞と相性がよいとされますが、どちらでも通じることも多いので、あまり神経質になり過ぎず、日本語として自然な方を選べばよいでしょう。

> 👉 **関係代名詞 what vs. 疑問代名詞 what**
> ・関係代名詞 what　…「～こと・もの」
> ・疑問代名詞 what　…「何が・何を～か」

　なお、関係形容詞のwhatと、疑問形容詞のwhatはしっかり訳し分けた方がよいでしょう。例えば、 457 の例文で用いられていたwhatを疑問代名詞で訳すと「何の(どんな)本を彼が持っていたか」となり、He had to sellにつなぐには、あまりに不自然だとわかるでしょう。次に、疑問形容詞whatを用いた例を挙げておきます。

463　Do you know **what** time the movie starts?
　　（映画は何時にはじまるのか知っていますか）

プラスα

＊1……語順はともかく、必要な名詞がすべてそろっていれば完全な文だと考える。
＊2…コンマ(,)のない制限用法で用いることは非常にまれ。なお、前の節全体(または一部)を受ける関係代名詞whichの用法については 467 を参照。

PART 08
9　非制限用法で用いられる関係詞

　実際に英文を読んでいると、関係詞の前にコンマ(,)があったり、なかったり…。このような違いはどこから生まれているのでしょうか？

🏠 コンマ(,)を打つか、打たないか？

　関係詞の前にコンマ(,)を打たないものを**制限用法**と呼ぶことにしましょう。例えば、「ジョーンズ博士はエンジニアだ」と言われても、何のエンジニアなのかはおそらく伝わらないでしょう。そんなときは、制限用法(コンマなし)の関係詞を使って、どんなエンジニアかがわかるように限定してあげればいいわけです。

　　　　　　　　　　どんなエンジニアかを限定！
464　Dr. Jones is the engineer [**who** designed this engine].
　　(ジョーンズ博士はこのエンジンを設計したエンジニアだ)

次の例文ではコンマ(,)を打つ**非制限用法**が自然ですが、なぜでしょう？

　　　　　　　妻Maryに関する情報を続けて
465　I met Bob's wife Mary, **who** didn't give me any good advice.
　　(私はボブの妻メアリーに会ったが、何らよいアドバイスはしてくれなかった)

一般的に、というかふつう、妻は1人しかいません。こういう場合には、いちいちどんな妻かを限定する必要はありません。固有名詞や my father, the moon など、他に同種のものがなく、限定する必要がない場合には、コンマ (,) を打って補足説明を続ける非制限用法がぴったりです。

> 👉 **制限用法（コンマなし）vs. 非制限用法（コンマあり）**
> - **制限用法**　　…同種のものと区別するために関係詞節で限定。
> - **非制限用法**　…他に同じものがない（限定する必要がない）ことを前提に、先行詞を補足説明。

　コンマ (,) を打つか、打たないかは、先行詞をどうとらえているかで決まっているのです。また、次の2点にも注意しましょう。

> 👉 **非制限用法を使う際の注意点**
> 1. 関係代名詞 that にこの用法はない。
> 2. 関係詞を省略することはできない。

466 His wife is Lynn, who(m) he married in 2009.
（彼の妻はリンであり、彼女とは2009年に結婚した）

　Lynn は固有名詞ですから限定する必要はないため、コンマ (,) のついた非制限用法を用いています。また、非制限用法では、who(m) や which を that で代用するのは不可です。また、目的格の関係代名詞であっても省略しないのが原則です。

非制限用法のwhich

コンマ(,)のついたwhichには今まで見てきた用法のほかに、<u>前の節全体（または一部）の内容を先行詞にできる</u>というちょっと変わった使い方があり、長文中ではよく見かけます。*1

467 I didn't say anything, **which** made him angry.
　　　　　先行詞(節全体)　　→　　関係代
（私は何も言わなかった。そして、そのことが彼を怒らせた）

このwhichが先行詞としているのは、前の節全体です。また、whichに限らず、非制限用法の関係詞はコンマ(,)の前後に因果関係や逆接など、<u>何らかの論理関係</u>をもたせたり、コンマ(,)の後に<u>書き手の判断や評価</u>を表したい場合に好んで使われます。

> **あえて非制限用法を用いるとき**
> **1.** 前後に因果関係や逆接などの論理関係をもたせたい。
> **2.** コンマ(,)の後に書き手の判断や評価を表したい。

上に挙げた1.と2.の両方が確認できる例文でこのセクションを締めくくりましょう。コンマ(,)の前後関係は〈逆接〉と解釈し、かつwhich以下には書き手の評価が書かれている一挙両得な例文です。

468 He refused to come, **which** was quite a surprise.
（彼はくるのを断わったが、それは全く意外だった）

プラスα

*1…これと似た使い方は、関係代名詞asにもできる。このasの使い方に関しては、別 p.70のポイント205 を参照。

PART 08 - 10 連鎖(れんさ)関係詞

ここからは、関係詞の応用的な用法を中心に学習していきましょう。

🏠 連鎖関係詞って何者？

関係詞の後ろに、I think や he said のような〈S+V〉が挿入されているように見えることがあります。

469　I saw a man [**who** 〈I thought〉 was a detective].
　　　　　　　　　　　主格の関係代　　　　Sがない！　V　　C

（私は探偵だと思える人を見かけた）

この文でよく見かけるミスは、thought の目的語がないと勘違いして whom を選択してしまうというものです。関係詞の直後に I thought のような〈S+V〉が置かれている場合には、その〈S+V〉をいったん除外し、前後をつないでみましょう。ここでは、was の主語がない不完全な文だとわかるので、主格の who を入れて一件落着です。

これを、英文法の世界では連鎖関係詞と呼んでいます。訳出の際には、〈S+V〉を除外した前後を訳し、先行詞にかける直前に〈S+V〉を足すとよいでしょう。もう1つの例文でさらに深めましょう。

470　This is a car [**which** 〈we feel〉 we want to buy 　　].
　　　　　　　　　　　目的格の関係代　　　　S　　V　　　Oがない！

（これは私たちがほしくなると思える車だ）

ここでも、we feel の部分をいったん除外すると、後続の we ... buy の直後に他動詞 buy の目的語がないので、目的格の関係代名詞 which を補うことになります。なお、連鎖関係詞では、例文 **470** のような目的格の関係代名詞だけでなく、例文 **469** で学習した主格の関係代名詞でも省略されることがあります。

▶ I saw a man ~~who~~ I thought was a detective.
　　　　　　　　　　→ 主格でも省略可能！

> 👆 **連鎖関係詞**
> 1. 関係詞の直後に〈S（人）＋V（思考・発言系）〉が挿入されているように見えることがある。
> ※思考・発言系の動詞とは suppose, think, hope, believe, say など。なお、このとき、I thought that の that は必ず省略される。
> 2. その〈S＋V〉をいったん飛ばして前後が文法的につながれば、連鎖関係詞と考える。

🏠 ちょっとした確認

突然ですが、次の問題を解いてみてください。

> **Q** 次の英文の（　）に適切な語を入れなさい。
> I saw a man （　） I thought to be a detective.

例文 **469** と同様に、（　）の後ろには I thought と〈S＋V〉が挿入されているように見えますが、〈S＋V〉を除外してもあとに続くのは to be... という不定詞のみです。これでは〈S＋V〉を除外して考えるメリットはなさそうです。これは連鎖関係詞ではなく、ふつうの関係代名詞で処理できる問題です。think には、〈think＋O＋(to be)＋C〉で、「O を C と思う」という用法があります。ここでは think の目的語(O)が欠けていると考えて、who(m) を補えばいいわけです。

▶ I saw a man [**who(m)** I thought ⟦　⟧ (to be) a detective].
　　　　　　　　　　　S　　V　　O なし　　　　　C

連鎖関係詞をもっと深く理解する！

連鎖関係詞では、関係詞の直後に I think のような〈S＋V〉が挿入されているように見えますが、**厳密には挿入ではありません。**

> ❶ I saw a man. I thought **he** was a detective.
> 　　　　　　　　　　　　　↓ 代名詞 he を主格の関係代名詞 who に
> ❷ I saw a man. I thought **who** was a detective.
> 　　　　　　　　　　↓ I thought の前に出し、2文を結合
> ❸ I saw a man **who** I thought was a detective.
> 　　　　　　　　　　　→ 挿入のように見えるだけ！

❶から❸のプロセスを経て出来上がったものが、連鎖関係詞の正体だったというわけです。

PART 08
11 その他の関係詞の用法

ここでは、関係代名詞の中でもちょっとマイナーな存在を一気に攻略します。

補語の関係代名詞

ここまで、主格や所有格、目的格の関係代名詞はしっかりと扱ってきましたが、次のように補語が欠けている場合はどうすればよいのでしょうか？

▶ He is not a great writer (　　) he used to be ⬚.
　　　　　　　　　　　　　　　　　　　　　Cがない！

いくら先行詞が「人」でも、主格のwhoや目的格のwhomは使えません。実は、**補語が欠けている場合の関係代名詞は、先行詞が「人」か「人以外」かに関係なくthatを用います**。この用法では、先行詞に置かれるのは、職業や地位、性格を表すような語句がほとんどです。

471 He is not a great writer [**that** he used to be ⬚].
　　　　　　　　　　　　　　補語の関係代　S　　　V　　Cがない！

（彼は昔のような偉大な作家ではない）

なお、主格や目的格の関係代名詞のときと同様に、補語の関係代名詞 that も、コンマ(,)のついた非制限用法で使うことはできません。そんなときは、先行詞が「人」か「人以外」かに関係なく、次のように which を使います。＊1

472 He looked like a professional musician, **which** he was ____ .
　Cがない！
（彼はプロの音楽家らしく見えたし、実際にそうだった）

> 👉 **補語の関係代名詞**
> 補語の関係代名詞は、先行詞が「人」でも「人以外」でも that を使う。
> ※ただし、非制限用法では that の代わりに which を使う。

🏠 その他の関係代名詞 — as, than, but

最後は、一見、関係代名詞らしくないものを一気に紹介していきます。

473 This is **the same** cellular phone [**as** [**that**] I lost ____]. ＊2
（これは私がなくしたのと同じ携帯電話だ）　Oがない！

474 Read **such** books [**as** you understand ____].
（理解できる本を読みなさい）　Oがない！

　先行詞に、the same や such がつくと、as が関係代名詞として用いられることがあります。もちろん、後ろには不完全な文が置かれます。
　次は、than です。

475 My mother spends **more** money [**than** my father earns ____].
　Oがない！
（母は父が稼ぐ以上にお金を使う）

先行詞に、more をともなうのが通例で、後ろには不完全な文が置かれます。

最後は but です。

476 There is **no** rule [**but** ____ has some exceptions].
　　　　　　　　　　　　　Sがない！

（例外のない規則はない）

関係代名詞 but は主格でしか使いません。また、先行詞に否定語がつくという特徴のほかに、but 節内の動詞は not がなくても否定で訳すという特徴もあります。しかし、現在では非常にまれな表現で、〈There be 構文〉などを用いて次のように表現する方が自然です。

▶ There is **no** rule **without** exceptions.
≒ Every rule has its exceptions.

プラスα

＊1…ここで用いられている a professional musician は、「人そのもの」というより、「職業」ととらえている傾向が強いため、which を用いる。

＊2…この the same ... as は、as を that で書くこともできる。as の場合は「同じ種類」、that の場合は「同一物」とされていたが、現在では両者の違いはほとんどないとされる。

PART 08 — 12 whoever, whichever, whatever の用法

英文法の世界では、関係詞に -ever がついたものを**複合関係詞**と呼ぶことがあります。ここでは、複合関係代名詞と複合関係形容詞を攻略します。

複合関係代名詞

関係代名詞 who, which, what のときと同様、**複合関係代名詞の後ろにも不完全な文**が置かれます。

477 We'll welcome [**whoever** ___ **comes**].
　　　 S　　　 V　　　　　　O＝名詞節 S がない　V　…不完全な文
（くる人は誰でもすべて歓迎だ）

例文 **477** では、comes に対する主語がないので、主格の whoever を用いています。**後ろに足りないものを前で補う**という考え方は関係代名詞のときと同じです。複合関係代名詞となって大きく変わるのは、つくる節の種類と訳し方です。

複合関係代名詞	whoever [whomever]	whichever	whatever	訳し方の基本
名詞節	〜する人は誰でもすべて	〜するものはどちらでもすべて	〜するものは何でもすべて	「すべて」を意識した訳し方
副詞節	たとえ誰が〜しようとも	たとえどちらが〜しようとも	たとえ何が〜しようとも	「たとえ〜でも」と〈譲歩〉を意識した訳し方

名詞節で用いる what を除き、関係詞の多くは、先行詞を修飾する形容詞節でした。ところが、**-ever のついた複合関係詞に先行詞はありません**。**-ever のついた節全体**が、文の要素となる名詞節か、文中から取り去って

も、文法的に成立する副詞節かをしっかり見きわめて訳し分けることが重要です。例文 477 では、他動詞 welcome の目的語として文の要素となるため、名詞節です。次の例文 478 の Whichever she chooses は、主節の前で副詞節として機能し、文中から取り去っても the result will be the same. の部分は〈S+V+C〉の第2文型が成立します。

478 [**Whichever** she chooses ☐,] the result will be the same.
　　　副詞節　　　　S　　V　　Oがない　　　　S　　V　　　C
　　（たとえ彼女がどちらを選んでも、結果は同じになるだろう）

また、例文 478 のように、-ever が副詞節で使われている場合に限り、no matter ～ で書き換えることが可能となります。名詞節の場合は no matter ～ で書き換え不可なので注意してください。

▶ [**No matter which** she chooses,] the result will be the same.
　　副詞節

🏠 複合関係形容詞

whichever と whatever には、直後の名詞とくっついて用いる関係形容詞としての使い方もあるので紹介しておきます。複合関係代名詞とは違い、後ろには完全な文が続きます。なお、〈すべて〉を意識して訳す名詞節と、〈譲歩〉の副詞節とで訳し方が2つに分かれる点、no matter ～ で書き換えられるのが副詞節の場合のみだという点などは、複合関係代名詞のときと同様です。

複合関係形容詞	whichever＋名	whatever＋名
名詞節	～するどちらの名でもすべて	～するどんな名でもすべて
副詞節	たとえどちらの名が～でも （＝no matter which＋名）	たとえどんな名が～でも （＝no matter what＋名）

479 Take [**whichever** book you like].
　　　　V → O＝名詞節　　O　S　V　…完全な文

（どちらでも好きな本を取りなさい）

480 [**Whatever** language you study,] you cannot master it in a
　　　副詞節　　　　O　　S　　V　…完全な文

short time.
（たとえどんな言語を学ぶにしても短期間では習得できない）

🏠 関係形容詞のwhatと複合関係形容詞のwhatever

　関係詞の学習がある程度進んだ人からよく受ける質問です。次の2文を比較してみてください。

481 I will give you [**what** help I can].　…関係形容詞
482 I will give you [**whatever** help I can].　…複合関係形容詞
　　　（私にできる援助は何でもキミにするつもりだ）

　どちらの文でもwhat節はgiveのO₂として、名詞節となっています。このように名詞節として機能している場合は、両者にはあまり違いがないんです。＊1 しかし、**482** の複合関係形容詞には、〈譲歩〉の副詞節として機能できる **480** のような使い方がある点で関係形容詞とは大きく異なります。

🏠 関係代名詞とは別物と考えよう！

　whatを除き、関係代名詞のwhoやwhichには先行詞がありました。また、関係代名詞のwhoやwhichには特別な訳語を与える必要もありません。

483 My boss fired the man [**who** opposed him].
　　　　　　　　　　先行詞　　　関係代…特に訳さない！

（私の上司は、彼に反対した人をクビにした）

一方、複合関係詞には先行詞がなく、それぞれ訳し方が存在しました。

484 She got angry with [**whoever** opposed her].
　　　　　　　　　　　　　複合関係代…「〜する人は誰でもすべて」

（彼女は自分に反対する誰にでもすべて腹を立てた）

こうやって比較すると、複合関係詞は、関係詞よりは疑問詞の延長線上で考えた方がよいのかもしれません。

485 I don't know [**who** sent the flowers].
　　　　　　　　　　　疑問代…「誰が〜か」

（誰が花を贈ったのかわからない）

> プラスα

*1…関係形容詞 what を用いた場合、「少ないながらもすべての」といった意味合いを含んでいることが多い。

PART 08
13 whenever, wherever, howeverの用法

最後は、複合関係副詞と呼ばれる3つ、whenever, wherever, however を攻略してこのPARTを終えましょう。

複合関係副詞

関係副詞 when, where, how のときと同様、複合関係副詞の後ろにも完全な文が置かれます。

486 [**Whenever** he comes 〈to this place〉,] he orders the
　　　　副詞節　　　S　　V　　　　　　　　　…完全な文

same dish.
（彼がここにやってくる時はいつでも、同じ食事を注文する）

関係副詞と大きく異なるのは、節の種類と訳し方です。まとめておきましょう。

複合関係副詞	whenever	wherever	however	訳し方のコツ
副詞節	〜する時はいつでも / たとえいつ〜でも	〜するところはどこでも / たとえどこで〜でも	たとえどれほど（どのように）〜でも	すべて「副詞節」なので、文脈から判断すること。〈譲歩〉の時は may [might] があることが多い。however は〈譲歩〉の訳し方のみ。

関係副詞の場合は、先行詞を修飾する形容詞節としての使い方が一般的でした。

487　1975 is the year [**when** I was born].
　　　　　　　　　先行詞　　関係副
（1975年は私の生まれた年だ）

一方、複合関係副詞は、例文 **486** のように副詞節しかつくりません。表

を見てわかるように、wheneverとwhereverは文脈に応じて訳し分けが必要になってきます。

488 [**Wherever** she may go,] she is kindly received.
　　　副詞節　　　S　　　V　　…完全な文

= [**No matter where** she may go,] she is kindly received.
　　（たとえどこへ行っても、彼女は好意をもって迎えられる）

例文 **488** は、whereverが〈譲歩〉の意味で用いられている例です。
「〜するところはどこでも」と訳すか、「たとえどこで〜しようとも」と訳すかも、あくまで文脈次第です。あえて判別方法を言えば、〈譲歩〉で訳す場合は -ever節中に may や might が置かれることが多いです。ただし、必ずではないので、あくまで1つの目安としましょう。なお、wheneverやwhereverが〈譲歩〉の意味で用いられているときに限り、no matter 〜で書き換えることが可能となります。

🏠 複合関係副詞のhoweverは語順に注意！

最後は、複合関係副詞のhoweverです。このhoweverの訳し方は、wheneverやwhereverとは異なり、〈譲歩〉のパターンしかありません。ただし、整序問題などで受験生がよく間違えるのが語順です。特にhoweverを「たとえどれほど〜でも（程度）」の意味で用いる場合、howeverの直後に形容詞や副詞が置かれる点に着目しておきましょう。

(✗) [**However** it may be humble,] there is no place like home.
　　　　　　S　　V　　C＝形
　　　　　　　　　　　　　　Howeverとくっつくために移動！

(○) [**However** humble it may be,] there is no place like home.
　　　副詞節　　C＝形　　S　　V

= [**No matter how** humble it may be,] there is no place like home.
　　（たとえどれほどつつましくても、わが家にまさる所はない）

また、複合関係副詞のhoweverは〈譲歩〉のパターンしかないので、常にno matter how で書き換え可能です。最後に、「たとえどのように～だとしても（方法）」の意味で用いられたhoweverを紹介しておきます。

489 　[**However** you do it,] you will find it difficult.
　　　副詞節　　　S　V　O
　　（たとえどんなやり方でやろうとも、それが難しいということがわかるだろう）

MEMO

PART 09
前置詞

英語学習者にとって、前置詞は大きな壁となっていることは間違いありません。辞書を調べると相当数の用法に分類されています。ただし、ネイティブスピーカーは、用例に分類して前置詞を理解しているわけではありません。この PART では、前置詞がもっている根っこのイメージを理解し、そこから広げていくやり方で攻略してもらいます。数ある前置詞の中でも9個（by, in, on, at, from, to, for, of, with）を主要前置詞とし、優先して学習することを勧めます。実は、この9個であらゆる前置詞の使用例の90％以上を占めているというデータがあるからです。

PART 09
1　前置詞byの用法 (1)

　前置詞攻略のカギは「根っこの感覚を理解→分類」の流れを徹底することです。byを「手段・期限・単位・経由・差…」のように辞書的に分類しているだけでは自分のものにはできません。前置詞がもつイメージをしっかりとらえながら攻略していきましょう。まずはbyからです。

🏠 byの基本イメージは「そば」

　byの基本イメージは「そば」です。次の例文でも、電話は窓の「そば」にあることがわかると思います。

490　The telephone is **by** the window.
　　　　（電話は窓際にあります）

　byはこの「そば」というイメージを中心にさまざまな広がりを見せます。

🏠 さまざまな手段を表すby

・「そば」に自転車があるからこそ移動できる→**交通手段**
・「そば」にファックスがあるからこそ通信できる→**通信手段**
・人間は「そば」にあるものを単位として利用してきた→**単位を表す手段**

491　Mary goes to work **by** bike.
　　　　（メアリーは自転車で仕事に行く）

492　Send it **by** fax.
　　　　（それをファックスで送ってください）

493　They sold us oranges **by** the basket.
　　　　（オレンジをかごで売ってくれた）

byはさまざまな「手段」を表すときに使われていることがわかると思います。「そば」にあったり「身近」にあったりするからこそ「手段」として使えるわけです。

　例文 493 の by the basket では昔ながらの八百屋さんでの光景が浮かんできそうです。「そば」に用意してあったカゴを使って商売しているわけですね。もっと厳密な単位ならキログラムやポンド、さらに大きい単位ならトンなどもあります。

494　Petroleum is sold **by** the barrel.　（石油はバレル単位で売られている）

byが「基準」や「尺度」を表す用法もついでに確認しておきましょう。

495　It's 9 o'clock **by** my watch.　（私の時計では9時です）

「そば」にある時計で時間を知ることから、byが「基準」や「尺度」の意味へと広がっているのです。

🏠 経由を表すby

　ここまでは「そば」から「手段」への広がりを中心に見てきました。byは地点と地点を結ぶ「手段」から「経由」という意味へと発展します。

496　I will go to Mexico **by** Honolulu.　＊1
（私はホノルル経由でメキシコに行くつもりだ）

なお、次のような例も「経由」の一種と考えてよいでしょう。

497　He came **by** the shortest way.　（彼は最短距離を通ってきた）

> **プラスα**
>
> ＊1…「経由」を表す場合には、by way of, via, through などを用いて書くことも多い。

PART 09 - 2 前置詞 by の用法 (2)

引き続き、by を攻略していきましょう。

🏠 期限や時間の限界を表す by と until [till] との区別

by には「〜までに(は)」の意味で「期限」や「時間の限界」の用法がありますが、これも「そば」という根っこのイメージから説明がつきます。

498 I'll pay back **by** 5:00.
（5時までにお金を返します）

by 5:00 なら5時の「そば」の時間、例えば4時50分や最悪4時59分までにお金を返せばいいわけです。

なお、「期限」の by を用いた文では、**498** の pay back「（お金など）を返す」のような瞬間的な行為を表す動詞と共に用いるのが通例です。また、使い分けが紛らわしいとされる until [till] との区別は入試でも頻出です。

499 I'll be working here **until** 5:00.
（5時までここで働くつもりだ）

until は「〜までずっと」という「継続」の意味をもちます。よって、until [till] を用いた文では、by のときとは対照的に、work「働く」や wait「待つ」など、ある程度継続性のある動詞が用いられるのが特徴です。

🏠 差や隔たりを表す by

Sit by me. は「私のそばに座りなさい」の意味で、「そば」を表す by を用いた例です。

「そば」ということは、見方を変えれば対象との間に「差」や「隔たり」があることにもなります。これが by のもうひとつの表情です。

500 Mike is taller than me **by** a head.
（マイクは私より頭１つだけ大きい）

501 Bill missed the last bus **by** a minute.
（ビルは１分差で終バスに乗り遅れた）

「差」や「隔たり」を表す by のイメージがつかめると熟語を覚える際にも役立ちます。day by day「日ごとに」＊1、one by one「１つ（１人）ずつ」、step by step「一歩一歩」、by degrees「徐々に」などは、すべて「差」を表す by のココロが感じられる表現です。

🏠 受動態で用いられる by

もしかすると、皆さんと by との最初の出会いは受動態を学習した時だったかもしれません。その時以来、by の意味が「〜によって」で固定されてしまっている人は要注意です。その意味が原点だとすると、その他多くの by の用法は説明できません。今まで見てきた考え方に変えていきましょう。

502 He was killed **by** Cain.　（彼を殺したのはカインだった）

彼を殺したのがカインなら、その時「そば（＝by）」にカインがいたはずです。ここで by が使われる理由は「そば」の意味がぴったりあてはまるからにほかなりません。決して、受動態だからという単純な理由で用いられているわけではないのです。次の例文は、受動態が使われていますが、by は用いられていません。

503 He was killed **in** the accident.　（その事故で彼は死んだ）

ここでは「そば（＝by）」に事故（＝the accident）があったわけではありません。the accident という出来事の中で死んでしまったわけです。だから「ワクの中」を表す in が使われています。＊2

> **プラスα**
> ＊1…day after day「くる日もくる日も」は変化のない状態が継続するイメージで用いる定型表現。
> ＊2…in に関する詳細は PART 09 の **3** を参照。

PART 09 - 3 　前置詞 in の用法（1）

このセクションでは in を攻略していきましょう。

🏠 in の基本イメージは「ワクの中」

in の基本イメージは「ワクの中」です。この「ワク」が場所であろうと時間であろうと「ワクの中」にすっぽり収まっている感じです。

504 　The bird is **in** the cage.
　　　（鳥はかごの中にいる）

504 では鳥がかごという「ワクの中」に収まっています。次は時間で用いた例です。

505 　I learned to drive **in** three weeks.
　　　（3週間で車の運転を覚えた）

3週間という時間の「ワクの中」で運転を覚えたと考え、in を使っているわけです。この in の用法を、これから先の未来時の文脈で用いたのが次の例です。

506 　I will come home **in** two hours.
　　　（今から2時間後に帰宅するつもりだ）

ちなみにafterは、過去や未来の一点を基準にして「〜後に」というときに使うので、ここでは不適切です。例文 506 のように、「今」を基準にして「〜後」の場合はinを用いるので区別しておきましょう。

🏠 着用の意味で用いられるin

「着用」にinが使われるのは、洋服などの「ワクの中」に、体がすっぽり収まっている姿をイメージすれば簡単に理解できそうです。

507　He went to his room and returned **in his new shirt.**
（彼は自分の部屋に行き、新しいシャツを着て戻ってきた）　着用するモノ

体全体でも手や足など体の一部分でも「着用」のinは使えます。

508　Roy was **in his red shoes.**　（ロイは赤い靴をはいていた）
　　　　　　　着用するモノ

onにも「着用」を表す用法がありますが、inの時とは情報の並べ方が全く異なるので注意が必要です。inの後ろに「着用する服など」を置きますが、onの場合は後ろに「着用する体の部位・場所」が置かれます。

509　a glove **on his right hand**　（右手にはめた手袋）
　　　　　　　着用する部位・場所

🏠 伝達の枠組や材料、形態（配置）の意味で使われるin

言語は大切なコミュニケーションの枠組です。例えばスペインでは、一般に、英語でも日本語でもなく、スペイン語という「ワクの中」で会話が成立しているわけです。

510 I managed to communicate **in** Spanish.
（私はなんとかスペイン語で意思を伝えることができた）

このinの使い方を発展させたのが次の例です。

511 She writes letters **in** ink. ＊1
（彼女はインクで手紙を書く）

彼女はチョーク（chalk）でも鉛筆（pencil）でもなくinkで伝えたいわけです。また、inkやchalkは表現する際の「材料」でもあります。この意味が色濃く出ているのが次の例です。

512 a statue **in** bronze
（青銅でつくった銅像）

なお、inのもつ「ワクの中」のイメージを「形態や配置」の意味に発展させたのが次の例です。

513 Put the name list **in** alphabetical order.
（その名簿をアルファベット順に並べなさい）

「あいうえお順」でも「いろはにほへと順」でもなく、「アルファベット順」という枠組で名簿を並べると考えてみましょう。

プラスα

＊1…「〜をもって」のwithを用いてwith inkという言い方もある。「鉛筆で」はwith a pencil, in pencilどちらの表現も存在するが、withでは「実際に鉛筆を手に持って」という意味合いが強いのでa pencilとaがつくが、inの場合は鉛筆を書くための「材料」ととらえている。そのため、aをつけないで用いる。

PART 09 / 4 前置詞 in の用法（2）

in は多くの広がりをもつ前置詞なのでまだまだ続きます。

🏠 方向・方角の意味で用いられる in

「方向」や「方角」は、東西南北のように4分割したうちの1つの枠組と考えて in を用います。

514 The sun rises **in** the east and sets **in** the west.
（太陽は東から昇り西に沈む）

同じ「方角」を表す例でも、次の例文では to が用いられています。

515 Japan is **to** the east of China.
（日本は中国の東方にある）

to を用いる場合は「到達」のニュアンスが前提となっています。ここでは、中国から東に向かうと日本に「到達」します。

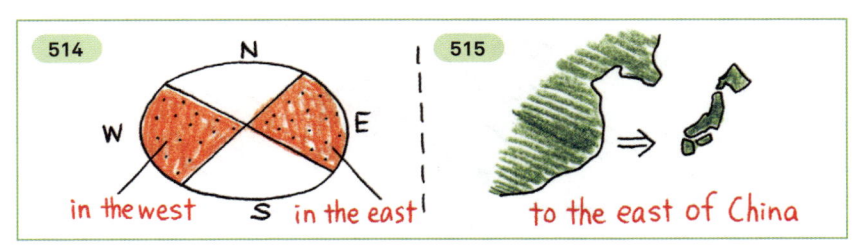

🏠 分野や範囲を限定する際に用いられる in

「ワクの中」を表す in を使えば、「分野」や「範囲」を限定する際にも使えます。次の例では Harry の専攻分野を in で表現しています。

516 Harry is majoring **in** law at university.
（ハリーは大学で法学を専攻している）

また、in my opinion「私の考えでは」で使われているinなどもこれと似た使い方をしています。inを用いることで範囲を限定し、「あなたでも彼らでもなく私の意見なんだ」ということを明確に表していると言えます。これらが理解できたら、次の例も同じ仲間だとわかるでしょう。

517 You should be careful **in** crossing the street.
　　　（道路を渡るときは注意しなさい）

　be carefulが、どういう分野でなのかを「ワクの中」を表すinで限定しているだけです。「〈in＋Ving〉＝〜する際に」といった公式の丸暗記は必要なくなりますね。

🏠 状態・環境を表すin

　自分が置かれている「状態」や「環境」を、一種の枠組としてとらえれば次のようなinの使い方も可能です。

518 She walked **in** heavy rain.
　　　（彼女はどしゃ降りの中を歩いた）

　彼女がどしゃ降りの中を歩いている姿を想像すれば納得の用法でしょう。このinの用法は、どしゃ降りの例のように、目に見えるものだけとは限りません。心や健康状態など、目に見えない抽象的な場面でも使われます。

519 He is **in** despair.
　　　（彼は絶望している）

　彼は今、絶望という「ワクの中」にいるんです。そこから、絶望の真っただ中にいる感じがイメージできればいいでしょう。

in despair

活動・従事を表す in

in もいよいよ最後になりますが、考え方の原点は変わりません。

520 Ron is **in** politics.
（ロンは政治に携わっている）

Ron は politics の「ワクの中」にいる人間だと考えれば、政治活動をしているとも、政治に従事しているとも解釈できますね。また、in politics を in business に変えれば、商売に従事している感じが表現できます。＊1

プラスα

＊1…in business は、日ごろから商売に従事している「商売人」といった意味合いが強いが、He went to New York on business. だと観光で行ったのではなく仕事で行ったという意味合いが強くなる。

PART 09-5 前置詞 on の用法 (1)

on も辞書的な分類に頼っていると相当数の用法を暗記するはめになってしまいます。「根っこから派生させて理解」を忘れずに進めていきましょう。

🏠 on の基本イメージは「接触 or べったり」

on の基本イメージは「接触 or べったり」です。

521　a fly **on** the ceiling　（天井のハエ）

ハエがぺたっと天井に張り付いているイメージですが、on の「接触」は上面でなくてもかまいません。下でも側面でも、とにかく「接触」していれば問題なし。お店が大通りに面している場合でも、お店と通りの「接触」と考えて、a big shop **on** the main street（大通り沿いの大きな店）のように表現できます。また、「接触」は「べったり」といった感覚でとらえることも可能です。次の例で、パンに「べったり」バターを塗っている感じをつかんでおきましょう。

522　put butter **on** one side of the bread
（パンの片面にバターを塗る）

🏠 影響や印象を表す on

「朱に交われば赤くなる」という表現がありますが、よくも悪くも何かに触れることで「影響」を受けたり「印象」を抱いたりするものです。「接触」の on が、「影響」を表す influence, effect, impact や「印象」を表す impression と共に使われることがあるのはそのせいです。

523　The article talks about the influence of television **on** politics.
（その記事は政治に及ぼすテレビの影響力について論じている）

524 Einstein had a tremendous **impact on** modern science.
（アインシュタインは近代科学に非常に大きな影響を及ぼした）

525 She made a good **impression on** me.
（私への彼女の印象はよかった）

連続や同時、継続を表すon

「接触」のonが「～するとすぐ」の意味で使える理由から考えてみましょう。まずは、次の例文を見てみましょう。

526 **On** arriving there, he called his father. ＊1
（そこに到着するとすぐに彼は父親に電話をした）

ここでは、「そこに到着（arriving there）」と「電話をかける（he called ...）」という2つの行為が時間的に接しているのです。日本語の「間髪をいれず」に近い感覚ですね。逆に、到着してから何時間も間があいてから電話したのでは「すぐ」とは言えなくなります。なお、「～するとすぐ」の意味を表したい場合はas soon asを使って次のようにするのが一般的です。

▶ **As soon as** he arrived there, he called his father.

また、行為と行為が、点と点のようにつながれば線状になります。

ここから「連続性」や「継続」を表すonの用法へと発展しました。

527 a guard **on** duty　（勤務中の守衛）
528 **on** leave　（休暇中で）
529 **on** strike　（ストライキ中で）

> **プラスα**

＊1…この用法は何もarrivingのような動名詞である必要はない。on my return（私が帰るとすぐ）のreturnのように動作を表す名詞となることもある。

PART 09 - 6 前置詞 on の用法（2）

今度は「べったり」の on を中心に発展させていきましょう。

🏠 「べったり」→依存・基礎・根拠を表す on

もしもあなたが親に「べったり」なら、親に「依存」しているということになるでしょう。

530 He still depends **on** his parents for financial support.
（彼はまだ親に金銭的な援助を頼っている）

この「依存」の感覚は「基礎」や「根拠（拠り所）」の意味へと広がりを見せます。「つま先で歩く」ことを walk on tiptoe と言いますが、つま先を「基礎」にして歩く姿を目に浮かべればイメージしやすいでしょう。また、行動の依存先が上司の指示なら、その指図を「根拠（拠り所）」にしていると言えるわけです。

531 We act **on** the instructions of our superior.
（上司の指示に従って行動する）

🏠 特定の日や曜日に用いる on

前の例で見た「依存」や「根拠（拠り所）」の例を発展させたのが、次の例です。

532 The meeting was **on** Monday. （会議は月曜日にあった）

私たち人間の行動は、暦に影響されています。元旦には初詣に行ったり、クリスマスにはケーキやチキンを買ってパーティーしたりとさまざまです。「依存」の「依」は、「依る」と読めますが、ここに日付や曜日にonが使われる理由が隠されているのです。＊1 人間は暦に寄り添って自分たちの行動を決めていました。まさに、日本語で言うところの「日による（依る）」という感覚で使っているわけです。

🏠 「〜について」の意味で用いる on

　ある分野に「べったり」という感覚でonを用いると、その分野に特化、執着しているというイメージへと広がります。

533 a book **on** Shakespeare　（シェークスピアに関する本）

　シェークスピアに「べったり」な本、ゆえにシェークスピアについて専門的に書かれた本といった意味合いになるのです。「周辺」の意味を根っこと する aboutより専門性が高まります。＊2

🏠 通信手段に用いる on

　通信手段（電話、TV、ラジオ、インターネットなど）にもonを用います。ちょっとイメージしにくいかもしれませんが、情報が電線や電波にのっかって私たちのもとに届くと考えてみましょう。＊3

534 I watch a soccer game **on** the Internet.
　　（私はインターネットでサッカーの試合を見る）

on the Internet

🏠 「不利益」や「災難」の意味で用いられる on

　この用法はそんなに難しく考える必要はありません。自分にとって不利益なことがのしかかっていると考えればいいのです。

535　My wife died **on** me.
　　　（妻に先立たれて困った）

　「妻に先立たれてしまった（My wife died）」ことが私に重く「のしかかっている」が基本となる意味です。今晩の夕食が自分のおごりになってしまい、財布に重くのしかかっているなら、Dinner's **on** me tonight. って言えばいいわけです（悲）。

> **プラスα**

＊1…「朝・午前中」の意味では in the morning とするが、on the morning of the last day「最後の日の朝」のように日付が特定できる場合には on とするので注意。

＊2…about に関しては PART 09 の **20** を参照。

＊3…伝達の手段が電線や電波ではなく、新聞や本などの紙媒体の場合は in the newspaper, in the magazine などのように in が使われることが多い。一方、on the map や on the front page of the newspaper（新聞の1面に）などでは on が使われるのが通例。新聞や雑誌などは情報がページの「ワクの中」に書かれている感じが強いので in、地図などは1枚の紙の上に情報がのっかっているイメージが強いため「べったり」の on を用いる。

PART 09 - 7 前置詞 at の用法

at は基本イメージさえ押さえられれば比較的攻略しやすい前置詞です。

🏠 at の基本イメージは「一点集中」

at の基本イメージは「一点集中」です。広い範囲ではなく、ピンポイントに「点」を指します。

536　Aim **at** the mark.（的をねらえ）
ダーツの矢を一点めがけて投げている様子をイメージしましょう。

🏠 時点、地点を表す at

「点」が根っこのイメージにある at を時間に使えば「時点」だし、場所に使えば「地点」です。

537　The meeting begins **at** 10:00.　（会合は10時にはじまる）

at とは対照的に、ある程度幅のある時間帯を表したい場合には in July（7月に）のように in が使われます。

538　The hotel is **at** 2415 Kuhio Avenue.
（そのホテルはクヒオ通り2415番地にある）

ここでは、地図などでホテルの位置を指さしている感じがよくつかめます。in でも場所を表すことが多いですが、話し手がその場所をどうとらえているかによって変わります。＊1

例えば、同じホテルを用いても、at the Crown Hotel だと地図上でホテルを指さしながら、または立ち寄り地点のような意味合いが出ます。一方で、in the Crown Hotel ならホテルの空間内でディナーをとったり、ホテル内で実際に宿泊しているといったイメージが強くなります。

🏠 目盛りの一点→スピード、割合、温度などを表す at

温度計やスピードメーターなど、目盛りや針が「一点」を指しているものには at が最適です。

539 Water boils **at** 100℃.
（水は100℃で沸騰する）

540 We drove **at** 60 miles an hour.
（私たちは時速60マイルで車を走らせた）

価格などにも at が使われますが、考え方は同じです。200円の卵は201円じゃ1円高いし199円だと1円足りない。価格も「一点」に絞られるため at を使って表現します。

541 Eggs sell **at** two hundred yen a dozen.
（卵はダース200円で売られる）

🏠 従事・状態などを表す at

542 He was **at** play while the rest were **at** work.
（彼はほかの人がみな仕事しているときに遊んでいた）

上の例のように、遊びでも仕事でも一点集中している感じは at を使って表すことができます。at table（食事中）、at breakfast（朝食中）なども同様の使い方をしていますが、これらの at には「従事」なんて日本語がぴったりです。また、at night（夜に）＊2、at peace（平和に）、at ease（くつろいで）、at one's best（最高の状態で）なども近い使い方ですが、「従事」の感じが弱まり「状態」のイメージで用いています。

瞬間的な感情の原因を表す at

543 She was surprised **at** the news.
（彼女はそのニュースに驚いた）

どういう「点」に驚いたのかと考えれば、この at を理解するのは簡単。この at は、surprised, amazed, astonished, shocked など瞬間的な感情を表現するときに多く見られます。一方で、satisfied, pleased, bored など、ある程度の時間続く感情には with が用いられることが多いです。*3

544 I am satisfied **with** my grades this term.
（私は今学期の成績に満足している）

> プラスα
>
> *1…東京は広いから in、でホテルは小さいから at のような単純な区別で決まるわけではない。絶対的な面積ではなく、話し手の主観やイメージの違いで使い分けている。
>
> *2…おおよその目安だが、in the evening は「日没から就寝まで」の主に活動状態にある時間帯、in the night は「就寝から起床（または日の出）まで」の寝ている時間帯を指す。at night は日が落ちた後の「闇の状態」を表し、特に何時から何時までのような特定の期間を前提とはしていないため定冠詞の the もつかない。
>
> *3…be disappointed at[with / in] A（A にがっかりしている）のように複数の前置詞が使える表現も多くあるので目安程度にとどめておくこと。

PART 09
8 前置詞 from の用法（1）

fromを「～から」と覚えている人、意外に多いですね。しかし、それでは説明のつかない用法があまりにも多すぎます。＊1 以下でしっかり理解を深めましょう。

🏠 fromの基本イメージは「出所」

fromの基本イメージは「出所」です。例文で確認しましょう。

545 The police drew much information **from** the villagers.
（警察は村人から多くの情報を得た）

ここでは、「多くの情報→出所（from）→村人」のような展開が理解できればOK。日本語でも、「情報の出所は…」なんて言い方をしています。このfromを「出身」の意味合いで使っているのが次のような例です。

546 A：Where are you **from**?　「どこ出身ですか？」
　　　B：I'm **from** Japan.　「日本です」

このfromはfrom A to Bのパターンで用い、「出発点（起点）」と「到達点（終点）」を明示して次のような例で見ることも多いです。

547 He flew **from** Rome **to** Paris.
　　　　　　　　出発点　　　到達点
（彼はローマからパリまで飛行機で行った）

🏠 原因を表すfrom

548 The accident resulted **from** carelessness.
（その事故は不注意からきていた）

「事故が生じた→出所（from）→不注意」という流れを理解しましょう。このようにfromは「原因」の意味で使えますが、「間接的な原因」を表すことが多いのが特徴です。＊2

原料を表す from

from を用いて「原料」を表すこともできます。考え方の基本は、前の「原因」の場合と同じです。

549 Butter is made **from** milk. （バターは牛乳からできている）

「バターがつくられる→出所(from)→牛乳」という展開です。ただし、目で見て材料がわかるような場合には of を用いて次のように表すのがふつうです。＊3

550 This table is made **of** wood. （このテーブルは木製である）

判断の根拠や観点を表す from

「出所」感覚の from は、次のような例でも使われます。

551 Judging **from** the evidence, Jim must be guilty.
（その証拠から判断すればジムは有罪に違いない）

「その判断の出所(from)→証拠」という展開になっています。次の例はどうでしょう。

552 Let's look at the thing **from** another point of view.
（その出来事を別の観点から見てみよう）

ここでの from は「観点」といったニュアンスがぴったりですが、「出所」感覚の from がしっかりイメージできていれば問題なく理解できますね。根っこから発展させるやり方を忘れてはいけませんよ！

> プラスα
>
> ＊1…8時からはじまるなどと考えて(×) begin from 8:00 などとしないこと！ 8:00 は時の一点と考えて begin at 8:00 とする。 ＊2…die of cholera（コレラで亡くなる）のように「直接的な原因」を表すときは of を使うのが通例とされる(p.365も参照)。 ＊3…この of に関する詳細は p.364 参照。

PART 09 前置詞

PART 09
9　前置詞 from の用法（2）

fromの基本イメージは「出所」ですが、ここからもうひとつ違った顔を見せます。

🏠「出所」から「離れて（分離）」の感覚を理解しよう！

553　We started **from** Kyoto by train.
（私たちは列車で京都を出発した）

京都を出発したということは、京都から離れた（分離）と考えることができます。実は、この「離れて（分離）」の感覚がfromのもう1つの表情なんです。この感覚を頭にイメージしながら次の3つの例で理解を深めておきましょう。

554　two miles **from** shore　（海岸から2マイル離れた所に）
555　Keep away **from** the fire.　（火から離れていなさい）
556　Take a break **from** your work.　（ちょっとひと休みしなさい）

「海岸から」「火から」「仕事から」。どれもそこから「離れて」の感覚が感じとれればOKです。

🏠 妨害や禁止を表す動詞と共に用いられる from

「離れて（分離）」のfromの使い方は「妨害」や「禁止」の意味を表す動詞との相性がとてもよいのです。

557　The snow **prevented** us **from** going out.
（雪のため私たちは外出できなかった）

preventの意味は「妨げる」です。「（妨げることによって）usとgoing outは切り離される（from）」ことになるわけです。preventやprohibitなど、「妨

害」や「禁止」の意味の動詞とfromの相性がよいのは必然なんですね。＊1

🏠 区別や相違を表す動詞と共に用いられるfrom

例えば、可燃物と不燃物を「切り離す」ということは、可燃物と不燃物を「区別（分別）」することになるでしょう。

558 My friend can <mark>distinguish</mark> peach blossoms **from** cherry blossoms. （私の友人は桃の花と桜の花を見分けることができる）

distinguish＊2, separate, differ など「区別」や「相違」を表す動詞と from が共に使われることが多いのはこのためです。

🏠 保護を表す動詞と共に用いられるfrom

559 <mark>rescue</mark> them **from** a burning building

（炎上している建物から彼らを救出する）

炎上している建物と彼らを「切り離す」から、protect, rescue, save など「保護」を表す動詞と from が共に使われることも多いので覚えておきましょう。以下は、protect を使った例です。

560 You should <mark>protect</mark> your skin **from** UVA.

（紫外線から肌を守るべきだ）

──── プラスα ────────────────────────────

＊1…この種の動詞の詳細は PART 01 の **12** を参照。
＊2…distinguish は distinguish A from B のパターンで用いることが多いが、tell や know も同様のパターンで用いる。distinguish は五感などを用いて広く「区別する」の意味で用いるが、tell や know は「見分ける」といった意味合いで用いるのが通例。▶ He can tell an expensive diamond from a cheap one.（彼は高価なダイヤと安物のダイヤを見分けられる）

PART 09 前置詞

PART 09
10 前置詞 to の用法（1）

toは、前のセクションで学習してきたfromと対（つい）で考えるとよいでしょう。では、さっそく理解を深めていきます。

🏠 toの基本イメージは「到達」

「出所」や「出発点」を表すのが得意なfromに対して、toはある地点への「到達」がその基本となるイメージです。

561 drive **to** the city　（町まで車で行く）

上の例では、その町（the city）に「到達」している感じをつかみましょう。toを見たら右向き矢印（→）と考えてみるのもいいでしょう。この右向き矢印（→）から、「方向」*1や、ある地点への「到達」のイメージが浮かぶようにしておきましょう。

🏠 所属先や帰属先を表す to

562 Mark gave a present **to** his girlfriend.
（マークは彼女にプレゼントを贈った）

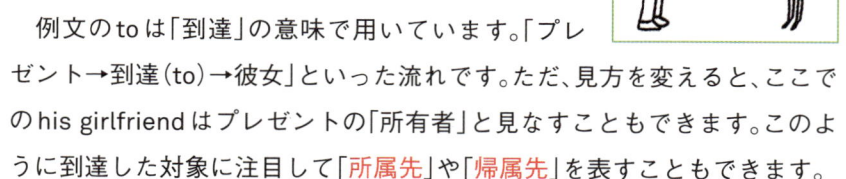

例文のtoは「到達」の意味で用いています。「プレゼント→到達（to）→彼女」といった流れです。ただ、見方を変えると、ここでのhis girlfriendはプレゼントの「所有者」と見なすこともできます。このように到達した対象に注目して「所属先」や「帰属先」を表すこともできます。

563 He belongs **to** the baseball club.　「所属先」
（彼は野球部に所属している）

564 the keys **to** my apartment　（アパートのかぎ）
「帰属先」

🏠 適合や一致を表す to

「到達」の to は「適合」や「一致」の用法へと広がります。

565 They sang **to** the music.
　　　　（彼らは音楽に合わせて歌った）

彼らの歌声が音楽（音階）に「到達」しているなら、彼らの歌声は音楽（音階）に合っていることになります。「ド」の音階に「ミ」なんてやったら音痴でしょう。adapt A to B「A を B に合わせる」など、この to を使った動詞の語法も重要です。＊2

🏠 付加（追加）や付着を表す to

566 add two **to** seven　　（7 に 2 を足す）

「2 を 7 に到達」のように考えることから to が「付加（追加）」の意味へと広がっています。「到達」の to を「付着」の意味に発展させたのが次の例です。

567 attach a tag **to** a garment　　（衣服に正札をつける）

ここでの to は正札が衣服に張り付けられるまでを表します。すでに正札が貼られている状態を表したい場合には、「接触」の on を用いて、次のようにするとよいでしょう。

568 the label **on** a bottle　　（びんのラベル）

> **プラスα**
>
> ＊1…in で「方向」を表す場合との区別は p.337 を参照。なお、at で「方向」を表すこともあるが「一点めがけて」といったニュアンスが強い。ときに攻撃的な感じもする。shout at the boy なら「少年に向かってどなりつけた」くらいの意味合いになる。　＊2…詳細は PART 01 の **15** を参照。

PART 09　前置詞

PART 09 - 11 前置詞 to の用法（2）

to の続きです。イメージを大切にして、理解を深めていきましょう。

結果や目的を表す to

to は「結果」と「目的」という2つの意味を持ち合わせています。少々理にかなっていないようにも思えますが、両者は表裏一体の関係にあるのです。

569 They starved **to** death. （彼らは飢えて死んだ）
　　　　　　　　　→ 結果

上の例では、「彼らは飢えた→結果（to）→死んだ」という展開になっています。この to に右向き矢印（→）を添えてみるのもよいでしょう。「結果」の to と、コインの表裏のような関係にあるのが「目的」の to です。受験勉強で考えてみてください。「合格する」という結果には「合格するために」という目的が前提にあるはずです。「結果」と「目的」どちらで訳すかは最終的には文脈によりますが、おおよその目安があるので紹介しておきましょう。

> **結果か目的かを判断するおおよその基準**
> to 以下の事柄に対して、
> 1. 主語の意志が強く働いていれば→「目的」
> 2. そうでなければ→「結果」

次の例では to 以下の my rescue に対して、Harry の意志が強く感じられるので「目的」で訳せばしっくりきます。

570 Harry came **to** my rescue. （ハリーは私を救助に来た）
　　　　　　　　→ 目的

一方、最初の例文 569 では、to以下のdeathに対してTheyの意志は全く感じられない（死に対して意志なんて…）ので「結果」の方が自然な訳出となるわけです。

限界や制限を表す動詞と共に用いられるto

「到達」のtoは「限界」や「制限」の用法へと発展します。イメージしにくい人のために具体例を挙げてみましょう。

❶ 収容人数500名のホールで500名に「到達」
　→それ以上は入れない→500名が「限界」

❷ 先着10名の旅行で10名に「到達」
　→それ以上は受け付けない→10名に「制限」

これらのtoは「限界」や「制限」の意味合いをもつ動詞と共に使われるのがふつうです。＊1 次の例で確認しておきましょう。

571　**confine** a talk **to** ten minutes　（話を10分に限る）

572　**limit** spending **to** $80 million　（支出を8,000万ドルに制限する）

〈to one's＋感情名〉をどう考える？

〈to one's＋感情名〉で「名したことに」って無味乾燥に覚えても何もワクワクしませんね。実は、ここでのtoの用法はさっき学習した「結果」の仲間です。

573　**To** my regret, I can't accept your invitation.
　　（残念ですが、ご招待に応じることはできません）

「結果」が先に書かれているからわかりにくいだけです。**To** my regret を文末に移動してみましょう。

- I can't accept your invitation, **to my regret**.
  （結果）

上のように、文末に置かれていれば決して難しい用法ではありません。＊2 ただし、感情の高ぶりなどが原因で文頭に置かれることが多いため、理解の妨げになっているかもしれません。その他の表現に、to one's delight「喜んだことに」、to one's joy「嬉しいことに」、to one's disappointment「がっかりしたことに」などがありますが、基本的な考え方はどれも同じです。

プラスα

＊1…詳細は PART 01 の **15** を参照。
＊2…書き換えた例のように、to my regret を文頭に置かず、文末に置くこともできる。
- She failed, to her dismay.（彼女は失敗してひどくろうばいした）

PART 09 - 12 前置詞 for の用法（1）

中学生の時、to は「〜に」で for は「〜へ」と習った記憶があります。そして、当時はこれで納得していた自分がいます（悲）。for は、なかなか手ごわい相手ですが、to との違いも意識しながら理解を深めていきましょう。

🏠 for の基本イメージは「意識の向かう先」

for の基本イメージは「意識の向かう先」です。

574 We searched the whole house **for** Tommy's ring.
（私たちはトミーの指輪を見つけるために家中を捜した）

トミーの指輪が見あたらないので、家中を捜しています。この状況で、みんなの「意識の向かう先（for）」がトミーの指輪であることは言うまでもありません。「意識の向かう先（for）」がニューヨークなら、次のような使い方ができます。

575 He left Tokyo **for** New York.
（彼はニューヨークに向かって東京をたった）

このように、for で「目的地」を表すことができます。ここで、少々疑問がわくかもしれません。目的地なら went to New York のように to を使うべきじゃないのか？　この疑問はしっかり解決しておきましょう。まずは、次の2つの例文を比較しましょう。

576 Fred sent a love letter **to** Jane.
（フレッドがジェーンにラブレターを送った）

577 Fred bought a ring **for** Jane.
（フレッドがジェーンに指輪を買った）

　576 では「到達」のtoが用いられているので、手紙はジェーンに無事到達した、もしくは届いていることを前提とした表現です。一方で、**577** ではforを用いているため、フレッドがジェーンに意識を向けて（for）指輪を買ったのは事実だが、その後、届けるとか送るなど、別の行動を起こさない限り、指輪がジェーンに届くことはありえません。**575** の例文に話を戻しましょう。ここでforが用いられているのは、ニューヨークに向かっているだけで、まだ到達していないからです。もちろん、went to New Yorkとすれば、実際ニューヨークに到達したという意味が伝わります。第4文型〈S＋V＋O₁＋O₂〉動詞を書き換えた場合に、〈S＋V＋O₂ **to** O₁〉と〈S＋V＋O₂ **for** O₁〉の2つが存在する理由だって以上のことから説明できるんです。＊1

目的、用途、利益、要求、賛成を表すfor

　「目的、用途、利益、要求、賛成」なんて並べると嫌気がさすかもしれませんが、根っこはどれも同じです。次の例はどれもfor以下に「意識が向けられている」感じがしませんか？

578 work **for** my living 　（自分の生活のために働く…目的）
579 a knife **for** cutting bread 　（パン切り用のナイフ…用途）
580 act **for** a client 　（依頼人のために働く…利益）

581 telephone **for** more information

（詳細を電話で問い合わせる…要求）

582 I'm **for** your plan. （キミの計画に賛成だ…賛成）＊2

どれも、for以下に意識が向けられている感じさえつかめれば、細かい分類なんてどうでもよいのです。

理由を表すfor

今まで見てきたforの根っこのイメージである「意識の向かう先」がわかっていれば、forが「理由」の意味に広がることはそう難しくないでしょう。

583 She was hospitalized **for** chest pains.

（彼女は胸の痛みで入院した）

ただ、forはもともと意味の広がりが大きい前置詞なので、明確に理由を表したい場合はbecause ofなどを用いた方が無難でしょう。＊3

プラスα

＊1…これらの動詞については、別 p.3〜4を参照。

＊2…「反対」はagainstで表す。againstについてはp.377参照。

＊3…理由のforは、thank A for B「BのことでAに感謝する」のように、特定の動詞と共に用いられることが多い。この種の動詞は別 p.15参照。

PART 09
13 前置詞 for の用法(2)

このセクションで扱う for は、根っこのイメージからは遠く離れているように感じられますが、for は for だという原点を忘れずに攻略していきましょう。

期間を表す for

for で「期間」を表す用法は入試頻出です。

584 We watched television **for** three hours last night.
（私たちは昨夜テレビを3時間見た）

ここでは、テレビを見はじめてから見終わるまでの3時間すべてに意識が向けられた表現。3時間ずっとその行為が行われていたという「継続」の意味合いが色濃く表れます。

for と during はどう違う？

for と during の違いも重要です。例えば for a week は、単に1週間という時間の長さを表し、何日から何日までの1週間かはあまり意識されていません。一方、during the week は、4月1日から7日までの1週間のように特定の期間を想定しています。*1

585 She lost two pounds **during** the week.
（彼女はその週に2ポンド減量した）

week の前に the が置かれている点からも「特定」の感じがつかめそうですね。

for の「代用・代表→相当・同等→交換」への広がり

次の例文を使って、複雑とされる for の用法を一気に攻略してもらいます。想像力を MAX にしてついてきてください。

586 We substituted honey **for** sugar.
　　　　　　　　　　　　　　　　　　　本来使いたいもの

（私たちは砂糖のかわりに蜂蜜を使った）

　forの根っこのイメージは「意識が向かう先」ですから、本来、使いたいのは砂糖（sugar）です。ところが、たまたま切らしていたため蜂蜜で「代用」しています（substituted honey）。なんとか蜂蜜で「代用」できたということは、蜂蜜は砂糖に「相当（同等）」であると考えられます。

▶ We substituted honey **for** sugar.
　　　　　　　　　蜂蜜　≒　砂糖
　　　　　　　　　　（相当・同等）

　さらに、蜂蜜が砂糖と「相当・同等」なら、「交換」することも可能となるわけです。そこから「交換」の用法へと発展します。

▶ We substituted honey **for** sugar.
　　　　　　　　　蜂蜜　≒　砂糖
　　　　　　　　　　（交換可能）

　しかし、上の例はすべてfor以下のことに「意識が向いている」感覚が根っこにあるということに変わりはありません。「相当・同等」「交換」の例を以下に挙げるのでしっかり理解を深めておきましょう。

587 P.M. stands **for** Prime Minister.
（P.M. は Prime Minister［首相］の略である）＊2

588 exchange an old machine **for** a new one
（古い機械を新しい機械に交換する）＊3

🏠 判断の基準となる対象を表すfor

　for one's age は「年齢のわりに」という定型表現として暗記させられることが多いようですが、それでは応用はききません。

589 He looks young **for** his age.
（彼は年齢のわりには若く見える）

彼の実年齢に意識を向けつつ(for his age)、目の前にいる彼のことを若く見えるなあ(looks young)って思っているだけです。次の例も同様で、極寒の1月を念頭におきながら(for January)、「今日はなんだか暖かい→1月のわりには暖かい」といった展開がイメージできればよいでしょう。

590　It's very warm **for** January.
（1月のわりにはとても暖かい）

プラスα

＊1…for a weekだと1週間にわたってある行為がずっと継続している感じがする。during the weekだと1週間の期間の中である行為が行われていればよく、forのような継続の意味がいつもあるとは限らない。

＊2…正式な言い方はPrime Ministerだが、P.M.で代用。よって、P.M.はPrime Ministerに「相当・同等」の意味をもつ。

＊3…「交換」する際に意識の向かう先はもちろん「新しい機械(a new one)」。

PART 09 - 14 前置詞 of の用法（1）

　of は、数ある前置詞の中で、最も手ごわいと言われています。of はあまりにも意味の広がりが大きいので、根っこから3つの柱に展開させます。これら3本の大きな柱から、さらに細かい枝葉を派生させていくやり方で解説していきます。

🏠 of の3本柱を押さえよう！

　of の親戚にあたる単語に off があります。スイッチ on・off の off です。この off と親戚関係にある of も、off と同様に「分離」が基本イメージと考えましょう。次のケーキのイラストを見ながら、意味の広がりを押さえていきます。

❶ホールのケーキから自分の食べるピースをカットします。

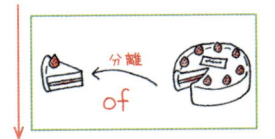

このように全体から部分を切り取って「分離」するのが of の原点だと考えてください。

❷切り取られたピースとホールのケーキに注目。

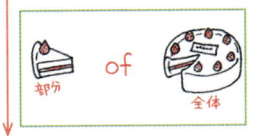

自分の食べるピースが「部分」で、もとのホールケーキを「全体」と見なしてください。of を中心に左が「部分」で右が「全体」となっています。

❸自分のピースを食べてみましょう。

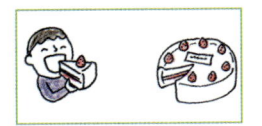

カットされたケーキにも、元のホールケーキと同じクリームやイチゴがのってますね。カットされても元と同じ性質を「所有」しています。

　これで of のもつ3本柱の完成です。❶「分離」❷「部分 of 全体」❸「所有」の3つを柱に of の理解を深めていきましょう。

🏠 「分離」のofの広がりを理解する

591　She is independent **of** her parents.　（彼女は親から独立している）

of her parentsは「分離」のofをそのまま用いた例です。「分離」のofがindependentのような「独立」や「自立」といった意味の表現と相性がいいのは言うまでもありません。

たとえ彼女が親から独立しても、性格や容姿などの「起源（原点・出発点）」は親にあります（of her parents）。

この「起源」という意味合いを用いて、ofのもつさまざまな意味を攻略します。「起源」という言葉でイメージしにくいなら「原点」とか「出発点」という表現に置き換えてもよいでしょう。「歴史の起源→歴史の原点、歴史の出発点」のように考えるとイメージしやすいでしょう。

● モノの起源→材料、構成要素

592　a stole **of** silk
　　　　　　　　　　材料（構成要素）

（絹製のストール）

593　a house made **of** wood
　　　　（木造の家）　　材料（構成要素）

ofの根っこのイメージは「分離」ですから、上の例でもそのニュアンスは感じられます。大きな丸太から木材を切り取って（分離して）建築された家です。同時に、上の2つの例のsilkやwoodはa stoleやa houseのそれぞれ「材料」、または「構成要素」とも言えます。次の例はどうでしょう。

594　This book consists **of** eight chapters.　（この本は8章からなっている）
　　　　　　　　　　　　　　　構成要素

of以下のeight chaptersがThis bookにとっての「材料」、すなわち「構成要素」になっています。この話は次のセクションに続きます。

15 前置詞 of の用法（2）

PART 09

14 からの続きです。

● **出来事の起源→原因**

595 The man died **of** cancer. （その男性はガンで死んだ）
　　　　　　　　　　　原因

その男性の死の「起源」がガン、よってガンが「原因」で死んだと考えることができます。from で表される「原因」よりは直接性が強いと言われています。＊1

● **行為や性質の起源（出発点）→行為者・動作主**

596 the arrival **of** a visitor （客の到着）
　　　　　　　　　　行為者・動作主

「到着（the arrival）という行為の起源（出発点）が客（a visitor）→客が到着」といった流れで理解できます。また、この of のことを英文法の世界では「主格の of」と呼ぶことがあります。次も同じ考え方です。

597 It was kind **of** him to do so. （彼がそうしたのは親切だった）
　　　　　　　　　行為者・動作主

「kind という性質の起源（出発点）が彼（him）」と考えています。よって、親切な行為をしたのは of のあとの him となります。

🏠 「部分 of 全体」の of の広がりを理解する

14 で学習したケーキのイラストなども参照しながら読み進めると理解しやすくなります。

● **部分 of 全体、同格**

「部分 of 全体」の関係は、a member of the group（その集団の一員）のような例を挙げればすんなり理解できます。＊2 「部分」を表す a member のところに「数量表現」が用いられているのが次の例です。

one	of	the books	（本の1冊）
some	of	the books	（本の一部）
most	of	the books	（本の大部分）
A（部分）		B（全体）	

ofの左右をA（部分）、B（全体）とすると、どれも「A（部分） of B（全体）」の関係になっていることがわかります。ofは、A（部分）とB（全体）を分ける、まるで仕切り役のようです。A（部分）の割合がどんどん上がって100％になると、次のようになります。

　　all　of　the books　（本の全部）
　　A（部分）　＝　B（全体）

先ほどまでと同じようにofの左右を比べると、イコール（＝）の関係になりませんか？ A（部分）の割合が100％になったことで、実質、左右が同じになったのです。*3 これが、ofに「同格」の意味があるひとつの考え方です。*4 次の例で、左右が実質イコール（＝）の関係になっていることを確認してみてください。

　　the name　of　Bill　（ビルという名前）
　　A　＝（同格）　B

　　the fact　of　her having seen Bill　（彼女がビルに会ったという事実）
　　A　＝（同格）　B

この「同格」のofと深く関わる用法については次のセクションの冒頭で取り上げることにします。

> **プラスα**
>
> *1…p.349の プラスα でも見てきたように、直接的な原因にはofが使われるのが原則だが、現在ではこの区別はあいまいになってきている。また、「原因」を表すfromの用法についてはp.348参照。　*2…「その集団に属している一員」と考え、このofのことを「所属のof」と呼ぶ。　*3…some of the booksのofは、部分と全体の仕切り役として省略不可だが、all of the booksのofは省略可能で、all the booksと書かれることも多い。左右が同じ（＝）なので、いちいちofで仕切る必要がなくなったためと考えられる。　*4…「同格」とは英文法の用語で、前に書かれている名詞の内容をわかりやすく、ときに具体的に説明するという意味。

PART 09 16 前置詞 of の用法（3）

もう少しでゴールですが、冒頭から厳しい of の使い方が登場します。本業の of からはだいぶかけ離れた副業のような用法なので、あまり深入りしすぎないでくださいね。

関連、感情や行為の対象を表す of

a picture of Bill（ビルを描いた絵）で使われている of は、15 で扱った「同格」のように、a picture の内容を of Bill で説明しています。「ビルに関する絵→ビルを描いた絵」のように考えてみましょう。これが「関連」の of として定着するようになりました。次が「関連」の of の例です。

598 speak **of** [about] his family　（彼の家族について語る）
　　　　　　関連

さらに、この of は speak の「対象」を表しているとも言えます。「対象」の例を2つ確認しておきましょう。

599 I was suspicious **of** his words.　（彼の言葉に疑惑を抱いた）
　　　　　　　　　　　　　　対象　　※ suspicious の対象が his words

600 the love **of** nature　（自然を愛すること）
　　　　　　　　対象　　※ love の対象が nature

なお、上のような例で使われている of を、英文法の世界では「目的格の of」と呼ぶことがあります。

「所有」の of の広がりを理解する

p.363 にあったケーキのイラスト、覚えていますか？　3つの柱に分けた3本目にあった「所有」の of が登場です！

● 所有、of＋抽象名

601 the role **of** a chairperson

（議長がもつ役割→議長の役割）

602 that car **of** hers

（彼女が所有しているあの車→彼女の車）

この「所有」の意味のofを広げたのが次の例です。

603 This book is **of** great use.

（この本はすごく役に立つ）

「有用さ（use）をもった（of）本（book）→役に立つ本」という展開で理解してみましょう。「of＋抽象名＝形容詞」の公式で丸暗記するだけの勉強にはofのココロが感じられないんです。確かに、「of great use ＝ very useful」のように書き換えることは可能ですが、それなら何のためにof great useのような表現があるのでしょうか？

強　of great use　（すごく役に立つ）
　　of some use　（ある程度役に立つ）
　　of little use　（ほとんど役に立たない）
弱　of no use　（全く役に立たない）

上の例のように、強弱の調整がつけやすいというメリットがあるんです。さらに、ofの後ろに置かれる名詞は、抽象名詞であるとも限りません。

604 They are **of** the same age.　（彼らは同年齢である←同じ年齢をもった）

605 They are **of** the same mind.　（彼らは同意見である←同じ意見をもった）

これらのofも「所有」の一種と見なしてよいでしょう。a man of courage（勇気のある人）のofだって「勇気をもっている人→勇気のある人」のように応用することができます。

🏠 ofに関する使用上の注意

　「このofは○○用法だ！」のように、実際の英文を読む際に、いちいち分類するヒマはありません。若干乱暴な言い方になりますが、〈A of B〉は、「B（全体）の中のA（部分）」の意味を基本としてみましょう。あえて別の言い方をすれば、「Bを親、Aをその子ども」のように考えてみてもよいでしょう。先ほどは、**601** the role of a chairpersonのofを「所有」と分類してみましたが、次のように考えることもできます。

▶ <u>the role</u> **of** <u>a chairperson</u> …議長という立場があって、その中の役割
　　　　　　　　　　　　全体（親）　　　　　　　　　　　　部分（子）

　「A of B」のAとBには子と親のような切っても切れない強固な関係がありそうです。なお、a lot of 〜やa cup of 〜, a kind of 〜やa form of 〜などは一種の定型表現として押さえましょう。a cup of coffee は「コーヒーのカップ」とするのではなく、a cup ofを形容詞句のようにみなして「<u>カップ1杯のコーヒー</u>」とするのが自然でしょう。

PART 09
17 前置詞 with の用法

主要前置詞の最後は with です。with は一見複雑そうですが、いつものとおり、この根っこから考えれば大丈夫です。

🏠 with の基本イメージは「もって、もっている」

with の基本イメージは「もって、もっている」です。「もって」と言っても、本や道具のように、手にもてるものとは限りません。気分や原因など目に見えないものまで幅広くカバーします。

🏠 付随、道具、原因、比例を表す with

「付随」なんて言葉を使うと何やら難しそうですが、「黒い表紙（a black cover）をもった（with）本（book）」のように考えれば解決です。

606 a book **with** a black cover　（黒い表紙の本）
　　　　　　もっている→付随

607 a house **with** two bedrooms　（寝室が2つある家）
　　　　　　もっている→付随

では、次の例はどうでしょう。

608 cut meat **with** a knife　（ナイフで肉を切る）
　　　　　　もって→道具

「道具の with」という言い方で有名な用法ですが、文法用語はさておき、理解が重要でした。「ナイフ（a knife）をもって（with）→ナイフで」のように

考えることができます。ナイフをもたない限り肉は切れません。次もこのwithと同じ仲間と考えてよいでしょう。

609 see Mt. Fuji **with** my own eyes　（自分の目で富士山を見る）

「自分の目でもって（with）→自分の目で」という展開です。

次は、「原因」と「比例」の例ですが、根本的な考え方は同じです。

610 He trembled **with** fear.　（彼は恐怖で震えた）
　　　　　　　　もって→原因

611 vary **with** time　（時間と共に変化する）
　　　　　　　もって→比例

「恐怖でもって（with）震えた→恐怖で震えた」の展開からwithに「原因」の意味が、「時間でもって（with）変化する→時間と共に変化する」の広がりからwithに「比例」の意味がそれぞれ生まれました。＊1

🏠 一緒（同伴）、相手（遭遇）、関係（関連）などを表すwith

「もって、もっている」が根っこのwithは、さまざまな意味の広がりをみせます。She writes with a pen. は「彼女はペンを使って書く」の意味ですが、同時に、「彼女とペンは共に存在している」とも言えます。「一緒（同伴）」の意味はこのようにして生まれました。次の例文において、共に存在するものをペンから子どもに置き換えてみましょう。

612 He played **with** his child.　（彼は子どもと遊んだ）
　　　　　　　　もって→一緒（同伴）

また、一緒にいる子どもを遊びの「相手」と見なすこともできます。＊2

613 fight **with** an enemy　　（敵と戦う）
　　　　　　　 一緒→相手

　戦いの「相手」がan enemyです。また、一緒にいれば、何らかの「関係（関連）」が生まれます。この意味で用いたのが次の例です。

614 What's the matter **with** you?　　（あなた一体どうしたの？）＊3
　　　　　　　　　　　　一緒→関係

　「あなたに関して（with you）何が問題なのか（What's the matter）→あなた一体どうしたの？」と考えます。なお、〈with＋抽象名詞＝副詞〉のような無味乾燥な公式も不要です。with care なら、「注意（care）をもって（with）→注意して（carefully）」のように考えればよいのです。

> **プラスα**

＊1…同じ「原因」を表す前置詞でも、ofの場合は直接的な「原因」、fromは間接的な「原因」であることが多い。withは「もって、もっている」からの派生なので、「（状況などを）ともなって」といった意味合いが強い。

＊2…このwithを「対立・敵対」だという考え方もあるようだが、withそのものにそれらの意味はない。動詞fightが「敵対」の意味なので、そう感じられるだけである。

＊3…この表現は不信感や相手をとがめる意味合いの強い定型表現。What's the matter?のように、後ろにwith youがつかないと、相手を気遣う気持ちが強くなり、「どうしたの？」の意味になる。

PART 09 18 その他の前置詞の用法(1)
―over, above, under, below

これまで、9種類の主要前置詞を学習してきましたが、前置詞はこれだけではありません。ここからは、その他の重要な前置詞について理解を深めていきましょう。

🏠 overの用法

overの基本イメージは「覆いかぶさって、越えて(向こうに)」です。

615 My mother spread the cloth **over** the table.
（母は食卓にテーブルクロスを広げた）

上の例文からも、食卓にテーブルクロスが「覆いかぶさって」いる感じがつかめますね。また、jumped **over** the wall「ジャンプしてその壁を越えた」なら、「越えて(向こうに)」のイメージがつかめます。

また、over the years だと、「数年間(the years)に覆いかぶさって(over)→数年にわたって」のような広がりで理解します。このようにoverで「期間」を表すこともできます。「従事(〜ながら)」で使われているoverが次の例で、入試での頻度も高い用法です。

616 We chatted **over** coffee.
（私たちはコーヒーを飲みながらおしゃべりした）

コーヒーをまたがって(over)相手と会話している姿をイメージしてみれば、overで「従事(〜ながら)」の意味があることは理解できます。また、overはruleやcontrolのような「支配」を表す表現と共に使われることもあります。

617 The king rules **over** the country.
（その王様がその国を支配している）

「（王様の権力などが）国を覆っている（over the country）」のようにイメージできれば完璧です。

🏠 above の用法

aboveの基本イメージは「ある基準よりも上（の方）」です。

618 You were driving **above** the speed limit.
（あなたはスピード制限を越えて運転していた）

例文は制限速度という「基準を越えて」運転していたことからaboveが使われています。aboveは、overと同じように用いられることも多いのですが、jumped over the wallの例で出てきたoverのように、一方から他方への動きを表す用法はないので注意しておきましょう。*1

🏠 under の用法

underは先ほど見た「overのおおよそ反対の意味」を表すと考えていいでしょう。

619 The cat is **under** the chair.
（そのネコはイスの下にいる）

例文はイラストからもわかるようにイスの下にネコがいる状況をunderで表しています。underは物理的な意味での下でなくても、地位や価値、影響など条件や状態の下も表すことができます。以下はunderを使った重要表現です。

620 **under** construction （工事中、建設中）
621 **under** the law （法のもとで）
622 **under** discussion （議論中）
623 **under** any circumstances （いかなる状況下でも）
624 **under** way （進行中）

🏠 below の用法

belowの基本イメージは「ある基準よりも下（の方）」です。先ほど学習したaboveとは正反対の意味になります。

625 The sun sank **below** the horizon.
　　　（太陽は地平線に沈んだ）

例文では、地平線という基準よりも下に太陽が沈んでいるのでbelowが使われています。また、belowは位置だけでなく、能力や上下関係も表すことができる点に注意が必要です。

626 A vice-president is **below** a president in rank.
　　　（副社長は社長より地位が低い）

プラスα

＊1…overは覆うように上で曲線的な広がりを、aboveは垂直とは限らず上を表すが、上の位置を点としてとらえているイメージで用いられることが多い。

PART 09 19 その他の前置詞の用法（2）
―beyond, across, between, among, against

beyondの用法

beyondの基本イメージは「はるかに越えて（→手が届かない）」です。次の例文では、山のはるか向こう側に村がある感じを表現しています。

627 The nearest village is **beyond** those mountains.
（一番近い村はあの山の向こうにある）

また、定型表現として有名な **beyond** description は、「description できるレベルをはるかに越えて→言葉では言い尽くせないほど」という展開でインプットしましょう。

acrossの用法

acrossの基本イメージは「横切る」です。横断歩道などで道を横切っている姿をイメージしてみてください。

628 walk **across** the street
（通りを横断する）

また、acrossにはcross（十字架）という単語が含まれていることからも交差している感覚が理解できそうです。

betweenの用法

629 The train runs **between** New York and Boston.
（その列車はニューヨーク、ボストン間を走る）

between A and Bの形で、「AとBとの間」を表します。また、between the two cities（その2都市間の）のように、A and Bの代わりに複数形の名詞が

置かれることもあります。betweenは、「be（＝by）＋tween（＝two）」がもとの意味なので、2者の間を表すのが原則ですが、3者以上で使われることがあります。＊1 その場合は、3者以上からなる集団の中の、各2者間の関係（ペア）が強く意識されていると考えます。

630 Switzerland lies **between** France, Italy, Austria and Germany.
（スイスはフランス、イタリア、オーストリア、ドイツに囲まれている）

amongの用法

amongは「（通例、3者以上を前提に）〜の中で、間で」の意味を表します。＊1

631 a boy **among** his friends
（友人に囲まれた少年）

againstの用法

againstの基本イメージは「⇔」の矢印です。あえて日本語にするなら、「対立、反対、対照」といったところでしょうか。すべてに共通するのは「対」の一文字ですね。

632 He fights **against** the enemy. ＊2
（彼は敵と戦う）

上の例文では、「対立」の意味で用いています。次は、「反対」の例です。

633 Are you for or **against** my opinion?
（私の意見に賛成ですか、反対ですか）

次はどうでしょう。

634 The church stood out **against** the blue sky.
（その教会は青空を背景にくっきりそびえ立っていた）

「白い教会⇔青空」のようなコントラスト、つまり、「対照（対比）」を表すこともできるんです。もうひとつだけ確認して、againstを終えましょう。

635 We must store food **against** the winter.
(私たちは冬に備えて食料を蓄えなければならない)

「冬に対して（against the winter）→冬に備えて」と広がりました。「準備（防御）の against」と呼ばれることもあります。

> プラスα

＊1…between が「2者」、among が「3者以上」が原則なのは確かだが、現実はそうとも限らない。数に関係なく、between は「私とあなた」「中国と日本」のように個々の関係に焦点が、among は個々というよりはグループのような集合体がイメージされている。

＊2…fight against 〜と fight with 〜の区別。fight against Germany だと、ドイツへの敵対・対抗の意味が色濃く出る。一方、fight with Germany だと、戦争の相手（＝ドイツ）、もしくはドイツと一緒になって別の国と戦っているという複数の解釈が可能になる。

PART 09 / 20 その他の前置詞の用法（3）
—about, into, onto, through

aboutの用法

aboutの基本イメージは「周辺ぐるぐる」です。次の例文でも、家の周囲がぐるっとフェンスに囲まれている感じがつかめます。

636 There is a fence **about** the house.
（家の周りには囲いがしてある）

この意味ではaroundを用いても、ほぼ同じ意味が表せます[*1]。

637 sit **around** a fire （火を囲んで座る）

aboutを「～について」と訳す場合は、周辺情報を漠然と表したい場合に用います。一方で、ある事柄に密着した専門的なテーマに用いる場合はonが好まれます。

aboutの「周辺」のニュアンスは、次のような例でも用いられます。[*2]

638 There is something noble **about** the boy.
（その少年にはどこか高貴なとこがある）

人の周辺部にただようもの、つまり、「雰囲気」もaboutで表します。また、aboutは不安や心配を表す語と共に使われることもあります。

639 We're worried **about** his health.
（私たちは彼の健康を心配している）

不安や心配が、頭の中で、ぐるぐるまわっていると考えましょう。

intoの用法

intoの基本イメージは「ある空間の中へ」です。

640 He came **into** the house.
（彼は家の中へ入った）

家という空間の中に入っていく動きをイメージできるようにしましょう。また、その空間の中にいる状態は、**in** the house、その空間から外へ出ていく動きは **out of** the house のように表します。

また、into は、translate Latin **into** English（ラテン語を英語に訳す）のような「変化」を表す用法も重要なので一緒に押さえておきましょう。

🏠 onto の用法

onto の基本イメージは「ある表面の上へ」です。「到達」の to と「接触」の on を足したのがもともとのはじまりです。＊3

641 The cat jumped **onto** my knee.
（ネコは私のひざの上に飛び乗った）

また、その表面上にいる状態は **on** my knee、その表面から離れることは **off** my knee のように表します。

🏠 through の用法

through の基本イメージは「〜を通り抜けて」です。＊4 pass **through** a tunnel（トンネルを通り抜ける）などはイメージのままでしょう。この他、

through the night（夜通し）のように用いて「〜中（じゅう）」、through the Internet（インターネットを通じて）のように使えば、「手段（媒介）」の意味合いで用いることも可能です。

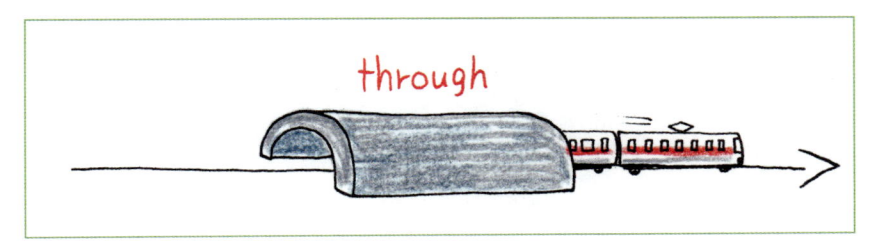

> プラスα

＊1…around は、品詞や意味の両面で about と共通するところが多い。ただし、「〜について」の意味で around を用いることは避けるべき。
＊2…「約、およそ」の意味で用いられる about も根っこは同じ。about 100 pounds は、「100 ポンドの周辺→およそ100 ポンド」のように考えればよい。
＊3…現在でも、on to と2語にすることがある。
＊4…across は平面を横切る感じ、through は立体を通り抜ける感じが強いが、どちらでも通じることも多い。

MEMO

PART 10
比較
原級・比較級・最上級

「比較」はみなさんが最も苦手とするテーマの1つですね。「比較」というと構文を丸暗記しなくてはならないと考えている人が多いかもしれませんが、そんなことはありません。「何と何を」「どういう点で」比べているのかを常に意識しながら、考え方の基本をしっかりマスターすれば、決して難しくはありません。しっかり学んで完全理解を目指しましょう。

PART 10 / 1 比較の基本原則

まず、「比較」の3つの形をおさらいしておきましょう。

比較の3つの形

比較は複数のものを比べた結果を表しますが、その結果は3つに大別されました。比べた結果が同じだった場合は〈as ... as 〜〉に代表される〈原級〉を使って表します。また、比べた結果、差が生じた場合は、〈-er than 〜〉に代表される〈比較級〉で表しました。比較対象が2者ならこのどちらかになりますが、3者以上を比較して1番や8番、最下位などの順番をつけたい場合には〈最上級〉を用います。「最上級＝一番〜だ」と覚えるのは避けたいところです。あくまでも3者以上に対する順序づけです。

> **比較の3つの形**
> 1. 2者を比べて「同じ」なら　　…原級
> 2. 2者を比べて「差」があるなら　…比較級
> 3. 3者以上の「順番」をつけるなら　…最上級

比較する際の大原則

例えば、「東京の人口は宮城の6倍だ」という意味の英文を次のように書いたとします。

(✗) The population of Tokyo is six times as large as Miyagi.

日本語で考えると問題なさそうですが、この英文には文法的に大きな間違いが潜んでいます。ここでは The population of Tokyo と Miyagi が比較されていますが、「人口」と単なる「地名」では、意味上対等ではありません。*1

「東京の人口」と比較できるのは、あくまで「宮城の人口」なんです。

642 The population of Tokyo is six times as large as that of Miyagi. （東京の人口は宮城の人口の6倍だ）

なお、この例文のthatは、the populationのくり返しを避けるために使われた代名詞です。

> 👆 **比較の基本原則**
> 比較対象は意味上・文法上対等でなければならない。

次に、文法上対等ということについて考えてみましょう。次の２文の違いはどこにあるでしょうか？

643 I love my son more than she (does).

644 I love my son more than her.

643 では、thanの後ろの形が、she doesという〈S+V〉です。したがって、比較対象は同じ〈S+V〉の構造になっているI loveになります。

643 I love my son more **than** she (does).
（私の方が彼女よりも自分の息子を愛している）

「私が息子を愛する」のと「彼女が息子を愛する」度合いを比較しています。また、このように〈S+V〉同士が比較される場合、thanの後ろに置かれる〈S+V〉のVには、同じ動詞のくり返しを避けるため、代動詞のdo(does, did)が使われたり、V自体が省略されたりします。

では、**644** の文はどうでしょう。

644 I love my son more **than** her.
（私は彼女よりも自分の息子の方を愛している）

ここでの比較対象はmy sonとher。thanの後ろがherと目的格になっているので、主語のIではなく、目的語のmy sonとの比較だと考えればいいわけです。

PART 10

比較

385

🏠 文法が言葉を支配しているのではありません！

最後に、生徒からよく質問を受ける例文を紹介して、このセクションを終えます。

645 They can't go faster **than** me.
（彼らは私より速く行くことはできない）

比較の文では意味上対等なものしか比べられないので、than の後の me（私）と比較されているのは、同じ「人」を表す They（彼ら）ですね。しかし、主語の They との比較なので、目的格の me ではなく主格の I が正しいと考える人がいるかもしれません。than は、伝統的な英文法の考え方では接続詞と考えられるので I でも構いませんが、現在では多くのネイティブスピーカーが than を前置詞ととらえているようです。よって、I ではなく、me になっているのです。ネイティブスピーカーが使っている実情に目を向ける余裕をもてるとステキですね。

> プラスα

*1…意味上対等というのは、「人間と動物」のようなモノとモノとは限らない。「見た目と中身」や「過去と現在」などいろいろ挙げることができる。

PART 10 / 2　原級を用いた表現〈as ... as ～〉

　接続詞のところでも学習しましたが、asの基本は「同じことを並べる、イコール（＝）の関係を導く」でした。だからこそ、比較対象のAとBが同じであることを表すときは〈as ... as ～〉の形がぴったりなのです。

🏠 1つ目のasと2つ目のasは品詞が違う！

　まずは、皆さんが意外と見落としているポイントから。〈as ... as ～〉の最初のasは副詞です。なぜそう言えるのか、次の例文で検証してみましょう。

646　I am **very** old.

647　She is **as** old as Mary.

　646 の文のveryはoldを修飾する副詞です。**647** の文のasは、そのveryと同じ位置にあります。よって、asもoldを修飾している副詞だとわかります。英語では、文中での位置が同じなら、品詞も同じである可能性が高いのです。この原則は今後も役に立つので、しっかりインプットしておきましょう。なお、2つ目のasは接続詞や前置詞として使われます。同じasでも品詞が異なるのです。

> ☝ **2つのasの品詞**
> ・1つ目のas　…副詞
> ・2つ目のas　…接続詞（または前置詞）

🏠 1つ目のasと2つ目のasは役割が違う！

　品詞が異なれば役割も異なってきます。もう一度 **647** の例文を見てください。

647 She is as old as Mary.
　　　　　　　〈基準〉　〈対象〉

「年齢」でも「背の高さ」でも「本の数」でも、比べる際には〈基準〉が必要です。比較では、それを1つ目の〈as ...〉の部分に置きます。as old なら「年齢」、as tall なら「背の高さ」、as many books なら「本の数」がそれぞれ〈基準〉となります。基準を置いたら、比べる対象を2つ目のasの後ろに置きます。

> ☝ **2つのasの役割**
> ・1つ目のasの後　…比較の〈基準〉
> ・2つ目のasの後　…比較の〈対象〉

She is as old as Mary.
1つ目のasの後ろには「何について比べるか」の基準が置かれる
2つ目のasの後ろには「だれ[何]と比べるか」の比較の対象が置かれる

🏠 ちょっと複雑な語順にもチャレンジ！

〈as ... as ～〉では、少しだけ複雑な語順が出てきます。

648 Sanae has as good a voice as you.
　　　　（サナエはあなたと同じくらいよい声をしている）

下線部を見てアレルギー反応が出そうな人は注意ですが、本書では「〈as＋形容詞＋a [an]＋名詞＋as ～〉の語順に注意」などと呪文のような公式の丸暗記はさせませんから安心してください。

単に「よい声」と言いたければ、a good voice で OK。そこに〈as ... as 〜〉構文をつくるための as をうまく織り交ぜたいわけです。次でそのプロセスを確認していきましょう。

as ＋ a good voice ... as
　　　↪ a good voice の中で副詞の as と相性がいいのは形容詞 good。

as ＋ a good voice ... as
　　　　↓ as と相性のいい good は as とくっつくために前へ出る。

as good ＋ a voice ... as

たったこれだけのことなのです。ただ単に相性のいいもの同士がくっついたという、とても自然な流れをしっかり理解してください。

🏠 否定文でも〈as ... as 〜〉が主流

また、否定文で用いる〈as [so] ... as 〜〉も確認しておきましょう。

649 He isn't **as** [**so**] earnest **as** me.
（彼は私ほどまじめではない）

もしかすると、「否定文では as より so がよい」などと思っている人がいるかもしれません。しかし実際は、否定文であっても as が使われることが多いようです。肯定文でも否定文でも〈as ... as 〜〉を基本としておきましょう。ただし、肯定文で〈so ... as 〜〉を使うことはできないので注意してください。

PART 10 — 3 倍数表現、〈as ... as 〜〉を使う際の注意点

「ボクは母の3倍食べる」や、「父のボーナスが半分になった」など、日常生活で倍数を表現することは意外に多いものです。

倍数表現は〈as ... as 〜〉に倍数をプラスするだけ

2 で学習した原則を使えばとても簡単です。

650 We got **as** many students **as** we expected.
（私たちが予想していたのと同じ数の生徒がきた）

as many students の部分が比較の基準（生徒の数）を表し、as we expected の部分が比較対象（私たちの予想していた人数）を表しています。これを基本に、ある場所に、ある語句をプラスすれば倍数が表せます。

▶ We got [____] **as** many students **as** we expected.
　　　　　→ five times を追加！

（私たちが予想していた5倍の生徒がきた）

倍数を表すときには、最初の as の直前に倍数を追加します。たったこれだけでいいのです。「2倍」なら twice、「3倍」以降はすべて〜 times、「半分」なら half、「4分の1」なら a quarter です。

651 We got five times as many students as we expected.
　　　　　　❶倍数　　　　❷比較の基準　　　　❸比較対象

例文を見ると、情報の並べ方が❶〜❸の順番になっていることがわかります。英作文や整序問題では、この順番を意識するとよいでしょう。

その他の倍数表現

ここからは応用です。倍数表現は〈as ... as 〜〉を使ったもの以外にもあります。比較の基準が、size（大きさ）、weight（重さ）、age（年齢）、height（高さ）、length（長さ）、number（数）、amount（量）などの名詞を使う場合に限

り、次のように表すこともできます。

652　The country is **twice the size of** Japan. *1
　　＝ The country is **twice as large as** Japan.
　　（その国は日本の2倍の大きさだ）

また、倍数表現を、〈倍数＋比較級＋than ～〉で表すこともあります。*2

653　This box is four times heavi**er than** that one.
　　＝ This box is four times **as** heavy **as** that one.
　　（この箱はあの箱より4倍重い）

🏠 〈as ... as ～〉を使う際の注意点

倍数表現も含め、比較の表現で注意してほしいのは、asとasの間や、比較級で使われる形容詞・副詞の意味です。

654　John is two years **older** than Mary, and he is as **old** as Bob.
　　（ジョンはメアリーより2歳年上で、ボブと同い年だ）

一般的にoldは、「古い、年老いた」という意味をもつ形容詞ですが、上の文中のジョンやメアリーが年老いていると言っているわけではありません。形容詞や副詞が比較で使われると、その本来の意味は薄まり、比較する際の〈基準〉を示すことになります。例文 **654** のolderだとメアリーより「年齢が上」、oldの方は、ボブと「年齢が同じ」だと述べているに過ぎません。*3 極端な話、ジョンが7歳でメアリーが5歳でも構いません。

John is two years older than Mary, and he is as old as Bob.
7歳　　5歳　　　　7歳　　7歳

なお、〈as ... as ～〉の表現は、倍数表現や、4 で紹介する定型表現など、特定の形式で使われるのがほとんどです。例文 654 にある ... he is as old as Bob. のような、ふつうの〈as ... as ～〉はそう多く用いられません。ちなみに、〈as ... as ～〉の意味は、厳密に〈A＝B〉というよりは、〈A≧B〉といった印象が強くなります。

655 Ann is as clever as David.
　　　　A　　　　　　　　B

上の文なら、「アンは少なくともデイヴィッドと同じくらいの賢さがある、デイヴィッドに劣ることはない」くらいの意味で、場合によっては「アンの方が賢いかも…」くらいの含みをもちます。

Ann is as clever as David.
（Davidに劣ることはないけどね）

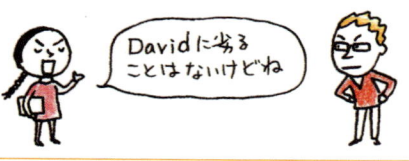

〈A＝B〉を正確に表現したいなら、just や exactly などを添えて、次のようにするといいでしょう。

656 The second sentence was **just as** long **as** the first.
（2番目の文も最初の文とちょうど同じ長さだった）

プラスα

＊1…the twice size of としないように注意。英語には「弱・強」が交互に読まれる傾向がある。より重要情報を強く、そうでないものは弱くのリズムを考慮すると、twice（強）the（弱）size（強）of（弱）が自然。

＊2…ただし、倍数が twice の場合は〈倍数＋as ... as ～〉で書くのが通例。

＊3…「年齢」を比較する際には、歳に関係なく old を用いるのが通例だが、あえて He is as young as Bob. と young を用いると、両者が若いという含みが出る。どちらの形容詞を使うかは話者の主観によるので、「40歳からが old !　それ以下は young !」のような決まりがあるわけではない。

PART 10 - 4 原級を使った重要表現(1)

ここからは〈as ... as ～〉を使った定型表現を中心に学習します。単なる丸暗記にならないように、理解を深めながらインプットしていきましょう。

〈as ... as any＋単数名〉

anyが「種類を問わずOK」という語感をもつ語だとインプットしつつ、次の例文を見てください。

657 He has seen **as** many Japanese movies **as any**body in his class.
(彼はクラスの誰にも劣らず多くの日本映画を見ている)

クラスの中のどんな生徒(as **any**body in his class)と比べても同じくらいの数の映画(**as** many Japanese movies)を見ている彼。どんな映画好きが出てきても劣ることはないわけです。

「どんな名にも劣らず…」は、原級を使って〈as ... as any＋単数名〉の形で表せます。雰囲気的には最上級に近いですが、「他と比較して厳密に1番だ」を表す最上級とは違ってかなり主観的な表現です。「クラスのどんな人にも劣らない」は「誰にも劣らないくらいスゴイ！」といった感じで解釈しておくといいでしょう。

> 👉 **〈as … as any＋単数⑧〉**
> どんな⑧にも劣らず…だ

🏠 〈as … as ever＋動詞の過去形〉

次の文も考え方はほぼ同じです。

658 Haruichi is **as** great a guitarist **as ever lived**.
　　　（ハルイチはきわめて偉大なギタリストだ）

「ハルイチは、今まで生きてきたどの人と比較しても同じくらいは偉大なギタリストだ」が文字どおりの訳ですが、少々整えて「（誰にも劣らない）きわめて偉大なギタリストだ」くらいにするといいでしょう。

なお、everの後ろにはlivedなどの過去形の動詞が置かれますが、everだけを置いた表現もあります。

659 She is **as** pretty **as ever**. 　（彼女は相変わらずかわいらしい）

これも、「今まで（ever）と同じように→相変わらず」と考えればいいですね。

> 👉 **〈as … as ever＋動詞の過去形〉**
> きわめて、並はずれて…だ
> ※ as … as ever だと、「相変わらず～だ」となる。

🏠 〈as many as ～〉や〈as much as ～〉など

次のような定型表現も入試で頻出です。

660 **As many as** 100 people were killed in the crash.
　　　（その衝突で100人もの人々が死亡した）

下線部のAs many asが強調しているのは100 peopleの部分です。衝突での死者100名を多いと感じていることが読み取れます。

　「量」ならばmuch、「時間の早さ」ならばearly、「最近」ということを強調したければrecentlyなど、はさむものによっていろいろなことが強調できる便利な表現です。

661　**as early as** 6 o'clock　　(6時(など)という早い時間に)

662　**as recently as** five years ago　　(つい5年ほど前に)

👉 強調の〈as ... as〉

- **as many as 〜**　　…(数を強調して)〜もの
- **as much as 〜**　　…(量を強調して)〜もの

※ manyやmuchだけでなく、as ... as ではさまれるものによってさまざまな強調表現になる。

原級を使った重要表現 (2)

PART 10 - 5

4 に引き続き、原級を使った重要表現を見ていきます。

〈not so much A as B〉

〈not so much A as B〉は「AというよりむしろB」の意味です。

663　She is **not so much** tired **as** sleepy.
　　　　　　　　　　　　　　　Ａ　　　　　Ｂ

（彼女は疲れているというよりむしろ眠いのだ）

ＡとＢでどちらの性質が強いのかと迫られ、「あえていうならＢだ」というときにぴったりの表現です。notに近いtired (A)の方をやや否定的に、その分sleepy (B)の方にスポットライトが当たります。また、この表現では、ＡやＢに入るものが単語だけでなく、句や節になったりして複雑になりやすいので、よく和訳問題などにも出ています。しっかり見抜けるようにしましょう。〈B rather than A〉を用いて次のように書き換えることも可能です。

▶ She is **not so much** tired **as** sleepy.
　　　　　　　　　　　　　Ａ　　　　Ｂ

＝ She is sleepy **rather than** tired.
　　　　　　　Ｂ　　　　　　　　　Ａ

〈not so much A as B〉
＝ B rather than A　　ＡというよりむしろＢ
※〈B rather than A〉ではＡとＢの位置がひっくり返る点に注意。

〈not so much as V〉

〈not so much A as B〉と少し似ていますが〈not so much as V〉で「Vさえしない」の意味の定型表現です。

664 I could**n't so much as** write my own name.

（私は自分の名前すら書けなかった）

〈not so much as V〉は、〈without so much as Ving〉「Vさえしないで」を使って書き換えることが可能です。ただし、withoutは前置詞ですから、後ろにともなうのは動名詞（Ving）となる点に注意しましょう。

665 He left **without so much as** saying "Thank you".

（彼はありがとうも言わないで去った）

一方、例文 **664** ではwriteという原形が用いられていますが、これはcouldn'tという助動詞が作用しているからです。助動詞の後ろには動詞の原形が置かれることを覚えておけば区別は容易です。

> 〈not so much as V〉
> Vさえしない
> ※〈without so much as Ving〉「Vさえしないで」を用いて、ほぼ同じ意味を表現できる。

〈as many＋複数名〉

まだまだあります。がんばって理解していきましょう。

666 He read ten books in **as many** days.

（彼は10日間で10冊の本を読んだ）

日本語の意味からすると、in as many daysの部分はin ten daysのように同じ数をくり返すこともありますが、tenという同じ語の反復を避けるためにas manyで置き換えています。「5日で5か国」のように同じ数がく

り返される場合にしか使えない点や、前に出てくる数によって as many の示す数は変化する点などに注意しましょう。

> 👉 〈as many＋複数名〉
> （先行する数と）同数の名

🏠 〈as ... as S can〉

667 He is trying to hit **as** many homeruns **as he can**.
= He is trying to hit **as** many homeruns **as possible**.
（彼はできるだけ多くのホームランを打とうとしている）

can も possible もどちらも「可能」を表しています。例えば 40 本のホームランを打つことが可能だとしましょう。それと同じだけ打とうとしているわけですから、「可能な限り、できるだけ」のような意味になるのも納得できますね。

> 👉 〈as ... as S can〉
> ＝ as ... as possible　できるだけ…
> ※過去時制のとき、can は could になる。

PART 10 / 6 比較級・最上級の強調

ここでは、比較級や最上級の強調語を確認していきましょう。

比較級の強調

比較級の強調は入試でよく出題されています。

668 John's room is **much bigger** than mine.
（ジョンの部屋は私の部屋よりもずっと大きい）

比較級の強調表現はmuch以外にもたくさんあります。大別すると次のようになります。

> **比較級の強調表現**
> 1. 差を量的にとらえるとき
>   much, a good [great] deal, a lot, lots
> 2. 差を距離感としてとらえるとき
>   far, by far
> 3. あるものに加えて「さらに」というニュアンスを加えるとき
>   even, still

次の例文を使って理解を深めていきましょう。

669 Mike is **much** older than Kei.
（マイクはケイよりずっと年上です）

マイクは55歳でケイは20歳です。その差は35歳ですから単にolderではその差の大きさを表しきれません。そこで強調語の出番となるわけです。その差35歳を量的にとらえるならば 1. を。またその差35歳を距離的、つまり年齢的に離れている存在だととらえるならば 2. を使えばよいのです。

1.には量的に「多い」、2.には距離的に「遠い」という系統の語句が並んでいることがわかります。

670 That live performance was great but this one will be **even better.**

（あの時のライブ演奏はすばらしかったが、今回のはさらによさそうだ）

670 の例のように、あるものに加えて「さらに」というニュアンスを加えたいなら 3. で示した even, still などがぴったりです。

「差」のレパートリーを広げる

先ほどの強調表現に限らず、比較級が表す「差」をどうとらえるかによって、いろいろなバリエーションがあります。

▶ Mike is ｛ **two years** older（年齢の差は2歳）/ **much** older（年齢の差はかなり）/ **a little** older（年齢の差は少し）/ **no** older（年齢の差はゼロ＝同じ年）｝ than Kei.

特に最後の〈no＋比較級〉には要注意です。「ゼロ」の意味の no と「差」を表す比較級が組み合わさると、「差がゼロ＝同じ」という展開になるんです。間違っても「ケイより年上ではない」などとしないことです。〈no＋比較級〉は、〈as ... as ～〉を使って、次のように書き換えることもできます。

671 She is **no** rich**er than** you. （彼女はあなたと同様に金持ちではない）
＝ She is **as** poor **as** you. ＊1 （彼女もあなたと同様に貧乏だ）

最上級の強調

最上級の強調語は置かれる位置が少し複雑なので注意しましょう。theの左に置くか、右に置くかに注目しましょう。

672 His speech was **by far the best** of all the ones I heard.
= His speech was **the very best** of all the ones I heard.
（私が聞いた中では彼のスピーチが最高だった）

最上級の強調表現

1. { (by) far / または / much } ＋ the ＋ 最上級
2. the very ＋ 最上級

プラスα

＊1 … no richer と表現している段階で「リッチではない＝貧乏だ」という含みがある。よって、⟨as ... as ~⟩で書き換える際には rich の反意語 poor を用いるのが通例。

PART 10 - 7 比較級を使った重要表現（1）

ここからは、比較級を用いた重要表現を攻略していきます。

〈the＋比較級＋of the two〉

673 The student I met the other day is **the** tall**er** of the two.
（私が先日会った生徒は2人のうち背が高い方の子だ）

of the two より、2者の比較ということは明らかなので、比較級 taller が使われています。＊1 残るは the の存在です。the は、常識や文脈などを通して、どれか1つに自動的に決まる場合に使われます。2人の生徒がいて、背が高い方と言われれば、どちらか1人に決まるので、the をつけて〈the＋比較級〉とします。

> the taller of the two
> 2者のうちの高い方と言われれば1つに決まるので the がつく
> 2者の比較

〈the＋比較級＋of the two〉
2者のうちでより…な方

〈all [none]＋the＋比較級＋理由表現〉

674 I like her **all the better for** her faults.
（欠点があるせいで、私はなおさら彼女が好きだ）

「〜であるがゆえにその分だけより…」などという丸暗記はやめましょう。ここでは、次の❶〜❸のプロセスで理解していきます。

> ❶ I like her. （私は彼女のことが好きだ）
> ❷ I like her all the better. （私は彼女のことがその分だけより好きだ）
> ❸ I like her all the better for her faults.
> （私は、欠点があるせいでその分だけより彼女が好きだ）

❶はそのままです。ポイントは❷の all the better の部分で、特に the の使い方に注意しましょう。ここでの the は「その分だけ」の意味の指示副詞です。よって、the better は「その分だけより」という意味になるのです。なお、all は単なる強調語で省略することも可能です。最後に、「その分だけより彼女が好き」の理由を❸のように添えて完成です。なお、理由にあたる語句は、for 〜 や because 〜 などのわかりやすいものとは限りません。if や when 節、分詞構文、前文の内容などさまざまなケースがありえます。

675 If you take a vacation, you will feel all **the better**.
（休暇をとればそれだけ気分も一新するだろう）

この構文をさらに発展させましょう。

676 She was none **the wiser** because of the seminar.
（彼女はそのセミナーを受けたがそれでもわかるようにはならなかった）

none を省けば、考え方は先ほどと同じです。

▶ She was the wiser　（彼女はその分だけわかるようになった）
　↓　どうして？
▶ because of the seminar　（そのセミナーのために）

　ここまでは大丈夫ですね。all は〈the＋比較級〉の強調でしたが、none が加わると、「少しも〜ない！」と否定することになります。「セミナーのおかげでよりわかるようになった」かと思ったら「少しもそんなことはない！」と否定されるわけです。all の位置に none を置くと、まったく正反対の意味になるので、使い方をしっかりマスターしておきましょう。

> ☞ 〈all [none]＋the＋比較級＋理由表現〉
> 1. the は指示副詞で「その分だけ」
> 2. all は〈the＋比較級〉の「強調」で、none だと「否定」
> 3. for 〜や because 〜などの「理由表現」がセットになる

プラスα

＊1…the＋最上級＋of the two という表現を使うネイティブスピーカーもいる。（通常では考えられないが）もしも入試問題で選択肢の中に最上級と比較級の両方があった場合、〈the＋比較級＋of the two〉を選んでおく方が無難。また、of the two が文頭にあったり、of the two がなくても2者が前提であればこの構文は使える。

▶ I'll give you the bigger pie.（〈パイが2切れあることを前提に〉大きい方のパイをあげるわ）

PART 10 / 8 　比較級を使った重要表現(2)

ここでは、比較の中でも入試最頻出の〈The＋比較級…, the＋比較級〜〉の構文を中心に見ていきましょう。訳し方を覚えるだけではどうにもならないので、この構文の特徴をしっかり整理していきます。

〈The＋比較級…, the＋比較級〜〉

677 **The harder** you work, **the more** you earn.
　　（懸命に働けば、それだけ収入が多くなる）

この構文では、それぞれ最初に〈the＋比較級〉が置かれますが、もともとの文構造がイメージできることが重要です。

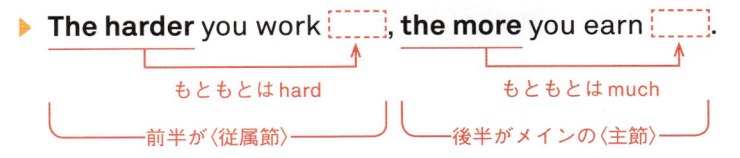

▶ **The harder** you work ____, **the more** you earn ____.
　　　　　　　　　　もともとは hard　　　　　　　　　　もともとは much
　　　　前半が〈従属節〉　　　　　　　　後半がメインの〈主節〉

You work hard. と You earn much. のような2文からできています。自分で英文をつくる際には、これがイメージできないと何もはじまりません。また、この構文では、前半が〈従属節〉、後半が〈主節〉として機能していますが、〈S＋V〉が2つでも and のような等位接続詞は不要です。＊1

▶ **The harder** you work, ~~and~~ **the more** you earn.
　　　　　　　　　　　　　　　不要！

さあ、最後は訳し方に迫りましょう。ポイントは、後半で使われている the more の the です。これは、**7** でも学習した指示副詞の the で「その分だけ」と訳されました。

「懸命に働くと、その分だけより収入が多くなる」と考えればいいでしょう。訳す上では、〈比例関係〉を意識することがポイントです。例文 **677** なら、「懸命に働く→（それに比例して）収入が多くなる」という関係になっています。

> The harder you work, the more you earn.

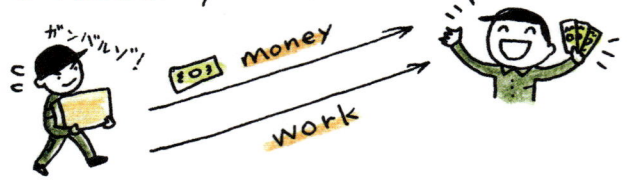

〈The＋比較級 …, the＋比較級〜〉

1. それぞれの〈the＋比較級〉は後ろの〈S＋V〉の中に戻して考えられる。
2. 〈S＋V〉が2つでもandのような等位接続詞は不要。＊1
3. 後半の〈the＋比較級〉のtheは指示副詞。「その分だけ〜」の意味を表す。
4. 〈比例関係〉を意識して「…すればするほど、その分だけより〜」と訳してみる。

〈The＋比較級 …, the＋比較級〜〉をさらに深めよう！

この構文に関する整序問題や英作文の問題を生徒に解いてもらうと、次のような答案が多発します。

> **ex**
> **Q** 以下の英文には不適切な箇所が2つあるので指摘せよ。
> The more you become famous, the less you have privacy.

A The moreと書いて安心してはいけません。famousの比較級はmore famousになりますが、この答案ではmoreとfamousが分離しているため不適切です。また、「プライバシーが少しもない」は、You have little privacy. ですが、little privacyで目的語として機能しているので、〈the＋比較級〉となってもthe less privacyがセットになります。ここでもlessとprivacyを切り離してしまったことが不適切な理由です。正しくは次のようになります。

> **678** **The more famous** you become, **the less privacy** you
> famousの比較級は　　　　　　　　　　　little privacyがもとなので
> more famousで切り離さない　　　　　　文頭に移動する際もセットで
>
> have.
> (有名になればなるほどプライバシーはなくなる)

ここからは少しハイレベルです。〈The＋比較級…, the＋比較級〜〉の構文では、be動詞や主語などが省略されることがあります。次の例文では、主語と動詞が両方ともありません。

> **679** The sooner, the better.
> (早ければ早いほどよい)

〈The＋比較級…, the＋比較級〜〉の書き換え

また、〈The＋比較級…, the＋比較級〜〉の構文は、〈同時〉を表す接続詞asなどを使って書き換えることもできます。

680　**The older** you grow, **the wiser** you will become.
　≒ As you grow **older**, you will become **wiser**.
　≒ You will become **wiser** with age.
　　（年をとるにつれて賢くなるものだ）

　as は PART 07 の接続詞で学習しました。「年を重ねると同時に、賢くなる」と訳してみると、as のニュアンスが生かされていることがわかりますね。また、with age「年でもって→年をとるにつれて」も便利なフレーズですから、ぜひ覚えておきましょう。

> プラスα

＊1…ここからは相当ハイレベルだが、前半の the は by how much（どれだけ）の意味の関係副詞。〈S＋V〉が2つでも接続詞や関係詞が不要なのは、この the が文と文をつなぐ機能を果たしているから。また、主節にあたる後半の〈the＋比較級～〉を先に置くこともある。The more I practice, the worse I play. なら、I play the worse, the more I practice.（練習すればするほどますます下手になる）となる。ただし、順序を入れ替えられても見た目からの判断はできない。よって、主節の方の the（指示副詞）を省略し、比較級をもとの位置に戻すという痕跡を残すことで、判別可能になっている。

PART 10
9 比較級を使った重要表現(3)

比較級を用いた重要表現はまだまだ続きます。

🏠 否定的な内容..., still [much] less ～

否定的な内容に続けて「まして～ない」とするときは、still less ～ や much less ～ などを使って表現します。

681 Bob knows little of mathematics, **still less** of physics.
（ボブは数学はほとんどわからない、まして物理はわかるわけがない）

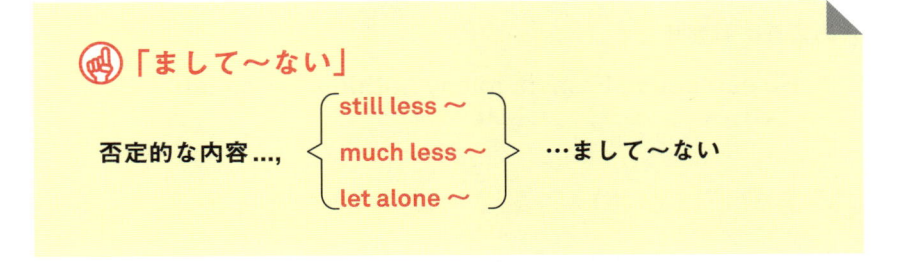

> ☝「まして～ない」
>
> 否定的な内容..., { still less ～ / much less ～ / let alone ～ } …まして～ない

let alone はややハイレベルですが一緒に押さえておくと万全です。また、先行する文は not のついた否定文である必要はありません。否定的な内容と解釈できるなら問題ありません。

682 She was too tired to walk, **let alone** run.
（彼女は歩けないほど疲れていて、まして走るなんてできなかった）

なお、肯定的な内容に続くとされる still more や much more は英語には存在しないと考えてください。

(✗) He can speak French, still more English.

この例文、ちょっと不思議じゃないですか？　だって、フランス語が話せると英語はなおさら？　それじゃあ、フランス人はみんな英語が話せて当たり前??　まさか、そんなことはないでしょう。正しい英語にするなら次のようになるでしょう。

683 He can speak French well, and he can speak English even **better**.
（彼は上手にフランス語が話せる。英語はそれにもましてさらにうまく話せる）

または to say nothing of ～（～は言うまでもなく）という表現を使って、次のようにも表せます。

▶ He can speak French, to say nothing of English.
（英語は言うまでもなく、彼はフランス語も話せる）

あの子はかわいい系？　それとも美人系？

「かわいらしさ」と「美しさ」の両方を兼ね備えたメアリーという女の子がいるとします。そんな彼女をあえてどちらかに評価しなくてはなりません。次にマスターするのはそのような場合の表現です。

684 Mary is more pretty than beautiful.
（メアリーは美しいというよりむしろかわいらしい）

メアリーとほかの誰かを比較しているわけではありません。同じ人〔物〕の中にある2つの性質を比較しているのです。

> **同じ人〔物〕の中にある2つの性質を比較する表現**
> more＋原級(A)＋than＋原級(B)　…BというよりむしろA

ここで注意したいのは、thanにつられて比較級のprettierとしないことです。同じ人〔物〕の中にある2つの性質を比較する場合には、比較級は使わずに、**moreやthanの後ろに〈原級〉を置くだけでいい**のです。もちろん、メアリーとジュリエットという2者を比べてメアリーの方がかわいいと言うときは、次のようにふつうの比較級を使います。

685 Mary is **prettier** than Juliet.
　　　（メアリーはジュリエットよりもかわいい）

🏠 〈less ... than ～〉

　最後には、〈less ... than ～〉の構文をチェックしましょう。英語には、否定のnotと比較級の機能を合わせもつ1人2役の単語があります。

686 The exam is less difficult than the last one.
　　　（この試験はこの前のものより簡単だ）

　lessはlittle（ほとんど～ない）の比較級なので否定の意味を導きます。なお、〈less ... than ～〉は、使用頻度は相当低く、実際は次のような〈not as ... as ～〉構文を用いて表す方がふつうです。

　▶ The exam is**n't as** [**so**] difficult as the last one.

PART 10 比較級を使った重要表現(4)

これから紹介する表現はどれも、紛らわしくて目がくらみそうになりますが、それぞれの特徴をしっかりつかんでいけば怖くないですよ!

🏠 no more than $100 と no less than $100 の違い

687 She paid **no more than** $100 for the handbag.
(彼女はそのハンドバッグに100ドルしか払っていなかった)

688 She paid **no less than** $100 for the handbag.
(彼女はそのハンドバッグに100ドルも払った)

687 の no more than と **688** の no less than には共通点があります。どちらの表現を使っても、そこに存在するのは100ドルぴったりで1セントたりとも上下しません。no more than だからといって「100ドルよりも多くない」などと考えてはいけません。＊1 では、両者の相違点はどこにあるのでしょうか? それはズバリ、100ドルに対する感覚の違いです。

上のイラストで手にしているのはどちらも1万円です。しかしながら、1万円の価値はだいぶ違うように思います。1日の小遣いが1万円なら、かなり多いでしょう。一方、1年で1万円では少な過ぎる気がします。実は、数量に対してこうした感覚を添えるのが no more than や no less than の役割なのです。

同じ1万円に対して…

❶「多くは（more）ないなあ（no）＝少ないなあ」なら
　…no more than
❷「少なく（less）ないなあ（no）＝多いなあ」なら
　…no less than

なお、「少ないなあ」の感覚の no more than なら only で、「多いなあ」の感覚の no less than なら 2 で学習した原級を使った表現の as many as（数）や as much as（量）などでほぼ同じ意味を表現できます。

> ### 👉 no more than $100 vs. no less than $100
> ・共通点　…100ドルぴったり！
> ・相違点　…100ドルに対する感覚
> 　1. no more than ～
> 　　（多くないなあという感覚で）～しか、わずか～
> 　2. no less than ～
> 　　（少なくないなあという感覚で）～もの

🏠 not more than $100 と not less than $100 の違い

では、not more than や not less than はどう違うのでしょう？ この2つは難しくありません。単語をほぼそのまま直訳してみましょう。not more than $100 なら文字どおり「100ドルよりも多くない→多くとも（せいぜい）100ドル」、not less than $100 なら「100ドルよりも少なくない→少なくとも100ドル」といった感じです。

👉 not more than 〜 vs. not less than 〜

1. **not more than ...**

    〜よりも多くない→多くとも〜

2. **not less than ...**

    〜よりも少なくない→少なくとも〜

　なお、not more than「多くとも（せいぜい）」なら at most に、not less than「少なくとも」なら at least に書き換えることも可能です。

プラスα

＊1…比較級というのは、何かと何かに「差」があるときに使われる。no がその「差」を打ち消すので「差がない＝同じ」となる。100ドルと比べて（than $100）差がゼロ（no more / no less）の金額がぴったり100ドルであることはある意味当然。

PART 10 - 11 〈no more ... than 〜〉の構文

〈no more ... than 〜〉は、A whale is no more a fish than a horse is. という例文が昔から有名なせいか、日本では「クジラの構文」などと呼ばれています。しかし、ネイティブスピーカーがこの例文で学習することはあまりないようです。

〈no more ... than 〜〉を攻略しよう！

次の例文が伝えていることを、正確につかめますか？

689 Alex can **no more** swim **than** a hammer can.
（金づちが泳げないのと同様にアレックスは泳げない）

これだけ短い文ならともかく、2〜3行にも及ぶ長いセンテンスになっても対応できる準備が必要です。慣れるまでは、 ホップ 、 ステップ の2段階の下準備が大切です。

ホップ than を中心に左右に分ける。than の左を [A]、右を [B] とする。

Alex can **no more** swim **than** a hammer can.
　　　　[A]　　　　　　　　　　　[B]

ステップ than 以下には省略が多いので、[A] の文を参考に補っておく。

Alex can **no more** swim **than** a hammer can (swim).
　　　　[A]　　　　　　　　　　　[B]

たったのこれだけです。最後にジャンプ。訳し方です。

ジャンプ 〈no more ... than 〜〉の場合は than の左右、どちらも否定される。*1

Alex can **no more** swim **than** a hammer can (swim).
　[A]アレックスは泳げない　　　　[B]金づちは泳げない

than の右側 [B] には、「事実ではないこと」や「積極的に評価したくないこと」が置かれます。金づちが泳ぐなんて事実のはずがありません。そんな例を出しつつ、「アレックスが泳ぐのも事実ではないんですよ（＝アレックス

は全くの金づちだ）」と主張しているわけです。主張したい情報はあくまで[A]の方なので、訳出の際には[B]から[A]の流れに乗った方がビシッと決まります。

☝ **〈no more ... than 〜〉**
・thanの左右どちらも否定される。
・thanの左側が主張。thanの右側には「事実ではないこと」や「積極的に評価したくないこと」が置かれる。

なお、〈no more ... than 〜〉は、noをnotとanyに分けて〈not ... any more than 〜〉の形で表現されることもあります。

▶ Alex can**not** swim **any more than** a hammer can.

〈no less ... than 〜〉でも基本は同じ

690 He is **no less** good-looking **than** his brother.
（彼は兄と同様にかっこいい）

〈no less ... than 〜〉は〈no more ... than 〜〉に比べると使用頻度はぐっと下がります。*2 ホップ ・ ステップ は〈no more ... than 〜〉のときと同じで、異なるのは ジャンプ の部分だけです。今度は、thanの左右どちらも肯定になります。また、thanの右側には「誰もが納得できる明白な例」が置か

れます。兄は相当な美男子のはずです。

▶ He is **no less** good-looking than his brother (is good-looking).
　　　　　　　　　　　[A]彼はかっこいい　　　　　　　[B]彼の兄はかっこいい

> 〈no less ... than 〜〉
> ・than の左右どちらも肯定される。
> ・than の左側が主張。than の右側には「誰もが納得できる明白な例」が置かれる。

no less 〜 than

どっちもかっこいい〜　　弟　＝　兄

プラスα

*1…no more と no less で訳し方を忘れたときの非常手段。no は否定で more は肯定なので「マイナス×プラス＝マイナス（否定）」、no も less も否定なので「マイナス×マイナス＝プラス（肯定）」と覚えておくとよい。

*2…この意味でなら、He is as good-looking as his brother. とする方が一般的。

PART 10
12 最上級相当表現

英語には、実質的には最上級と同じ内容を表す表現がいくつかあります。ここではそんな表現を攻略していきましょう。

🏠 ロシアは世界で最大面積の国である

世界で最大面積の国であるロシアを例に考えてみましょう。

> 691　Russia is **the largest** country in the world.
> 692　Russia is **larger than any other** country in the world.
> 693　**No (other)** country in the world is **as [so] large as** Russia.
> （ロシアは世界で最大の面積の国だ）

691 は、最上級を使った文です。692 は、「世界のほかのどんな国よりも広い→世界でロシアが最も広い」という展開です。ここでの注意は、any other の後ろには単数名詞が置かれている点です。ロシアとその他すべての国を一度に比べるわけではなく、ロシアとカナダ、ロシアとアメリカのように実際の比較はトーナメント戦のように1対1でしかできません。だから、単数形の名詞が置かれるのです。

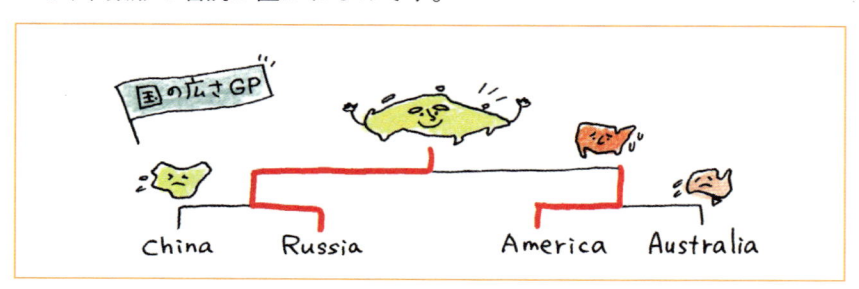

693 は、「ロシアと同じぐらいに広い(as large as Russia)国がほかにはゼロ(No other country)」と考えれば、実質、ロシアが一番ということになりますね。なお、同じ意味を次のように表現するのはおすすめしません。

(⚠) No other country in the world is larger than Russia.

これだと「ロシアより大きな国はないけど、同じ程度の国はあってもおかしくない」ことになってしまいます。こういうあいまいな表現は避けた方が無難です。

時間は最も貴重なものである

また、nothing を使った次のような表現もよく出題されます。＊1

> **694** Nothing is as [so] precious as time.
> **695** Time is more precious than anything else.
> **696** Time is the most precious thing of all.
> （時間ほど貴重なものはない）

間違っても No is ... などと書きはじめないようにしましょう。is の主語の位置に置けるのは名詞ですから、Nothing でないといけません。ちなみに、no は形容詞、not は副詞です。

これ、最高傑作の映画だよ！

最後に次の表現を確認して終わりましょう。

> **697** This is the most exciting movie (that) I have ever seen.
> **698** I have never seen such an exciting movie as this.
> （これは私が今まで見た中で最もわくわくした映画だ）

これらの表現は、「一番」の意味の範囲を限定するときに好んで使われます。一番は一番でも「自分が見た中で」とか、「自分が出会った人の中で」のような場合です。ちなみに、「今まで」を表す ever を not で否定したものが never です。〈not ＋ ever ＝ never〉と考えておきましょう。

> プラスα

＊1…厳密に言うと、There is nothing more precious than time. や Nothing is more precious than time. も（△）No other country in the world is larger than Russia. が最上級相当表現にはあまり適さないのと同様の理由で避けたい表現である。

PART 11
冠詞・名詞

名詞には、日本語ではいちいち区別しないような考え方がたくさん出てきます。可算名詞や不可算名詞、customerとclientの違いなどはその代表例でしょう。また、英語では、a [an] やthe などの冠詞によって、その名詞をどうとらえているかを繊細に表現します。習得が難しいとされる冠詞も、しっかりページを割いて説明していきます。

PART 11
1 不定冠詞a [an]の使い方

冠詞は皆さんが英語を学習する際に、かなり高いハードルになっているようです。確かに、日本語にはこれと同様のシステムがないので理解に苦しむ部分が多いのもうなずけます。ここでは困難とされる冠詞をなるべくシンプルに、かつコンパクトに理解していきましょう。

🏠 不定冠詞a [an]の感覚を身につける

同じ名詞でもa [an]をつけて使ったり、つけないで使ったりすることがあります。次の例文は、どちらもサケを食べたことになりますが、食べたサケはだいぶ異なります。

699 She ate **a salmon** last night.
700 She ate **salmon** last night.

a [an] は、ひとつの具体的なカタチがイメージできるものにつけると考えると多くのことに説明がつきます。

例文 **699** なら、サケ1匹が丸焼きで出てきて、それを食べた感じ。

700 だと、おにぎりとかに入っているようなサケとか、サーモンマリネなどのサラダに入った切り身のサケなどがイメージされます。**699** とは違って、特定のカタチを絵で描くことすら難しいかもしれません。どちらにせよ固定化された具体的なイメージがわくものではないので、aはついていません。

699 a salmon

700 salmon

🏠 交通手段はby trainで、by a trainとは言わない!?

「byで交通手段を表す場合は単数無冠詞」という原則があります。しか

し、英文中では by a train のような表現も見かけます。両者にはどのような違いがあるのでしょうか？

701 I go to school by train.　(私は電車通学だ)

上の文では、山手線や新幹線などの具体的な電車を想定しているわけではありません。バスでも自転車でもなく電車で通学しているということを、伝えているだけです。具体的なカタチを想定していなければ不定冠詞 a [an] はつかないのがふつうなんです。water や sugar などに a をつけないのがふつうなのも、具体的なカタチをイラストなどに描くのが難しいからです。次はどうでしょう？

702 He was run over by a train.　(彼は電車にひかれた)

ここでの電車はどんな電車でもよいわけではありません。彼をひいた電車が具体的にイメージされているのでaがつくのです。＊1

🏠 I like a girl. と I like girls. はどう違う？

目的語の位置に〈a [an] ＋名詞〉を置く際には注意が必要です。

もし、あなたがリンゴ好きなんだということを表現したいなら、次の例文は不適切です。

▶ I like an apple.（△）

目的語の位置に〈a [an] ＋名詞〉を置くときは、a [an] を one に置き換えられる場合に限ります。1つのリンゴだけが好きなんてことはありえないでしょう。リンゴ全般が好きと一般化したい場合には複数形にして、**I like apples.** とします。

I like **a girl**. なら「ある1人の女の子が好き」となるし、I like **girls**. なら「女の子全般が好き」となります。要は女好きなんですね。

> **プラスα**
>
> ＊1… 「11:25発、東京行の快速電車」のように電車が特定できているなら by the train のように定冠詞 the を使う。

PART 11-2 定冠詞 the の使い方

富士山（Mt. Fuji）には the をつけず、ヒマラヤ山脈（the Himalayas）には the がつく。1990年（in 1990）には the がつかないが、1990年代（in the 1990s）には the がつく。やっぱり the は難しい…？　でもこのセクションをしっかり読めば大丈夫！

紐でくくる

the の出発点は、紐などで1つにまとめる働きです。

複数の山を1つにまとめてヒマラヤ山脈（the Himalayas）。1990年から1999年までの10年間をひとまとめにして1990年代（in the 1990s）。そうそう、「ジョンソン一家」なんかも the Johnsons って the がついています。父・母・兄弟、ついでにペットの犬まですべてを1つにまとめて「ジョンソン一家」です。次のイラストを、紐に注目して見てみてください。

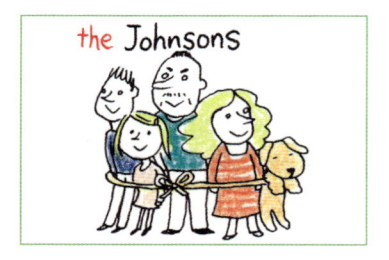

どうですか？　紐などで1つにまとめるような働きが見えてきませんか？　こう考えれば、The Beatles（ビートルズ）のようにグループ名に〈the＋〜s〉の形が多いのも納得できると思います。

ほかのものと区別される

紐でくくられたということは、ほかのものとは区別されたことになります。catch her by the arm（彼女の腕をつかむ）に the がつくのも、つかんだ

のは肩でも腰でもなく腕。ほかの部位と区別するためです。

703　He bought a shirt, but he soon returned the shirt.
　　　（彼はシャツを買ったが、すぐに返品した）

　最初に出てくる shirt は、世の中にたくさん売られているシャツの中の1つに過ぎないので a shirt です。その後、すぐにそれを返品したと言っているので、ほかのシャツとは区別されたシャツになります。よって、the shirt と the がつけられます。

🏠 「すべて」➡「それだけ・唯一」➡みんなが同じものをイメージできる

　最初に、the は紐でくくるイメージだと説明しました。たとえば、5人いる少年から眼鏡をかけている人だけを紐でくくってみましょう。下のイラストの右はしの2名になりますね。この2名は眼鏡をかけていない少年たちと区別されたのと同時に、眼鏡をかけている少年はその2名ですべてということになります。そして、「すべて」とは「それだけ・唯一」という言葉と表裏一体です。「あなたがすべて」は、「あなただけ・あなたが唯一」と言ったのと同じです。

　天体としての the earth, the sun, the moon などは宇宙の中で唯一という感覚から the をつけますが、三日月や満月などは月が見せるさまざまな形のうちの1つに過ぎないので a full moon のように a をつけるのです。*1

704　Look at the clock! （時計を見て！）

これだって同じです。おそらく部屋の中で唯一の時計で、そこに居合わせているみんなは同じ時計を見ることになります。唯一ということは、みんなが同じものをイメージできるはずです。そう、**the はその場の状況・常識などによってみんなが同じものをイメージできる**ような状況でも好んで用いられるのです。

705　Look at a clock! （時計を見て！）

a clock なら部屋にいくつかある時計の中のどれか1つという感じ。言われた側はどの時計を見たらいいかわからず、戸惑うかもしれません。

> **プラスα**
>
> ＊1…大文字ではじまる Mars（火星）や Jupiter（木星）などは固有名詞と考えられるため the はつけない。

PART 11-3 可算名詞 or 不可算名詞

名詞の勉強では、抽象名詞、物質名詞など、難しい用語がたくさん並びますね。それで名詞が嫌いになった人も多いようです。

そんな文法用語とはサヨナラしましょう。ここでは皆さんにとって理解が難しいとされる〈可算・不可算名詞〉の見きわめ方を攻略してもらいます。

可算名詞 or 不可算名詞？

パン・チョーク・紙など、日本語ならどれも数えられるような気がします。チョークなんて1本・2本って数えてます。でも、英語では不可算名詞と考えるんです。ネイティブスピーカーは、何を基準に可算・不可算を見きわめているのでしょうか？　彼らは、一部分だけを取り出してもその基本的性質は変化しないものを〈不可算名詞〉と考えているのです。

- 赤チョーク（chalk）を一部分だけ折っても➡ちゃんと赤で書ける。
- パン（bread）の一部分を包丁で切っても➡パンはパン。

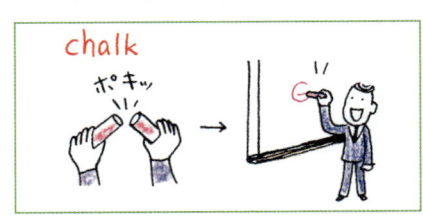

同じ書く道具でも、ペンは数えられます。皆さんのペンを折ってしまったらペンとしての機能は失われます。こういうものは数えられる（可算）のです。

入試頻出のpaper（紙）はどうでしょう？　コピー用紙をバサッて半分に切り裂いても、メモをしてその文字を読み取ることは可能です。紙そのものの基本的な性質は変化しないと考えられるので不可算名詞。一方、「論文・レポート・新聞」の意味でのpaperは可算名詞です。まさか、教授に論文を

一部分だけ切り取って提出するなんて無理でしょう…。だから可算名詞と考えればよいのです。

英語の名詞には、ほかにも数えない種類のものがあります。例えば、「家具」って聞いたら「たんすが3つ、テーブルが2つ」のように数える感じがします。ところが英語のfurnitureは、それら個々の家具をひっくるめる単語なので数えません。「家具」よりは「家具類」と覚えた方がいいですね。個々の具体的な名詞を1つのチームのようにひとくくりにする名詞は一般に不可算名詞と考えます。

ハワイ帰りの手荷物をチェック。ハンドバッグ、旅行かばん、お土産で買ったナッツ入りのチョコが入ったビニール袋などはそれぞれ数えますが、それらをひとまとめにする手荷物（baggage）はやはり不可算名詞です。

🏠 可算か不可算かで意味が変わる!?

さらに、英語には可算か不可算かで意味が変わる名詞があるらしい？ workは不可算なら「仕事」で、可算なら「作品」となり、全く異なる意味があるように思えます。1つの単語に2つの意味があるカラクリは次のとおりです。

ボブの仕事は画家。モデルを選んだり、アウトラインを引いたり、色をつけたりするのが彼の仕事（his work）。workは、働くという行為そのもので、仕事量のようにも解釈できる単語なので不可算名詞と考えます。*1 その後、1か月かけて2つの作品（two works）が完成。できた作品は数えます。絵画をバサッと切ってしまったら台無しですからね！　workは、仕事や努力の結果で生み出されたものを言い表すときは「作品」と訳し、可算名詞と考えているのです。

428

仕事 work　　　絵画＝作品 work

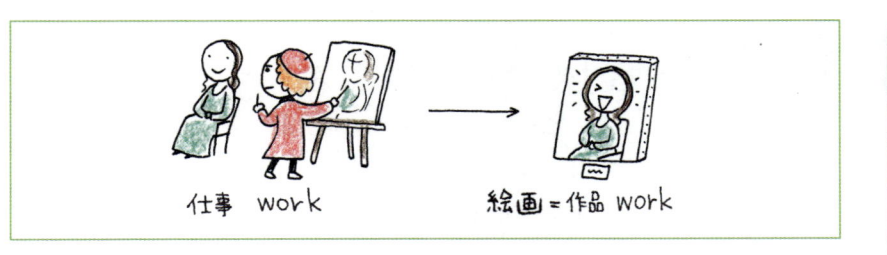

プラスα

＊1…具体的な仕事の種類を表したい場合には、可算名詞のjobを用いる。

PART 11 / 4　「お客」の意味を表すさまざまな名詞

日本語ならばデパートでもホテルでも「客」という言葉で通じますが、英語では場面に応じて使われる単語がすべて異なります。

🏠 カスタマーサービス

お客からの苦情や要望などを承ることを「カスタマーサービス」なんて言います。また、そういう部署のことを英語では、customer service department（カスタマーサービス部門）と言います。customer は、「お客」を表す最も一般的な言葉と言えるでしょう。

デパートであれ、商店であれ、コンビニであれ、お店のお客は、基本的に customer と言います。もう少し広い意味で「消費者」なら consumer だし、意味を狭めて「買物客」なら shopper なんかを使います。

🏠 訪問客 vs. 招待客

観光であれ、人づき合いであれ、ある場所を訪れる「訪問客」は visitor。一方で、家・レストラン・劇場などに「招待された客」やホテルなどの「宿泊客」は guest で表します。

706　The theme park attracts over 3 million **visitors** a year.
（そのテーマパークには年間300万人以上の来場者が訪れる）

707　a **guest** at a party
（パーティの招待客）

「見物」関連のお客＆弁護士の依頼人（相談者）

ものを見にくるお客というのもあります。基本的に、見物するものの種類によって使われる単語も異なります。コンサートや劇場などの「観客・聴衆」は audience、スポーツなどの「観戦客」は spectator で表します。また、テレビなどの「視聴者」は viewer を使って表します。

708 The **audience** stood up. （聴衆は立ちあがった）

709 There were thousands of **spectators** at the baseball game. （その野球の試合には何千人もの観客がいた）

710 a television **viewer** （テレビ視聴者）

また弁護士さんなどは目に見える商品を売っているわけではなく、専門家としてのアドバイスなどを提供することが仕事だし、美容師さんもプロとしての技術を提供することで対価を得ているわけです。

711 Today, I have a meeting with an important **client**.
（今日、私は大事な依頼人との打ち合わせがある）

こんなふうに、目に見える商品ではなく、「知識や技術などを求めてくる客」は client で表します。＊1

その他、病院などの「患者」は patient、飛行機などの「乗客」は passenger で表します。

プラスα

＊1 … a welfare client のように、福祉施設などの「サービス利用者」の意味でも用いることがある。

PART 11 - 5 「料金」の意味を表すさまざまな名詞

🏠 price と prices では意味が違う？

「料金」とくれば price を思い浮かべる人が多いかもしれません。ただし、単数形の price と複数形の prices とではだいぶ意味が異なります。

712 What is the **price** of this bag?
（このカバンはいくらですか）

713 **Prices** are going up.
（物価は上がりつつある）

price は売る側が個々の商品につける「値段・価格」の意味で使われますが、複数形の prices になると「物価」の意味で用いるのがふつうです。

🏠 サービスに対する料金は？

物品の購入ではなく、「一定のサービスに対して支払う料金」は charge を使って表します。レストランなんかで支払う席料（cover charge）とかも charge です。ちなみに、「テーブルチャージ」とは言いませんから注意しましょう。また、「電気・ガスなどの料金」も charge を使って表します。

714 the **charges** for electricity and gas （電気代とガス代）

715 We can iron your shirts for a small **charge**.
（低料金でシャツにアイロンがけをいたします）

🏠 ちょっとわかりずらい fee の意味

大学に入るときや、ファンクラブやレンタルショップの会員などになるときには、入学金やら手数料が必要です。

716 There is an annual fee to join this fan club.
（このファンクラブに入会するには年会費がかかります）

feeは何かに入るための「費用全般」を表せるものと考えてみてください。

また、feeは医者や弁護士などの専門職に支払う「謝礼・報酬」の意味で用いられることもあります。

717 medical fees（医療費）

🏠 乗り物関係の料金

電車やバスなどの「運賃」はfareを使って表します。機会があったら駅の切符売り場を注意して見てください。fareっていう単語がきっと見つかるはずです。一方、自家用車を使って道路や橋などを通行する際に支払う「通行料」はtollを使います。料金所にtoll gateって書いてあるのを見たことないですか？

🏠 イヤ～な料金もいくつか…

一人暮らしの人にとっては毎月の家賃が頭痛の種だったりしますね。そんな「家賃」はrentで表します。

また、あってはいけないことですが、法律や条例などに触れて罰せられてしまったときに払うお金もあります。日本語の「罰金」に相当するものを、英語ではfineやpenaltyを使って表します。＊1

> **プラスα**

＊1…fineの最初の3文字"fin"は「終わり」を意味する。犯した罪を終わりにしてくれるものが「罰金」。

PART 11-6 意味の紛らわしい名詞

🏠 manner と manners

「あいつ、マナーが悪いよね…」などでおなじみの「マナー」ですが、英語のmannerに「マナー（礼儀・行儀）」の意味はありません。この意味で使うときには複数形にしてmannersとしなければなりません。

718 He had very good **manners.** （彼はとても行儀がよかった）

なお、単数形のmannerは「方法」の意味で使われます。

719 He has his own **manner** of doing things.
（彼には彼なりのやり方がある）

🏠 air と airs、arm と arms

これらも複数形で用いられると意味が大きく異なると言われていますが、次のように考えればすんなり理解できるでしょう。

- air …… 空気 ➡ 醸し出す空気 ➡ 雰囲気 (airs)
- arm …… 腕 ➡ 戦う力の象徴 ➡ 武力 (arms)

このように単数形か複数形かで意味が大きく変わるものにはくれぐれも注意してください（→ 別 p.94参照）。

🏠 「約束」にもさまざま

「約束」と聞いて最初に思い浮かぶ単語はpromiseかもしれません。promiseは、約束全般に対して幅広く使える単語です。また、「未来における約束」という意味から、名詞で「見込み」という意味にもなるので覚えておきましょう。形容詞promisingが「見込みがある」とか「前途有望な」などと訳

せるのはここからきています。

　また、日本語の「アポをとる」でおなじみの単語にappointmentがありますが、使い方は限定的です。appointmentは「人と会う約束」に使うのが原則です。診察なんかの予約も「お医者さんと会う約束」ということになるのでappointmentが使われます。promiseとは違って、「全面協力を約束」とか「将来を約束されている」などの意味で用いることはできません。

720 He forgot his **promise** to call his wife.
（彼は妻に電話をするという約束を忘れた）

721 He has an **appointment** with the president.
（彼は大統領と会う約束がある）

　また、乗り物やレストランの座席、ホテルなどの部屋の「予約」にはreservationが使われます。

722 I made a **reservation** for a single room.
（私はシングルの部屋を予約した）

「習慣」にもさまざま

　「習慣」には大きく分けて2種類あります。「個人的な習慣」を表すhabitと「社会的な習慣」を表すcustomです。前者は「クセ」、後者は「風習」のように訳されることもあります。また、customsと複数形にして「税関・関税」の

意味もあります。通行人から"習慣的に"徴収していた通行税のようなものから「税関・関税」の意味へと発展したようです。

723 We have a right to keep our native **customs**.
(私たちには生来の習慣を守っていく権利がある)

724 We went through **customs** at Haneda.
(私たちは羽田の税関を通った)

「mind＝精神」でよいのか？

mindは思考などをつかさどる「アタマ」だと考えてみてください。「精神・こころ・頭脳・気質」などはすべて人間のアタマによるものでしょう。

PART 11-7 注意すべき名詞の使い方

🏠 -s で終わるのに単数形？

　-s で終わるものがすべて複数形とは限りません。means（手段）や species（種）などは語尾が -s で終わるため複数形と勘違いしやすいかもしれませんが、単数形も複数形も形が変化せず means, species のままです。つまり、a means でもあり、two means でもあるということです。

　また、学問名の多くも -s で終わりますが、決して複数形ではありません。mathematics（数学）、physics（物理学）、statistics（統計学）などは複数形ではなく、たまたま -s で終わっているだけで、もちろん単数形です。

🏠 「chance ＝チャンス」でよいのか？

　英語の chance と日本語の「チャンス」は必ずしもイコールではありません。「絶好のチャンス」を英語にするのなら an excellent opportunity です。opportunity は「チャンス、好機」の意味で、ふつうはプラスの意味で使われます。一方、chance は「可能性」と覚えておくとよいでしょう。a good chance なら、「よいチャンス」ではなく、「十分な可能性」の意味です。

🏠 相互複数とは？

　make friends（友達になる）や change trains（電車を乗り換える）は friends や trains など常に複数形を用いて表しますが、複数形が使われているのは公式だからではありません！「友達になる」っていう状況では最低2人の人間がいないと友人関係は築けません。

　また、電車の乗り換えも同じです。「山手線から東海道新幹線」のように最低2種類の電車がなければ乗り換えという行為は不可能でしょう。

このような理由で常に複数形の名詞を用いることを、英文法の世界では〈相互複数〉と呼ぶことがあります。

🏠 見た目は単数でも複数扱いする語—policeやcattle

入試で次のような出題がありました。

- ▶ The police is　...（✘）
- →The police are ...（〇）

出題のポイントは、The policeに対して用いられたisをareに訂正するというもの。ここでのThe policeは、パッと見た感じでは単数形の名詞に見え、訳してみても「警察」ですから、決して複数のような印象は与えないと思います。

　The policeが複数扱いになるのは警察組織の中には警察官（police officer）がたくさんいるというイメージがあるからです。police（警察）という語を、police officers（警察官たち）のようにとらえているために複数扱いをするのです。

　cattle（家畜の牛）の場合は、牧場などで放牧されている様々な種類の牛をイメージしつつ複数扱いだと考えてみましょう。

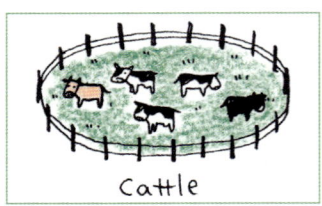

PART 12
代名詞

代名詞は地味な存在ですが、情報のくり返しを避けるためには不可欠な要素です。そんな便利な代名詞も、使い方にはそれぞれの顔があります。単数を受けるのか、複数を受けるのか。複数ならば2者に対して用いるのか、3者以上に対して用いるのか。代名詞の数はそう多くないので、使い方さえしっかりマスターすれば必ず使いこなせるようになります。

PART 12-1 one, it, that の用法

🏠 the+名詞＝it とは限らない！

　代名詞は、一度出てきた名詞の反復を避けるために用いる、とっても便利なもの。でも、「a [an] +名詞＝one」で「the+名詞＝it」のような単純な公式では片づけられません！

725　I have lost my cell phone, and I have to buy **one**.
　　　　（私は携帯電話をなくしたので買わなくてはいけない）

　例文 **725** のように、one は前に出てくる名詞と同じ種類なら OK です。携帯電話をなくしてしまったアナタ。そんなアナタが新たに買う携帯電話は、機種や色などが同じでも、なくしたものと全く同じものではありません。

　前に出てくる名詞と全く同じ場合には it を使い、次のように表します。

726　I lost my cell phone, but my friend found **it**.
　　　　（私は携帯電話をなくしたが、友達がそれを見つけた）

　もしなくしてしまった携帯電話が見つかったのなら、それ(it)はなくしたものと全く同じものでしょう。メールやみんなで撮った写真なんかもちゃんと残っている。もちろん、お気に入りのストラップも、ちゃんと無事でね（笑）。

🏠 one はやっぱり one

代名詞 one の注意点は、oneは数えられる名詞しか受けることはできないという点です。rice や water など、数えられない名詞をうっかり one で受けないように注意して下さい。one が代名詞といっても、しょせんは one, two, three ... の one。だから、「1・2・3…」のように数えられる名詞しか受けられないのは当然です。

🏠 代名詞全般にまつわる重要ルール

he, they, it, we など、名詞の反復を避けるために用いる代名詞は非常に便利な存在。でも、代名詞には前からであれ、後ろからであれ、修飾語をかけることはできないという制約があります。

- 美しい彼女 → (✘) beautiful she [her] ...
- 日本の彼　 → (✘) he [him] in Japan ...

こうやって書いてみればおかしいことにすぐ気がつくはずです。

ところが、one と that はこの規則の例外とも言えるべきものです。one は前後からの修飾、that は後ろからのみ修飾が可能です。*1

727 Could I have a smaller **one**, please?

（もっと小さいのをいただけますか）

728 "Which bag is yours?" "The **one** with a zipper."

（「どっちが君のカバン？」「チャックがついている方だよ」）

729 My experience is different from **that** of my friends.

（私の経験は友人たちのものと違っていた）

730 The coins are rare **ones**.

（そのコインはどれも珍しいものだ）

ただし、次の場合だけは注意が必要です。

▶ the climate of Japan → (✕) one of France

上の例は、the climate を代名詞 one で置き換えているようですが不可です。one of ～だと、ネイティブスピーカーは「～のうちの１つ」のような数詞と解釈してしまうようです。ですから、代名詞 one を使う際には、後ろに of ～を置くのは避けましょう。この場合は、代名詞 that を用いて that of France のようにすればよいでしょう。

> プラスα

＊１…この原則は、one が ones、that が those のように複数形になっても変わらない。

PART 12-2 代名詞の相関的用法
the other と the others

🏠 残りを絞り込めればtheがつく

トランプが2枚。ACEとJOKERがあります。

イラストのようにどちらか1枚、例えばACEを引けば、残りは確実にJOKERです。2－1＝1で、確実に1つに絞り込むことができるのでtheがつきます。さらに、あるものに対するほかのものはotherで表すので、両者を足してthe otherとなるわけです。

731 "There are two cards: an ACE and a JOKER."
"I can't tell **one** from **the other**."

(「ここにエースとジョーカーの2枚のカードがあります」
「私には2枚を区別できないわ」)

今度はトランプが増えて7枚です。ある人が、その中から何枚か(some)引きました。残りすべてをあなたがもらえるとします。

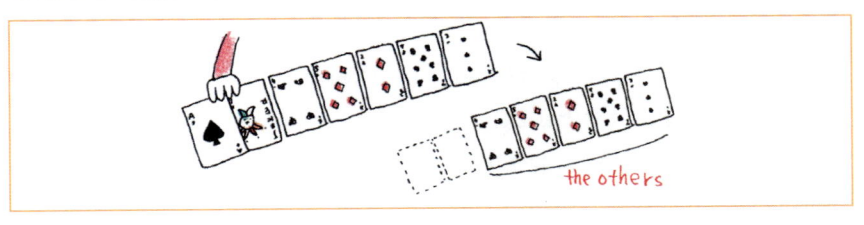

ここではトランプが2枚引かれたようです。すると残りは7－2＝5で、全部で5枚だと特定できるのでtheは必要。先ほどと同じで、あるものに対するほかのものはotherですが、残りは5枚で複数なので複数形の-sがついてothersとなり、足し算してthe othersとなるわけです。

732 There are seven cards; I drew **two cards**, so **the others** are still on the table.

(7枚のカードがある。私が2枚引いたので、残りはまだテーブルにある)

ここまで見てきた the other や the others は、どちらにも the がつきます。「**1つ、またはいくつかを引き算して、残りすべてと言いたいなら the をつける**」って覚えておくとよいでしょう。the について不安な人は再度 p.424 をしっかり復習しておきましょう。確認のためのオマケの例文です。

733　I have three daughters; **one** lives in Tokyo and **the others** live in Osaka.
（私には3人の娘がいて、1人は東京に住んでいて、あとは大阪に住んでいる）

🏠 other に関する注意点

　ここまで other を使ったさまざまな表現を見てきましたが、使い方には注意が必要です。原則的に、**other を単独で使うことはまずない**のです。具体的に見ていきましょう。

734　I don't like this car. Show me another.
（この車は気に入らない。別のを見せてくれ）

　例文のように、**another は単独で用いて**、「複数ある車の中から、どれか1つ別のもの」の意味で用いることができます。しかし、other にこのような使い方はありません。「ほかの車」だからといって、other を用いて次のように表現することはできないので注意しましょう。

（❌）I don't like this car. Show me other.

　other は、the other, other people, each other のように他の語と組み合わせて用いたり、「他人」の意味の others（= other people）のように複数形にして使うのが原則なのです。

　ちなみに、「**お互い**」の意味を表す each other（= one another）は代名詞。日本語の意味につられて副詞と勘違いしないように気をつけましょう。

735　We have known **each other** for ten years.
（私たちは10年来の知り合いだ）

　each other は代名詞なので、上の例文のように他動詞 know の目的語として機能できるのです。

PART 12
3 代名詞の相関的用法
another と others

🏠 「残りすべて」じゃないなら the はつけられない！

　Tシャツがたくさんディスプレイしてある売り場にて。あなたはかわいいネコらしきイラストの入ったTシャツをチョイスして試着しましたが、あまり似合わない感じ…。だから、プロの店員さんにお任せで<u>どれか1つをチョイス</u>してもらうことに。

　これだけ品数がある中で、店員さんがどのTシャツを選んできてくれるかはわからないので、the をつけることはできません。でも、数あるTシャツの中のどれか1つなので、a [an] をつけることはできますね。また、あるものに対するほかのものは other で表すので、足し算して〈an+other=another〉となるわけです。

736 This T-shirt doesn't suit me. Please show me another.
（このTシャツは私に似合わない。ほかのTシャツを見せてください）

　ここで、another を用いた重要表現を紹介しておきます。

737 To say is one thing, and to do is another.
（言うのと行動するのは別物だ）

　上のイラストからもわかるように、最初に試着したTシャツと次に店員さんがもってきてくれたTシャツは全くの別物です。つまり、one thing と another を一緒に用いることで「別物である（雲泥の差がある）」ということを表しているのです。あえて熟語として紹介されなくても理解できちゃいますね！

🏠 a [an] も the もつけられない！

先ほどと同じお店で、Tシャツを1着試着。ところがサイズが合わない…。だから、店員さんに、自分に合いそうなサイズのものを いくつか 持ってくるようにお願いするアナタ。

「いくつか」と言ったのでa [an] はつけられません。また、店員さんが2着もってくるのか、3着もってくるのか数の特定はできませんし、残りすべてのTシャツをもってきてと言ったわけではないので、the をつけることもできません。ただし、いくつか（複数）持ってきてくれることは確かですから、other に -s がついた others となるわけです。

> **738** This T-shirt is small. Can you show me some others?
> （このTシャツは小さい。ほかのをいくつか見せてくれますか）

ここまでの例はすべて、いくつかある中からの引き算を1つ (one) で表してきましたが、複数引き算するなら some, three や five などの具体的な数字で表現することもあります。*2 気になる人は、次のイラストで理解を深めるとよいでしょう。

> **プラスα**
>
> *1…some は実数や実態をぼかしたい場合に用いる。Tシャツが10枚程度なら「いくつか」でよいが、100枚も200枚もあるなら「〜なものもある」のような訳出を心がけよう。

PART 12 4 　2者に対して使う代名詞
both, either, neither

2人兄弟、夫婦、お笑いコンビ、バンドデュオなどはどれも2人が前提のコトバ。英語の代名詞は、2者なのか、3者以上なのかによって使われる語が大きく異なるのです。

ここでは、2者に対して使う代名詞を集中的に攻略してしまいましょう。

🏠 2者のうち両方（both）

both は知名度の高い代名詞です。

739 Akihito and Haruichi are from Hiroshima. **Both** of them play the guitar very well.
（アキヒトとハルイチは広島出身だ。2人ともギターがとても上手である）

上の用法と並んで最も一般的な使い方は、both A and B の形です。＊1

740 **Both** Akihito **and** Haruichi play the guitar very well.
（アキヒトとハルイチのどちらもギターがとても上手である）

また、形容詞として both hands（両手）のような使い方もできるので覚えておきましょう。

741 You can do it **both** ways.
（それには2つのやり方がある）

🏠 2者のうちどちらか一方（either）

2つ〔2人〕も要らない…。どちらか1つ〔1人〕と言いたいときは either が便利です。

基本的にbothと同じような使い方をしますが、eitherの場合はeither A or Bと、orを用いる点に注意しましょう。

742 I think he is **either** a baseball player **or** a soccer player.
（彼は野球選手かサッカー選手のどちらかだと思う）

また、eitherを形容詞として使った場合は2つの意味があります。1つ目は、「どちらかの〜」の意味。2つ目は、sideやendなど、左と右とで対になる語と用いられた場合の「両方の〜」という意味です。この意味ではbothと同じですが、後ろの名詞に着目すれば区別は容易です。

- both sides（両側）…後ろは複数形の名詞
- either side（両側）…後ろは単数形の名詞　※each side も可。

2者のうちどちらもなし（neither）

neitherはeitherの反対語と考えましょう。単語としての成り立ちは次のとおりです。

not + either ＝ neither

neitherの"n"はnotの"n"だったわけです。また、neitherはneither A nor Bの形で「AとBのどちらも〜ない」となります。

743 The suspect **neither** admits **nor** denies that he told a lie.　（その容疑者はうそをついたことを認めてもないし、否定もしてない）

プラスα

＊1…both A and B, either A or B, neither A nor Bなどで用いるboth, either, neitherは、代名詞ではなく副詞。

PART 12-5 3者以上に対して使う代名詞
all, any, none など

「2者」の場合を both, either, neither とするなら、「3者以上」の場合はどうすればよいのでしょうか？

3者以上のすべて (all)

おなじみの all から攻略していきましょう。ギターもベースもボーカルもみんな神奈川県出身の3人組。

744 **All** of them are from Kanagawa.
（彼らのうちの全員が神奈川出身である）

all were pretty ... のように all を代名詞として単独で使うことも可能ですが、たいていは、all of the students のように of をともなって使う形の方が一般的です。

3者以上のどれもなし (none)

none は all の反対と覚えておけばよいでしょう。基本的な使い方は all と同じです。

745 Kiyoe looked for her friends at the party, but found **none**.
（キヨエはパーティで友人を探したが、1人も見つからなかった）

なお、**no** と **none** がごちゃごちゃになりそうな人は以下でチェック！

大切なポイントは、no は形容詞で none は代名詞であるという点です。no は形容詞だから、後ろに名詞をともなって、No music, no life! のように使うんですね。none は all と同じで none of ～のように of をともなって使うことがほとんどですが、単独で用いることもできます。

746 I wanted the CD, but there were **none** left.
（私はそのCDが欲しかったが、1枚も残っていなかった）

なお、2者に対して「どちらでもOK」のときはeitherを用います。これが3者以上になり、「どれでもOK」の場合はanyになります。

747 Choose **any** you like. （どれでも好きなものを選びなさい）

🏠 ぼかしたい（some）

最初に断っておきますが、「some＝いくつ〔何人〕かの」と覚えるのはいったんやめましょう！　すべて（all）でもなくゼロ（none）でもない。特に多いわけでも少ないわけでもない。とにかくあいまいにぼかしておきたい。someはそんなイメージをもつ単語です。同じsome of the students 〜でも、状況に応じて訳を使い分ける必要があります。

- 生徒が10人程度しかいないなら→「何人かの生徒が〜」
- 生徒が1000人もいるなら→「〜な生徒もいる」

someone | some people

4 で学習したことを含め、2者、3者以上に使う代名詞を大ざっぱにまとめてみると次のようになります。

	すべて	どちら〔どれ〕でも	ゼロ
2者	both	either	neither
3者以上	all	any	none

※3者以上でぼかしたいときはsomeを使う。

PART 12 6　it と that、this と that はどう違う？

🏠 it は代名詞、this や that は指示語の感覚で！

　it は前後のさまざまな要素を受ける代名詞。一方で、this や that は受けるというよりは、指などで直接指し示す感じが強い単語。代名詞というよりは、指示語として認識した方がよいでしょう。

- it　：話し手と聞き手とで共有している語や内容を受ける。
- this：近い対象を「これ」と指す。
- that：遠く離れた対象を「それ」「あれ」と指す。

具体的に確認していきましょう。

●that を使って返答

748　"Whose house is that?"
（「あれは誰の家ですか」）

"**That**'s mine."
（「(家を直接指さして)あれは私の家です」）

　that は比較的離れた対象を直接指している感じ（☞）があるんです。代名詞というよりは指示語の要素が強いんですね。では it はどうでしょうか？

●it を使って返答

749　"Whose house is that?"
（「あれは誰の家ですか」）

"**It**'s mine."
（「(話題に出てきた家を受けて)私の家です」）

itには、thatのような直接指すような働きはありません。itはあくまで受け専門の代名詞なのです。ここでは、前に話題に出てきた家を受けて「それは…」と答えているだけです。

🏠 itは消極的、thatは積極的

thatとは違い、itはとっても消極的な単語だといえそうです。

750 It is true that he's ill. （彼が病気だというのは本当だ）

すでに出てきたものを受けるitも、後ろに出てくるthat節や不定詞などを受けるitも受け専門。自分から積極的に指し示す感じはない単語です。

ドアの向こうにいる、誰だかわからない相手に対しては、次のように言います。

751 "Who is it?"
"It's me."

（「だれ？」「俺だよ」）

ここで注目すべきはwhoに対してitを用いている点です。具体的に誰だか不明なのでyouやhe [she]は使われません。また、誰だかわからない相手を、直接指すことは不自然なのでthisやthatも使われません。こういう場合にも、消極的で、あまり主張してこないitの登場となるわけです。

一方、thatは自ら直接指し示すという点で積極的な感じがしませんか？シェイクスピアの作品『ハムレット』より、そんなthatの力強さを感じる有名なセリフを紹介します。

752 To be or not to be, **that** is the question.
(生きるべきか死ぬべきか、それが問題だ)

直前に書かれている To be or not to be（生きるべきか死ぬべきか）を直接指して、「それ（that）が問題」だと言っています。ついでに the question の the も研究。「それだけ・唯一」のイメージの the を使い、生きるべきか死ぬべきかが唯一の問題で、それ以外の問題なんて頭の中にないのです。

> To be or not to be,
> that is the question.

🏠 this time と that time の関係

前でもまとめましたが、指示語として用いる this や that にも違いがあります。

英語では「今回」のことを this time、「あの頃」を that time と言いますね。つまり、this は近い感じ、that は遠い感じ を表していると言えるでしょう。

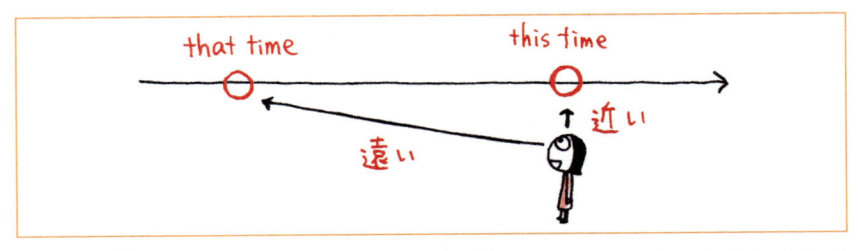

なお、別 p.104 には再帰代名詞や再帰代名詞を用いた重要表現なども盛り込んでおきました。これらも効果的に利用し、代名詞を完ぺきなものにしてください。

MEMO

PART 13
形容詞

「つまらない…」「楽しい！」「立派な」「どうでもいい…」など、私たちは話し手が物事をどう評価しているのかをとても気にして生活しています。そんな評価に不可欠なのが形容詞です。また、形容詞は名詞に対する情報を追加する脇役的な存在です。脇役にとって大切なのは立ち位置です。名詞の左に立つのか、右なのか。このPARTではさまざまな角度から形容詞の使い方に切り込んでいきます。

PART 13-1 形容詞の働き

　ほかの語や語句を詳しく説明するものを修飾語(Mと表記することが多い)と言います。英語の修飾語はとてもシンプルで、基本的には形容詞と副詞の2種類しかありません。ここではこの2つの修飾語の判別を簡単に紹介しておきましょう。

🏠 形容詞 vs. 副詞

　判別はとってもシンプル。名詞を修飾するものは形容詞、名詞以外を修飾するものは副詞と考えます。

753 Mao has a creditable record.　（マオは立派な記録をもっている）

754 Eri seldom watches television.　（エリはめったにテレビを見ない）

　最初の例文のcreditableは、recordという名詞を修飾しているため形容詞。一方、2番目の例文のseldomは、watchesという名詞以外の語を修飾しているので副詞と判別できます。
　ここでは形容詞について詳しく見ていくことにしましょう。

🏠 名詞の左に置くのか、右に置くのか。それが問題だ。

　名詞を修飾するのが形容詞と言いましたが、形容詞は、2種類の修飾の仕方があります。

❶ 左〔前〕から名詞を修飾
❷ 右〔後ろ〕から名詞を修飾

755 He lost a ⬚wonderful⬚ opportunity.　（彼は絶好の機会を失った）
　　　　　　　　　左から修飾

756 This idea is wonderful . （その考えはすばらしい）

右から修飾

たいていの形容詞は、wonderfulのように、❶と❷のどちらの使い方も可能です。しかし、一部の形容詞は、❶と❷のどちらか一方でしか使えないものもあるんです。＊1

🏠 左〔前〕からしか名詞を修飾できない形容詞

onlyは形容詞として用いることが可能ですが、❶の使い方しかできません。

❶ （⭕）This is the **only** way. （これが唯一の方法だ）
❷ （❌）The way is **only**. （その方法が唯一だ）

英語の形容詞の中には、❶のように、左〔前〕から名詞を修飾することしかできないものがあります。次がその代表例です。

> 1.「主な・唯一」のように複数の中から絞り込む語
>   **main, chief, only, mere, sole** など
> 2.「材質」を表す語（語尾が-enで終わるものが多い）
>   **wooden, golden** など
> 3.「比較級」に由来する語（語尾が-erで終わるものが多い）
>   **elder, inner, latter** など

🏠 右〔後ろ〕からしか名詞を修飾できない形容詞

（❌）alive animals

aliveは、形容詞で「生きている」という意味ですが、左から直接名詞を修飾することはできません。＊2 The man is still alive.（その人はまだ生きている）のように、右から名詞を修飾する **2.** の使い方しかできません。aliveと

似た使い方をするものはほかに、alike, asleep, aware, awake, afraid, aloneなど、aからはじまるものが圧倒的に多いことがわかります。＊3 これらは入試でも問われることが多いのでしっかり押さえておきましょう。

> プラスα

＊1…a wonderful opportunityのように、左から名詞を直接修飾するものを〈限定用法〉、This idea is wonderful. のように補語になっている形容詞のことを〈叙述用法〉と呼ぶことがある。
＊2…animalsを直接修飾したい場合には、live [laiv] やlivingなどを使い、live animalsやliving animalsなどとする。
＊3…このaはもともと前置詞のonだった。on lifeやon sleepのように使っていたが、変化して、aliveやasleepになった。on life animalsと言えないなら、alive animalsという言い方もできない。

PART 13-2 置かれる位置で意味の異なる形容詞

🏠 前〔左〕から修飾か？　後ろ〔右〕から修飾か？

中学生のころ、1語の形容詞は前からで、2語以上の場合には後ろから修飾って習いました。しかし、実際の英文を見ていると、1語なのに後ろから修飾しているものも見かけます。

❶ a sleeping student　　　**❷ a student sleeping**

❷ は1語なのに後ろから修飾しています。形容詞を名詞の前に置くか、後ろに置くかには、次のような大まかなルールがあるのです。

❶ **前から修飾**…永続的な性質 or ほかと区別（して分類）
❷ **後ろから修飾**…一時的な状態を説明＊1

これをもとに、先ほどの❶、❷の表現を解釈してみます。

❶（居眠りしない生徒と区別して）**いつも居眠りばかりしている生徒**
❷（ふだんは居眠りしないが）**いま一時的に居眠りしている生徒**

また、2語以上になっても前から修飾している例も多くあります。

❸ **a ten-year-old** girl（10歳の女の子）

❸ の女の子は9歳や11歳など、ほかの年齢と区別して10歳の女の子と言っています。また、2語以上の形容詞を名詞の前に置くときは❸のようにハイフン(-)を用いるのがふつうです。

🏠 available は前から？　後ろから？

available は形容詞で、「入手できる、利用可能な」などの意味で使われますが、名詞の前に置かれる場合と、後ろに置かれる場合とでは意味に違いが生じます。

757 every available means
　…（利用不可の手段と区別して、いつでも）利用できるすべての手段

758 every means available
　…（いま、一時的に）利用できるすべての手段

a red car とは言えても、a car red とはふつう言わないのも納得できますね。だって、「一時的に赤い車」っていうのは不自然です。a red car は白や黒の車と区別して、永続的に赤い車と言っているに過ぎません。

🏠 前に置くか、後ろに置くかで意味の異なる present

present は名詞の前に置くか、後ろに置くかで意味が異なります。

759 people present
　…出席している人々（出席者）

760 my present job
　…現在の仕事

授業でも、会議でも、「出席」とはふつう、一時的なことです。だから、people present のように present は名詞の後ろに置かれ、一時的ということを演出しています。一方、my present job の present は名詞の前に置かれています。ここでは、過去でも未来でもなく、「現在の仕事は予備校講師」のようにほかの時間区分と区別しています。

🏠 形容詞 present にはホントに意味が2つ？

present には、「出席している」と「現在の」とで2つの意味があります。もちろん、ネイティブスピーカーは2つを別々の意味で記憶しているわけで

はありません。presentの基本的な意味はたった1つで、「目の前に(pre-)ある・いる(sent)」っていうこと。この基本イメージがわかればpresentは征服したも同然です。

- ●ボクの目の前に生徒がいる→その生徒は**出席している**
- ●ボクの目の前にある状況→**現在の**状況

根っこからの広がりをがっちりつかんでおきましょう。

> プラスα
>
> ＊1…「後ろから修飾」と言った場合は、She is so pretty. のように補語の位置で用いている形容詞も、Sheを後ろから修飾しているグループに入れることとする。

PART 13 / 3 類似品にはご注意（1）
紛らわしい形容詞の攻略法

respective, respectful, respectable など形容詞には、その意味の判別が紛らわしいものが数多くあります（→ 別 p.109参照）。私自身も受験生のころ、暗記に苦労した記憶があります。単語カードをつくってめくりながら頑張って覚えたのにすぐ忘れてしまう。ここでは、これらの単語を覚えていく際のコツを紹介していきます。

🏠 単語の「おしり」に注目してみる

すべての単語に言えるわけではないのですが、-ful や -able など、単語の「おしり」に注目すると覚えやすくなることがあります。＊2

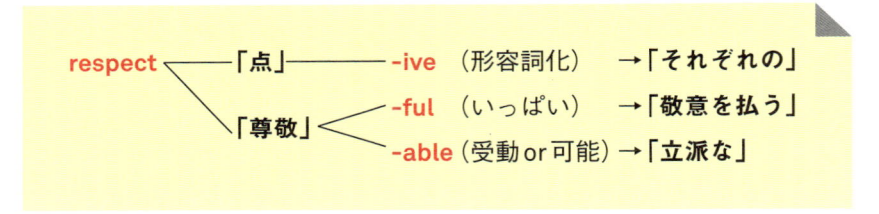

```
respect ─┬─「点」───── -ive  （形容詞化） →「それぞれの」
         │          -ful  （いっぱい） →「敬意を払う」
         └─「尊敬」
                    -able （受動or可能）→「立派な」
```

以上を参照しながら、次からの解説で理解を深めていきましょう。

🏠 「点」から派生の respective

in this respect（この点で）などで使われている respect は「点」という意味。この「おしり」に -ive がついて respective です。

761 The students have their **respective** dreams.
(生徒たちはそれぞれの夢をもっている)

右のイラストのように一点一点を指して「それぞれの」っていう感覚がつかめればOKです。

「尊敬」から派生のrespectful, respectable

-ful は、形容詞 full と考えて「いっぱい」の意味。

beautiful…美しさ＋いっぱい＝「美しい」

careful…注意＋いっぱい＝「注意深い」

こんな具合で考えれば respectful も納得でしょう。

762 You should be **respectful** to your superiors.
（目上の人に対しては敬意を払うべきだ）

respectful…尊敬＋いっぱい＝「敬意を払う」

もうひとつは respectable です。-able や -ible は受動、または可能の意味をもつ接尾辞です。

respectable…尊敬＋されている
　　　　　　　＝「尊敬されている」→「立派な」

「尊敬されている政治家」なら「立派な政治家」とも言えるでしょう。

ちょっと応用してみよう！

forgettable…forget（忘れる）＋able（受動）＝「忘れられている」

763 a **forgettable** name
（忘れられやすい名前）

forgetful…forget（忘れる）＋ful（いっぱい）＝「忘れっぽい」

764 My boss is **forgetful** of names.
（私の上司は人の名前をよく忘れる）

regrettable…regret（後悔）＋able（受動）＝「後悔されるような」

regretful　…regret（後悔）＋ful（いっぱい）＝「後悔している」

regrettable は、It is regrettable that ... のように「人以外」を主語にして使われる形容詞です。一方、regretful は後悔の気持ちでいっぱいなわけですから、感情を抱くことのできる「人」を主語にして I'm regretful for ... のよ

うに用いたり、a regretful face（残念そうな表情）のような使われ方でインプットしておきましょう。

> プラスα
>
> ＊1…-fulや-ableなど、単語の「おしり」の部分を〈接尾辞（せつびじ）〉と呼ぶ。

PART 13 — 4 類似品にはご注意（2）
紛らわしい形容詞の攻略法

🏠 自立心の弱い形容詞

　kind（親切な）、respectable（立派な）など、形容詞はそれ単独で覚えてもいまひとつ意味がピンとこない品詞です。それは、名詞の存在がないと出番のない品詞だからかもしれません。名詞や動詞と比べて、形容詞は自立心が弱いようです。

🏠 形容詞はお得意の立ち位置で！

　1 で学習したように、形容詞は名詞を修飾するのが原則でした。だから、単独で覚えるよりは名詞とセットで覚えたほうが印象に残りやすいのです。名詞から切り離して単独で勝負したら形容詞が泣きます…。

🏠 「虚数」を英語で言うと？

　imaginary…「想像上の」　　imaginative…「想像力に富む」
　imaginable…「想像できる」

　こうやって1語のみで暗記するのはかなりきついので、名詞を道づれにしてみましょう。

- ▶ an **imaginary** number…「架空の数（虚数）」
- ▶ an **imaginative** artist…「想像力豊かな芸術家」
- ▶ the worst crime **imaginable**…「想像しうる最も凶悪な犯罪」

　こうした方が具体的な印象がついて覚えやすくなります（このほかの紛らわしい形容詞は **別** p.109 参照）。

再び単語の「おしり」に注目してみよう

よく知っている単語を使って、簡単に形容詞をつくる方法もあります。

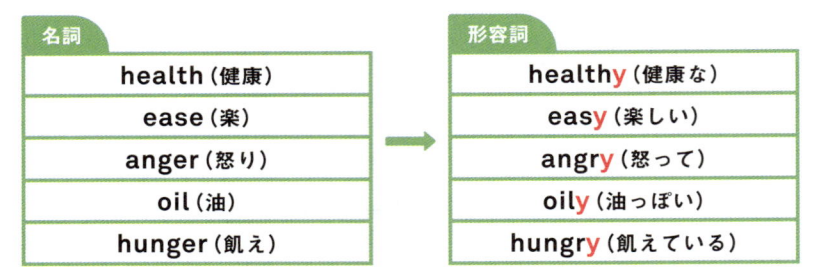

名詞		形容詞
health（健康）	→	health**y**（健康な）
ease（楽）		eas**y**（楽しい）
anger（怒り）		angr**y**（怒って）
oil（油）		oil**y**（油っぽい）
hunger（飢え）		hungr**y**（飢えている）

これらの例からわかるのは、名詞に -y がつくと形容詞になる単語が多いということ。同じような例をもう1つ紹介します。

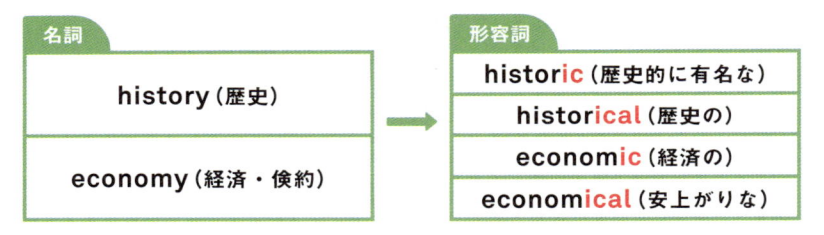

名詞		形容詞
history（歴史）	→	histor**ic**（歴史的に有名な）
		histor**ical**（歴史の）
economy（経済・倹約）		econom**ic**（経済の）
		econom**ical**（安上がりな）

上に挙げたものは、名詞に -ic や -ical がついて形容詞になっている単語。2つの接尾辞で、異なる意味を担当していると考えればよいでしょう。

ゼリー風

あるものにたとえて表現したい場合に、「ゼリー風」とか「子どもっぽい」なんて言いませんか？　「〜風」とか「〜っぽい」っていうのは英語でもよく使われているようです。

- ▶ jelly（名ゼリー）　➡　jelly**like**（ゼリーっぽい）
- ▶ child（名子ども）　➡　child**like**（子どもっぽい）

名詞の語尾についた -like が、ちょうど日本語の「〜風」とか「〜っぽい」にあたります。これから自分で英単語を覚えていくときに、こういった知識も積極的に取り入れていきましょう。

PART 13-5 類似品にはご注意(3)
far from や free from など

far from と free from の使い分けで悩んでいる人は多いようです。でも意外と簡単に片づいてしまいます！

🏠 「防腐剤フリー」から free from A を考える

最近は、健康志向が強く、「天然」とか「無添加」などのキャッチコピーがいろいろ見られるようになりました。そんな中で、人体にあまりよいとはされていない「防腐剤」や「石油系化学物質」などが<u>使われていない</u>ことをアピールする際に、「××フリー」っていう宣伝文句を見たことないですか？ ここでの「フリー」は「無料」という意味ではなく、「(マイナスなものが)ない」という意味で使われています。だから、free from A の A にはマイナス要素が置かれることがほとんどです。

765 She is free from <u>prejudice</u>. （彼女は偏見のない人だ）
　　　　　　　　　　　　マイナス

🏠 far from A は「A からほど遠い」と考える！

766　She is **far from** <u>being happy</u>. （彼女は決して幸せではない）
　　　　　　　　　　　　　　プラス

幸せ(being happy)から(from)ほど遠い(far) ➡ 決して幸せではない

こんなふうに考えれば簡単ですね。free from A とは違って、far from A の A にはプラス要素が置かれることがほとんどです。

🏠 able vs. capable

形容詞の中には、able のように「人」に対して使うのが一般的なものと、capable のように「人」と「モノ」の両方に使える形容詞があります。

767 She was **able** to win the gold medal.
（彼女は金メダルを受賞することができた）

768 He is **capable** of solving this problem.
（彼ならこの問題を解決できる）

769 The airplane is **capable** of supersonic speeds.
（その飛行機は超音速で飛べる）

また、convenientのように「人」を主語にしない形容詞もあるので、ある程度区別できるようになりましょう（→ 別 p.108）。

話し手の確信？　文の主語の確信？

これはちょっとだけハイレベルな使い分けですが、次の例文とイラストを何回も確認すればきっと理解できるはず！

●文を話している人（話し手）の確信

770 John is sure [certain] to say no to your proposal.
（ジョンはキミの提案にいいえと言うよ）

●文のS（ここではI）の確信

771 I'm sure [certain] of your innocence.
　＝ I'm sure [certain] that you are innocent.
（私はあなたが無罪だと確信している）

「文を話している人（話し手）」の確信を示したいときはto V、また「文のS」の確信を示したいときはof～やthat節が使われていることに注目。

PART 13-6 most や almost を攻略しよう

　most of the students, most students, almost all the students などが出てきたらきちんと判別できますか？　mostとalmostは、品詞も意味も大きく異なります。ここでは、それらの区別がしっかりできるように講義していきます。

🏠 most は形容詞と代名詞

　mostは形容詞ですから名詞を直接修飾することが可能です。

772　**most** students　（大半の生徒）

　また、mostには単独で代名詞としての使い方もあるので、次の例のようにwereのSとして働くことができます。

773　**Most** (of the students) **were** ...　（生徒たちの大半は…）
　　　　S　　　　　　　　　　　　V

　英語のSには名詞や代名詞が置かれるのが原則でしたね。

🏠 almost は副詞で「一歩手前」と覚える！

　almostには副詞としての機能しかありません。

774　**almost** all the students　（ほぼすべての生徒）

　副詞であるalmostは、allという形容詞を修飾していると考えます。almostは「一歩手前」の意味で使われる語。「すべて(all)の一歩手前(almost)」なので「ほぼすべて」という意味になっています。
　どうですか？　**772** から **774** をパターン化して暗記するよりは、理解して納得しながら覚えたほうが忘れにくくなっていくと思います。
　次の例文で「一歩手前」のalmostを確認しよう。

775 The child **almost** drank the poison.
（その子どもはあやうく毒を飲むところだった）

「毒を飲む一歩手前→あやうく毒を飲むところ」という広がりです。

🏠 使用上の注意

almost は副詞だと前述しました。では、次の表現はどうでしょう？

776 **almost** everybody　（ほぼすべての人）

everybody は代名詞なので、副詞の almost で修飾することはできないと考えるのがふつうです。なのに…修飾できてしまうのです！　ここでの almost は、everybody の every の部分だけを修飾していると考えるのです。副詞の almost が、形容詞である every を修飾するなら何ら問題ありません。

また some of ... や most of ... のように、「数量を表す語」を of と共に使う場合には注意が必要です。

777 most of **the** students　（生徒たちの大半）

778 some of **these** books　（これらの本の何冊か）

some, most, all などの「数量」を表す単語を A、of の後ろを B とします。このパターンでは、A が部分で B が全体、of はその仕切り役のような働きをしています。その際、B には必ず the, these, my（所有格）などの限定詞がつきます。次のイラストを見てください。

日本全国 ≠ 1年B組

「生徒たちの大半」って言われても、日本全国の「大半」と、1年B組の「大半」では伝わる意味は全く異なってしまいます。つまり、全体を表す B をしっかり限定してあげることで A の意味が明確になるわけです。間違っても（✗）most of students なんて書かないように！

PART 13-7 数量表現

まずは定番の few と little から見てみましょう。また、別 p.111 も参照するとさらに理解が深まります。

🔺 few と a few

few は、**a** がつくか、つかないかで意味は正反対です。

779 few books （ほとんど本が<u>ない</u>）

780 **a** few books （少しは本が<u>ある</u>）

aのつかないfewは否定的、aのつくa fewは肯定的な表現です。bookのような可算名詞と共に使われます。

🔺 little と a little

数えられない名詞と共に使うときは、fewではなく **little** を用います。

781 little sugar （ほとんど砂糖が<u>ない</u>）

782 **a** little sugar （少しは砂糖が<u>ある</u>）

a few であれ a little であれ a がついているほうが肯定的。a は 1 つの具体的な形がイメージできるもの（→ p.422）に用いる語です。たとえ少しでも、その存在がイメージできているから a が使われているのです。

また、a few や a little に **not** がついたのが次の表現です。

783 **not** a few books （かなり多くの本）

784 **not** a little water （かなり多くの水）

これらは文字どおり、少ないイメージのa few を not が否定して、「少なくは (a few) ない (not) → かなり多い」と考えます。

🏠 quite a few で「かなり多くの」?

　quite a few は要注意です！　少ないイメージのa few に強調の quite が足されて「かなり少ない」になると思いきや、「かなり多くの」って、まったく反対の意味になるのです。これは quite a little でも同じことが言えます。なぜでしょう？

親戚のおばさん：「これ、少ないけど…お年玉ね」
少年のころの私：「ありがとう！」

　私はこれを一種の控えめ表現だと思っています。「少ないけど」とか「少しばかりですが」って言うとき、ほんとに少ないと思いながら言ってるわけではないはずです。私のもらったお年玉だって、袋の中には5,000円とか、ときには10,000円などの大金が入っていました。多いことを、多いとは言わない。日本語が得意とするところですが、英語にもそれに相当するものがあるんです。

🏠 manyとmuchのちょっと変わったバリエーション!?

few や little のちょうど反対の意味をもつのが many や much。これだけなら何も難しいことはありません。

785 many a student　　(多くの生徒)

786 a great [good] many students　　(かなり多くの生徒)

複数を表す many と a が一緒になった表現で、かなり違和感があるかもしれません。many a student は「多くの」の意味になっているにもかかわらず、後ろは単数名詞です。やはり、aの直後が複数形の名詞だと、ネイティブスピーカーは違和感を覚えるようです。「複数の」を表す more than one も、意味とは裏腹に more than one person と単数形の名詞が続きます。これも直前の one のせいです。

PART 13
8 特定の名詞と数量表現

英語の名詞の中には「多い」や「少ない」を表現する際に、many, much や few, little などを使わないものもあります。

🏠 high や low を用いる名詞

価格が**高い**
料金が**高い**
賃金〔給与、収入〕が**低い**

price（価格）、fee（料金）、wage（賃金）、salary（給与）、income（収入）などは、日本語でも「高い」か「低い」を用いて表現するのが一般的。これは英語でも同じなんです。high や low で「多い・少ない」を表す名詞は「お金」にまつわる語が多いのが特徴です。

🏠 large や small を用いる名詞

意外と間違いやすいのが population（人口）。population は数えられない名詞として使われる語なので、many ではなく much と一緒に使えばいいと考えてしまうようです。もちろん、どちらも使えません。

787 Tokyo has a **large** population. （東京の人口は多い）

この種の特徴をもつ語には population や number, quantity（= amount）などのように、漠然と「数」や「量」を表す語が多いのが特徴で、large や small を用いて「多い・少ない」を表します。

🏠 heavy や light を用いる名詞

この代表例はやはり traffic でしょう。

788 **heavy** traffic （交通渋滞）

ほかにも、heavy と相性のいい単語はあります。

789 **heavy** snow （吹雪）
790 **heavy** drinker （大酒飲み）
791 **heavy** losses （大損失）
792 **heavy** responsibility （重大責任）

heavy はもともと「重い」を表す語なので、ずっしりした感じがありますね。また、「責任が重い」のように、「重い」はときにマイナスのイメージを生み出します。

light はそれとは反対の方向性です。

793 **light** meal （軽い食事）
794 **light** smoker （タバコをあまり吸わない人）
795 **light** punishment （軽い罪）

🏠 「薄い」もさまざま！

日本語だと、薄い携帯電話も、霧が薄いも、コーヒーが薄いもすべて「薄い」で足りてしまいます。ところが、英語では下の表で示したように、使われる状況によって細かく単語の使い分けが必要になってきます。

薄い		具体例
味	weak	コーヒー・お茶などの含有量が少ない（↔strong）
	thin	牛乳・スープなどが薄い（↔thick）
濃度・密度	thin	霧・髪の毛・空気などが薄い（↔thick）
色	light	色が淡い（↔dark）
厚さ	thin	板・布などが薄い（↔thick）

PART 13
9 形容詞の語順

英語は語順が大切な言葉です。これは語順の制約が比較的ゆるい日本語とは異なる特徴です。この点に関しては、副詞の立ち位置のところでも話題になります（→ p.481）。

🏠 形容詞の語順…まずは大前提から

【冠詞相当語】+【数量】+【性質】+【名詞】
  these   two   old   cars

a, the など（ここでは my, his, this, those, some, every なども含む）に代表される冠詞が語句の先頭に出たがるのは理解できると思います。

形容詞の語順で問題になるのは「数量」や「性質」を表す部分です。

🏠 形容詞の語順…「数量」vs.「性質」

（⭕）these two old cars とは言えても、（❌）these old two cars とは言いません。

どうしてでしょうか？

実は、形容詞を2語以上並べるときは、「変わりやすいもの」から「変わりにくいもの」へと並べるのが基本なのです。いまここに、2台の車があるとします。でも誰かが購入したり、ほかのお店に移動してしまった瞬間に1台になってしまいます。「数量」っていうのは足したり引いたりすればすぐに変化するもの。一方、old という性質はどうでしょう？　古い車は古い車。どうやったって新車にはなりません。つまり、変わりにくいものです。

以下でもう一度確認しましょう。

▶ these **two**（変わりやすいもの）＋ **old**（変わりにくいもの） cars
     数量   性質

形容詞の語順…語順を決めるのは公式？

【よくある公式】

〈冠詞〉 | 評価 | 大小 | 新旧 | 色 | 材料・出所 | 〈名詞〉
a | bad | small | old | red | German | car

「評価→大小→新旧→色→材料・出所の順で形容詞を並べる」っていう公式。私が受験生のころに使っていた参考書には、どれもこれと似たようなことが書かれていました。

形容詞の語順…「性質」の部分だって基本は同じ！

最初に断わっておきますが、a bad small old red German car のような形容詞の羅列を実際に行うことはまずありえません。並べるとしても2〜3語がいいところでしょう。（〇）a small red car なのか（✘）a red small car なのか。実際にはこれくらいの判別ができればOKです。

大きな視点で見てみると、bad や small など見る人によって個人差のあるものから並べ、red や German のように個人差のほとんど出ないものへと並んでいるのがわかります。次のイラストで再確認です。

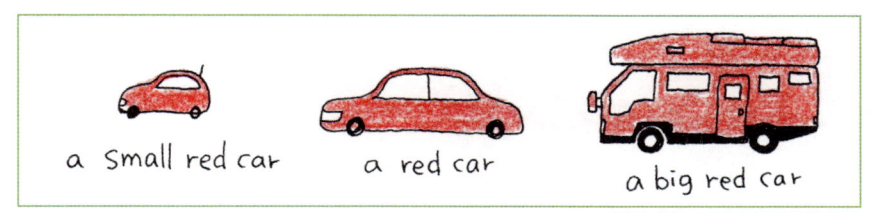

a small red car　　a red car　　a big red car

small や big などの「大きさ」は、どの車を基準にするかによって変わってしまうものです。中央の車は左の車と比べれば大きいですが、右の車と比べると小さくなります。ところが、red という「色」は誰が見ても変化しない性質です。

ここでも「変わりやすいもの」から「変わりにくいもの」へと並べるのが基本だということが理解できると思います。

MEMO

PART 14
副詞

形容詞は名詞という素材に香りづけする、いわばフレーバーのようなものでした。一方、副詞は名詞以外のさまざまな素材に対する香りづけをするものです。この香りづけを間違えるとせっかくの素材も台無しになってしまいます。このフレーバーは繊細な連中が多く、ちょっとだけ厄介です。このPARTで示す副詞のレシピをしっかりマスターすれば、いいシェフになれるはず！

PART 14
1 副詞の働き

副詞の定義

　名詞や動詞はどんな文にも現れ、中心的な意味を構成しました。一方、形容詞や副詞はそれらに追加され、コトバの意味を膨らませるために必要なものです。ここでは、副詞にスポットをあてて講義していきます。

　表現を膨らませる要素のことを一般に修飾語と呼びます。英語の修飾語は、形容詞と副詞の2種類しかないことは、形容詞のところでも学習しました。名詞の意味を膨らますのが形容詞、名詞以外（動詞・形容詞・副詞など）の意味を膨らますのが副詞と考えるのでした。

　以下で、コトバの意味がどんどん膨らむ過程をチェックしてみよう！

❶ 子どもたち＝ children

　　名詞を修飾する形容詞を加えて

❷ 元気な子どもたち
　＝ **cheerful** children

　　名詞以外を修飾する副詞を加えて

❸ とても元気な子どもたち
　＝ **very cheerful** children

　　名詞を修飾する形容詞句＆形容詞節を加えて

❹ 熱心に英語を勉強するとても元気な日本の子どもたち
　＝ **very cheerful** children **in Japan who study English hard**

cheerful は、children という名詞を修飾しているので形容詞です。一方、very は cheerful という名詞以外（ここでは形容詞）の語を修飾しているので副詞と考えればよいのです。

副詞とその立ち位置

副詞はほかの語に比べて、立ち位置が比較的自由です。ただ、次に取り上げるものは、整序問題などで重要になるので要注意です。まずは誰でもわかる文から見ていきましょう。

796 We went there yesterday. （私たちは昨日そこへ行った）
　　　　　　場所　　時

there も yesterday もそれぞれ副詞です。ここから、英語では「場所」「時」の順番で副詞を並べるという法則性が見えてきます。それぞれの要素が長く複雑になってもこの原則は変わりません。別の例も見てみましょう。

797 She is a **very** good student. （彼女は非常に優秀な生徒だ）

good を強調している very はその直前に置かれている。ならば、considerably, really, extremely などの強調の副詞も very と同じ位置に置けばよいとわかる。

798 He is an **extremely** careful driver. （彼は非常に注意深く運転する）

not や never を例に考える

always や sometimes などは「頻度」を表す副詞（ 2 で詳しく）と呼ばれ、その置かれる位置は not や never と同じです。

799 He did **not** go there.

not は一般動詞（go）の前に置かれている。always をどこに置くか迷ったら、同じように考えて、一般動詞 goes の前に置く。

800 He **always** goes there.

PART 14
2 「頻度」や「程度」を表す副詞

副詞にもさまざまな種類があります。
1. very や too のように**強めたり**、a little のように**弱めたりする**　　（強弱）
2. fast や quietly のように「**動作の様子**」をつけ加える　　（様子）
3. here や now のように「**場所**」「**時**」を表す　　（場所や時）
4. never や always のように「**頻度**」を表す　　（頻度）
5. hardly や scarcely のように「**程度**」を表す　　（程度）

ざっと挙げただけでも多くの種類があることがわかると思います。ふだんはこのような分類をいちいち意識する必要はありませんが、意味や用法をしっかり整理しておかないと入試に対応できないものもあるので注意が必要です。

🏠 「頻度」を表す副詞

「あいつはめったに部活に来ない」
「ときどきライブに行く」

ここに出てくる「めったに」や「ときどき」などは「頻度」を表す副詞。これらの語は、おおよその％を把握しておくと便利です。

100%	**always**（いつも）
	usually, generally（たいてい）
75%	
	often, frequently（よく、頻繁に）
50%	
	sometimes, occasionally, now and then（ときどき）
25%	
	rarely, seldom, hardly ever（めったに〜ない）
0%	**never**（決して〜ない）

「程度」を表す副詞

「その氷、完全に溶けちゃってるから使えないよ」
「でも、まだちょっとは残っているよ！」

強意　　**completely, absolutely, entirely**（完全に、まったく）

　　　　very, greatly（とても）
　　　　quite, rather（なかなか）

　　　　slightly（ちょっと）
　　　　hardly, scarcely（ほとんど～ない）

否定　　**not**（まったく～ない）

notの品詞なんてあんまり考えたことがないかもしれませんが、れっきとした副詞。ちなみに「ゼロ」の意味を表すnoは形容詞です。

veryとmuchの使い方

veryもmuchも強調の副詞として、さまざまな語の修飾ができます。強調できる品詞はたくさんあって覚えにくいので、不得意なものに注目すると覚えやすくなるのです。muchは形容詞や副詞の原級だけは修飾が不可で、veryは比較級の強調が不可です。よって、(✘) much beautifulや(✘) much early、(✘) very olderなんて言えません。このことがしっかりと押さえられていれば、次のフレーズが可か不可かがすぐにわかると思います。

- ▶ **very** strong …可（比較級じゃないから問題なし）
- ▶ **much** stronger …可（比較級だからまったく問題なし）
- ▶ **much** too heavy …可（tooは原級じゃないから平気）

tooは原級だと思っている人。tooerやtooestなんていう比較級や最上級がありますか？　ないならtooを原級とは呼ばないのです。

PART 14 - 3 類似品にはご注意
hard と hardly など

形容詞と同様に、副詞にも紛らわしいものがあります。ここでは、それらの用法を正確に理解しておきましょう。

🏠 -ly と副詞の関係

beautiful と beautifully の関係のように、形容詞に -ly がつくと基本的な意味は変化せずに副詞になるものが多いです。しかし、hard と hardly のように全く異なる意味を表すものもあり、入試ではよく狙われています（→ 別 p.118）。ここでは、その代表例を挙げておきます。

hard（かたい、懸命に）→ **hardly**（ほとんど〜ない）

- **801** This stone is hard.　（この石はかたい）
- **802** I can hardly hear her.　（彼女の言っていることがほとんど聞き取れない）

ここでのhardlyは否定語になり、scarcelyと書いても同じ。

high（物理的に高い、高く）→ **highly**（程度の高さを強調）

- **803** The building is 200 feet high.　（そのビルは 200 フィートの高さだ）
- **804** She is highly intelligent.　（彼女は非常に頭がいい）

high は形容詞も副詞も同じ形。highly は程度の高さを強調して「かなり、大いに」などと訳します。

🏠 lately と時制の関係

late は「時間的に遅れて、遅い」の意味を表す語。一方、lately はそれとは異なり「最近」の意味を表します。

- **805** I woke up late this morning.　（今朝はいつもより遅く目が覚めた）
- **806** I haven't seen her lately.　（最近、彼女には会っていない）

実は、この lately（最近）が少々やっかいで、似た語に nowadays, these days, recently など数多くの単語があります。使い方がだいたい同じなのは

nowadays と these days。また、recently と lately が近い関係にあります。入試で狙われるのはこれらの語と**時制との相性**です。

- **nowadays, these days**…現在形と相性がよい＊1
- **recently, lately**…………現在形とはなじまない＊2

このような相性の違いは、同じ「最近」でも、重点が置かれている部分が異なるからです。詳しい使い分けは 別 p.119 も参照しましょう。

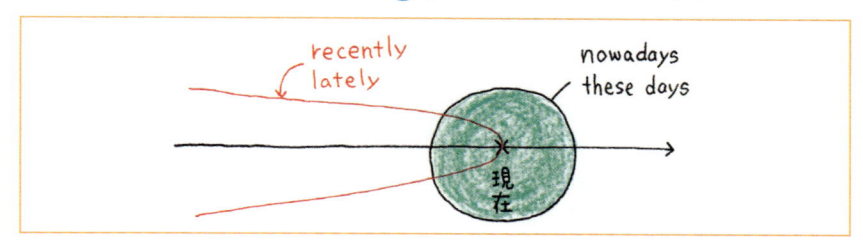

ten years ago と ten years before

ten years ago と ten years before は、日本語に訳してしまえばどちらも「10年前」。しかし、使い方は異なります。

〜 ago は「現在からさかのぼって〜前」と言いたい場合に用いられるのに対し、〜 before は「過去の一時点からさかのぼって〜前」と言いたい場合に使われます。時制に着目すると理解が深まります。

807 She bought the bag two days **ago**.
（彼女は2日前にそのバッグを買った）

808 She had bought the bag two days **before**.
（彼女はその2日前にバッグを買った）

〜 ago は過去形、〜 before は過去完了形と一緒に使われるのが原則です。なお、before が単独で「以前に」の意味を表す場合には、現在完了形や過去形を用いるので注意しましょう。

809 We lived in Yokohama **before.**
（私たちは以前は横浜に住んでいた）

> **プラスα**
>
> ＊1…現在形のほか、現在進行形と共に使われることもある。
> ＊2…recently の「最近」は、現在に近い過去のどこか一点というニュアンスで、過去形で用いられることが多い。一方、lately は、現在に至るまでずっとという継続のニュアンスが強く、現在完了形で用いられることが多い。

PART 14 副詞 so, too, how とその語順、文修飾の副詞、その他

〈so+形容詞+a [an] +名詞〉の公式で納得できる？

この公式が有名だと聞いて、私は学生のころ、懸命に暗記しました。実は、公式なんて覚えなくても成り立ちがわかれば簡単なことだったのです。

1 a beautiful lady

　↓ 副詞の so を追加したい

2 so + a beautiful lady

　↓ 副詞の so は形容詞の beautiful と相性がよいのでそれを前に引っ張り出す

3 so beautiful a lady

これと同じような現象を引き起こす副詞は so のほかに、too や how、さらに比較の際に用いられた as（→ p.388）などがあります。

810　This is too old a custom.　（これはあまりにも古い習わしである）

811　I didn't know how big a problem it was.
　　　（私はそれがどれほど大きな問題なのかをわかっていなかった）

812　I'm as good a cook as she is.　（私は彼女と同じくらい料理がうまい）

文修飾の副詞

〈文修飾の副詞〉は読解の授業でたまに出てくる文法用語。でも、なんだかわかるようでわかりにくい用語です。そんなに神経質になることもないですが、おおよそは理解しておきましょう。

813　Fortunately, no one was hurt in the fire.
　　　（幸いにもその火事でけが人は出なかった）

文修飾になれる副詞には、naturally, certainly, definitely, probably などの判断や確信度を表すものや、fortunately, happily など感情を表すものなど、ある程度の常連組がいます。訳す際の注意は、一部分ではなく、**文の内容**

全体に判断を下すような訳し方をします。それでもイメージがわきにくいなら、それぞれの副詞を形容詞に置き換えて、次のような文を考えてみましょう。

814 Naturally, she wanted an explanation.
（当然ながら、彼女は説明を求めた）

815 It is natural that she wanted an explanation.
（彼女が説明を求めたのも当然だ）

一見、名詞に見えそうな副詞

home, abroad, downstairs, downtown などは名詞と勘違いされることが多い副詞です。

(✗) I want to go **to abroad**.

上の文は abroad を名詞だと勘違いしています。to は前置詞ですから、go to school の school のように、後ろに名詞が置かれるはずです。**abroad は副詞**ですから前置詞の to は不要です。

(◯) I want to go **abroad**.

実は abroad など、上に挙げたような副詞には到達を表す to、または場所を表す in や at のような前置詞の意味がもともと含まれているのです。よって、これらの語の前には、原則として前置詞は不要です。

ちょっと英語に触れていれば abroad に前置詞のついた from abroad のような表現を見かけることがあるでしょう。これを説明するのは比較的簡単です。もともと abroad には「海外へ（到達）」「海外で（場所）」のような意味は含まれていましたが、「海外から（出所）」のような意味はもち合わせていなかったのです。よって、from という前置詞の助けを借りて表現しているわけです。ないものは借りてくるの発想です。結果として abroad が名詞のように見えてしまいますが、意味を補強するための手段なんです。

816 I got a letter from abroad.
（海外からの手紙がきた）

PART 15
特殊構文・その他

本当は「特殊構文」なんて文法用語は使いたくないんです。だって、ネイティブスピーカーにとっては少しも特殊なことではないからです。ボクらだって、「食いてえ、ラーメン」という語順も「ラーメン、食いてえ」という語順もふつうに使いこなしているでしょう。倒置は決して特殊なんかじゃないんです。また、否定は文に対して白・グレー・黒などの濃淡をつけるのに不可欠な要素です。特殊構文を「特殊」だと思わなくなるまで読み込んでください。

PART 15-1 否定について

🏠 not と no ではだいぶ異なる

否定語といって真っ先に思いつくのは not や no だと思いますが、使い方は全く異なります。

817 This apple is not ripe yet. （このりんごはまだ熟していない）

818 I have no books to recommend.
（私にはおすすめできる本がない）

not と no の最大の違いは品詞です。not は副詞、no は「ゼロ」の意味で形容詞で用いるのが原則です。よって、no が否定するのは名詞、not が否定するのは名詞以外の語ということになります。

🏠 否定の種類

否定には大きく分けて2種類あります。

全体否定…例外を一切認めず**100％否定**する（一般的な否定）。
部分否定…**100％とは言い切れません**という感覚を表す。

🏠 部分否定を攻略する！

全体否定はふつうの否定ですからあまり問題にはならないでしょう。ただし、部分否定は見落としやすい項目なので、しっかり攻略しておきましょう。

819 Not every Korean eats Kimchi.
（すべての韓国人がキムチを食べるわけではない）

基本的には、notの後ろに100％を表すような語がくると部分否定になりやすいという原則があります。

100％を表す語とは、always, necessarily, all, every, both, completely, entirely など、例外を一切認めない意味の語を指します。訳すコツは**とにかくぼかす**ことです。

いい人ばかりとは**限らない**→いい人もいれば、悪い人もいる
すべてが悪い**わけではない**→悪いものもあるが、いいものだってある

> いい人ばかりとは限らない　→　いい人もいれば、悪い人もいる

部分否定の原則にはいくつかの補足説明も必要ですが、この点は 別 p.123 を参照しておいてください。

否定語を含まない否定（潜在否定）

契約を白紙に戻す→契約は**なし**
合格からはほど遠い→合格はありえ**ない**

これらは、「〜ない」という直接的な否定を含まずに否定を表しています。直接表現を嫌うことが多い日本語ではおなじみのものです。実は、これと似たような現象が英語にもあるんです（→ 別 p.125）。

820　She is the last person to tell a lie.
（彼女は決してうそをつくような人ではない）

ここでの the last がなぜ否定となるのでしょうか？

last ➡ 順番が一番最後 ➡ 巡ってくる可能性が最も低い

野球のラストバッターは9番目のバッターのことを指しますが、打順が巡ってくる可能性は最も低いはずです（なので打率のよくないピッチャーなどが置かれることが多い）。

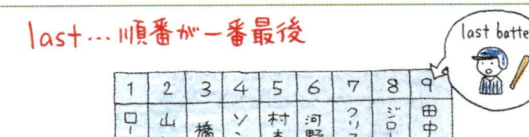

> last…順番が一番最後
> last batter

PART 15　特殊構文・その他

anything but も否定表現としてよく知られています。

821 She was anything but happy to see Bill.
（彼女はビルと会っても少しも嬉しくなかった）

　ここで用いられているbutが「～以外」の意味だと知っていれば攻略は簡単。納豆以外は（but）何でもOK（anything）ということは、納豆だけはどうしても無理だとわかるでしょう。

納豆以外は何でもOK → 納豆だけはどうしても無理
（anything but natto）

PART 15-2 倒置が起こるシステム（1）
任意倒置

　倒置とは簡単に言ってしまえば語句の順番が入れ替わることを指します。しかし、日本語以上に語順を大切にする英語において、テキトーに、なんの意味もなく倒置することはありえません。

🏠 意図があって倒置する（任意倒置）

　語順を入れ替えることに何らかの効果を期待して倒置することがあります。いったいどんな効果を期待するのか？
　❶ 文末焦点（end-focusの原則）
　❷ 予想を裏切り、目立たせる効果（インパクトをもたせる）
　次で、それぞれを詳しく説明していきます。

🏠 強調したいものは前に？

　私が中学生のときに、「強調したいから前に移動！」っていう説明を何度も聞いた覚えがあります。確かに、一部の感情表現などでは感極まって前に語句が移動することがあります。ところが、多くはその反対で、強調したいものは出し惜しみしてなるべく後ろに置くのです。次の例文でアピールしたいのはHereでもcomesでもなく、文末のcarです。

822　Here comes the car.　　（ほら、車が来るよ）

🏠 「桃太郎」の書き出しを英語で！

「むかしむかし、あるところに、お爺さんとお婆さんが住んでいました」からはじまる『桃太郎』の書き出し。

Long, long ago, there lived an old man and his old wife in a village. He went to the mountain to gather woods. She went to the river to wash clothes, when a big peach came floating down the river.

ここで私たちに伝えたいのは「むかしむかし」や「あるところ」じゃないことは明らかです。昔そこにいたのは海賊でも武士でもなく、お爺さんとお婆さんだってことを一番伝えたいのです。これは、ドラマのクライマックスのように、なるべく後ろに引っ張って、出し惜しみする感覚と似ていませんか？

> むかし むかし、あるところに **お爺さんとお婆さんが住んでいました**
> 　　　　　　　　　　　　　　　　　　　　　一番伝えたいのはコレ！

🏠 ここで再びend-focusについて

ここまでのところで、強調したい内容はなるべく後ろに置く性質があることをつかみました。逆に強調したくないもの、または強調する必要のないものはなるべく前に置かれます。一般に英文法の世界では、なるべく後ろに置いて強調される情報を〈新情報〉、反対に、なるべく前の方に置かれる重要度の低い情報のことを〈旧情報〉と言ったりします。

新宿の西口にさあ、河合塾ができたんだよ。
　　旧情報　　　　　　新情報

河合塾がさあ、新宿の西口にできたんだよ。
　　旧情報　　　　　　　新情報

🏠 Impossible is Nothing ってなんだ？

　ある有名なスポーツメーカーのキャッチコピーです。ふつうの語順で書けば、Nothing is impossible. になります。先ほどのend-focusの原則で考えれば、Nothingをより後ろに置くことで強調しています。

> **823**　Impossible is Nothing
> 　　不可能なことなんて……何もない！

でも、はたしてそれだけの理由なのでしょうか？
　ふつう、私たちは〈S＋V ～〉の順番で情報が出てくることを予想しています。この予想をあえて裏切ることで私たちの注意を引きつけることを狙っています。予想外のことをすればどんなことだって目立ちます。このキャッチコピーにはそんな効果も盛り込まれているように思えます。

PART 15 - 3 倒置が起こるシステム(2)
強制倒置

🏠 文法上の関係で倒置する（強制倒置）

否定語句が文頭に出てくると主節は疑問文型の倒置が起こる。入試で倒置が狙われるとすれば、この点の理解を問うものが圧倒的に多いのです。

824 I have **never** seen such a beautiful thing.

Never have I seen such a beautiful thing.
（そんなに美しいものを私は今まで見たことがない）

否定語句が文頭に出てくるとなぜ倒置が起きるのでしょうか？

まずは、neverだけを単純に前に出しただけの文をつくってみます。

（✗）**Never** I have seen such a beautiful thing.

この形だとneverは直後のIを否定しているように見えてしまいます。もちろんIを否定しているわけではありません。否定しているのはhave seenの部分です。そのことを明確にするためにhaveが前に移動し、neverとセットになっているわけです。ちなみに、ここで前に移動する要素は疑問文の場合と同じで、be動詞やcan、will、do、haveなどに限ります。くれぐれも動詞そのものを前に出さないようにに注意して下さい。

🏠 否定語からはじまっているのに倒置しない!?

英文の中には否定語からはじまっているのに倒置しないものがあります。

825 **Not** everyone speaks French.
（みんながフランス語を話すわけではない）

この文は明らかにnotという否定語からはじまっていますが、倒置していません。なぜでしょうか？　ここでのnotは、everyoneのeveryの部分にかかり、部分否定をつくっているだけで、述語動詞speaksを否定しているわけではありません。よって、倒置は起こらないのです。

▶ Not everyone speaks French.
　　└──↑
　　　　S　　　　V　　　O

一般に、主語の中に否定語が含まれているときには倒置しません。

🏠 only は否定語なのか？

only が使われた次の文でも倒置が起きています。

826 **Only** after a long argument **did they agree** to our plan.
　　　　Only 〜　　　　　　　　　　倒置（疑問文の語順）

（長い議論の後でやっと、彼らはわれわれの計画に賛成した）

only は「〜だけ」などと訳されるので、否定という意識はあまりもてないかもしれません。しかし、見方を変えると否定的に解釈できるのです。

　日本だけ (only) が決議に賛成 ➡ ほかの国はみな賛成していない

only はどれか一つのみを取り出すことによって、その他をすべて否定してしまうことになります。かなり影響力の強い語なんですね。

🏠 So is he. と So he is.

827 "She is a great swimmer." （彼女はとても泳ぎがうまい）
　　　 "**So is Sam**." （サムもうまいんだ）
　　　　　　　　新情報

828 "Sam is a great swimmer." （サムはとても泳ぎがうまい）
　　　 "**So he is**." （彼ってホントにうまいよね）
　　　　　　　旧情報

827 で、なぜSamは後ろに置かれているのか？ これも前回やったend-focusの理論で説明できますね。Samっていう人名ははじめて出てきた新情報です。新情報は後ろの方に置かれる傾向がありました。

一方、828 では倒置は起きておらず、ふつうの語順のままです。ここでのheは前に出てくるSamを受けているだけで、新情報ではなく旧情報です。だから倒置する必要もなく、〈S＋V〉の語順が維持されているのです。

PART 15 - 4 〈there be構文〉について

中学生のときにも習った〈there be構文〉。there be 〜で「〜がある」と習う。おまけに文頭のthereは訳さないでOKで、意味なんて全くないとくる…。本当にそうなのでしょうか？

再び『桃太郎』の書き出し

「むかしむかし、あるところに、お爺さんとお婆さんが住んでいました」

この書き出しは前にも出しました（→ p.494）。〈there be構文〉はこの書き出しの情報構造と似ています。実は〈there be構文〉もend-focusの理論ですっきり説明できちゃいます。

829 There is <u>a computer</u> on the desk.　……自然
　　　　　　　新情報（なるべく文末に）

a computerはaからはじまっていることからもわかるように、相手の知らないはじめて出てくる情報（新情報）です。新情報を文頭に置いて次のように書くのは唐突に感じられ、不自然な英文となります。

▶ <u>A computer</u> is on the desk.　……不自然
　　新情報が文頭に？

『桃太郎』での「むかしむかし、あるところに…」が、新情報である「お爺さんとお婆さん…」への橋渡しをスムーズにするような働きをしていました。〈there be構文〉のthere beの部分も、これと同じ働きをしていたのです。

There is my PC on the desk. は不自然な英語！

〈there be構文〉は相手の知らない新情報を表現するためのものです。タイトルにあるThere is my PC ...のように、theやmyなどの所有格を用いた既知の情報（旧情報）を表すような語句を用いることは避けるべきです。

なお、〈there be構文〉ではbe動詞の部分をほかの第1文型動詞に書き換えることも可能です（→ 別 p.126）。

830 There **was** a king. （ある王様が**いた**）
↓
There **lived** a king. （ある王様が**住んでいた**）

また、be動詞の部分に助動詞などを使い、意味をプラスすることもできます。

831 There **are** some mistakes in my translation.
（私の翻訳にはいくつかの間違いが**ある**）
↓
There **must be** some mistakes in my translation.
（私の翻訳にはいくつかの間違いが**あるに違いない**）

🏠 姿を変えた〈there be構文〉

〈there be構文〉でありながら、さまざまな理由で形が変わり、気がつきにくいものがあるので紹介しておきましょう。

❶ 動詞の目的語に組み込まれた〈there be構文〉

832 I want **there** to **be** no trouble.
　　　 want　　　 O　　 to V
（何の面倒も起こらないでほしい）

〈want＋O＋toV〉に〈there be構文〉が組み込まれています。原則、目的語には名詞が置かれるのですが、ここではthereという副詞が置かれている点に注意しましょう。

❷ 〈It ... for A+to V〉構文に組み込まれた〈there be構文〉

833 It is desirable for **there** to **be** no trouble.
（何の面倒も起こらないのが望ましい）

ここでも、不定詞の意味上の主語をつくる前置詞forの後に、副詞のthereが置かれているので違和感があるかと思いますが、正しい英文です。

これらは整序問題などでよく見かける形なのでしっかり覚えましょう。

さくいん

英 語

A

a	422
a few	471
a good [great] deal（比較級の強調）	399
a little	471
a lot（比較級の強調）	399
ability	131
able	468
about	343, 379
above	374
abroad	488
absolutely	483
across	376
adapt	57
add A to B	59
adjust	57
admit	195
against	377
agree	194
agree with	69
～ago	485, 486
air	434
airs	434
all	449, 450, 490
all things considered	237
all＋the＋比較級＋理由表現	402, 404
almost	469
although	276
always	481, 482, 490
among	377
amount	474
an	422
and（等位接続詞）	240, 241
angry	466
another	444, 445
any	450
anything but	492
apply	57
appointment	435
appreciate	195
arm	434
arms	434
arrive	22
as（関係代名詞）	319
as（接続詞）	259
as（前置詞）	53
as ... as ～	387
as ... as any＋単数⒜	393, 394
as ... as ever＋動詞の過去形	394
as ... as possible	398
as ... as S can	398
as far as	273
as if S＋V	176
as long as	273
as many as ～	394
as many＋複数⒜	397
as much as ～	394
as soon as S＋V	270, 341
as to V	205
associate A with B	47
at	345
at ease	346
at least	414
at most	414
at night	346
at one's best	346
at peace	346
audience	431
available	459
avoid	195

B

B as well as A	248
baggage	428
be able to	131
be about to V	108
be dressed in A	77
be going to	106
Be it ever so humble	116
be scheduled to V	109
be supposed to V	108
be to 不定詞	228
be used to＋Ving	149
because	262, 263, 280
because of	280
become	69, 70
～before	485, 486
believe	26, 40
below	375
between	376
beyond	376
be動詞	22
blame	56
borrow	64, 65
borrow＋A＋from B	63
both	490
both A and B	247, 447
both sides	448
bread	427
but（関係代名詞）	319
but（等位接続詞）	240, 241
But for A	175
by	330, 332
by degrees	333
by far（比較級の強調）	399
by far＋the＋最上級	401
by the time S＋V	269, 281
by＋名詞	281

C

C（補語）	18
can（助動詞）	122, 129, 130
cannot help but＋V	152
cannot help＋Ving	152
cannot V ～ too...	151
can't（助動詞）	140
can't/couldn't＋have＋Vp.p.	143
capable	468
care	194
careless	227
cattle	438
certainly	487
chalk	427
chance	437
change trains	437
charge	432
childlike	466
clever	227
client	431
cloth	77
clothes	77
clothing	77
come	22
come up with A	76
comfortable	226
completely	483, 490
consider	26, 40, 195
considerably	481
considerate	227
convenient	468
cost＋O₁＋O₂	28
could	132
criticize	51
cruel	227
custom	435
customer	430
customs	435

D

dangerous	226
dare	154
dare＋V ～	155
day by day	333

501

☐ decide	194
☐ definitely	487
☐ delay	195
☐ deny	195
☐ depart	22
☐ deprive	71
☐ despite	280
☐ determine	194
☐ difficult	226
☐ directly	270
☐ do＋O$_1$＋O$_2$	30
☐ don't have to	135
☐ doubt	66
☐ downstairs	488
☐ downtown	488
☐ draw	72
☐ dress	77
☐ during	279, 360

E

☐ each other	444
☐ easy	226, 466
☐ economic	466
☐ economical	466
☐ either	450
☐ either A or B	247, 448
☐ either side	448
☐ end-focusの原則	493, 494, 495
☐ endow	47
☐ enjoy	195
☐ ～ enough to V	206
☐ entirely	483, 490
☐ escape	195
☐ even（比較級の強調）	399
☐ even if	276
☐ even though	276
☐ every	490
☐ exist	22
☐ expect	194
☐ extremely	481

F

☐ fail	194
☐ fancy	195
☐ far from A	467
☐ far（比較級の強調）	399
☐ far＋the＋最上級	401
☐ fare	433
☐ fee	432, 433, 474
☐ feel（知覚動詞）	26, 36, 38
☐ few	471
☐ find	26, 39, 40
☐ fine	433
☐ finish	195
☐ fit	68
☐ foolish	227
☐ for（前置詞）	51, 357, 360
☐ for（等位接続詞）	244, 263

☐ for fear (that) S＋should [may/might] V ～	267
☐ force	32
☐ forget to V	198
☐ forget Ving	198
☐ forgetful	463
☐ forgettable	463
☐ fortunately	487
☐ forとduringの違い	360
☐ free from A	467
☐ frequently	482
☐ from	48, 348, 350
☐ from abroad	488
☐ furniture	428

G

☐ generally	482
☐ get	22, 26
☐ get dressed in A	77
☐ give up	195
☐ go	22
☐ go with	69
☐ greatly	483
☐ guest	430

H

☐ habit	435
☐ had better	150
☐ had better not V	150
☐ Had it not been for A	174
☐ had to	135
☐ Had＋S＋Vp.p.	169
☐ happily	487
☐ hard	226, 484
☐ hardly	483, 484
☐ hardly ～ when	270
☐ have（使役動詞）	26, 32, 34, 37
☐ have got to	135
☐ have only to＋V	154
☐ have to	133, 134
☐ healthy	466
☐ hear（知覚動詞）	26, 32, 36, 38
☐ heavy	475
☐ hesitate	194
☐ high	474, 484
☐ highly	484
☐ hire	65
☐ hire out	65
☐ historic	466
☐ historical	466
☐ hit on A	76
☐ home	488
☐ hope	194
☐ how（関係副詞）	306
☐ How dare＋S＋V(原形) ～?	154
☐ How I wish	179
☐ however（接続副詞）	282
☐ however（複合関係副詞）	325

☐ hungry	466

I

☐ I wish S＋仮定法過去	178
☐ I wish S＋仮定法過去完了	178
☐ I would [I'd] rather S＋V	180
☐ if（従属接続詞）	255, 256
☐ if ... not	275
☐ If it had not been for A	173, 174
☐ If it were not for A	173, 174
☐ If only	179
☐ If＋S＋should＋V	167
☐ If＋S＋were to＋V	168
☐ if節以外の仮定法の「条件」を表す場合	171
☐ ifの省略と倒置（仮定法）	169
☐ imaginable	465
☐ imaginary	465
☐ imaginative	465
☐ imagine	195
☐ immediately	270
☐ impossible	226
☐ in	334, 337
☐ in case S＋V	268
☐ in order not to V	206
☐ in order that S＋V	266
☐ in order to V	204
☐ in spite of	280
☐ in＋Ving	338
☐ income	474
☐ instantly	270
☐ intend	194
☐ into	49, 379
☐ it	440, 451, 452
☐ It is ... of A to V	226
☐ It is time S＋V（過去形）	180

J

☐ jellylike	466

K

☐ keep	26, 39
☐ kind	227

L

☐ large	474
☐ late	484
☐ lately	484, 485
☐ lay	44
☐ lease	65
☐ leave	22, 26, 39
☐ lend＋O$_1$＋O$_2$	63
☐ lend＋O$_2$ to O$_1$	63
☐ less ... than ～	411
☐ lest S＋should [may/might] V ～	267
☐ lest S＋動詞の原形～	267
☐ let（使役動詞）	26, 32, 34, 37, 65

☐ let alone ~	409
☐ lie	22, 44
☐ light	475
☐ little	471
☐ live	22
☐ loan	65
☐ look forward to A	231
☐ lots (比較級の強調)	399
☐ low	474

M

☐ M (修飾語)	18, 186, 456
☐ make (使役動詞)	26, 32, 33, 37
☐ make friends	437
☐ manage	194
☐ manner	434
☐ manners	434
☐ many	472
☐ mark	72
☐ match	69
☐ mathematics	437
☐ may (助動詞)	122, 123, 124, 140
☐ may (未来時表現)	103, 104
☐ May ~ ?	124
☐ may/might＋have＋Vp.p.	143
☐ may [might] as well＋V	127
☐ may [might] as well＋V_1＋as＋V_2	127
☐ may [might] as well＋V_1...as＋V_2	128
☐ may [might] well＋V	126
☐ mean	194
☐ means	437
☐ meet	79
☐ might (未来時表現)	103, 104
☐ migrate	22
☐ mind	195, 436
☐ miss	195
☐ most	469
☐ move	22
☐ much	472, 483
☐ much (比較級の強調)	399
☐ much less ~	409
☐ much＋the＋最上級	401
☐ must (助動詞)	122, 133, 134, 140
☐ must＋have＋Vp.p.	143
☐ must not	135

N

☐ naturally	487
☐ necessarily	490
☐ need not＋have＋Vp.p.	145
☐ need (一般動詞)	145
☐ need (助動詞)	145
☐ need＋Ving (動名詞)	232
☐ neither	448
☐ neither A nor B	247
☐ never	481, 482

☐ no	483
☐ no less ... than ~	417
☐ no less than ~	413
☐ no matter ~	322
☐ no more ... than ~	416
☐ no more than ~	413
☐ no sooner ~ than...	270
☐ none	449, 450
☐ none of ~	449
☐ none＋the＋比較級＋理由表現	402, 404
☐ not	481, 483
☐ not a few	471
☐ not a little	471
☐ not as ... as ~	411
☐ not less than ~	414
☐ not more than ~	414
☐ not only A but (also) B	247
☐ not so much A as B	396
☐ not so much as V	397
☐ now (that)	263
☐ now and then	482
☐ now that	263
☐ nowadays	485
☐ number	474

O

☐ O (目的語)	18
☐ occasionally	482
☐ occur	76
☐ of	54, 349, 363, 365, 367
☐ of＋抽象⑧	368
☐ off	380
☐ often	482
☐ oily	466
☐ on	55, 335, 340, 342, 353
☐ one	440
☐ one another	444
☐ one by one	333
☐ one thing	445
☐ only	497
☐ onto	380
☐ opportunity	437
☐ or (等位接続詞)	240, 243
☐ other things being equal	237
☐ ought not to＋V	137
☐ ought to	137, 139
☐ out of	380
☐ over	373

P

☐ paint	72
☐ paper	428
☐ passenger	431
☐ patient	431
☐ pay	79
☐ penalty	433
☐ physics	437

☐ pleasant	226
☐ police	438
☐ polite	227
☐ population	474
☐ postpone	195
☐ practice	195
☐ praise	51
☐ present	460
☐ pretend	194
☐ price	432, 474
☐ prices	432
☐ probably	487
☐ promise	194, 434
☐ promising	434
☐ provide	46
☐ provide＋A＋with＋B	45, 46
☐ punish	51
☐ put off	195
☐ put on	77

Q

☐ quantity	474
☐ quit	195
☐ quite	483
☐ quite a few	472
☐ quite a little	472

R

☐ rarely	482
☐ rather	483
☐ really	481
☐ recall	75
☐ recently	485
☐ recollect	75
☐ refuse	194
☐ regret to V	198
☐ regret Ving	198
☐ regretful	463
☐ regrettable	463
☐ remember to V	198
☐ remember Ving	198
☐ remember＋A＋to＋B	75
☐ remind	74
☐ remind A of B	59, 74
☐ remind＋A＋to V	74
☐ rent	64, 433
☐ rent＋A＋from B	64
☐ rent＋O_1＋O_2 [O_2 to O_1]	64
☐ reservation	435
☐ resist	195
☐ respect	462
☐ respectable	463
☐ respectful	463
☐ respective	462
☐ rid	71
☐ risk	195
☐ rob＋A＋of＋B	71
☐ rude	227

503

- ☐ run 78

S

- ☐ S（主語） 18
- ☐ S＋V 18
- ☐ S＋V＋C 19, 23
- ☐ S＋V＋M 18, 22
- ☐ S＋V＋O 23
- ☐ S＋V＋O＋C 20, 26, 31, 39
- ☐ S＋V＋O＋Cの受動態 86
- ☐ S＋V＋O₁＋O₂ 20, 25, 28
- ☐ S＋V＋O₁＋O₂の受動態 86
- ☐ S＋V＋O₂ for O₁ 358
- ☐ S＋V＋O₂ to O₁ 358
- ☐ safe 226
- ☐ salary 474
- ☐ save 29
- ☐ say 61
- ☐ scarcely 483
- ☐ scarcely 〜 when 271
- ☐ see（知覚動詞） 26, 32, 36, 38
- ☐ seek 194
- ☐ seldom 482
- ☐ shall（助動詞） 136
- ☐ Shall I 〜 ? 137
- ☐ Shall we 〜 ? 137
- ☐ should（助動詞） 122, 136
- ☐ should [ought to]＋have＋Vp.p. 144
- ☐ Should＋S＋V 169
- ☐ since（理由を表す接続詞） 262
- ☐ slightly 483
- ☐ small 474
- ☐ smell 26
- ☐ so（等位接続詞） 244
- ☐ so 〜 that S＋V... 205
- ☐ so as not to V 206
- ☐ so as to V 204
- ☐ so far as 273
- ☐ so long as 273
- ☐ so that S＋V 265
- ☐ so＋形容詞＋a [an]＋名詞 487
- ☐ so...that 構文 250
- ☐ some 443, 449, 450
- ☐ sometimes 481, 482
- ☐ spare＋O₁＋O₂ 29
- ☐ speak 60, 62
- ☐ species 437
- ☐ spectator 431
- ☐ stand 22
- ☐ start 22
- ☐ statistics 437
- ☐ stay 22
- ☐ steal 71
- ☐ steal＋A（盗まれるモノ）＋from B 71
- ☐ step by step 333
- ☐ still（比較級の強調） 399
- ☐ still less 〜 409
- ☐ strike 76
- ☐ stupid 227
- ☐ such being the case 237
- ☐ suggest 195
- ☐ suit 68
- ☐ suspect 66

T

- ☐ take off 77
- ☐ talk 60, 62
- ☐ tell 61
- ☐ than（関係代名詞） 319
- ☐ thank 51
- ☐ that（従属接続詞） 249
- ☐ that（代名詞） 440, 451, 452
- ☐ that time 453
- ☐ the 424
- ☐ the instant 270
- ☐ the last 491
- ☐ the minute 270
- ☐ the moment 270
- ☐ the other 443, 444
- ☐ the others 443, 444
- ☐ the second 270
- ☐ the very＋最上級 401
- ☐ the＋比較級＋of the two 402
- ☐ The＋比較級..., the＋比較級〜 405, 406
- ☐ the＋名詞＋of which 296
- ☐ there 481
- ☐ there be 構文 499
- ☐ these days 485
- ☐ thin 475
- ☐ think 26, 40
- ☐ this 451
- ☐ this time 453
- ☐ though（接続詞） 276, 280
- ☐ though（接続副詞） 283
- ☐ through 380
- ☐ till 269, 332
- ☐ to 57, 337, 352, 354
- ☐ to one's delight 356
- ☐ to one's disappointment 356
- ☐ to one's joy 356
- ☐ to one's＋感情⑥ 355
- ☐ to V と Ving の形容詞用法の意味的な違い 201
- ☐ toll 433
- ☐ too 〜 to V 206
- ☐ tough 226
- ☐ traffic 475
- ☐ travel 22
- ☐ try to V 198
- ☐ try Ving 198

U

- ☐ uncomfortable 226
- ☐ under 374
- ☐ unless 273, 275
- ☐ unpleasant 226
- ☐ until 269, 332
- ☐ use 64
- ☐ used to 147, 148
- ☐ usually 482

V

- ☐ V（動詞） 18
- ☐ V＋A＋as＋B 53
- ☐ V＋A＋for＋B 51
- ☐ V＋A＋from＋B 48
- ☐ V＋A＋into＋B 49
- ☐ V＋A＋of＋B 54
- ☐ V＋A＋on＋B 55
- ☐ V＋A＋to＋B 57
- ☐ V＋A＋with＋B 45, 46
- ☐ V＋A＋前置詞＋B 46
- ☐ very 481, 483
- ☐ viewer 431
- ☐ Ving の形容詞用法 188
- ☐ visitor 430
- ☐ Vp.p. の〈完了〉用法 202

W

- ☐ wage 474
- ☐ want 194
- ☐ was [were] able to 132
- ☐ watch（知覚動詞） 32, 36
- ☐ weak 475
- ☐ wear 77
- ☐ weather permitting 237
- ☐ Were it not for A 174
- ☐ Were＋S＋to＋V 169
- ☐ what（関係形容詞） 308
- ☐ what（関係代名詞） 298
- ☐ what（疑問代名詞） 310
- ☐ whatever（複合関係形容詞） 322
- ☐ whatever（複合関係代名詞） 321
- ☐ when（関係副詞） 305
- ☐ when it comes to A 232
- ☐ whenever（複合関係副詞） 325
- ☐ where（関係副詞） 305
- ☐ wherever（複合関係副詞） 325
- ☐ whether（従属接続詞） 255
- ☐ whether にはできるが if にはできない用法 257
- ☐ which（関係形容詞） 309
- ☐ which（関係代名詞） 292
- ☐ whichever（複合関係形容詞） 322
- ☐ whichever（複合関係代名詞） 321
- ☐ while 277, 279
- ☐ who（関係代名詞） 292
- ☐ whoever（複合関係代名詞） 321
- ☐ whom（関係代名詞） 292
- ☐ whomever（複合関係代名詞） 321
- ☐ whose（関係代名詞） 295

☐ why（関係副詞）	306	
☐ will（助動詞）	122, 153	
☐ will（未来時表現）	103, 104	
☐ will have＋Vp.p.	109	
☐ wise	227	
☐ wish	194	
☐ with	46, 370	
☐ With A（仮定法の条件）	175	
☐ with A＋B	220	
☐ Without A（仮定法の条件）	174	
☐ wonder	66	
☐ work	428	
☐ would rather not＋V（原形）	154	
☐ would rather＋V（原形）	154	
☐ Would that	179	
☐ would（助動詞）	147, 148	
☐ write	72	

Y

☐ yesterday	481
☐ yet（等位接続詞）	244

日本語

い

☐ 意味上の主語（動名詞）	213, 214
☐ 意味上の主語（不定詞）	210, 211, 212
☐ 意味上の主語（分詞）	215, 216
☐ 意味上の主語（分詞構文）	217

お

☐ 同じ人〔物〕の中にある２つの性質を比較する表現	410

か

☐ 過去完了形	100
☐ 過去形	96
☐ 過去形と現在完了形の違い	99
☐ 過去分詞（Vp.p.）の形容詞用法	190
☐ 可算名詞	427
☐ 仮定法	158
☐ 仮定法過去	161, 162
☐ 仮定法過去完了	164, 165
☐ 仮定法過去と仮定法過去完了の併用	164, 165
☐ 関係詞	286
☐ 関係詞を選択する手順	291
☐ 関係代名詞	289, 292
☐ 関係代名詞の格変化	290
☐ 関係代名詞の省略	293
☐ 関係代名詞の省略に気がつくためのヒント	294
☐ 関係副詞	289, 290, 305
☐ 関係副詞の省略と先行詞の省略	307
☐ 感情の原因（不定詞の副詞用法）	204
☐ 完全な文	287
☐ 完了形の準動詞	222

き

☐ 疑問詞＋to V	230
☐ 旧情報	82, 494
☐ 強制倒置	496
☐ 強調構文	254
☐ 強調構文で用いられる that	253

け

☐ 形容詞	456
☐ 形容詞の語順	476
☐ 結果（不定詞の副詞用法）	204
☐ 原級	384
☐ 原級を用いた表現	387
☐ 現在完了形	96, 98
☐ 現在完了進行形	99
☐ 現在形	90, 108
☐ 現在進行形	107
☐ 現在分詞（Ving）の形容詞用法	188
☐ 限定用法（形容詞）	457

こ

☐ 交換の for	52

さ

☐ 最上級	384
☐ 最上級相当表現	418
☐ 最上級の強調	401
☐ 3者以上に対して使う代名詞	449

し

☐ 使役動詞	32, 33, 37
☐ 使役動詞を用いた〈S＋V＋O＋C〉	33
☐ 時制の一致	110, 112
☐ 自動詞	42
☐ 修飾語	186, 456
☐ 修飾語（句）	18
☐ 従属接続詞	249
☐ 主語	18
☐ 〈受動〉の意味の分詞構文	208
☐ 受動態	82, 85
☐ 主要助動詞の意味	122
☐ 準動詞	182
☐ 準動詞の時制	221
☐ 準動詞の否定	224
☐ 状態動詞	94
☐ 叙述用法（形容詞）	457
☐ 助動詞	120
☐ 助動詞＋have＋Vp.p.	143, 146
☐ 助動詞の過去形	141
☐ 進行形	93
☐ 進行形とはなじみにくい動詞	94

☐ 新情報	82, 494

す

☐ 推量の助動詞	140

せ

☐ 制限用法（関係詞）	313
☐ 接続詞＋分詞構文	208
☐ 接続詞の that と関係代名詞 that の判別	253
☐ 接続副詞	282
☐ 接尾辞	464
☐ 潜在否定	491
☐ 全体否定	490
☐ 前置詞＋関係代名詞	301

そ

☐ 相互複数	437

た

☐ 第１文型	18, 22
☐ 第２文型	19, 23
☐ 第３文型	23, 24
☐ 第４文型	20, 25, 28
☐ 第４文型と第５文型の判別のコツ	21
☐ 第５文型	20, 26, 31
☐ 第５文型をとる動詞	26
☐ 代不定詞	227
☐ 他動詞	42
☐ タフ構文	225

ち

☐ 知覚動詞	26, 32, 36, 38
☐ 知覚動詞を用いた〈S＋V＋O＋C〉	36
☐ 直説法	158

て

☐ 定冠詞	424
☐ 程度（不定詞の副詞用法）	204
☐ 「程度」を表す副詞	483

と

☐ 等位接続詞	240, 243

等位接続詞と従属接続詞の違い	244
等位接続詞と動詞の一致	247
同格の of	366
同格の that	252
動詞の原形	114, 116
倒置	493, 496
動名詞	182, 188, 193
動名詞を目的語にとる動詞	195
動名詞を用いた重要表現	231
時や条件を表す副詞節中でも will が入るとき	111
時や条件を表す副詞節中の時制	110
独立不定詞	230
独立分詞構文	217

に
| 2者に対して使う代名詞 | 447 |
| 任意倒置 | 493 |

の
| 能動態 | 82 |

は
倍数＋比較級＋than ～	391
倍数表現	390
判断の根拠（不定詞の副詞用法）	204

ひ
比較	384
比較級	384
比較級の強調	399
非制限用法（関係詞）	313
非制限用法の which	314
否定	490
否定語を含まない否定	491
「頻度」を表す副詞	482

ふ
不可算名詞	427
不完全な文	287
複合関係形容詞	322
複合関係詞	321
複合関係代名詞	321
複合関係副詞	325
副詞	480
副詞節	250
副詞とその立ち位置	481
付帯状況の with	219
不定冠詞	422
不定詞	182
不定詞（to V）の3用法の判別方法	187
不定詞（to V）の形容詞用法	186
不定詞（to V）の副詞用法	187
不定詞（to V）の名詞用法	185, 193
不定詞と動名詞で意味に差の出る動詞	198
不定詞の副詞用法	203
不定詞を目的語にとる動詞	194
部分否定	490
分詞	182
分詞形容詞	235
分詞構文	189, 191, 207
分詞構文の訳し方	208
文修飾の副詞	487
文の要素	18
文末焦点	82, 493

ほ
| 補語 | 18 |
| 補語の関係代名詞 | 318 |

み
| 未来完了形 | 109 |
| 未来時表現 | 103, 106 |

め
名詞節	249
命令文＋and...	246
命令文＋or...	246

も
| 目的語 | 18 |
| 目的用法（不定詞の副詞用法） | 203 |

よ
| 要求・提案・命令・主張などを表す that 節中の should | 138 |
| 用途や目的を表す動名詞 | 233 |

れ
| 連鎖関係詞 | 315 |

自信もっていけ！
胸張っていけ！

著者紹介

成川博康
（なりかわ ひろやす）

　河合塾講師。1975年、埼玉県生まれ。
　丸暗記を嫌い、ネイティブスピーカーの思考プロセスのレベルまで掘り下げ、「深める」ことでどんな人でも英語力は飛躍的に伸ばすことができるという独自のメソッドで展開する授業は、生徒からの絶大な支持を得ている。
　「どんな知識も覚えるだけではゴミの山。イメージを大切に、理解しながら『宝の山』に変えよう！」とは先生のモットー。英語の「なぜ」を解き明かすその講義の受講生は1週間に2000人を超え、季節講習会では、締切講座が続出し、キャンセル待ちになるほどの大盛況ぶり。さらに、その授業は河合塾マナビスの講座として全国何万人もの生徒に映像配信されている。河合塾では、早慶上智・難関私大クラスのテキスト作成メンバーとしての活動にも携わる。
　英語、生徒、そしてロックバンド「ポルノグラフィティ」をこよなく愛する河合塾英語科のトップ講師。そんな先生のメソッドをまとめた『成川の「なぜ」がわかる英文法の授業』『深めて解ける！英文法 OUTPUT』『英文解釈のキー構文101（共著）』（すべて学研プラス）は絶賛発売中。

スタッフ

ブックデザイン	グルーヴィジョンズ
イラストレーション	坂木浩子
編集協力	株式会社カルチャー・プロ（野村太希）、山下悠人、石川道子、高木直子、渡辺泰葉、Kathryn A.Craft
著者写真（オビ）撮影	亀井宏明
スタイリング	YUKO（ARCHIVE）
DTP	株式会社　四国写研
印刷所	株式会社　リーブルテック

成川の深めて解ける！英文法 INPUT

要点ハンドブック

本冊の内容のポイントと本冊で扱い切れなかった重要表現をまとめて掲載しています。本冊から取り外して使用できます。ゆっくり丁寧に取り外してください。

Gakken

もくじ

- **PART 01** 動詞の語法と文型 — 002
- **PART 02** 受動態 — 028
- **PART 03** 時制 — 030
- **PART 04** 助動詞 — 034
- **PART 05** 仮定法 — 039
- **PART 06** 準動詞 — 043
- **PART 07** 接続詞 — 053
- **PART 08** 関係詞 — 064
- **PART 09** 前置詞 — 072
- **PART 10** 比較 — 083
- **PART 11** 冠詞・名詞 — 088
- **PART 12** 代名詞 — 100
- **PART 13** 形容詞 — 106
- **PART 14** 副詞 — 117
- **PART 15** 特殊構文・その他 — 123

PART 01　動詞の語法と文型

深める！英文法ポイント 001　第1文型〈S＋V(＋M)〉の形式と意味的特徴

- **形式**…Vの後ろには多くの場合、「場所」などを表す**修飾語句(M)**が続く。
- **意味**…「場所」を表す修飾語句が続く場合、「存在」や「往来発着」の意味を表すことが多い。
- → 「往来発着」とは、「行く(往)」「来る(来)」「出発する(発)」「到着する(着)」などのこと。
  - ▶ The girls made for the exit.　〔女の子たちは出口へと進んだ〕
       S   V   M

深める！英文法ポイント 002　第2文型〈S＋V＋C〉の形式と意味的特徴

- **形式**…Cには形容詞が置かれるほか、動詞がbe動詞やbecomeの場合は名詞も置かれる。
- **意味**…S＝Cが基本。「状態」あるいは「変化」「感覚・印象(・判明)」などの意味がある。
  - ▶ He became worried.　〔彼は不安になった〕
     S   V   C

- ●〈S＋V＋C〉で使われる重要動詞

  ❶ 状態・保持
  - □ be / stand / sit / lie　　　　　　　　「～(の状態)である」
  - □ remain / hold / keep / stay / continue　「～のままである」《保持》

  ❷ 変化
  - □ become / come(望ましい状態に) / fall(陥る感じ) / get(一時的に) /
    go(悪い状態に) / grow(徐々に) / run(悪い状態に) / turn(変化して) / make(～になる)

  ❸ 感覚・印象・判明
  - □ look　　「～に見える」《視覚》　　　　□ feel　　「～に感じる」《触覚》
  - □ sound　「～に聞こえる」《聴覚》　　　□ smell　「～のにおいがする」《嗅覚》
  - □ taste　「～の味がする」《味覚》
  - □ seem《主観的》/ appear《客観的》　「～に思われる、～に思える」
  - □ prove / turn out　「(結果的に)～だとわかる」《判明》
  - → 上記の中で、seem, appear, prove, turn outは、appear **to be**＋Cのようにto beを伴うことがある。

深める！英文法ポイント 003　第2文型〈S＋V＋C〉のgo

goは**「話し手から離れて」**《離反》が意味の中心なので、マイナスのイメージを表す形容詞と相性がよい。goの反対語であるcomeは「話し手の方に近づいてくる」《接近》が意味の中心なので、プラスのイメージの形容詞と相性がよい。

┌─ 第2文型のgoでよく問われるもの ─────────────────────────
│　□ go bad　　　「(食べ物などが)腐る」　　　　□ go bankrupt　「破産する」
│　□ go mad　　　「正気でなくなる」　　　　　　□ go astray　　「道に迷う」
│　□ go sour　　「すっぱくなる、(食べ物などが)腐る」
│　□ go wrong　　「(機械などの)調子が悪くなる、(人が)失敗する、失敗する」
│　□ go dead　　「(機械などが)止まる」　　　　□ go flat　　　「(タイヤが)パンクする」
│　□ go white　　「(顔などが)真っ青になる」　　□ go blank　　「うつろになる」
└──

深める！英文法ポイント 004　五感に基づく印象の表し方

五感から得られる情報は、さまざまな印象を抱かせる。

	視覚	聴覚	触覚	味覚	嗅覚
五感に基づく印象を表す自動詞	look	sound	feel	taste	smell

lookを代表例に、後続の形による表現方法の違いを押さえよう。
- □ look＋形容詞　　　「～（形容詞）のように見える」
- □ look like＋名詞　　「～（名詞）のように見える」
- □ look as if＋S＋V ～　「まるで～のように見える」
  → 主語が《印象の対象》。《印象を抱いている側》を書く場合はto Aで表す。
  ▶ This may sound strange **to you**.　（これはあなたには変な話に聞こえるかもしれない）

深める！英文法ポイント 005　第3文型〈S＋V＋O〉の形式と意味的特徴

- ● **形式**…Oには名詞が置かれる。
- ● **意味**…S≠Oが基本。意味はさまざまだが、**「SがOに（何らかの）影響を与える」**という意味が基本となる。
  ▶ He **made** a song for her.　（彼は彼女のために歌を作った）
  　　S　　V　　　O

深める！英文法ポイント 006　第4文型〈S＋V＋O₁＋O₂〉の形式と意味的特徴

- ● **形式**…O_1、O_2ともに名詞が置かれる。
- ● **意味**…O_1≠O_2が成立。「O_1にO_2を与える」が原則だが、これに該当しないものもある（→深める！英文法ポイント 009）。
  ▶ She **made** me a new dress.　（彼女は私に新しいドレスを作ってくれた）
  　　S　　V　O_1　　O_2

深める！英文法ポイント 007　第4文型をとる主な動詞 ― give型

Part I give型（O_1＋O_2 → O_2 to O_1）

次の動詞は、O_1とO_2の語順を入れ替えた場合、前置詞は to をとり、〈O_2 to O_1〉になる（伝わるニュアンスは変わる）。前置詞 to は**「到達」**を表すので、to が用いられる動詞にはO_1にO_2が何らかの形で「到達」するイメージをもつものが多い。

- □ give 　「O_1にO_2を与える」
- □ lend 　「O_1にO_2を貸す」
- □ offer 　「O_1にO_2を提供する」
- □ pay 　「O_1にO_2を払う」
- □ show 　「O_1にO_2を見せる」
- □ tell 　「O_1にO_2を言う」
- □ award 　「O_1にO_2を授与する」
- □ hand 　「O_1にO_2を手渡す」
- □ leave 　「O_1にO_2（遺産など）を残す」
- □ pass 　「O_1にO_2を手渡す」
- □ send 　「O_1にO_2を送る」
- □ teach 　「O_1にO_2を教える」
- □ write 　「O_1にO_2を書き送る」

▶ They **awarded** him the sum of 1,000 dollars.　（彼らは彼に総額1,000ドルを与えた）

深める！英文法ポイント 008　第4文型をとる主な動詞 —buy型

Part II buy型（$O_1 + O_2 → O_2$ for O_1）

次の動詞は、O_1とO_2の語順を入れ替えた場合、前置詞forをとり、〈O_2 for O_1〉になる（伝わるニュアンスは変わる）。giveは「与える」なので相手に直接届いている（「到達」なのでto）と考えられる。buy「買う」の場合、買っただけでは相手に到達するとは限らない。この種の動詞は**for**をとるものが多い。forの基本イメージが**「意識が向かう先」**であることからもイメージしてみよう。

- □ buy 「O_1にO_2を買ってあげる」
- □ cook 「O_1にO_2を料理してあげる」
- □ get 「O_1にO_2を手に入れてあげる」
- □ sing 「O_1にO_2を歌ってあげる」
- □ choose 「O_1にO_2を選んであげる」
- □ find 「O_1にO_2を見つけてあげる」
- □ make 「O_1にO_2を作ってあげる」

プラスα ask型（$O_1 + O_2 → O_2$ of O_1）

$O_1 + O_2 → O_2$ of O_1 となる動詞はaskを覚えればOK。

▶ He asked **me the question**.　（彼は私にその質問をした）
　　　　　　　O_1　　O_2

＝He asked **the question** of **me**.
　　　　　　　O_2　　　　O_1

深める！英文法ポイント 009　第4文型をとる重要な動詞
　　　　　　　　　　　　　　　　　—「与える」の方向性だけでは難しいもの

〈$S+V+O_1+O_2$〉の第4文型を作る動詞は「授与動詞」と呼ばれ、「O_1にO_2を与える」がその根本的意味になっている。しかし、この原則だけでは説明が難しいものや、意味・用法が紛らわしいものもある。

□ take＋O_1＋O_2 「O_1が（〜するのに）O_2（労力・時間など）を必要とする」

▶ It **took** her three years to write the novel.
（その小説を書くのに彼女は3年かかった）

→ take＋O_1＋O_2「O_1のところへO_2を持って行く」も基本用法として重要。

▶ I **took** him a book.　（私は彼のところに本を1冊持って行った）

□ cost＋O_1＋O_2 「SによってO_1からO_2が消える」が根本。　→ Sは「人以外」が原則。

❶ O_1にO_2（額・費用など）がかかる

▶ This bag **cost** me 10,000 yen.
（このバッグが原因で私の1万円が消えた → このバッグは1万円した）

❷ O_1にO_2（損失・犠牲など）を支払わせる

▶ One mistake can **cost** a person his life.
（1つのミスが原因で人の命が消える可能性がある → 1つのミスで人は命を失うことがある）

→ lose＋O_1＋O_2「O_1にO_2を失わせる」という用法もあるが、O_2には「努力して獲得できるもの（jobやreputationなど）」が置かれる。上の例文はO_2がlifeなのでloseで書き換えることはできない。

□ charge＋O_1＋O_2　「O_1にO_2（金額）を請求する」

▶ The hotel **charged** him 120 dollars for the room.
（ホテルは彼に部屋代として120ドル請求した）

□ deny＋O_1＋O_2　「O_1にO_2を与えない（⇔give）」

▶ Her parents **denied** her the opportunity to go to college.
（両親は彼女に大学に行く機会を与えなかった）

- owe＋O_1＋O_2 （＝owe O_2 to O_1）
  「O_1にO_2を借りている、O_1にO_2(義務など)を負っている」
  ▶ I **owe** my friend $5. （私は友達に5ドル借りている）
→ 「O_1にO_2を借りている→O_2はO_1のおかげだ」と考えて、次のような用例も多い。
  ▶ I **owe** my success to my father.
  （私が成功したのは父のおかげだ）

深める！英文法ポイント 010　第4文型をとる重要な動詞
—「与える」の延長線で考えるが、使い方に注意が必要なもの

- wish＋O_1＋O_2　「O_1にO_2を願う」
  ▶ We **wish** you a merry Christmas.
  （クリスマスのお祝いを申し上げます）
- cause＋O_1＋O_2　「O_1にO_2(苦痛・損害など)をもたらす、与える」
  ▶ His mistake **caused** the company a lot of trouble.
  （彼の過失が会社に多大な迷惑をかけた）
- allow＋O_1＋O_2　「O_1にO_2を与える」
  ▶ His father **allows** him $30 a week as spending money.
  （父親は彼にこづかいとして週に30ドル与えている）
→ cause, allowはO_1とO_2を入れ替えて、〈O_2 for[to] O_1〉とすることがある。forとtoの両方を用いることができる点に注意。
- do＋O_1＋O_2　「O_1にO_2(利益・害など)を与える」
  ▶ Your mistake has **done** me a lot of harm.
  （あなたのミスは私に大きな損害を与えた）
→ この文型で用いるdoではO_2に置けるものがある程度決まっている。プラスの意味ではgood「利益」やfavor「親切なこと」、マイナスの意味ではharm「害」やdamage「被害」などがその代表例。
- leave＋O_1＋O_2　「O_1にO_2を残す、O_1にO_2を残して死ぬ」
  ▶ My father **left** me his house.　（私の父は私に家を残してくれた）

深める！英文法ポイント 011　第4文型をとる重要な動詞 —spareとsave

spareとsaveは、用法・意味に共通点と相違点があるのでしっかり区別して覚えよう。

❶ **spare＋O_1＋O_2**　…「O_1のためにO_2を使わずにとっておく」が根本的な意味。
  (a) O_1にO_2(時間など)を割く（≠save）
  ▶ Could you **spare** me a moment?
  （少しお時間をいただけますか）
  (b) O_1のO_2(時間・手間・お金など)を軽減する、省く（＝save）
  ▶ I could **spare** you the trouble if I called him now.
  （私が今彼に電話してしまえば、あなたの手間が省けるのに）
❷ **save＋O_1＋O_2**　…「O_1のO_2(時間・手間・お金など)を軽減する、省く（＝spare）」
  ▶ If he lends me the money, it will **save** me a trip to the bank.
  （彼がお金を貸してくれたら、私は銀行に出かけずに済む）

深める！英文法ポイント 012　第4文型がとれそうでとれない動詞

次の動詞は、その意味から考えるといかにも「O₁にO₂を〜する」の意味の第4文型がとれそうな気がしてしまうが、**「内容」を表す目的語の1つしか置けない**動詞。「人」などの「相手」を置きたい場合は、〈to＋相手〉のように前置詞toが必要。

- ☐ explain　　　「〜を説明する」
- ☐ introduce　　「〜を紹介する」
- ☐ suggest　　　「〜を提案する」
- ☐ confess　　　「〜を告白する」
- ☐ say / mention　「〜を言う」
- ☐ propose　　　「〜を提案する」

▶ He **explained** the rule **to** me.　（彼は私にその規則を説明してくれた）

深める！英文法ポイント 013　第5文型〈S＋V＋O＋C〉の形式と意味的特徴

● **形式**…Oには名詞、Cには名詞・形容詞・不定詞・分詞などが置かれる。
● **意味**…O＝Cが成立！

❶ SはOがCだと「知覚・認識」する。
  ▶ We consider him honest.　（彼を正直だと思う）
　　S　　V　　　O　　C

❷ Sが原因で、その結果OがCになる。
  ▶ Joy made me angry.　（ジョイは私を怒らせてしまった）
　　S　　V　　O　　C
  ▶ The committee elected him chairman.　（委員会は彼を委員長に選んだ）
　　　　S　　　　　V　　　O　　　C

深める！英文法ポイント 014　〈S＋V＋O＋to V〉の形をとる動詞

〈S＋V＋O＋C〉の第5文型のOとCには**「主語と述語の関係」**が成り立つが、Cに動詞を置くときは、to V（不定詞）とするのが原則。なお、〈S＋V＋O＋to V〜〉の形をとる動詞の根本的な意味は**「SがOに何らかの働きかけをする」**となる。toを右向き矢印（→）で、左側のものが右側のものへと**「到達」**するイメージをもてばわかりやすい。

❶ 命令・助言・説得・勧誘など

- ☐ tell　　　　　　　　　　　　「Oに〜するように言う」
- ☐ advise　　　　　　　　　　 「Oに〜するよう忠告する」
- ☐ warn　　　　　　　　　　　「Oに〜するよう警告する」
- ☐ command / order　　　　　「Oに〜するよう命令する」
- ☐ recommend / request / invite / induce　「Oに〜するよう勧める」
- ☐ encourage　　　　　　　　 「Oに〜するように励ます」
- ☐ persuade　　　　　　　　　「Oに〜するよう説得する」
- ☐ urge　　　　　　　　　　　 「Oに〜するよう促す」
- ☐ lead　　　　　　　　　　　 「Oに〜するように仕向ける、〜させる」
- ☐ tempt　　　　　　　　　　　「Oに〜するよう誘う」

▶ They **advised** us to start early.　（彼らは我々に早く出発するように忠告した）

❷ 願望・依頼・要求など

- □ want / wish / would like 「Oに〜してもらいたい」
- □ desire 「Oに〜するよう強く望む」
- □ expect 「Oが〜するのを当然と思う(→期待する・予期する)」
- □ ask / beg 「Oに〜するように頼む」
- □ require 「Oに〜するよう要求する」

▶ I hadn't **expected** her to leave so early.
(彼女がそんなに早く帰るとは思っていなかった)

❸ させる系

日本語で「させる」といってもさまざまある。意味をしっかり見極めて、使い分けよう。

- □ enable 「Oに〜するのを可能にさせる」
- □ remind 「Oに〜するのを気づかせる」
- □ force / compel 「Oに無理に〜させる《強制》」
- □ cause 「Oに〜させる《因果関係》」
- □ oblige 「Oに〜することを義務付ける、余儀なくさせる」

▶ The loan **enabled** Ken to buy the car. (ローンのおかげでケンは車を買うことができた)

深める！英文法ポイント ⓪⑮ 〈S＋V＋O＋C〉のCに置かれるもの

〈S＋V＋O＋C〉のCに動詞的なものを置く場合には、to Vとするのが原則。しかし、makeやwatchなど、一部の動詞はCの位置にto Vを置かない。これらは原則からはずれるものなので、それぞれに「使役動詞」や「知覚動詞」などの特別な名前をつけ、差別化してインプットする必要がある。Cにどのような形を置くかを知っておくことが大切なポイントとなる。

❶ いわゆる使役動詞のCに置かれるもの

	OとCの関係が《能動》	OとCの関係が《受動》	その他
make（強い働きかけ）	V（動詞の原形）	Vp.p.（過去分詞）	形容詞・名詞
have（依頼して）	V（原形）　→まれにVing	Vp.p.（過去分詞）	
let（自由放任、軽い許可）	V（動詞の原形）	be ＋ Vp.p.　→まれ	

▶ Mom always **makes** me do my homework before I go out.
(遊びに行く前に、いつもママは私に宿題をさせる)
▶ Can I **have** these flowers delivered? (これらの花を運んでもらえますか)
▶ Our teacher **let** us go home. (先生は私たちを家へ帰らせた)

❷ getのCに置かれるもの

getは中途半端な存在。OとCの関係が《能動》の場合は原則通りto Vだが、《受動》の場合はVp.p.となる。

	OとCの関係が《能動》	OとCの関係が《受動》	その他
get（説得して）	to V　→まれにVing	Vp.p.（過去分詞）	形容詞

▶ Let's **get** him to try the new game. (彼にその新しいゲームをやらせてみよう)
▶ We'll **get** the children dressed. (子どもたちに服を着せよう)

❸ **いわゆる知覚動詞のCに置かれるもの**

	OとCの関係が《能動》	OとCの関係が《受動》
see, hear, feel, watch, look at, notice, listen to　など	V(動詞の原形)…動作の一部始終 Ving…動作の一部のみ	Vp.p.(過去分詞)

- ▶ I **saw** her leave ten minutes ago.　（彼女なら10分前に出て行くのを見た）
- ▶ Bob **heard** his name called.　（ボブは自分の名前が呼ばれるのを耳にした）

❹ **keep, leave, findのCに置かれるもの**

この3つの動詞は意味こそ違うが、Cに置けるものの形に共通点が多いので一緒にまとめておこう。

	OとCの関係が《能動》	OとCの関係が《受動》	その他
keep（意識して保つ、保持する）	Ving	Vp.p.(過去分詞)	形容詞・名詞
leave（放っておく、放置する）			形容詞・名詞
find（気づく、わかる）			形容詞・名詞

- ▶ He **kept** us waiting for more than an hour.　（彼は私たちを1時間以上も待たせた）
- ▶ He doesn't **leave** his work half finished.　（彼は仕事を中途半端でやめない）

深める！英文法ポイント 016　〈知覚動詞＋O＋C(Ving)〉と〈知覚動詞＋O＋C(原形)〉の違い

どちらも、OとCの間に《能動》の関係が成り立つ点は同じ。しかし、Vingの場合は「動作の途中・一部」を、Vの場合は「動作の一部始終すべて」を知覚するという違いがある。また、〈知覚動詞＋O＋Ving〉の場合は、知覚動詞そのものを受動態にしてもVingのままだが、〈知覚動詞＋O＋C(原形)〉の場合はV(＝原形)をto Vとしなければならない点に注意。

- ▶ We heard him singing that song.　→㊷He was heard singing that song.
  （私たちは、彼がその歌を歌っているのを聞いた）
- ▶ We heard him sing that song.　→㊷He was heard to sing that song.
  （私たちは、彼がその歌を歌うのを聞いた）

深める！英文法ポイント 017　使役動詞〈have[get]＋O＋C(＝Vp.p.)〉

以下の3つは、OとCの関係が《受動》なので、CにはすべてVp.p.が置かれている。Cに置かれる語によって以下の3パターンに訳し分けよう！

[訳し方の3パターン]

❶ **OをCしてもらう、させる《依頼・使役》** → Sには「人」など意志のあるものが置かれる。
- ▶ I had my printer repaired.　（プリンターを直してもらった）
  　S　V　　O　　　　C

❷ **OをCされる《被害》** → Cにはマイナスイメージの言葉がくる。
- ▶ I had my wallet stolen in the bus.　（財布をバスの中で盗まれた）
  　S　V　　O　　　C

❸ **OをCしてしまう《完了》**
- ▶ I had my homework done over two hours ago.　（2時間以上も前に宿題を終えた）
  　S　V　　O　　　　C

深める！英文法ポイント 018　〈S＋V＋O＋C〉で用いるwant

wantは〈S＋want＋O＋C〉の形でCにto Vが置かれる用法が有名だが、OとCが《受動》の関係の場合にはCにVp.p.が置かれることもある。

❶ S＋want＋O＋to V
- ▶ I **wanted** him to go there.　（私は彼にそこに行ってほしかった）

❷ S＋want＋O＋Vp.p.
- ▶ I **want** this suitcase delivered.　（このスーツケースを配送してもらいたい）
  - → この場合のdeliveredはto be deliveredのto beが省略されたものと考える。

深める！英文法ポイント 019　動詞hopeの重要な語法

☐ hope to V　　　「Vすることを望む」
- ▶ I **hope to** succeed.　（私は成功したい）

☐ hope for A to V　「AがVすることを望む」　→　hope＋O＋to Vの形はとれない。なお、この用法はまれ。
- ▶ I **hope for** you to succeed.　（私は君が成功することを望む）

☐ hope (that) S＋V　「〜であることを望む」　→　don't hope that S＋Vのような否定文にはしない。
- ▶ I **hope** (that) you will succeed.　（私は君が成功することを望む）

深める！英文法ポイント 020　動詞の分類

動詞には自動詞と他動詞があり、同じ動詞で両方の用法をもつものも多い。しかし、数は他動詞のほうが圧倒的に多いので、**自動詞を中心に覚えるのが効率的**。

❶ 自動詞
❷ 他動詞

- ❶ **自動詞**…後ろにO（（代）名詞）を置く場合に、前置詞が必要。
- ❷ **他動詞**…後ろにO（（代）名詞）を置く場合に、前置詞は不要。
  - → 自動詞・他動詞の両方の用法をもつ語も、たいていはどちらかの用法にかたよる。

深める！英文法ポイント 021　自動詞を重点的に覚えよう！

次の自動詞は頻出なので要チェック！

☐ apologize to A(相手) for B(理由)　「BのことでAに謝る」
☐ refer to A　　　　　　　　　　　「Aに言及する」
☐ return to A　　　　　　　　　　「Aに戻る」
☐ reply to A　　　　　　　　　　　「Aに返事をする」
☐ arrive at[in] A　　　　　　　　　「Aに到着する」
☐ argue with A (about B)　　　　　「（Bについて）Aと口論する」　→　「議論する」の意味で他動詞もある。
☐ get to A　　　　　　　　　　　　「Aに到着する」　→　reachは他動詞！
☐ start from A　　　　　　　　　　「Aを出発する」
☐ stay at[in] A　　　　　　　　　　「Aに滞在する」　→　visitは他動詞！
☐ graduate from A　　　　　　　　「Aを卒業する」
☐ participate in A　　　　　　　　「Aに参加する」

- □ enter into A 「A(議論・交渉など)に入る、(契約など)を結ぶ」
  → 物理的に「入る」場合は他動詞。
- □ compete with A 「Aと競争する」
- □ wait for A 「Aを待つ」
- □ disagree with A about[on] B 「AとBについて意見が合わない」
- □ object to A 「Aに反対する(=oppose+O)」
- □ succeed in A 「Aに成功する(⇔fail in A)」
- □ communicate with A 「Aと意志疎通をする」

> **プラスα** 後ろに名詞を単独で置くときは自動詞として働き、前置詞が必要だが、that節などをとる場合には他動詞となるものもある。

- □ complain about[of] A 「Aについての不平不満を言う」
  → about AのAにはnoise, high pricesなどが置かれ「苦情を言う」、of AのAにはpain, headacheなどが置かれ「苦しみを訴える」のような意味合いで用いるのが通例。
- □ hope for A 「Aを望む」
- □ boast about [of] A 「Aを自慢する」
- □ think about[of] A 「Aのことを考える」 → 〈S+V+O+C〉の場合も他動詞。
- □ agree with A 「Aと同じ意見をもつ、賛意を表す、(食物・気候などが)Aに合う」
- □ agree to A 「Aに対して許可を与える、承諾する(≒consent)」
  → Aに「人」は置かない。
- □ marvel at A 「Aに驚く」 → 他の多くの感情動詞は他動詞。(例 delight)
  〈他〉 I **thought** that she was wonderful. (彼女はすばらしいと私は思った)
  〈自〉 I've **thought about** this plan a lot. (この計画についてよく考えた)

深める！英文法ポイント 022　前置詞不要！　狙われやすい他動詞

「自動詞として覚えた記憶はない→他動詞に決まっている→前置詞なんてつくわけない！」という思考回路を確立しよう。入試で狙われやすい他動詞を挙げておく。

- □ obey+O 「Oに従う」
- □ approach+O 「Oに近づく」
- □ oppose+O 「Oに反対する(=object to A)」
- □ visit+O 「Oを訪れる」
- □ accompany+O 「Oに同伴する(=go with A)」
- □ leave+O 「Oを去る」
- □ reach+O 「Oに着く(=arrive at[in] A / get to A)」　※reach for Aもある。
- □ discuss+O 「Oについて議論する(=talk over[about] A)」
- □ mention+O 「Oを話に出す(=refer to A)」
- □ answer+O 「Oに答える(=reply to A)」
- □ consider+O 「Oをじっくり考える(=think about A)」
- □ marry+O 「Oと結婚する(=get married to A)」
- □ attend+O 「Oに出席する、Oに通う」　※attend at[on] Aもある。
- □ resemble+O 「Oと似ている」
- □ search+O 「O(場所やポケット等)を捜す、Oの所持品検査をする」
  → 捜しものを置く場合はsearch for A(捜しもの)。

- [ ] enter+O 「O(建物・部屋など)の中に入る (=go into A)」
  → 議論や交渉などに「入る」という場合は自動詞。
- [ ] inhabit+O 「Oに住む (=live in A)」
- [ ] survive+O 「Oより長生きする、Aを切り抜けて生き残る」

深める！英文法ポイント 023　意外な意味をもつ自動詞

次に挙げる動詞は中学で習うような簡単な動詞でありながら意外な意味をもつ点に注意。

- [ ] work 「正常に機能する→うまくいく、効く」
  ▶ Your idea may **work** well. （君の考えはうまくいくかもしれない）
- [ ] matter (=count) 「重要である」
- [ ] long 「待ち焦がれる時間は長く感じる→切望する」
- [ ] last 「続く (=continue)、もつ」
  ▶ The fine weather **lasted** for five days. （よい天気が5日間続いた）
- [ ] run 「止まらずに連続して流れる→立候補する、続演される」
- [ ] do 「十分である、OKである」
- [ ] pay 「割に合う、得になる」

（プラスα）形は能動態だが、意味は受動態のようになる以下の動詞にも注意。

- [ ] sell 「売れる」
  ▶ We're hoping tickets for the concert will **sell** quickly.
  （そのコンサートのチケットが早く売れるよう願っています）
- [ ] read 「読める、解釈される」
  ▶ This sentence **reads** in two difference ways. （この文は2通りに読める）

深める！英文法ポイント 024　意外な意味をもつ他動詞

- [ ] meet+O 「O(必要性など)を満たす」
  ▶ They found a house that **met** all their requirements.
  （彼らはすべての要求を満たしてくれる家を見つけた）
- [ ] run+O 「Oを経営する、運営する」
  ▶ Her husband **runs** a hotel. （彼女の夫はホテルを経営している）
- [ ] book+O 「Oを予約する」
  → 日本語で約束を二重に入れてしまうことを「ダブルブッキング(double-booking)」という。
- [ ] consult+O 「Oに相談する→O(医者・専門家など)にかかる、O(辞書)をひく」
- [ ] stand+O 「Oを我慢する (≒ bear, endure, tolerate, put up with)」
- [ ] miss+O 「Oがいなくて寂しく思う、Oを見逃す、(電車など)に乗り遅れる(⇔catch)」
  → S＋miss＋Oは、「SにとってOが欠落する」という意味が根本。
- [ ] practice+O 「O(医者・弁護士など)を開業する」　→ 理論を実践するのがpractice。
- [ ] see+O 「(時代・場所などが)Oを目撃する、Oがわかる・Oを理解している」
  ▶ The 1980s **saw** a rapid rise in unemployment. （1980年代は失業率が急上昇した）
- [ ] treat+O (to A) 「Oに(Aを)おごる」
  ▶ I **treated** Dad to lunch at the Ritz. （私はリッツで父にランチをごちそうした）
  → 単に「おごり」という意味の名詞もある。
  ▶ This is my **treat**. （これは私のおごりです）

011

- □ put＋O 「Oを表現する」
- □ sentence＋O 「Oに判決を下す」
  - ▶ The judge **sentenced** her to death. （判事は彼女に死刑を言い渡した）
- □ fire＋O 「Oを解雇する」
- □ fail＋O 「Oを見捨てる → Oの役に立たない」
  - ▶ Her tongue **failed** her.
  - （彼女の舌（＝言葉）が彼女を見捨てた → 彼女は言葉が出なかった）
- □ cover＋O 「O(費用)をまかなう、O(距離)を行く、Oを取材する」
  - ▶ Her income barely **covers** her expenses.
  - （彼女の収入はやっと支出をまかなうだけだ）
  - → Oを覆う(カバーする)が根本。Oに置かれている単語によって訳し分ける。
- □ coin＋O 「O(新語など)を作り出す」
- □ enjoy＋O 「Oを享受する」
- □ drive＋O 「Oを駆り立てる」
  - ▶ I was **driven** by a desire to prove myself.
  - （私は自分の力を証明したいという願望に動かされていた）
- □ produce＋O 「Oを取り出す」
- □ address＋O 「Oに呼びかける、Oに取りかかる」 → 「言葉を向ける」がaddressの根本。
  - ▶ The bill **addresses** the unemployment problem in the state.
  - （その法案は州の失業問題に対処している）

深める！英文法ポイント 025　意味・活用の紛らわしい動詞

❶ riseとraise

〈自〉 rise　　　　「(太陽などが)出る、上昇する」　〔活用〕rise-rose-risen-rising

〈他〉 raise＋O　　「Oを上げる、Oを育てる」　　　　〔活用〕raise-raised-raised-raising

→ 「低いものを高くする」が基本イメージ。

❷ ariseとarouse

〈自〉 arise　　　　「(問題などが)起こる、生じる」　〔活用〕arise-arose-arisen-arising

〈他〉 arouse＋O　　「Oを目覚めさせる」　　　　　　〔活用〕arouse-aroused-aroused-arousing

❸ lieとlay

〈自〉 lie　　　「(平らなところに)〜がある・存在する、(本質などが)〜にある」
　　　　　　　　　　　　　　　　　　　　　　　　〔活用〕lie-lay-lain-lying

〈他〉 lay　　　「(平らなところに)〜を置く→(卵など)を産む」
　　　　　　　　　　　　　　　　　　　　　　　　〔活用〕lay-laid-laid-laying

〈自〉〈他〉 lie　「うそをつく、Oにうそをつく」
　　　　　　　　　　　　　　　　　　　　　　　　〔活用〕lie-lied-lied-lying

❹ sitとseat

〈自〉 sit　　　　「〜が座る」　　　　　　　　　　〔活用〕sit-sat-sat-sitting

〈他〉 seat＋O　　「Oを座らせる、着席させる」　　　〔活用〕seat-seated-seated-seating

深める！英文法ポイント 026　パターンで理解するべき動詞　―〈A＋with＋B〉型をとる動詞

withは**「〜をもって、もっている」**が基本イメージ。「与える」という意味をもつ動詞は〈A＋with＋B〉型をとるものが多いが、この型をとると「与える・供給」および「関連・結合」の意味になる。例えば、provide Japan with oil「日本に石油を**供給**する」は「日本が石油をもって［もっている］」ということになる。「日本が石油をもって［もっている］」ということは、日本と石油には何らかの**関連・関係**があるということ。この流れで意味をとらえよう。

● 〈A＋with＋B〉をとる動詞の中心的意味…「**AがBをもって、もっている**」
  ❶ AにBを与える《与える・供給》
  ❷ AをBと結び付けて考える《関連・結合》

深める！英文法ポイント 027　〈A＋with＋B〉型をとる動詞

❶ **与える・供給**
□ provide［supply］A with B　　「AにBを供給する、与える」
  ▶ We **provided** them **with** food and drink.
  　　　　　V　　　A　　　　B
  （私たちは彼らに食べ物と飲み物を出した）
  → AとBを入れ替えるとprovide［supply］B for（またはto）Aの形となる。
□ present A with B　　　　　「AにBを与える」
□ feed A with B　　　　　　「AにBを供給する、与える」
□ serve A with B　　　　　　「AにBを供給する、与える」
□ trust A with B　　　　　　「AにBを（信頼して）預ける」
□ fill A with B　　　　　　　「AをBで満たす」
□ endow A with B　　　　　「AにBを寄付する」
  → be endowed with Aだと「A（才能）を授けられている」
□ furnish［equip］A with B　　「AにBを備え付ける」
□ burden A with B　　　　　「AにBを負わせる」
□ face A with B　　　　　　「AをB（困難など）に直面させる」

❷ **関連・結合**
□ associate A with B　　　　「AをBと結び付けて考える、AでBを連想する」
□ combine A with B　　　　「AをBと結び付ける」
□ compare A with B　　　　「AをBと比較する」
  ▶ My teacher **compares** me **with** Bob in everything.
  　　　　　　　V　　　　A　　　B
  （私の先生は何かにつけて私とボブを比較する）
  → compare A with Bのwithはtoとなることもある。また、compareは「たとえる」の意味でも用いるが、この場合はtoを用いるのが一般的。
  ▶ Life is often **compared to** a voyage.
  （人生は航海にたとえられることがよくある）
□ identify A with B　　　　　「AをBと同じものとして考える」

深める！英文法ポイント 028　パターンで理解するべき動詞
　　　　　　　　　　　　　　　—〈A＋from＋B〉型をとる動詞

fromの基本イメージは「**出所**」である。例えば、from Saitama「埼玉出身」の人は、「出所は埼玉」ということ。「埼玉を出ている」ということは、今は「埼玉を**離れている**」と言えるだろう。そこから〈A＋from＋B〉は「BからAを**切り離す**」というイメージでとらえよう。

● 〈A＋from＋B〉をとる動詞の中心的意味…「AをBから切り離す」
1. AがBしないようにする《妨害・禁止》
2. AをBから守る《保護》
3. AをBと区別する《区別》
→ 可燃ゴミと不燃ゴミを「切り離す」→分別・区別することになる。

深める！英文法ポイント 029　〈A＋from＋B〉型をとる動詞

❶ 妨害・禁止
Bに置かれるのは基本的にVing（動名詞）。
- □ prevent [keep / stop / hinder] A from B 　「AがBするのを妨げる」
- □ prohibit [forbid / ban] A from B 　　　　「AがBするのを禁止する」
  ▶ Her bankruptcy **prohibited** him **from** going to university.
  　　　　　　　　　　 V　　　　　A　　　B＝Ving
  （彼女の破産で彼は大学に行けなかった）
- □ discourage [dissuade, restrain] A from B 　「AにBするのを思いとどまらせる、やめさせる」

❷ 保護
- □ protect A from B 　　「AをBから守る」
  ▶ The glasses **protect** the eyes **from** the strong sunlight.
  　　　　　　　　V　　　　　A　　　　　　B
  （その眼鏡は強い日差しから目を守ってくれる）
- □ rescue [save] A from B 　「AをBから救う」

❸ 区別・その他
- □ distinguish A from B 　「AをBと区別する」
- □ tell [know] A from B 　「AをBと見分ける」
  ▶ He can't **tell** sheep **from** goats.
  　　　　　　　V　　 A　　　　B
  （彼にはヒツジとヤギの見分けがつかない）
- □ order A from B 　「AをBに注文する」
  ▶ I **ordered** a book **from** France.
  　　　 V　　　　 A　　　　　B
  （私はフランスに本を注文した）

深める！英文法ポイント 030　パターンで理解するべき動詞 ―〈A＋into＋B〉型をとる動詞

intoは、場所であれ状況であれ**「内部への移動」**または**「変化」**が基本イメージ。よって〈A＋into＋B〉型をとる動詞は「AがBの内部に入る」《移動》が基本の意味。そこから「Aが変化してBになる」《変化》のような意味に転じる。〈A＋into＋B〉型はこの「変化」を表すものが多い。

● 〈A＋into＋B〉をとる動詞の中心的意味…「AがBに入る、変化する」

深める！英文法ポイント 031　〈A＋into＋B〉型をとる動詞

□ change [convert, turn] A into B　「AをBに変える」
　▶ Marriage **changed** her **into** a responsible adult.
　　　　　　　　V　　　A　　　　　　B
　（彼女は結婚して責任感のある大人になった）

□ make A into B　　　　　「A（原料）をB（製品）に作り変える」
□ divide A into B　　　　　「AをBに分ける」
□ classify A into B　　　　「AをBに分類する」
□ translate A into B　　　「AをBに翻訳する」
□ put A into B　　　　　　「AをBで言い表す」

深める！英文法ポイント 032　パターンで理解するべき動詞 ―〈A＋for＋B〉型をとる動詞

forは**「ある対象に意識が向かう」**が基本イメージ。例えば、punish her for her rude behaviorなら「彼女の無礼な行為（B）に意識を向けて彼女（A）を罰する」といった感じ。なので「感謝」や「責める・罰する」の意味をもつ動詞が多い。また、「交換」の意味をもつ動詞もこの型をとるものが多いが、意識の向かう先はB、すなわちBに優位なものが置かれる傾向がある。

● 〈A＋for＋B〉をとる動詞の中心的意味…「Bに意識を向けてAを〜する」

❶ Bを理由にAを〜する（「感謝」や「責める・罰する」などの動詞が多い）
→ thank「感謝する」、praise「ほめる」、criticize「非難する」、punish「罰する」などの動詞を「賞罰の動詞」と呼ぶことがある。

❷ AをBと交換する　→　Bに優位なものが置かれる傾向がある。

深める！英文法ポイント 033　〈A＋for＋B〉型をとる動詞

❶ Bを理由にAを〜する（賞罰系）
□ thank A for B　　　　　　　「BのことでAに感謝する」
　▶ Bob **thanked** her **for** her kind letter.　（ボブは彼女に親切な手紙をありがとうと言った）
　　　　　V　　　　A　　　B

□ reward A for B　　　　　　「BのことでAに賞を与える」
□ admire [praise] A for B　　「BのことでAをほめる」
□ blame A for B　　　　　　　「BのことでAを責める」
□ punish A for B　　　　　　　「BのことでAを罰する」
□ scold A for B　　　　　　　「BのことでA（子どもなど）を叱る」
□ criticize [condemn] A for B　「BのことでAを非難する」
□ excuse [forgive] A for B　　「BのことでAを許す」

❷ 交換
- □ exchange A for B 「AをBと交換する」
  → Bに「手に入れたいもの、新しいもの」が置かれる。
- □ pay A for B 「(A(お金))をBに支払う」 → お金を支払って手に入れたいものはB。
- □ sell [buy] A for B 「AをB(お金)で売る(買う)」
  → 売買で意識の向かう先はB(お金)。
  ▶ She **sold** her clothes **for** 2,000 yen. (彼女は自分の服を2,000円で売った)
     V   A   B
- □ substitute A for B 「A(代替品)をB(本来使いたいもの)の代用にする」
  → 本来使いたいものがBに置かれる。
  → AとBを入れ替えるとreplace B(本来使いたいもの) with [by] A(代替品) の形となる。

深める！英文法ポイント 034　パターンで理解するべき動詞 ―〈A＋as＋B〉型をとる動詞

前置詞asの基本イメージは**「イコール(＝)」**。よって〈A＋as＋B〉型の動詞は「A＝B」の関係を強く意識して理解していくとよい。

- □ regard [view / look on [upon] / think of / see / count / take / consider] A as B
  「AをBとみなす」
  ▶ Even today many foreigners **view** the Japanese **as** a hard-working people.
                                    V   A   B
  (今日でも、日本人を勤勉な国民としてみなしている外国人が多い)
  → lookはon[upon]、thinkはofをそれぞれ伴わないと、この形式では使えないので注意。
- □ describe [refer to] A as B 「AをBと言う」
- □ treat A as B 「AをBとして扱う」
- □ accept [acknowledge / recognize] A as B 「AをBと認める」
- □ classify A as B 「AをBとして分類する」
  ▶ **classify** whales **as** mammals (クジラを哺乳類に分類する)
  → classify A into Bだと「AがBに変化する」という印象が強くなる。
  ▶ **classify** books **into** three categories (本を3部門に分類する)
- □ identify A as B 「AをBであると確認する」
  ▶ Her accent **identified** her **as** a Japanese. (なまりで彼女が日本人だとわかった)
                            V   A   B
  → identify A as Bは「確認する、見分ける」という意味合いが強い。identify A with B「AをBと同じものとして考える」という意味合いが強い。区別しておこう。
  ▶ **identify** wealth **with** happiness (富を幸福と同一視する)
- □ imagine A as B 「AをBと想像する」
- □ define A as B 「AをBと定義する」
- □ strike A as B 「AにBであるという印象を与える」
- □ appoint A as B 「AをBに任命する」

深める！英文法ポイント 035　パターンで理解するべき動詞
―〈A＋of＋B〉型をとる動詞

ofは意味の広がりが大きく厄介な前置詞だが、**「(あるものからの)分離」**を基本イメージとしよう。例えば、independent of his parentsは「両親からの独立」で、まさに「離れる《分離》」のイメージ。ただし、離れても両親との関係・関連は残るであろう。これが、ofのもうひとつの側面である**「関係・関連」**の用法につながる。

● 〈A＋of＋B〉をとる動詞の中心的意味…**「AからBを分離する」**　※ofを「分離」または「関連」と考える！
1. AからBを分離・除去する
2. AにBに関して知らせる

深める！英文法ポイント 036　〈A＋of＋B〉型をとる動詞

1 分離・除去

☐ rob A of B　　　　　　　　　「AからBを(力ずくで)奪う」
→ steal A(盗まれるモノ) from B「BからAを(こっそり)盗む」
☐ deprive A of B　　　　　　　「AからBを奪う」　→　権利や能力などを奪う場合に用いる。
☐ strip A of B　　　　　　　　「AからBをはぎとる」
☐ cure A of B　　　　　　　　「AからBを取り除く、AのBを治療する」
▶ The medicine **cured** him **of** his illness.　(その薬のおかげで彼は病気が治った)
　　　　　　　　　V　　　A　　　　B
☐ clear [relieve / rid] A of B　「AからBを取り除く」

2 知らせる

☐ remind A of B　　　　　　　「AにBを思い出させる」
☐ inform[notify] A of B　　　 「AにBを知らせる」
☐ warn A of B　　　　　　　　「AにBを警告する」
☐ assure A of B　　　　　　　「AにBを保証する」
☐ convince[persuade] A of B　「AにBを確信させる」
▶ They **warned** the ship **of** the danger.　(彼らはその船に危険を警告した)
　　　V　　　A　　　　B
→ 上に示した「知らせる」の意味をもつ動詞は〈A＋of＋B〉型で用いられているが、どの動詞もof Bの部分をthat節を用いて言い換えることができる。
▶ He **convinced** me **of** her sincerity.　(彼は私に彼女の誠実さを確信させた)
　　V　　　A　　　B
＝He **convinced** me **that** she was sincere.
　　V　　　A　　　that節

3 その他

☐ ask[require / beg] A of B　「AをBに求める」
☐ expect A of B　　　　　　　「AをBに(当然のこととして)期待する」
▶ You can't **expect** responsible behavior **of** him.
　　　　　　V　　　A　　　　　　　B
(彼に責任のある行動を期待しても無理だ)

深める！英文法ポイント 037　パターンで理解するべき動詞
　　　　　　　　　　　　　　　　　—〈A＋on＋B〉型をとる動詞

onはon the chairのように、何かに触れていることを表す前置詞だが、**「接触（イスに触れている）→依存→基盤・根拠・拠りどころ」**へと意味が展開する。〈A＋on＋B〉型では「接触」の意味より、「AがBにのしかかる」の意味になるものが多い。また、「Bを根拠にAを〜する」となるものもある。

● 〈A＋on＋B〉をとる動詞の中心的意味…「AがBにのしかかる」
① AにBを課す
② A(責任など)をBになすりつける

深める！英文法ポイント 038　〈A＋on＋B〉型をとる動詞

□ impose A on B　　　　「AをBに課す」
□ concentrate A on B　「AをBに集中する」
□ base A on B　　　　　「Aの基礎をBに置く」
□ focus A on B　　　　　「Aの焦点をBに合わせる」
□ congratulate A on B　「BのことでAを祝う」
□ put A on B　　　　　　「AをBに置く、AをBのせいにする」
□ force A on B　　　　　「AをBに押しつける」

　▶ He **forced** his opinion **on** me.　〈彼は自分の考えを私に押しつけた〉
　　　　　V　　　　A　　　　　B

□ place A on B　　　　　「AをBに置く」

深める！英文法ポイント 039　パターンで理解するべき動詞
　　　　　　　　　　　　　　　　　—〈A＋to＋B〉型をとる動詞

toは**「到達」**が基本イメージ。よって〈A＋to＋B〉をとる動詞は**「AをBに到達させる」**が根本の意味となる。そこから**「合わせる」**や**「適応させる」「加える」**の意味が生まれる。例えば、reduce my weight to 60kgは「体重を60キロに到達させる」のように考え、そこから**「制限・限定」**の意味になる。

● 〈A＋to＋B〉をとる動詞の中心的意味…「AをBに到達させる」
① AをBに合わせる
② AをBに加える
③ AをBに制限・限定する

深める！英文法ポイント 040　〈A＋to＋B〉型をとる動詞

① 合わせる
□ adapt A to B　　　「AをBに合わせる」　→　環境や状況への適応。
□ adjust A to B　　 「AをBに合わせる」　→　基準に合わせて調整。
□ apply A to B　　　「AをBに応用する」　→　apply to A「Aにあてはまる」
□ conform A to B　「AをBと一致させる」
□ relate A to B　　　「AをBと関連づける」

② 加える
□ add A to B　　　　「AをBに加える」
□ attach A to B　　 「AをBにつける」

- ☐ leave A to B 「AをBに任せる」
- ☐ devote A to B 「AをBにささげる」
- ☐ expose A to B 「AをBにさらす」

❸ 制限・限定
- ☐ limit A to B 「AをBに制限する」 → 数量における制限。
- ☐ restrict A to B 「AをBに制限する」 → 大きさ・数量・行動などの範囲における制限。
- ☐ confine A to B 「AをBに限定する」 → 範囲における限定が通例。
- ☐ reduce A to B 「AをBに減らす」

深める！英文法ポイント 041　attribute, contribute, distributeのまとめ

この3つの動詞は紛らわしいので、しっかり区別して覚えよう。
- ☐ attribute A to B 「A(結果)をB(原因)のせいにする」
  ▶ He **attributed** his failure **to** his brother.（彼は自分の失敗を兄のせいにした）
      V   A   B
- ☐ contribute A to B 「AをBに寄付する」
  ▶ He **contributed** $100 **to** the fund.（彼は100ドルを基金に寄付した）
      V   A   B
  → contribute to A「Aに貢献する、Aを助長する」も重要。プラス、マイナスどちらの意味でも用いる。Aには「結果」に相当するものが置かれる。
- ☐ distrubute A to[among] B 「AをBに分配する」
  ▶ She **distributed** cookies **to** the children.（彼女は子どもたちにクッキーを配った）
       V   A   B
  → distribute＋A「Aを分布させる」も重要。

深める！英文法ポイント 042　非難・告発のabc(accuse, blame, charge)

以下の3つの動詞は似た意味をもつが、それぞれとる前置詞が異なる。
- ☐ accuse A **of** B 「BのことでAを非難・告発する」
- ☐ blame A **for** B 「BのことでAを責める」
  → blame B on A「BのことでAを非難する、BをAのせいにする」に注意！
- ☐ charge A **with** B 「BのことでAを責める、告発する」

深める！英文法ポイント 043　「言う」に関する重要動詞

「言う」にまつわる動詞は入試頻出。後ろにどんな形がとれるかをしっかり確認しておこう。基本をおさえた後で細かい例外をインプットすればOK。

（Ⅰ）自動詞
❶ **speak**…言葉を発する（一方通行）。
　(プラスα) 「言語」などを目的語にとる場合は他動詞。
　▶ I don't **speak** a word of French.（私はフランス語を一言も話せない）
❷ **talk**…相手を意識して話す（双方向）。
　(プラスα) talk A into[out of] Ving「Oを説得してVさせる（Vさせない）」のtalkは他動詞。
　▶ Tom **talked** his father into buying another car.
　（トムは父親を説得して車をもう一台買わせた）

(Ⅱ) 他動詞

❶ **say＋O** 「O(内容)を伝える」 → 相手を置く場合は〈to＋相手〉の形で！

❷ **tell＋O₁＋O₂** 「O₁(相手)にO₂(内容)を話す」

→ tell A about[of] B「A(相手)にBについて話す」の用法がある。この用法では第4文型をとっていないが、O₁＋O₂ about[of] Aの形もある。tell＋O₁＋(O₂) about[of] A「O₁(相手)にAについて(これからO₂の内容を)話す」のように考えればよい。

▶ He **told** me ⬚ about[of] the accident. （彼は私にその事故について話した）
　　　　V　O₁ O₂ ← これから詳しく語る内容なので書かれていない。

深める！英文法ポイント 044 「貸し借り」に関する重要動詞

(Ⅰ) 無料で

❶ 貸す　…lend＋O₁＋O₂ [O₂ to O₁] 「O₁(相手)にO₂(モノ)を貸す」

❷ 借りる　…borrow A from B 「B(相手)からA(モノ)を借りる」
　　　　　　use＋O 「O(移動不可能なもの)を借りる、その場で使う」

プラスα 借りるものが移動可能なものならborrow、移動不可能なものならuseが一般的とされるが、両者の使い分けはあいまいになっているのが現状。

プラスα lendもborrowもモノの貸し借りにお金の支払いは生じないが、銀行などからお金を貸し借りする際の利子に関しては支払いが生じる。

(Ⅱ) 有料で

❶ 貸す　…rent＋O₁＋O₂ [O₂ to O₁] 「O₁にO₂を貸す」

❷ 借りる　…rent A from B 「BからAを借りる」

▶ We **rented** an apartment from Mr. Brown. （私たちはブラウンさんからアパートを借りた）

プラスα rentは、お金の貸し借りには用いない。

(Ⅲ) その他

❶ **owe＋O₁＋O₂ [O₂ to O₁]** 「O₁にO₂(お金など)を借りている」

→ 状態動詞であることに注意！

▶ I **owe** my father 8,000 yen. （≒ I **owe** 8,000 yen to my father.）
（私は父親に8,000円借りている）

❷ **loan＋O₁＋O₂ [O₂ to O₁]** 「O₁にO₂((有利子で)お金など)を貸す」「O₁にO₂((無料で)モノ)を貸す」

→ 「(個人の所有物を無料で)貸す」という意味でもよく使われる。

▶ I **loaned** him my suit. （私は彼に自分のスーツを貸した）

❸ **hire＋O**

　(a) O(人)を(一時的に)雇う(⇔fire, dismiss…解雇する)

▶ We'll **hire** many young people by the day. （私たちは多くの若者を日雇いするつもりだ）

　(b) O(車・部屋・衣装など)を(有料で一時的に)借りる、貸す

▶ Bob **hired** a car by the hour. （ボブは1時間単位で車を借りた）

❹ **let＋O** 「O(部屋・建物など)を(有料で)貸す」 → 主にイギリス英語。一般的にはrentが用いられる。

▶ We **let** a room to local artists. （私たちは地元の芸術家に部屋を貸している）

❺ **lease＋O** 「O(土地・建物・車など)を(有料で)借りる、貸す」

▶ I **lease** a house to him. （私は彼に家を賃貸しする）

深める！英文法ポイント 045　「許す」に関する重要動詞

「許可」の意味での「許す」もあれば、「罪を許す」の「許す」もある。

❶ **allow＋O＋to V**　「OがVするのを許す」
- ▶ **allow** my son to go out　（息子に外出を許可する）
- → 私的に許可を与える意味合いが強い。（⇔forbid「禁止する」）

❷ **permit＋O＋to V**　「OがVするのを許す」
- ▶ **permit** him to park here　（彼にここへの駐車を許可する）
- → 公式に許可を与える意味合いが強い。（⇔prohibid「禁止する」）

❸ **forgive**（≒excuse）**＋A＋for＋B**　「B（罪・過ちなど）のことでAを許す」
- ▶ **forgive** her for stealing the money　（彼女がお金を盗んだのを許す）

❹ **admit＋O**　(1)「（入ること）を認める、許す」
　　　　　　　 (2)「しぶしぶOを（事実だと）認める（≒acknowledge）」

プラスα　admit「認める」は、言わなかったことや、隠していたことを「表に出す」という含みで用いる。一方acceptは、反対から賛成への変化を表す場合に用いる。
- ▶ Tom **admitted** having broken the window.　（トムは窓を割ったことを白状した）
- ▶ We have to **accept** the fact that he is right.
  （彼が正しいという事実を受け入れなければならない）

深める！英文法ポイント 046　「疑う」に関する重要動詞

「疑う」という意味を覚えているだけでは、使い物にならない！

□ **suspect that S＋V ～**　「（肯定的に）～だと思う（≒think that S＋V ～）」
- → 不審な点などがあり、「～だと思う」の意味。通例、好ましくないことに用いる。
  - ▶ I **suspected** that they were not telling the truth.
    （彼らは本当のことを話していないんじゃないかと思った）

□ **doubt that S＋V ～**　「（否定的に）～ではないと思う（＝ don't think that S＋V ～）」
- → 証拠や確信などがなく、「（事実だとは）思わない」ことを表す。if [whether] 節も置ける。
  - ▶ I **doubt** that Kate will come.　（私はケイトは来ないと思う）

深める！英文法ポイント 047　wonderの語法

❶ **wonder if [whether] S＋V ～**　「～を不思議に思う、疑問に思う」
- → whereやhowなどの疑問詞節も置かれる。
  - ▶ I **wonder** if [whether] he is married.　（彼は結婚しているのだろうか）

❷ **wonder (that) S＋V ～**　「～ということに驚く」
- → この意味ではwonderを名詞として用い、〈It's a wonder (that) S＋V ～〉とするほうが一般的。
  - ▶ I **wonder** (that) she refused.　（彼女が拒絶したとは驚きだ）

深める！英文法ポイント 048　「似合う・合う」に関する重要動詞

□ **fit＋A**　　　　「A（人・モノ）に（サイズなど）が合う」
□ **match＋A**　　「（モノが）A（モノ）に調和する」　→　Aに置かれるのは「モノ」。
- ▶ The carpet **matches** the curtains.　（カーペットがカーテンと調和している）

□ **go with＋A**　「（モノが）A（モノ）に似合っている」　→　Aに置かれるのは「モノ」。

> **プラスα** matchとgo withは似ているが、matchは「色や量などの面で同様である、釣り合っている→調和」、go withは「似合っている」という意味合いが強い。

□ agree with＋A 「(食物・気候など周辺環境が)A(人)に合う」
- ▶ The climate doesn't **agree with** me. 〔ここの気候は私には合わない〕

□ suit＋A 「一式そろっている、合っている、調和している」
- ▶ Red **suits** you. 〔赤がお似合いです〕

□ become＋A 「(言動などが)A(人)ふさわしい、(服装・髪型などが)A(人)に似合う、(変化や成長などによってふさわしい状態に)達する」
→ 他動詞「〜に似合う」の用法は古風でまれ。
- ▶ Your new dress **becomes** you. 〔君の新しい服は似合っています〕

深める！英文法ポイント 049　「記憶」に関する重要動詞

❶ **remind** (人の記憶を刺激して思い出させる)
  (a) A of B 「AにB(過去のこと)を思い出させる」(＝ recall A to B)
  (b) A to V 「Aに(これから)Vすることを気付かせる」

❷ **remember** (意識して過去のことを思い出す→覚えている)
  (a) to VとVingの定番もの
  (b) that S ＋ V
  (c) A to B 「AのことをBによろしく伝える」
- ▶ Please **remember** me to your mother. 〔お母様によろしくお伝えください〕

❸ **その他**…以下はすべて「(意識的に)〜を思い出す」
  (a) recollect＋O
→ 「ばらばらになった過去の記憶を思い出す」が基本で、目的語に不定詞は置けない。
- ▶ I can't **recollect** the details. 〔私は詳細を思い出せない〕
  (b) recall＋O
→ 「過去のことを思い出す」が基本で、目的語に不定詞は置けない。

深める！英文法ポイント 050　「頭に浮かぶ、思いつく」に関する重要動詞

ズバリ、前置詞を必要とする自動詞用法か、そうでない他動詞用法かがポイント。

❶ **strike A** 〈他〉 「(考えなど)がA(人)の頭に浮かぶ」
- ▶ A worrying thought **struck** her. 〔気がかりなことが彼女の心に浮かんだ〕

❷ **occur to A** 〈自〉 「(考えなど)がA(人)の頭に浮かぶ」
- ▶ A worrying thought **occurred to** her. 〔気がかりなことが彼女の心に浮かんだ〕

> **プラスα** come up with A (＝hit on A)は「A(考えなど)を思いつく」の意味で上記の ❶ や ❷ とは主語に置かれる語が異なる。「人」を主語にして以下のように用いる。
- ▶ She suddenly **hit on** the idea. 〔彼女は突然その考えを思いついた〕

深める！英文法ポイント 051　「着用」に関する重要動詞

❶ **wear＋O** 「Oを着ている」《状態》
→ be dressed in A, have A onなどでも似た意味が表せる。
- ▶ John usually **wears** a brown coat. 〔ジョンは普通は茶色のコートを着ている〕

> **プラスα**　wearは状態動詞で用いるのが通例だが、進行形にして使うと、「いつになく」といった一時的な状態を表すことができる。
> ▶ John **is wearing** a brown coat today.　（ジョンは今日、茶色のコートを着ている）

❷ **dress＋O**　「Oに（服などを）着せる」
　(a) be dressed　「着ている、身につけている」《状態》
　　▶ She **was dressed** in a new suit.　（彼女は新しい服を着ていた）
　(b) get dressed　「着る、身につける」《動作》
　→ 上のどちらも、A(洋服など)を置く際にはinを添えてin Aとする点に注意！

❸ **put on＋O**　「Oを着る、身につける」《動作》

深める！英文法ポイント 052　「育つ、育てる」に関する重要動詞

自動詞なのか他動詞なのかを整理。Oに置かれる表現にも注意しよう。

❶ **自動詞**
□ grow up　「成長する、大人になる」　→　grow upに他動詞としての用法はない。
　▶ I just refuse to **grow up**.　（私はどうしても大人になりたくない）

❷ **他動詞**
□ grow＋O　「Oを栽培する」　→　Oに置かれるのは植物。「人」は置けない！
　▶ She **grows** tomatoes in her garden.　（彼女は菜園でトマトを作っている）
→ growを自動詞として用いると、grow upと同様に「成長する、大人になる」の意味。
□ raise＋O　「Oを育てる(＝rear)」　→　人・植物ともにOK。
□ bring up＋O　「Oを育てる」　→　主に親が子どもを育てる場合に用いる。

深める！英文法ポイント 053　「勝つ」に関する重要動詞

日本語の「勝つ」が、英語ではすべてwinだと思ったら大間違い。Oに置かれるものによって次のように使い分けよう。

❶ **win＋O**　「O(試合、戦い、選挙など)に勝つ」
　▶ **win** the game　（試合に勝つ）

❷ **beat＋O**　「O(対戦相手)に勝つ(≒defeat)」
　▶ **beat** the champion　（チャンピオンに勝つ）

深める！英文法ポイント 054　「かく」に関する重要動詞

□ write　「(文字など)を書く」
　▶ He **wrote** the letter in English.　（彼はその手紙を英語で書いた）
□ draw　「(線を引いて絵、地図や図形などを)かく、描く」
　▶ The little girl **drew** a dog on the board.　（少女は黒板に犬を描いた）
□ paint　「(絵の具などで絵など)を描く、塗る」
　▶ She **painted** flowers.　（彼女は(絵の具で)花の絵を描いた）
□ mark　「(印をつける意味で)書く」
　▶ **mark** the sheep　（羊に所有の印をつける）

深める！英文法ポイント 055　「ひく」に関する重要動詞

日本語の「ひく」はさまざまな意味をもつが、英語ではそれぞれの意味に応じて単語を使い分けることが多い。

- □ カーテンを引く（閉める）　　draw a curtain
- □ 〜の注意を引く　　attract[catch / draw] one's attention
- □ 綱を引く　　pull (at[on]) a rope　→　一気に強く引くのがpull、比較的静かに引くのがdraw。
- □ （辞書で）Aを引く　　look A up (in a dictionary)
- □ 辞書を引く　　use[consult / refer to] a dictionary　→　look up a dictionaryとは言わない。
- □ 12から4を引く　　subtract[take] 4 from 12
- □ 価格を2割引きする　　reduce[lower] the price by 20 percent
- □ 風邪をひく　　catch (a) cold
- □ 彼の本から1節を引く　　quote[cite] a passage from his book
- □ ギターを弾く　　play the guitar
- □ 彼は車にひかれた　　He was run over by a car.

深める！英文法ポイント 056　「感覚、知覚」に関する重要動詞

人間は五感を使ってさまざまな事柄を認識するが、そのプロセスは3つに分類される。視覚と聴覚は次の❶〜❸で使われる語が異なるので注意しよう。

	視覚	聴覚
❶ 意識して見る[聞く]	look at / watch	listen to
❷ 意識せずとも自然と見える[聞こえる]	see	hear
❸ ❶や❷に基づく印象を述べる	look	sound

- ▶ I **listen to** the radio.　（ラジオを聴く）
- ▶ He **heard** his name called.　（彼は自分の名前が呼ばれるのを耳にした）
- ▶ The report **sounds** true.　（その報告は本当らしく聞こえる）

→ seeは「見物する、劇場で映画・演劇を見る」の意味では意識的な知覚を表すことがある。
- ▶ I **saw** *Romeo and Juliet*.　（ロミオとジュリエットの舞台を見た）

→ 味覚(taste)、嗅覚(smell)、触覚(feel)に関しては、❶❷❸ で同じ語を用いる。
- ❶ Can I **taste** the soup?　（このスープを味見できますか）
- ❷ I can **taste** the shrimp in it.　（エビが入っている味がする）
- ❸ This **tastes** good.　（これはおいしい）

深める！英文法ポイント 057　「認識、発見」に関する重要動詞

❶ **understand＋O**　…「理解する」を意味する最も一般的な動詞。そこそこの理解から完全な理解までを広くカバーする語。

❷ **realize＋O**　…understand＋accept。しっかり理解し、かつその事実を受け入れている感じ。日本語の「悟る」や「実感する」などが近いイメージ。中途半端な理解の場合には用いない。
- ▶ She **realized** her mistake three days later.
　（3日後になって、彼女は自分の誤りに気づいた）

❸ **recognize＋O** …以前に見た・聞いた・会った経験などから「それだとわかる」という意味で用いる。昔の友達に20年ぶりに会って、「あ、あいつだ！」と気づくときの「わかる」。
▶ I **recognized** him at once. 　（すぐに彼だとわかった）

❹ **see＋O** …「見える」の意味が発展して「わかる」を意味する。この意味では、節を目的語にとることが圧倒的に多い。

❺ **notice＋O** …視覚情報を通じて、偶然に「気づく」という場合に用いることが多い。

❻ **find＋O** …「見つける」を意味する最も一般的な動詞。通例、偶然に「発見する」という場合に用いるが、努力した結果の発見にも用いることがある。また、「気づく、わかる」の意味もある。

❼ **find out＋O** …調査や研究など、外部の情報をもとに「わかる、発見する」という場合に用いることが多い。Oに置かれるのは、事実や情報など形のないもの。
▶ She **found out** that her parents had never been married.
（彼女は両親が結婚していなかったことを知った）

❽ **discover** …隠れているものや新しいことの発見など、プラスの意味での「発見」に対して用いられることが多い。find outと同義で使うこともある。

深める！英文法ポイント 058　takeとbringとfetch

❶ **take＋O** 　「(話し手のところからどこか他の場所に)Oを持って行く」
▶ **Take** an umbrella in case it rains. 　（雨が降るといけないから傘を持って行きなさい）

❷ **bring＋O** 　「(話し手のところに)Oを持って来る、Oを連れて来る」
▶ Did you **bring** your textbook? 　（教科書を持って来た？）

❸ **fetch＋O** 　「Oを行って取って来る、連れて来る」　→take＋bring＝fetch
▶ Please **fetch** a doctor. 　（医者を連れて来てください）

深める！英文法ポイント 059　keepとhold

❶ **keep** 　「(意識して)保つ」
❷ **hold** 　「(つかんだり(押さえたり)しながら、比較的短い時間)保持する」
▶ You can **keep** this DVD. 　（このDVDを(ずっと)持ってていいよ）
▶ Can you **hold** this DVD? 　（このDVDを(ちょっと)持っててくれる？）

→ keepとholdの「保持」の長さは、話者の主観的要素が強いので、あくまで目安程度にしよう。

深める！英文法ポイント 060　「Vするようになる」の表現

「なる」といっても状況に応じてさまざまな使い分けがあるので注意が必要。

❶ **Vし始める**
□ begin to V / start to V…これらは変化の始まりに力点が置かれた表現。
→ Vには動作、状態動詞が置かれる。
▶ When did you **begin to** drive a car?
（いつから車を運転し始めたの→運転するようになったの）

❷ **Vするようになる**
□ come to(≒get to) V…自然の成り行きや、偶然Vするようになる。
→ Vには状態動詞が置かれる。
▶ I **came to** know him. 　（私は彼と知り合いになった）

□ learn to V…学習や経験などを通してVするようになる（結果に重点）
→ Vには動作、状態動詞が置かれる。
▶ She **learned to** swim.　（彼女は泳げるようになった）
❸ **最後にはVするようになる**
□ end up Ving…最終結果に重点を置いた表現。マイナスの結果を表すことが多い。
▶ He **ended up telling** his mother everything.
（彼は結局母にすべてを話すことになった）

深める！英文法ポイント 061　become to Vは存在しない

become to Vという形は存在しないので不可。becomeはcome to beという意味を含む語。したがって、becomeの後ろに不定詞を置くと、~~come to be to V~~のように不定詞の意味が重なってしまう形となり不自然な印象がある。

深める！英文法ポイント 062　〈S＋V＋that S＋V（原形）またはshould＋V〉の動詞

「要求・提案・命令・主張」などの意味をもつ動詞のthat節中では、動詞の原形または〈should＋V〉を使うのが原則。以下に動詞を列挙するが、最重要なのは、suggest, demand, propose, insist, recommendの5つ。

❶ 提案　…suggest / propose
▶ I **suggested** that we take a break.　（私は休憩しようと提案した）
→ suggestを「～とそれとなく言う（示唆する）」という意味で用いる場合はこの形式をとらない。
▶ Her yawn **suggests** that she is sleepy.
（彼女のあくびが眠いことを暗に示している → あくびをするところを見ると彼女は眠いらしい）
❷ 要求　…demand / require / ask / request
❸ 命令　…order / command
❹ 主張　…insist / urge
❺ その他…recommend（勧める）/ decide（決定する）/ advise（忠告する）
▶ My father **demanded** that I (**should**) **give up** stunt flying.
（父は私に曲芸飛行はやめてくれと言った）

深める！英文法ポイント 063　因果関係を表す動詞

以下の表現は、因果関係を導く重要動詞。Sが原因、Oには結果の関係があることを意識する。「（左から右への矢印）→」のイメージをもつとよい。

[因果関係を導く動詞]

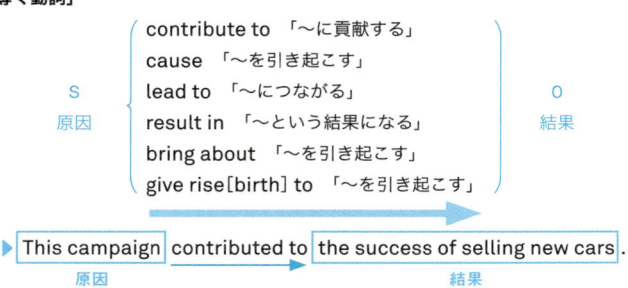

```
                contribute to 「～に貢献する」
                cause         「～を引き起こす」
        S       lead to       「～につながる」       O
        原因    result in     「～という結果になる」  結果
                bring about   「～を引き起こす」
                give rise[birth] to 「～を引き起こす」
```

▶ This campaign contributed to the success of selling new cars.
　　原因　　　　　　　　　　　　結果
（このキャンペーンは、新車販売の成功に貢献した
→このキャンペーンのおかげで、新車販売がうまくいった）

深める！英文法ポイント 064　make＋動作・行為を表す名詞

makeを「（動作・行為）をする」の意味で用いる重要表現を次にまとめるので、覚えておこう。

- □ make a reservation　「予約をする」
- □ make a comment　「発言する」
- □ make a mistake　「間違いをする」
- □ make progress　「進歩する」
- □ make a suggestion　「提案する」
- □ make a visit　「訪問する」
- □ make a choice　「選ぶ」
- □ make a decision　「決心する」
- □ make a promise　「約束をする」
- □ make a speech　「演説（スピーチ）をする」
- □ make a turn　「曲がる」
- □ make arrangements　「準備する」

深める！英文法ポイント 065　appreciateの語法

❶ **意味**　　…Oを（高くor正しく）評価する、感謝する
❷ **注意点**　…Oには「事柄」を置く。　→　「人」を目的語には置けない。
❸ **頻出語法**…appreciate it if S＋V 〜　→　このitは後続の副詞節の内容を受ける。

▶ I would **appreciate** it greatly if you would take the time to help.
　（手伝っていただける時間があると大変ありがたいのですが）

PART 02　受動態

深める！英文法ポイント 066　受動態の形式的な特徴

❶ 受動態は「**能動態のOをSに移したもの**」を出発点とする。よって**受動態になれるのは他動詞**が原則。
- Shakespeare wrote *King Lear*. → *King Lear* was written by Shakespeare.
  　S　　　V(他)　　O　　　　　　　S　　　　V

→ 自動詞runを使ったHe can run fast.のような文ではOがないので受動態を作れない。よって、**自動詞単独では受動態を作ることは不可能**。

❷ 受動態は能動態の場合と比べて**Oが1つ欠けている**。
- (a) 〈S＋V＋O〉を受動態にすると→Oが1つ欠けて→〈S＋V〉
  - Haru composed a song.　（ハルは曲を作った）
    　S　　V　　　O
  - →A song was composed ▭ by Haru.
    　　S　　　　V
- (b) 〈S＋V＋O₁＋O₂〉を受動態にすると→Oが1つ欠けて→〈S＋V＋O₂〉
  - Someone gave the police the information.　（誰かが警察に情報を渡した）
    　S　　　V　　O₁　　　　O₂
  - →The police were given ▭ the information.
    　　S　　　　V　　　　　O₂
- (c) 〈S＋V＋O＋C〉を受動態にすると→Oが1つ欠けて→〈S＋V＋C〉
  - Everyone calls her Emma.　（皆は彼女のことをエマと呼んでいる）
    　S　　　V　　O　　C
  - →She is called ▭ Emma by everyone.
    　S　　V　　　　C

深める！英文法ポイント 067　〈by＋A(行為者)〉が置かれない場合

受動態を使うときに〈by＋A(行為者)〉が置かれないことが多い。その主な理由は次の3つ。

❶ 誰(何)がその行為をしたかをあえて表す必要がない。
- Letters are delivered every day.　（手紙は毎日配達される）
  → 手紙を配達するのがpostmanなのは明らか。

❷ 誰(何)がその行為をしたかが不明。
- This house was built in 1880.　（この家は1880年に建築された）
  → あまりに昔のことでどんな大工さんが建築したかが不明。

❸ 誰(何)がその行為をしたかをあえて言いたくない。
- He was killed ... (by his wife).　（彼は殺害された…(妻に)）
  → 推理小説などでは、犯人がわかっていても言いたくないときだってあるでしょう。

深める！英文法ポイント 068　句動詞の受動態

自動詞単独では受動態を作れないが、〈**自動詞＋前置詞**〉の形（**句動詞**）なら受動態を作れる。その場合、**前置詞の後ろには名詞が1つ不足**した形となる。

▶ Mary was spoken to ☐ by a stranger.
　　S　　V(自)＋(前)

→ このようにspeak to A「Aに話しかける」のように前置詞とセットで句動詞になっている自動詞は、他動詞と同様に受動態を作ることができる。なお、speak toの後ろにあったA(ここではMary)がSに移動したことで、前置詞toとbyが連続してしまうが、**どちらの前置詞も省略できない。**

深める！英文法ポイント 069　受動態で狙われる句動詞

次の句動詞は受動態への書き換えのときに前置詞を落としやすいので、注意しよう。
- ☐ speak to A 　　　　「Aに話しかける」
- ☐ take care of A 　　「Aの世話をする」
- ☐ run over A 　　　　「(車などで)Aをひく」
- ☐ laugh at A 　　　　「Aを笑う」
- ☐ look at A 　　　　　「Aを見る」
- ☐ look up to A 　　　「Aを尊敬する」

深める！英文法ポイント 070　by以外の前置詞と結びつくbe Vp.p.表現

❶ with
- ☐ be satisfied with A 　　　　　　　「Aに満足している」
- ☐ be pleased(＝delighted) with A 　「Aに喜んでいる」
- ☐ be impressed with A 　　　　　　「Aに感動する」
- ☐ be bored with A 　　　　　　　　「Aに飽きる」
- ☐ be fed up with A 　　　　　　　　「Aにうんざりする」
- ☐ be covered with A 　　　　　　　「Aにおおわれている」
- ☐ be filled with A 　　　　　　　　　「Aでいっぱいである」

❷ at
- ☐ be surprised[amazed, astonished] at A　「Aに驚いている」
- ☐ be shocked at A 　　　　　　　　「Aにショックを受ける」

→ 満足やうんざりなどある程度の時間、続く感情には**with**、驚きやショックなど瞬間的な感情には**at**が続く傾向が強い。be disappointed at[with] A(Aにがっかりしている)などはどちらもとる。

❸ in
- ☐ be interested in A 　　「Aに興味がある」
- ☐ be absorbed in A 　　「Aに熱中している」
- ☐ be involved in A 　　　「Aに関わっている」
- ☐ be killed in A 　　　　　「A(戦争・事故など)で死ぬ」
- ☐ be caught in A 　　　　「A(渋滞・雨・嵐など)に遭遇する」
- ☐ be injured in A 　　　　「Aで怪我をする」

深める！英文法ポイント 071　前置詞によって意味・用法に変化のある〈be Vp.p.＋前置詞＋A〉

❶ knownを用いた表現
- ☐ be known to A 　　　「Aに知られている」
  - ▶ Her name **is known to** everybody in Japan. （彼女の名は日本の誰にも知られている）
- ☐ be known as A 　　　「Aとして知られている」
  - ▶ Kyoto **is known as** an international city. （京都は国際的な都市として知られている）
    - → Kyoto＝an international cityの関係が成立。
- ☐ be known for A 　　　「Aで知られている」

- ▶ This area **is known for** its wonderful wines.
  （この地域はすばらしいワインで知られている）
  - → be known as Aとは違い、This area＝its wonderful winesの関係は成立しない。
- □ be known by A 「Aによって判断される」
  - ▶ A man **is known by** the company he keeps.
    （付き合っている友達でその人は判断される） → Aに置かれるのは判断基準。

❷ tiredを用いた表現
- □ be tired of A 「Aにうんざりしている」
  - ▶ I'm **tired of** her criticism. （彼女の批評にはうんざりしている）
- □ be tired from A 「Aで疲れている」
  - ▶ I **was tired from** walking around all afternoon. （私は午後ずっと歩きまわって疲れた）

❸ madeを用いた表現
- □ be made of A 「A（材料）でできている」
  - ▶ This shirt **is made of** silk. （このシャツは絹でできている）
    - → Aには目で見てわかるような材料がくる。
- □ be made from A 「A（原料）から作られる」
  - ▶ Paper **is made from** wood. （紙は木材から作られる）
    - → Aには一見してもそれだとわからないような原料がくる。
- □ be made into A 「A（製品）に作り替えられる」
  - ▶ Grapes can **be made into** wine. （ぶどうからワインが作れる）

PART 03　時制

深める！英文法ポイント 072　現在形

現在形は**いつも変わらない、安定している**ことを表す。　→　いつも成り立つ事柄に使う。

❶ いつも変わらない習慣
- ▶ John usually **leaves** for work at 8 a.m. （ジョンはいつも午前8時に仕事へ向かう）

❷ いつも変わらない状態
- ▶ I **like** tea, but I **don't like** coffee. （紅茶は好きだが、コーヒーは嫌い）

❸ いつも変わらない性質・事実（不変の真理・社会通念・ことわざ）
- ▶ Light **travels** faster than sound. （光は音より早く伝わる）

❹ （いつも変わらないので）確実な未来の予定（公的なダイヤ・スケジュールなど）
- ▶ The plane **leaves** at 9 a.m. （その飛行機は午前9時に出る）

→ ❶、❷、❸、❹ の根本的なイメージは同じだと理解しよう。

深める！英文法ポイント 073　過去形

過去形は**切れている、離れている**感じを表す。

❶ 現在と切れている…過去のこと
- ▶ She **lived** from 1756 to 1791. （彼女は1756年から1791年まで生きていた）

❷ 現実から離れている…仮定法過去として
- ▶ I wish I **were** a bird. （私が鳥ならばなあ）

❸ 人間関係が離れている…丁寧表現として
  ▶ **Would** you join our club?　（私たちのクラブに入会しませんか）
→ ❶ の基本イメージがつかめていれば、❷ の仮定法や ❸ の丁寧表現も理解できる。

深める！英文法ポイント 074　未来時を表すさまざまな表現

英語には**未来を表す一定の形は存在しない**。よって、さまざまな表現を借りて未来時を表す。形が異なれば、伝える意味も異なる。それぞれの未来時表現が伝える意味をしっかり理解し、深めておくこと。

❶ **will** …(a) その場での意志表明→(b)「(漠然と)きっと～だろう」という推量
  ▶ I have left the window open. I **will** go and shut it.
  （窓を開けっぱなしにしてしまった。閉めに行こう）
❷ **be going to V** …(a)「～することになっている」というあらかじめ決まっている予定
  　　　　　　　→(b)「(根拠・兆候などをもとにした)きっと～だろう」という推量
  ▶ She **is going to** have a baby on the 7th.　（彼女は7日に出産の予定だ）
❸ **現在進行形** …すでに周囲との調整や準備が完了し計画済みの確実な予定(≒be going to)
  ▶ I **am moving** to China next year.　（来年、私は中国に引っ越します）
❹ **現在形** …時刻表や公的なスケジュールなど
  ▶ The plane **leaves** at 9 a.m.　（その飛行機は午前9時に出ます）
❺ **be about to V** …まさにVするところだ(目前に差し迫ったこと)
  ▶ My father **is about to** leave.　（私の父はまさに出かけるところだ）
❻ **be scheduled to V** …Vすることが計画されている

深める！英文法ポイント 075　進行形

ある行為が行われている**最中・途中**であることを表す。原則、状態動詞とはなじまない。

❶ ある行為が行われている最中・途中
  ▶ She **is driving** to work.　（彼女は車に乗って仕事に向かっている）
❷ 一時的な状態を強調
  ▶ He **was** just **being** silly.　（彼はちょっとふざけていただけだった）
❸ 不快感やいら立ちまたは賞賛、話者の感情…alwaysなどの反復を表す語と共に使うのが通例。
  ▶ Miho **is** always **watching** television.
  （ミホはいつもテレビばかり見ている→テレビの見すぎ）
❹ すでに周囲との調整や準備が完了し、計画済みの確実な予定(≒be going to)
  ▶ We **are leaving** for Kyoto tomorrow.　（私たちは明日京都に向けて出発します）
❺ まだ終わっていない(～しつつある)
  ▶ She **is drowning** in the lake.　（彼女は湖で溺れかかっている）
→ die「死ぬ」、drown「溺れ死ぬ」、stop「止まる」といった動詞を進行形で用いると「～しつつある→まだ～していない」といった意味合いになる。

深める！英文法ポイント 076　進行形になりにくい動詞(状態動詞)

次の動詞は**状態動詞**と呼ばれ、進行形にはなりにくいとされる。現在形は「いつも変わらない」イメージで「静的」であるのに対し、進行形は「最中・途中」のイメージで「動的・いきいき・躍動感」を表す。状態動詞とされるものでも、これらのイメージに合致すれば進行形になるものが多くあるということを覚えておこう。

❶ 状態・所有・所属系

□resemble	「〜に似ている」	□exist	「存在する」
□consist	「構成される, ある」	□remain	「〜のままである」
□depend	「頼る」	□contain	「〜を含んでいる」
□possess / own / have	「〜を所有している」	□belong	「属している」

❷ 知覚系（主語の意志とは関係なく自然と）

□see	「〜が見える」	□hear	「〜が聞こえる」
□smell	「〜のにおいがする」	□taste	「〜の味がする」
□sound	「〜に聞こえる」		

❸ 思考・認識系

□know	「〜を知っている」	□notice	「〜気がついている」
□love	「〜を愛する」	□remember	「〜を覚えている」
□forget	「〜を忘れる」	□believe	「〜を信じている」
□like / prefer	「〜を好む」	□want	「〜を望む」
□need	「〜する必要がある」	□wish	「〜を望む」
□dislike / hate	「〜が嫌いである」	□understand	「〜を理解する」
□doubt	「〜を疑う」	□imagine	「〜を想像する」
□suppose	「〜だと思う」		

❹ 現在形or進行形のどちらでも用いられる

□live	「〜に住んでいる」	□feel	「〜を感じる」
□look	「〜に見える」	□think	「〜と思う、考える」

→ I think ...なら変わらない自分の考えを表す。一方、I'm thinking ...なら一時的な思考を表す。

▶ I **think** you should sell your car. （キミは自分の車を売るべきだと思うよ）
▶ I'm **thinking** of selling my car. （車を売却しようと考えているんだ）

深める！英文法ポイント 077　現在完了形

現在完了形　…「**Vp.p.（過去にVしたこと）を、have（現在もっている）**」という意味を基本とする。

❶ ハワイ旅行が今でも頭の中にある…**経験・思い出**など
▶ I **have visited** Hawaii **twice**. （私は2回ハワイを訪れたことがある）
→ 現在時点までの経験を述べる場合、before, ever, never, once, 〜 timesなどを伴うことが多い。

❷ カギがない状況が今でもある…**完了・結果**
▶ I **have lost** my key. （私はカギをなくしてしまった）
→ 現在時点までの動作の完了とその結果を述べる場合、just, now, yet, alreadyなどを伴うことが多い。

❸ 彼と知り合いになった状況が今でもある…**継続**
▶ I **have known** him **for** almost 15 years. （私は彼と知り合ってかれこれ15年になる）

（プラスα）　現在完了形は、have[has]という形からもわかるように、表す意味は、**あくまでも「現在」に視点**がある。だから、過去を明確に表す語句（yesterday, last year, in 1975, 〜 ago, just nowなど）と併用できないのは当然！

深める！英文法ポイント 078　動作動詞の現在完了形と現在完了進行形

▶ Luis **has painted** the wall.
「壁を塗った（painted the wall）」＋「もっている（has）」

→ 壁はすべて塗り終わっていて、やることなし！
▶ Luis **has been painting** the wall.
「壁を塗っている最中(been painting the wall)」+「もっている(has)」
→ 今も塗っている最中で、壁はまだ塗り終えていない！

深める！英文法ポイント 079　have been to A と have gone to A

☐ have been to A　「Aに行ったことがある」《経験》「Aに行ってきたところだ」《完了》
→ have been to A はどちらの意味にせよ「今は戻ってここにいる」ということが基本となる。
☐ have gone to A　「Aに行ってしまって(今)いない」《結果》
→ have gone to A にも「Aに行ったことがある」《経験》の意味があるが、この用法は入試では問われない。

深める！英文法ポイント 080　過去完了形の用法

過去完了形…過去の一時点よりもさらに前の時間帯をカバーする。
① 過去の一時点よりもさらに前の事柄をカバーする。
▶ My wife **had** already **gone** to bed when I came home.
（私が帰宅したとき妻はすでに寝ていた）
② 過去の一時点からさらに前ならすべて過去完了というわけではない。
▶ I **lost** my key, but it **was found** in the store.
（私はカギをなくしたが、その店で見つかった）
→ 起こった順番通りに述べるときは、had lostのような過去完了形は用いず、過去形を用いる。

深める！英文法ポイント 081　時や条件などを表す副詞節

時(when, until, as soon as, after, before, by the timeなど)や条件(if, unlessなど)を表す節中にwillを入れるか入れないかの基準は以下の通り。
● たとえ未来時のことであっても「そうなることを前提」に述べるなら「推量」のwillは入らない。
▶ I will discuss the matter when he **comes** home.
（彼が帰宅したら私はそのことについて議論するつもりです）
→ 彼の帰宅を前提としているので「推量」のwillは入らない。
● そうなるか、ならないかが「はっきりしていない」ことを述べるなら「推量」のwillを用いる。
▶ I don't know if he **will come** home.　（私は彼がここに来るかどうかわかりません）
→ わからない(don't know)ということは、はっきりしないということ。よって「推量」のwillが入る。

プラスα　16世紀あたりの英語では「まだ現実になっていないこと」は主語が何であるかに関係なく動詞の原形を用いていた。雨がやむことはまだ現実になっておらず、昔ならas soon as it stop rainingのように動詞の原形を用いて表現したはず。これが経年変化して、現在形が用いられるようになった。

深める！英文法ポイント 082　時制の一致

● 主節のVが現在形から過去形になると、think thatなどのあとのVも現在形から過去形に変化する。
▶ We **think** that Ann **is** a teacher.　（アンは教師だと思う）
→We **thought** that Ann **was** a teacher.　（アンは教師だと思った）
● 従属節の動詞が過去形の場合、主節の動詞が現在形から過去形になると、従属節の動詞は過去形から過去完了形に変化する。

- ▶ We think that Ann was a teacher. （アンは教師だったと思う）
  →We thought that Ann had been a teacher. （アンは教師だったと思った）

> プラスα　なお、歴史的事実や仮定法は時制の一致を受けない。また、不変の真理を表す現在形は時制の一致を受けないとされるが、その内容に関して疑いの気持ちがある場合は、時制を一致させた過去形で書くこともある。

- ▶ I learned that water **boils** at 100℃. （私は水が100度で沸騰することを習った）
- ※I learned that water **boiled** at 100℃. （私は水が100度で沸騰する（???）ことを習った）

深める！英文法ポイント 083　「Sが…して〜になる」の表現

1. My grandmother died four years ago.　→　過去形と〜agoの組み合わせ
2. Four years have passed since my grandmother died.　→　期間＋have passed since ...
3. My grandmother has been dead for four years.　→　have been dead for＋期間
4. It has been[is] four years since my grandmother died.　→　It has been[is]＋期間＋since ...

（私の祖母が死んで4年になる）

→「具体的な時間」が主語のときはhave passed、Itが主語のときはhas beenまたはisが置かれるが、両者を混同しないように注意しよう。

PART 04　助動詞

深める！英文法ポイント 084　助動詞とは

助動詞は以下の2つを中心に考えていくとよい。

1. 話し手の気持ち（**主観**）を表す。
   - ▶ I'll return to Osaka after the meeting. （私は会議のあと大阪に戻ります）
2. 他者がある行為をどう思っているか（**客観的な推量**）を表す。
   - ▶ She **will** return to Osaka after the meeting.
   - （彼女は会議のあと大阪にきっと戻るでしょう）

→「会議後に大阪に戻る！」と自分の意志表明（❶の例文）をした人がいる。それを聞いていた他者はその人（She）は「きっと会議後に大阪に戻るだろう」と推量している（❷の例文）。

深める！英文法ポイント 085　基本的な助動詞の意味

理解するコツは、話し手の気持ち・主観→それを第三者（他人）がどうみるか。

[主要な助動詞の意味]

	主語の気持ち・主観	他者（第三者）の推量・判断	補足
will	〜しよう（意志表明）	きっと〜するだろう	意志表明したからには→きっとやるだろう
may	〜してもよろしい	〜するかもしれない	許可されているなら→やるかもしれない
can	〜できる（実現の可能性）	〜する可能性がある（理論上の可能性）	実現の可能性があるなら→する可能性がある
must	〜しなければならない	〜に違いない（確信）	〜しなければならないと言っているなら→（その人は）〜に違いない
should	（当然）〜した方がよい	（当然）〜するはずだ	〜した方がよいと言っているなら→（その人は）〜するはずだ

深める！英文法ポイント 086　助動詞mayの基本用法

❶「～してもよろしい」《許可》⇔ may not ...「～してはいけない」《軽い禁止》
　▶ **May** I ask you a question?　（質問してもよろしいですか）
→ youを主語にしてmayを使うと高圧的な印象になる。

❷「～するかもしれない」《推量》(≒might) ⇔ may not ...「～ではないかもしれない」《否定の推量》
→ mayは50％の確信度を表し、mightのほうが確信度が低いとされる。mayが過去形mightになっても過去の意味を表すわけではない。単に確信度が低くなるだけである。
　▶ That news **may** be true.　（あのニュースは本当かもしれない）
→「推量」のmayを、May that news be true?といった疑問文で用いることはできない。

深める！英文法ポイント 087　may[might] well＋V

may wellはmayの基本用法にwell《強意》が加わったものと考えよう。

❶ 十分に(well)Vかもしれない　「Vする可能性は十分ある」
　▶ He **may well** break the world record.　（彼は世界記録を破ることも十分ありうる）

❷ 十分に(well)Vしてもよろしい　「Vしてもおかしくない、当然だ」
　▶ You **may well** say so.　（あなたがそう言うのも当然だ）

深める！英文法ポイント 088　may[might] (just) as well＋V

「(やらない理由も特にないので)Vでもしようか」という意味。
▶ We **may as well** watch TV.　（(見ないよりは)テレビでも見ようか）
→ 他に魅力のある選択肢がないから「～でもしようか」の意味。やるべき積極的な理由があって用いられる〈had better＋V〉などとは全く意味の異なる表現なので注意！　また、この例文ではwatch TVの後ろにはas notが省略されていると考えてもよい。

深める！英文法ポイント 089　may[might] (just) as well V₁ as V₂

「V₂するのと同じくらい十分にV₁してよい→V₂するくらいならV₁した方がましだ」
▶ We **might as well** walk home **as** try to catch a taxi here.
（ここでタクシーをつかまえようとするくらいなら、家まで歩いた方がましだ）
→ mayをmightにすると控えめな印象になる。

深める！英文法ポイント 090　canの用法

❶「(その気になれば)できる」《実現の可能性》⇔ can't[cannot]「～できない」《実現の可能性なし》
　▶ He **can** buy a new car.　（彼は新しい車を(買おうと思えば)買える）

❷「～する可能性がある」《理論上の可能性》⇔ can't[cannot]「～はずがない」《理論上の可能性なし》
　▶ Accidents **can** happen anytime.　（事故はいつでも起こりうる）

❸「～してもいいよ」《軽い許可》　→　mayとは違ってカジュアルな感じ。
　▶ You **can** do it now.　（君は今それをやってもいいよ）

❹「一体～だろうか」《強い疑い》　→　疑問文で用いる。
　▶ **Can** this news be true?　（いったいこの知らせは本当だろうか）

深める！英文法ポイント 091　推量の助動詞＋have＋Vp.p.

「推量」の助動詞を過去形にしても、そのまま単独で過去の意味を表すわけではない場合もある。よって、過去の出来事に対する「推量」を表したい場合には、助動詞の後ろに〈have＋Vp.p.〉をつなげる。この〈have＋Vp.p.〉は現在完了形とは無関係。

□ must＋have＋Vp.p.…「～だったに違いない」
▶ He **must have been** kidding.　（彼は冗談を言っていたに違いない）
□ may[might]＋have＋Vp.p.…「～だったかもしれない」
▶ She **may have decided** not to buy.　（たぶん彼女は買わないことにしたのだろう）
□ can't[couldn't]＋have＋Vp.p.…「～だったはずはない」
▶ He **couldn't have gone** anyway because he was sick.
（彼は具合が悪かったため、いずれにせよ行ったはずがない）

深める！英文法ポイント 092　couldとwas[were] able to

▶ Mike was an excellent runner when he was younger.　He **could** beat anybody.
（マイクは若いころは優れたマラソン選手だった。彼は誰にでも勝てた）

couldを用いた上の文は「一度だけ勝てた」という意味ではなく、「誰にも負けないくらい強かった」という意味。過去の1回限りの行為に対して「（実際に）Vできた」という場合にはcouldは用いずにwas[were] able to Vやmanaged to Vで表すことに注意。下の例文ではcouldは用いない。

▶ Mike played very well, but Bob **was able to** beat him.
（マイクがとてもいいプレーをしたが、ボブが今度だけは勝つことができた）

深める！英文法ポイント 093　cannot help Ving＝cannot help but V＝cannot but V

「Vすることを避けられない→ついついVしてしまう」の意味。
ここでのhelpは「～を避ける」の意味で使われている。butを用いた表現ではV（原形）を使う点に注意。

▶ I **can't help** thinking about you.　（君を思わずにいられない）
　＝I **can't help but** think about you.　＝I **can't but** think about you.

深める！英文法ポイント 094　cannot ～ too ... / cannot ～ enough ...

「いくらVしてもし過ぎることはない→どんどんVしてかまわない」という意味を表す。

▶ You **cannot** be **too** careful about your health.
（どんなに健康に注意してもし過ぎることはない）

【プラスα】〈cannot ～ too ...〉のバリエーション

この表現は、enoughや過剰を表す動詞「over-」などと対応させたり、さらにはcannotのニュアンスをIt is impossible to Vの形で言い表すこともある。

▶ You **cannot** practice this point enough[too much].
　＝You **cannot** overpractice this point.
　＝**It is impossible to** overpractice this point [practice this point enough / too much].
（この点はどんなに練習してもし過ぎることはない）

深める！英文法ポイント 095　mustの用法

❶ 話し手の判断で「～しなければならない」
  ▶ We **must** solve the problem.　（我々はその問題を解決しなければならない）
❷ 話し手の「（現在に対する）推量」で「～に違いない」　→　ただし、未来に対する「推量」には用いない。
  ▶ That news **must** be true.　（あのニュースは本当に違いない）

深める！英文法ポイント 096　have toの用法

● 外部のさまざまな圧力があるせいで「～しなければならない」
  ▶ We **have to** walk home.　（私たちは歩いて帰宅しなければならない）

  ［プラスα］　上の文のように主語が1人称（IやWe）の場合は、周囲の状況によって「仕方なしに～しなければならない」といった感じになるが、主語が2人称の次の文では、どのような違いが生じるだろうか？
  ❶ You **must** call her.　（彼女に電話しなさい）
  ❷ You **have to** call her.　（彼女に電話をしなければならない）
  → ❶のmustでは、話し手があなたに向かって「義務」を課す場合に用いられる。一方で、❷のhave toはその場の状況など外部のさまざまな要因による「必要性」を相手に伝えるために用いられる場合が多い。

深める！英文法ポイント 097　推量の助動詞と対応する副詞

〔確信の度合〕　0%　　　　　　　　　　　50%　　　　　　　　　　　100%
　　　　　　　低　――――――――――――――――――――――→　高

　　　can't「～のはずはない」　　may「～かもしれない」　　must「～に違いない」

▶ She **cannot** be in Tokyo. She is in L.A. on business.
（彼女が東京にいるはずがない。彼女は仕事でロサンゼルスにいるんだよ）

深める！英文法ポイント 098　助動詞shouldの用法

❶ 話し手の判断で「当然～した方がいい（＝ought to V）」
→ 助言・アドバイスをソフトに与えるイメージ。
  ▶ You **should** see a doctor.　（お医者さんに診てもらうほうがいいですよ）
❷ 話し手の推量で「当然～のはずだ（＝ought to V）」
  ▶ She **should** be here by Friday.　（彼女は金曜日までにここへ着いているはずだ）
→ ought to Vはshouldよりもやや強めの意味をもつとされるが、ほぼ同様の意味と考えてよい。また、shouldの方が使用頻度は高い。また、shouldを疑問詞とともに用いると、意外性や強い疑念が表せる。
  ▶ Why **should** I believe that rumor?　（どうして私がその噂を信じようか→信じるはずがない）

深める！英文法ポイント 099　should[ought to]＋have＋Vp.p.

❶ 「～すべきだったのに（実際にはしなかった）」
  ▶ You **should have seen** a doctor.
　　（あなたはちゃんとお医者さんに診てもらえばよかったのに）
❷ 「～したはずだ、すでに～しているはずだ」
  ▶ She **should have finished** the job by ten.
　　（彼女は10時までには仕事を終えていたはずだ）

深める！英文法ポイント 100　判断や感情などを表すthat節内で用いられるshould

shouldは〈It is＋判断や感情の名詞・形容詞＋that ...〉の**that節内**で用いられることがある。shouldを用いることで、話者の「当然〜した方がいい」という思い、意外性や驚き、残念や後悔などの気持ちを際立たせる効果がある。

▶ It is important that you **should** find out what went wrong.
（あなたが失敗の原因を突き止めることが重要だ）

→ shouldを用いずに動詞の原形が用いられることもある。また、話し手の主観的な気持ちを込めず、単なる客観的な事実として述べる場合、that節内では現在形や過去形が用いられる。

● 判断や感情を表す語

[形容詞]
natural「当然な」, necessary「必要な」, right「正しい」, important「重要な」, essential「不可欠な」, strange, odd「奇妙な」, proper「適切な」, surprising, amazing「驚くべき」, ridiculous「ばかげた」, sad「悲しい」, desirable「望ましい」　など

[名詞]
a pity, a shame「残念なこと」, no wonder「少しも不思議ではない」　など

→ なお、「要求・提案・命令・主張」などを表す動詞に続くthat節内のshouldについては、深める！ 英文法ポイント062を参照。

深める！英文法ポイント 101　主語の意志(拒絶)を表すwill[won't]

❶ will「〜しよう」⇔ won't「〜しようとしない」
　▶ He **won't** open the door.　（彼はドアを開けようとしない）

❷ would「〜しようとした」⇔ wouldn't「〜しようとしなかった」
　▶ The door **wouldn't** open.　（そのドアはどうしても開かなかった）

→ The doorのような人以外に対してもこの用法を用いることができる。

深める！英文法ポイント 102　助動詞 used to の用法

❶ 動作動詞と共に…「(現在との対比で)昔はよくVしたものだ(現在はそうでない)」
　▶ I **used to** go to this school.　（以前この学校に通っていました）

❷ 状態動詞と共に…「昔はVであった(現在はそうでない)」
　▶ She **used to** be in my class.　（彼女は以前私のクラスにいた）

（プラスα）　used toを伴った次の3パターンに注意！

❶ used to V　　　「かつてはVだった」(現在との対比で使う)
❷ be used to Ving　「Vすることに慣れている」(＝be accustomed to Ving)
❸ be used to V　　「Vするために使われる」(単なる受動態＋目的を表す不定詞の副詞用法)
　▶ X rays are **used to** locate breaks in bones.
　　（X線は骨折箇所をつきとめるのに用いられる）

深める！英文法ポイント 103　助動詞wouldの用法

wouldは動作動詞と共に用いられ、「昔はよくVしたものだ」の意味を表す。

▶ We **would** often go for long walks around the station.
（よく駅の周りを長い時間散歩をしたものだ）

→ used toのように現在との対比で用いることはできない。なお、used toやwouldを、過去の規則的な行為だったか（または不規則な行為だったか）どうかで区別する必要はない。

深める！英文法ポイント 104　助動詞dareの用法

助動詞dareは主に**疑問文・否定文**で用いられ、肯定文では用いられない。

❶ **How dare S＋V 〜**　「SはよくもVできるものだ」
  ▶ **How dare** she say such things about my mother!
  （彼女は私の母についてよくもあんなことが言えるものだな）

❷ **dare＋V 〜**　「あえてVする、Vする勇気がある」
  ▶ I **dare** not **climb** the mountain.
  （あえてその山に登ってみる勇気はない）

→ dareには一般動詞としての用法もあり、その際には〈dare＋to V〉のように用いる。次はその否定文である。
  ▶ I don't **dare to climb** the mountain.　（＝I dare not climb the mountain.）

深める！英文法ポイント 105　その他の助動詞

● 強調の助動詞do / does / did
  ▶ He **did** look pale.　（彼は本当に具合の悪そうな顔をしていた）

→ 強調の助動詞doは「実に、本当に」などと訳される場合がある。doの後ろには動詞の原形が続くことに注意。この強調の助動詞doを否定文にしたのが中学以来おなじみのdo not（＝don't）で、疑問文がDo 〜 ? である。

● **Shall I V 〜 ?**　「（私が）〜しましょうか」
  ▶ **Shall** I clean this room? ＝ Would you like me to clean this room?
  （この部屋を掃除しましょうか）

● **Shall we V 〜 ?**　「〜しませんか」
  ▶ **Shall we** go to a museum tonight?
  （今晩博物館へ行きませんか）

PART 05　仮定法

深める！英文法ポイント 106　直説法と仮定法

❶ **直説法**…事実として述べる形。仮定法や命令文以外の多くの文がこれにあたる。
❷ **仮定法**…仮定法過去は「現在」や「未来」の事柄に対し、話者が現実味が薄いと感じていることに対して用い、仮定法過去完了は過去の事実と反対の事柄に対してそれぞれ用いる。**「もし〜」と訳せるものをすべて仮定法と呼ぶわけではない。**

深める！英文法ポイント 107　仮定法過去

● 仮定法過去では「現在」や「未来」の事柄に対し、話者が現実味が薄いと感じている内容を表す。そのため、時制をわざと1つ前に**切り離す**ことで、**現実離れ感**を表す！
● 表現したい時間が「現在・未来時」なら、使われる時制は**過去形**→《仮定法過去》
  ▶ If you **died**, what would happen to your children?
  （もしもあなたが死んだら、お子さんたちはどうなるでしょう）

→ 主節には、必ず助動詞の過去形(would, could, mightなど)が用いられるが、一般的に、どれを使うかまでは問われない。

プラスα　if節中でも可能を表すcouldや意志を表すwouldなどが使われる場合がある。
- If I **could** go to the moon, I would go right now.
   (もしも私が月に行けるのだったら、今すぐにでも行くのだが)

深める！英文法ポイント 108　仮定法過去完了

● 仮定法過去完了は、過去の事実と反対の内容を表す。
● 表現したい時間が「過去」なら、使われる時制は**過去完了形**→《仮定法過去完了》
- if I **had arrived** three minutes earlier, I would have caught the train.
   (もしも3分早く着いていたら、列車に間に合っていただろう)

→ 助動詞には過去完了形がないので、**助動詞の過去形の後に〈have＋Vp.p.〉を置く**ことで、過去〈完了形〉の形を作り出す。

深める！英文法ポイント 109　万一～ならば

❶ 〈if＋S＋should＋V ～〉は、実現の可能性が低い場合に用い、「**万一～なら**」という意味を表す。命令や提案の表現とつながることが多い。

[主節は3種類]
(a) 直説法(willやcanなどの助動詞の現在形)
(b) 命令文
(c) 仮定法(wouldやcouldなどの助動詞の過去形)＋V
- If something **should happen**, please call me.
   (もしも万一何かが起こったら、私に連絡願います)

❷ 〈if＋S＋were to＋V ～〉は、実現するかは別にして「**仮の話**」がしたいということを表す。議論や会話の切り出しに用いられることが多い。
主節は、仮定法過去(wouldやcouldなどの助動詞の過去形＋動詞の原形)のみ。
- If I **were to** die tomorrow, what **would** you do?
   (もしも私が明日死んだら君はどうしますか)

深める！英文法ポイント 110　if節以外が仮定法の「条件」を表す場合

仮定法の条件は**if節で表すとは限らない**。次に挙げるものには「条件」が隠れていることが多い。
❶ 不定詞
- **To hear her speak Chinese over the phone**, you would take her for a Chinese.
   (電話で彼女が中国語を話すのを聞けば、彼女を中国人だと思うだろう)

❷ 副詞(句)
- **With a little more money**, I could have bought the book.
   (もう少しお金があったならば、その本を買えたのに)

→ with Aで「もしAがあれば(あったならば)」という条件を表す。
- I studied hard; **otherwise** I would have failed.
   (私は懸命に勉強した。さもなければ失敗していただろう)

→ 副詞であるotherwise「そうでなければ(なかったならば)」に条件(if I had not studied hard)が隠れている。

▶ **Twenty years ago**, I could have gotten home from here within two hours.
（20年前なら2時間以内にこの場所から家に帰れただろう）

❸ 主語
▶ **A careful man** would not believe this news.
（注意深い人ならこのニュースを信じたりしないだろう）

深める！英文法ポイント 111　If it were not for A　「もしもAがなければ」

▶ **If it were not for** hydrogen, oxygen could not produce water.
（もしも水素が存在しなければ、酸素は水を作り出すことはできないだろう）

→ この表現をIf there were no hydrogen,で書き換えることは、あまりお勧めしない。there be …の場合はIf there were no hydrogen in the world,のように場所を表す副詞（句）を伴って用いるのが一般的。

深める！英文法ポイント 112　If it had not been for A　「（過去に）もしもAがなかったら」

▶ **If it had not been for** you, our team would probably have won.
（あなたがいなかったらたぶん私たちのチームが勝ったでしょう）

深める！英文法ポイント 113　If it were not for AやIf it had not been for Aの同意表現と反意表現

If it were not for AやIf it had not been for Aは次の表現で書き換えることができる。
□ If it were not for A＝Without A　⇔ With Aなど
□ If it had not been for A＝Without A　⇔ With Aなど

→ With AやWithout Aは**仮定法過去・過去完了のどちらでも使える**点がポイント。「Aがあれば（あったら）」に対応する定型表現はないため、With Aなどが用いられる。

プラスα　But for A「Aがなければ（なかったら）」という表現もあるが、古めかしい表現であるため、現在ではほぼ使用されていない。

深める！英文法ポイント 114　ifの省略

仮定法で使われるifには省略できるものがある。省略の際には、if節内の〈S＋V〉を疑問文と同じ語順で倒置する。

□ If＋S＋should＋V〜　「万一〜なら」→ Should＋S＋V
　▶ If I **should** live to be a hundred, I could understand everything.
　　→**Should** I live to be a hundred, I could understand everything.
　　（万一100歳まで生きたら、私はすべてを理解できるだろう）
□ If＋S＋were to＋V　「仮の話だが万一〜なら」→ Were＋S＋to V
　▶ **If** the sun **were to** rise in the west, I would marry you.
　　→**Were** the sun **to** rise in the west, I would marry you.
　　（もしも万一太陽が西から昇ったら、あなたと結婚します）
□ If＋S＋were(be動詞の仮定法過去)→ Were＋S
　▶ **If** you **were** in my place, what would you think?
　　→**Were** you in my place, what would you think?
　　（君が私の立場だったらどう考えますか）
→ 仮定法過去の倒置は動詞がwereの場合のみ。wasでは倒置できない。

PART 05　仮定法

- □ If+S+had+Vp.p.（仮定法過去完了）→ Had+S+Vp.p.
  - ▶ **If** I **had known** that, I wouldn't have said such things.
    →**Had** I **known** that, I wouldn't have said such things.
    （それを知っていたら、そんなことは言わなかったのに）
- プラスα　ifを省略して倒置することができない場合もある。
  - ▶ If you saw him, you would love him.
    （彼を見たら君は好きになってしまうだろう）
- → 仮定法過去の文で、一般動詞の過去形を用いた文は、ifを省略して倒置することはできない。

If it were not for AやIf it had not been for Aのifは省略できる。その際は、残りの文を疑問文型の倒置にする。
- □ If it were not for A → Were it not for A
- □ If it had not been for A → Had it not been for A

深める！英文法ポイント 115　as if[as though] S＋V 〜「まるで〜のように」

as if[as though]の節内にどんな仮定法を使うかは、**主節の動詞との関係**で決まる。

❶ as if節内の内容が主節と同じ「時」→《仮定法過去》
  - ▶ He acts **as if** he were a king.
    （彼はまるで王様であるかのようにふるまう）

❷ as if節内の内容が主節よりさらに前の「時」→《仮定法過去完了》
  - ▶ She looks **as if** she had seen a ghost.
    （彼女はまるでお化けでも見たかのような顔をしている）

プラスα　as if に関する注意点…as ifの節内で仮定法ではなく、直説法が使われることも多い。また、as thoughもas ifと同じように使える。
  - ▶ It's **as though** you don't care.
    （あなたはまるで気にしていないようだね）

深める！英文法ポイント 116　I wish S＋V 〜

（Ⅰ）**I wishの基本用法**

❶ wishと「同じ時の事柄」についての願望→〈I wish＋仮定法過去〜〉「〜であればいいのにと私は思う」

❷ wishより「さらに前の事柄」についての願望→〈I wish＋仮定法過去完了〜〉「〜であればよかったのにと私は思う」
  - ▶ I **wish** you had been a bit more careful.
    （君がもうちょっと気をつけていればよかったのに）

（Ⅱ）**同意表現**

❶ I wish ≒ If only　❷ I wish ≒ How I wish　❸ I wish ≒ Would that

→ 〈S＋V〉のVには助動詞の過去形が用いられることがある。couldを使えば、「〜できたらいいのに」という願望を強く押し出すことができる。また、wouldは、「その場限り、1回限りのこと」について使われるのがふつう。
  - ▶ **If only** I **could** be a student again!（もう一度学生になれたらいいのになあ！）
  - ▶ **If only** this snow **would** stop!（この雪がやんでくれさえすればなあ！）

深める！英文法ポイント 117　I would rather S+V / had Vp.p.

I would rather（that）S+VもI wishと同様に願望を表す表現だが、**自分以外の他者に対する願望**に用いるのが通例。thatは省略するのが普通。また、I would ratherを短縮してI'd ratherとすることもある。仮定法で用いることが圧倒的多数。

- **I'd rather** you didn't go out alone today.　（今日は一人で出歩かないでほしいな）
- **I would rather** she hadn't made so much noise.　（彼女にそんなに騒いでほしくなかったな）

深める！英文法ポイント 118　It is (high, about) time+S+V（過去形）

- **It is time** we replaced this TV.　（もうこのテレビを買い換えてもいい頃だと思う）

この表現は「もう〜してもいい頃だ」の意味を表し、Vには動詞の過去形が置かれるのが通例。苦情や誰かを非難する場合によく用いられるが、そのような気持ちを含まない場合はIt is time for us to replace this TV.のように表す。

PART 06　準動詞

深める！英文法ポイント 119　準動詞の全体像

不定詞・動名詞・分詞の3つを合わせて「**準動詞**」と呼ぶ。準動詞には名詞・形容詞・副詞の用法があり、そのうちto Vは3つ、Vingも3つ、Vp.p.は2つの用法で機能する。これから準動詞を勉強する中で、自分がどこを勉強しているのか確認しながら進めていこう。

用法	to V　これから（まだやっていない）	Ving　実際にやっている（感じ）	Vp.p.　最終結果・完了
名詞	不定詞の名詞用法	動名詞	×（原則機能しない）
形容詞	不定詞の形容詞用法	現在分詞の形容詞用法	過去分詞の形容詞用法
副詞	不定詞の副詞用法	分詞構文	分詞構文（意味は受動）

深める！英文法ポイント 120　不定詞の時制

不定詞は普通の述語動詞と違って時制をもたない。よって、文全体の動詞の時制との関係で考える。
1. 文全体の動詞の時制と同じ。
    - Susan seems to be sick.　（スーザンは病気のようだ）
2. 文全体の動詞の時制よりさらに前の時は《完了形》の不定詞を使う。
    - Susan seems to have been sick.　（スーザンは病気だったようだ）

深める！英文法ポイント 121　不定詞の否定形

述語動詞はdon'tやdidn'tのような語を用いて否定形を作るが、不定詞や動名詞、分詞構文などの準動詞は、直前に副詞であるnotやneverを置いて否定形を作る。一部の熟語的な表現を除いて、形容詞noでは否定しない。

- I tried **not** to look at her.
    （彼女を見ないようにした）

深める！英文法ポイント 122　不定詞の意味上の主語を特に表さない場合

❶ 文全体の主語と共通　❷ 一般の人々

- ▶ I decide to live alone.　（私は1人で生きることにする）
- → 決断する（decide）のも、生きる（live）のも「私」（I）である。
- → これは不定詞が名詞・副詞のいずれかの用法の場合の原則。
    - → 不定詞が形容詞用法の場合については、深める！ 英文法ポイント129を参照。

深める！英文法ポイント 123　不定詞の意味上の主語を表す場合

不定詞の意味上の主語が**文全体の主語と異なる場合**は、別に意味上の主語を表す。

❶ 〈for A to V〉の形にする。
- ▶ There is no need for you to obey him.　（君が彼に従う必要はない）

❷ 形容詞用法で修飾される名詞が意味上の主語
- ▶ She was the first guest to arrive.　（彼女は一番最初に到着した客だ）

❸ 〈S＋V＋O＋to V〉型の動詞で、Oが不定詞の意味上の主語
- ▶ Stretching allows a person to exercise more efficiently.
  （ストレッチをすれば運動をより効率的に行うことができる）

深める！英文法ポイント 124　動名詞の意味上の主語を表す場合

動名詞の意味上の主語が文全体の主語と一致しない場合の表し方は以下の2つ。

❶ 代名詞の所有格（名詞の場合は㊂'s）＋Ving（動名詞）
- ▶ I'm sure of his **passing**.
  （私は彼が合格するのを確信している）

❷ 代名詞の目的格（名詞の場合はそのままの形）＋Ving（動名詞）
- ▶ I'm sure of him **passing**.
  （私は彼が合格するのを確信している）

（プラスα）　動名詞が主語として働く場合は、所有格で書くのが通例。ちなみに、動名詞の意味上の主語を表さない場合は不定詞と同じで、「文全体の主語と共通」か「一般の人々」の場合。

深める！英文法ポイント 125　現在分詞・過去分詞の意味上の主語

形容詞用法の現在分詞・過去分詞の意味上の主語の考え方は以下の3パターン。

❶ 修飾される名詞が意味上の主語。
- ▶ This is a story **written** in easy English.
  （これは簡単な英語で書かれた物語だ）

❷ 〈S＋V＋C〉のSが意味上の主語。
- ▶ My father sat **reading** a newspaper.　（父は座って新聞を読んでいた）
    　　S　　V　　C

❸ 〈S＋V＋O＋C〉のOが意味上の主語。
- ▶ We hear birds **singing** in the trees.　（鳥が木でさえずっているのが聞こえる）
    　S　V　　O　　C

深める！英文法ポイント 126　分詞構文の意味上の主語

- 特に表さない場合…文全体(主節)の主語と同じ。
- 表す場合　　　…「主格」を分詞構文の前に置く(独立分詞構文と呼ぶ)。
  ▶ It **being** Sunday, the shops were not open. （日曜日で店は開いていなかった）

深める！英文法ポイント 127　分詞構文の訳し方

「主節に対してあいまいにつなげる」のが基本。分詞構文は主節に対する追加情報であり、「時・理由・付帯状況」などの分類は絶対的なものではない。接続関係を明確にしたければ分詞構文を使うのは避け、きちんと接続詞を書くべき！ また、分詞構文は主に書き言葉なので、会話ではあまり使用されない。

❶ She wrote to her brother, **thanking** him for his help.
（彼女は、兄の援助に感謝して、彼に手紙を書いた）
❷ **Opening** the door, I found a stranger there.
（戸を開けると、知らない人がそこにいた）
❸ **Written** in a simple style, the manual is very easy to understand.
（平易な文体で書いてあって、そのマニュアルはとても理解しやすい）
→ 上の文をあえて分類するなら、❶は「付帯状況」(〜しながら、そして〜)、❷は「時」、❸は「理由」といったところだろうか。

深める！英文法ポイント 128　形式目的語と共によく用いられる重要動詞

形式目的語と共に用いられる動詞は、次の動詞を中心に覚えておこう。
☐ make it ... to V 　　　　「Vすることを…にする」
☐ find it ... to V 　　　　　「Vするのが…だとわかる、思う」
☐ think[consider] it ... to V　「Vするのが…だと思う」
☐ believe it ... to V 　　　 「Vするのが…だと信じる」

深める！英文法ポイント 129　不定詞の形容詞用法

名詞を修飾する不定詞の用法を**形容詞用法**と呼ぶ。その際、修飾される名詞と不定詞の関係には以下の3つがあるとされる。ただし、不定詞を用いている以上、「これからVする→まだVしていない」という意味が根底にある点に着目しよう(→深める！英文法ポイント140)。

❶ **主格関係**(修飾される名詞と不定詞が主語−述語の関係)
  ▶ I have **a lot of friends** to help me.　（私には助けてくれる友人がたくさんいる）
  → a lot of friendsがto help meの意味上の主語となっている。
❷ **目的格関係**(不定詞句内に名詞が欠落→その名詞が説明される名詞として前に書かれている)
  ▶ I have **a bag** to carry the picture in.　（その絵を入れて運ぶカバンを持っている）
  → a bagがinの意味上の目的語となっている。
❸ **同格関係**(不定詞が名詞の中身を詳しく説明する)
  ▶ **her first attempt** to see the movie　（その映画を見るという彼女の初めての試み）
  → her first attemptの内容をto see ...が説明している。

PART 06

準動詞

深める！英文法ポイント 130　不定詞の形容詞用法 vs. 分詞の形容詞用法

不定詞の形容詞用法（to V）も、分詞の形容詞用法（Ving）も、どちらも前の名詞を修飾できるが、**伝える意味は全く異なる**ので注意が必要。

❶ to Vが名詞を修飾する場合　…これからVする（まだVしていない）㊨
- I have some letters **to write**.　（何通か書かなければならない手紙がある）

❷ Vingが名詞を修飾する場合　…実際にVしている㊨
- The road joining the two villages was very narrow.
  （2つの村を結んでいる道はとても狭かった）

深める！英文法ポイント 131　不定詞の副詞用法

副詞用法の不定詞には次の4つの意味があり、ある程度、訳し方のパターンがある。

❶ 目的　「…するために」
- They left early **to catch** the 6:30 train.
  （彼らは6時半の電車に乗るために早く出発した）
  → 文頭に副詞用法が置かれた場合にはこの用法が圧倒的多数。
- **To catch** the first train, I got up early.
  （始発に乗るために早起きした）

❷ 感情の原因　「…して」
- I'm very glad **to see** you.　（お目にかかれてとても嬉しい）

❸ 判断の根拠　「…するなんて、…するとは」
- She is strange **to sit** by herself for hours without speaking a word.
  （一言も言わないで何時間もひとりで座っているとは彼女も変わっている）

❹ 結果　「その結果…する」
- He woke up **to find** that all this was only a dream.
  （彼は目が覚めると、これがすっかり夢に過ぎないことがわかった）

（プラスα）　結果用法は次のような定型表現になっていることが多い。ある程度はインプットが必要。

□ wake (up) [awake] to V	「目が覚めるとVだとわかる」
□ grow up to be 〜	「成長して〜になる」
□ live to V …	「長生きしてVである」
□ never to V …	「二度とVすることはなかった」
□ only to V …	「しかし結果はVである」

深める！英文法ポイント 132　in order to V＝so as to V　「Vするために（目的）」

- He turned the radio up **in order** [**so as**] **to** annoy her.
  （彼は彼女への嫌がらせをするためにラジオの音を大きくした）
- Carry the case carefully **so as** [**in order**] **not to** break the glasses.
  （グラスを割らないように注意して箱を運びなさい）
  → 目的を表す不定詞は単にto Vとすることもできるが、否定の目的をnot to Vとは通例しない。否定の目的は、in order to Vの否定形であるin order **not** to Vや、so as to Vの否定形であるso as **not** to Vを用いる。また、so as to Vは**文頭では用いない**のが通例。

深める！英文法ポイント 133　too ... to V　「あまりに…なのでVできない[しない] / Vするには…すぎる」

ここでの不定詞が否定的に訳せるのは、to Vという不定詞がもともともっている「これからVする→まだVしていない」という意味による。tooは否定的なニュアンスを予感させる副詞なので、不定詞がもつ否定的な側面にスポットライトを当てるのは得意。

▶ It's **too** cold **to stand** outside.
　（あまりに寒いので外に立っていられない）

深める！英文法ポイント 134　... enough to V＝so ... as to V　「Vするほど…だ」

so ... as to Vでも、... enough to Vの「Vするほど…だ」とほぼ同様の意味が表せる。

▶ She spoke **so loudly as to** be heard by everyone.
　＝She spoke **loudly enough to** be heard by everyone.
　（彼女は皆に聞こえるくらい大きい声で話した）
　→as to be ...もto be ...もloudly enoughに対する「程度」を表している。

深める！英文法ポイント 135　特定の形容詞を限定する不定詞　ーいわゆる「タフ(tough)構文」

easy, hard, difficult, impossible, safe, dangerous, (un)comfortable, (un)pleasant, toughといった特定の形容詞の意味を不定詞が限定することがある（タフ構文と呼ぶ）。この構文は、以下の条件をすべて満たさないと成立しない。

[タフ(tough)構文になる条件]
① 不定詞の中に名詞が1つ欠けている。
② その欠けている名詞が文全体の主語と一致する。

▶ This river is dangerous　←⟨to swim in　　⟩.
　（この川は泳ぐには危険だ）
▶ He is very difficult　←⟨to please　　　　⟩.
　（彼を喜ばせるのはとても難しい）

ゴールのない構文

※この構文では、上の図のように、文末の to swim in が文頭の This river につながり循環していることがわかるだろう。グルグル回ってゴールがないのである。

深める！英文法ポイント 136　いわゆる⟨be to不定詞⟩

⟨be to不定詞⟩の意味は「主語がこれからVする状況にある」を基本に考える。「予定・意図・可能・運命・義務」のような分類は便宜的なもの。また、⟨be to不定詞⟩では、**主語以外の第三者（運命・神様など）の存在**が感じられ、自分の意志ではどうにもならないような場合に用いるのが原則。このように、⟨be to不定詞⟩はかなり特殊な表現なので、英作文などでは使用しない方がよいだろう。

深める！英文法ポイント 137　独立不定詞

独立不定詞は、副詞的用法の不定詞の一種だが、完全にイディオム化したもので、**意味上の主語を文全体の主語と合わせる必要もない**。《伝達》の意味の動詞を含むものが多い。

□ to say nothing of A＝not to speak of A＝not to mention A　　「Aは言うまでもなく」
□ needless to say　　　　　　　　　　　　　　　　　　　　　「言うまでもなく」
□ not to say A　　　　　　　　　　　　　　　　　　　　　　　「Aとは言わないまでも」
□ to be sure　　　　　　　　　　　　　　　　　　　　　　　　「確かに、なるほど」

□ to tell (you) the truth	「本当のことを言うと」
□ to be frank[honest] (with you)	「率直に言えば」
□ to begin[start] with	「まず第一に」
□ so to speak	「いわば」(＝as it were)
□ strange to say	「奇妙な話だが」
□ to make matters[the matter] worse	「さらに悪いことには」(＝what is worse)
□ to say the least (of it)	「控え目に言っても」

深める！英文法ポイント 138　原形不定詞を用いた慣用表現

□ All S have to do is (to) V　　「SはVしさえすればよい」
→このhave toがcanになる場合もある。All S can do is (to) Vで「Sにできることといったら Vすることだけだ」の意味。
▶ **All I can do is (to) send** an e-mail to her.
　（私にできることといったら彼女にメールを送ることだけです）

□ do nothing but+V　　「ただVばかりする」
▶ She **did nothing but eat** all day.　（彼女は一日中食べてばかりいた）

深める！英文法ポイント 139　動名詞を目的語にとる動詞

❶「実際にやっている」のシリーズ

「実際にやっている」からこそenjoy（楽しむ）できたり、finish（終える）できたりする。

□ enjoy	「〜するのを楽しむ」	□ finish	「〜を終える」
□ admit	「事実として〜を認める」	□ practice	「〜を練習する」
□ appreciate	「〜を高く評価する」	□ give up / quit	「〜をやめる」
□ risk	「あえて〜する、〜する危険を冒す」		

▶ The bank clerk **admitted** stealing.　（その銀行員はお金を盗んだことを認めた）

❷「実際にやっているところを想像する」のシリーズ

頭の中で「実際にやっている（ところを想像）」するような動詞も目的語に動名詞をとる傾向がある。

□ consider	「〜をじっくり考える」	□ imagine	「〜を想像する」
□ suggest	「〜することを提案する」	□ fancy	「〜したい気がする」
□ mind	「〜するのを気にする」		

▶ In my childhood, I didn't **imagine** becoming a teacher.
　（教師になるなんて子どものころは想像もしなかった）

❸「実際にすることになっていることを回避・延期する」のシリーズ

「実際にすることになっている」のだが何らかの理由で回避・延期せざるを得ないという意味合いの動詞が多い。

□ avoid	「〜するのを避ける」	□ escape	「〜するのを逃れる」
□ miss	「〜しそこなう」	□ deny	「〜しないと言う」
□ postpone / put off / delay	「〜を延期する」		
□ resist	「〜することに抵抗する」		

▶ I couldn't **avoid** hearing her boring story.　（彼女の退屈な話を聞かざるを得なかった）

深める！英文法ポイント 140　不定詞を目的語にとる動詞

❶ 「これから実行する(願望・意図・決定)」のシリーズ
「願望・意図・決心」など「まだやっていない」ことを前提とする動詞は不定詞を目的語にとるものが多い。
- □ wish / hope / desire / want　「〜を望む」
- □ decide / determine　「〜しようと決心する」
- □ intend / mean / expect　「〜するつもりである」
- □ plan　「計画を前提に〜するつもりである」
- □ offer　「〜することを申し出る」
- □ afford　「〜する余裕がある」
  - ▶ Where do you **expect** to find the money?　(その金をどこで見つけるつもりですか)

❷ 「積極的に向き合う」のシリーズ
to以下の行為に対して積極的に向き合う意味合いの強い動詞は不定詞をとるものが多い。
- □ manage　「なんとか〜する」　　□ pretend　「〜するふりをする」
- □ promise　「〜すると約束する」　□ agree　「〜することに同意する」
- □ resolve / seek　「〜しようと努力する」
  - ▶ She **managed** to smile.　(彼女はどうにかほほえんで見せた)

❸ 「積極的に向き合うが実行しない(できない)」のシリーズ
to Vの基本は「これからVする」。「これから」ということは「まだVしていない」と否定的に解釈することもできる。
- □ refuse　「〜することを拒否する」　□ hesitate　「〜することをためらう」
- □ fail　「〜しない」
  - ▶ The students **refused** to listen to me.
    (生徒たちは私の話をどうしても聞こうとしなかった)

深める！英文法ポイント 141　不定詞と動名詞で意味に差が出る動詞

remember to V	「(これから)Vすることを覚えておく」
remember Ving	「(実際に)Vしたことを覚えている」

- ▶ **Remember** to switch off the light when you go out of the room.
  (部屋を出るとき電気を消すのを忘れないでくれ)
- ▶ I didn't even **remember** getting home.　(私は家に帰ったことすら覚えていなかった)

forget to V	「(これから)Vすることを忘れる」
forget Ving	「(実際に)Vしたことを忘れる」
try to V	「Vしようとする(実際にはVしていない)」
try Ving	「試しにVしてみる(実際にVしている)」
mean to V	「Vするつもりである」
mean Ving	「Vすることを意味する」
go on to V	「さらに続けてVする」
go on Ving	「Vし続ける」
stop to V	「Vするために立ち止まる→立ち止まってVする」
stop Ving	「(実際に)Vしているのをやめる」

▶ I **stopped** to light the cigarette.　←まだ火をつけていない。
　（私はタバコに火をつけるために止まった）
▶ I **stopped** drinking too much.　←すでにお酒を飲んでいる。
　（私は深酒するのをやめた）

| regret to V | 「（これから）Vするのが残念だ」 |
| regret Ving | 「（実際に）Vしたことを残念に思う」 |

（　プラスα　）**to VとVingのイメージの違いは？**

どちらも名詞・形容詞・副詞など、品詞別用法での機能は共通だが、それぞれが伝えるイメージは異なる。このイメージの違いが、動詞との相性や意味にも大きく影響する。

❶ **to V** …「これから向かっていく、ある行為と向き合う」ようなイメージ
　　　→　裏を返せば「まだやっていない」。
❷ **Ving** …「実際にやっている（ところを想像）」というイメージ

深める！英文法ポイント 142　　S＋need＋Ving（動名詞）

● 〈S＋need＋Ving〉の考え方は簡単。「SがVすることを必要としている」を基本に、「SはVされる必要がある」と意訳しているだけ！ また、〈need＋Ving〉のneedはwantでもOK。
▶ This car **needs**[**wants**] repairing.
　（この車は修理することを必要としている→修理される必要がある）

● 〈S＋need＋Ving〉を使う条件… ❶ 動名詞の中に名詞が1つ欠けている。
　　　　　　　　　　　　　　　 ❷ その欠けている名詞が文全体の主語と一致する。
→〈need to V〉を使って書くのがふつう。　▶ This car **needs** to be repaired.

深める！英文法ポイント 143　　to＋Ving（動名詞）をとる重要表現

一般的に、toの後ろには動詞の原形が置かれるが、以下に挙げる表現はtoを前置詞とみなすためVing（動名詞）が置かれる。

□ look forward to Ving	「Vすることを楽しみに待つ」
□ object to Ving	「Vすることに反対する」
□ be opposed to Ving	「Vすることに反対する」
□ be[get] used[accustomed] to Ving	「Vすることに慣れている[慣れる]」
□ devote O to Ving	「VすることにOをささげる」
□ when it comes to Ving	「Vすることになると」
□ with a view to Ving	「Vするために（目的）」
□ What do you say to Ving?	「Vしませんか」

▶ **What do you say to taking** a rest?
　（休憩しませんか）

深める！英文法ポイント 144　(in) Ving(動名詞)をとる重要表現(inは多くの場合、省略される)

以下の表現はinを省略してVingを使うという共通点があるが、Vingを用いている以上、「実際にやっている(やることを前提)」というイメージを含んでいる。実際にやっているからこそ「困難」だし「忙しい」わけである。

- □ have difficulty (in) Ving 　　　　「Vするのが困難だ」
- □ have trouble (in) Ving 　　　　　「Vするのが困難だ」
- □ be busy (in) Ving 　　　　　　　「Vするのに忙しい」
- □ spend〈時間〉+(in[on])+Ving 　　「Vするのに[時間]を使う」
- □ there is no point[use / sense] (in) Ving=It is no use [good] Ving
  「(実際に)Vすることに重要な点(point)がゼロ(no)→Vしてもむだである」

深める！英文法ポイント 145　動名詞を用いた重要表現

- □ There is no Ving=It is impossible to V 　　「Vできない」
- □ It is (of) no use Ving=It is (of) no good Ving
  =There is no use[point / sense] (in) Ving 　「Vしてもむだだ」
- □ feel like Ving 　　　　　　　　　　　　　「Vしたい気がする」
- □ It goes without saying that S+V 〜 　　　「〜は言うまでもない」
  → この表現は、Needless to say, S+V 〜「言うまでもなく〜」で書き換え可能。
  ▶ **Needless to say**, he was very angry.
  (言うまでもないが、彼はたいへん怒っていた)
- □ on Ving=as soon as S+V 〜 　　　　　　「Vするとすぐに」
  ▶ **On arriving** there, we were greeted.
  (到着するとすぐに、私たちは出迎えられた)
- □ in Ving=when S+V 〜 　　　　　　　　　「Vする際に」
  ▶ Be careful **in expressing** your opinion.
  (自身の意見を述べる際には気をつけなさい)

深める！英文法ポイント 146　感情を表す分詞形容詞

以下のポイントをしっかり押さえれば、むだな暗記は不要。なお、ここでのVingやVp.p.は、分詞形容詞といって、一種の形容詞と考えよう。

❶「感情を与える原因」に対してはVing
  ▶ The news was **surprising**.
  (そのニュースは驚きでした)

❷「感情を抱く側(通例、人間)」に対してはVp.p.
  ▶ I was **surprised** to hear the news.
  (私はそのニュースを聞いて驚きました)

PART 06　準動詞

深める！英文法ポイント 147　さまざまな分詞形容詞（丸暗記不要！）

以下にさまざまな感情を示す分詞形容詞を列挙するが、丸暗記を促すためのものではない。amazeは「驚く」系統、puzzleは「困惑」系統などの意味を大まかに知ってもらうために掲載する。

感情を与える原因側に対して用いる		感情を抱く側に対して用いる	
☐ amazing	「驚くべき」	☐ amazed	「驚いて」
☐ amusing	「面白い」	☐ amused	「面白がっている」
☐ boring	「うんざりさせる」	☐ bored	「うんざりして」
☐ bothering	「悩ませるような」	☐ bothered	「悩んで」
☐ confusing	「混乱させるような」	☐ confused	「混乱して」
☐ convincing	「説得力のある」	☐ convinced	「確信に満ちた」
☐ disappointing	「がっかりさせる」	☐ disappointed	「がっかりして」
☐ disturbing	「心をかき乱す」	☐ disturbed	「動揺して」
☐ embarrassing	「困惑させるような」	☐ embarrassed	「困惑して」
☐ exciting	「興奮させる」	☐ excited	「興奮して」
☐ frightening	「ぎょっとさせる」	☐ frightened	「ぎょっとした」
☐ interesting	「興味を引き起こす」	☐ interested	「興味を持って」
☐ moving	「感動させるような」	☐ moved	「感動して、心を動かされた」
☐ pleasing	「喜びを与える」	☐ pleased	「喜んで」
☐ puzzling	「当惑させる」	☐ puzzled	「当惑した」
☐ satisfying	「満足を与える」	☐ satisfied	「満足して」
☐ shocking	「衝撃的な」	☐ shocked	「ショックを受けて」
☐ surprising	「驚くべき」	☐ surprised	「驚いて」
☐ terrifying	「ぞっとする」	☐ terrified	「おびえて」
☐ tiring	「疲れさせる、退屈させる」	☐ tired	「疲れて、退屈して」
☐ touching	「感動させるような」	☐ touched	「感動して、心を動かされた」

深める！英文法ポイント 148　慣用的な分詞構文

☐ generally speaking 「一般的に言うと、概して」
→ generally以外にもさまざまなバリエーションがある。frankly「率直に」、strictly「厳密に」、roughly[broadly]「大ざっぱに」、relatively「相対的に」
☐ looking back on A 「Aを振り返って」　→　onはoverでも可。
☐ talking[speaking] of A 「Aと言えば」　→　ofはaboutでも可。
☐ judging from[by] A 「Aから判断すると」
☐ considering A 「Aを考慮に入れると」
☐ granting[granted] that S+V〜 「たとえ〜だとしても」
☐ given that S+V〜 「〜を考慮に入れると、〜だと仮定すると」
☐ depending on A 「Aに応じて」

深める！英文法ポイント 149　独立分詞構文を用いた慣用表現

☐ such[that] being the case　　　　「そういう事情なので」
☐ all things considered　　　　　　「あらゆることを考慮すると」
☐ other things being equal　　　　「他の条件が同じなら」
☐ weather permitting　　　　　　　「天気がよければ」

深める！英文法ポイント 150　付帯状況の〈with A＋B〉

付帯状況の〈with A＋B〉は以下の特徴をもつ。

❶ Aには(代)名詞、BにはVingやVp.p.、形容詞などさまざまなものが置かれるが、to Vと動詞の原形は置けない。

❷ 「AがBの状態で」を基本に、主節に対する追加情報だと意識して訳す。

▶ He was lost in thought with his eyes closed.
（彼は目を閉じて物思いにふけっていた）

プラスα　この付帯状況の〈with A＋B〉は、独立分詞構文の一種と考えることもできる。上の例文のwithを消去すれば、He was lost ...という主節に対する独立分詞構文と同じ構造になる。付帯状況のwithと分詞構文の訳し方がほぼ同じなのは偶然ではない。

PART 07　接続詞

深める！英文法ポイント 151　等位接続詞　and

● A＋B：「AとB」のように同類のものを並べる。
▶ Did you bring some shoes **and** socks?　（靴と靴下をもってきてくれた？）

● A→B：「Aそして［だから］B」というように順接の関係を表す。
▶ I picked up the book **and** put it on the shelf.
（私はその本を手に取って、棚の上に置いた）

深める！英文法ポイント 152　等位接続詞　but

A⇔B：「A、しかし［だが］B」のように逆接の関係を表す。
▶ I like her, **but** she's not interested in me at all.
（ボクは彼女を好きだが、彼女はボクに全く興味がない）

→　but以下にはふつう、「筆者の主張」や「聞き手が知らない新情報」が置かれる。

深める！英文法ポイント 153　その他の等位接続詞

❶ 等位接続詞A or B

● A／B：「A、またはB」のように同類のものから選択させる。
▶ What would you like for dessert, apple pie **or** ice cream?
（デザートは何がいい？アップルパイかアイスクリーム？）

● A＝B：「A、すなわちB」のようにわかりやすく、または、より正確に言い換える。
▶ I ran a mile, **or** 1,609 meters.
（私は1マイル、すなわち1,609メートルを走った）

❷ 等位接続詞**A yet B**：「A、しかしB」
❸ 等位接続詞**A for B**：「A、というのはBだからだ」

深める！英文法ポイント 154　命令文, and[or] S＋Vの使い方

この用法は命令・警告をしてから提案したり忠告したりする場合に使われる。

❶ **命令文, and S＋V ...**　「〜しなさい、そうすれば…」
　→　andの後ろには〈プラスの内容〉が置かれる。

❷ **命令文, or S＋V ...**　「〜しなさい、さもないと…」
　→　orの後ろには〈マイナスの内容〉が置かれる。

▶ Hurry, **or** you'll miss the train.　（急ぎなさい、さもないと列車に遅れます）

プラスα　命令文の部分に、名詞句などの「命令文に相当する表現」が置かれることもある。

▶ **A little more effort**, and you will finish it.
　（あともう少し努力すれば、それを終えられるよ）

深める！英文法ポイント 155　not only A but also B

AとBには**文法的に対等な表現**が置かれる。また、AとBの**意味的関係は「類似」**する。「not only 現役生 but also 浪人生」なら、どちらも名詞で、受験生という点で類似。また、意味の重点はBにあることも把握しておこう。「現役生も頑張っているけど浪人生だってね！」といった意味が込められる。

▶ She called out **not only** to me **but**（**also**）to my mother.
　（彼女は私ばかりでなく母にも大声で呼びかけた）

→　not only A but（also）B「AだけでなくBも（また）」は、B as well as Aでもほぼ同じ意味となる。また、onlyは、merelyやsimplyなどでもOK。alsoが省略されることも多く、さまざまなバリエーションがありうる。

深める！英文法ポイント 156　代表的な従属接続詞とその意味

接続関係	接　続　詞
原因・理由	because, since　→　sinceはbecauseに比べて自明の理由を述べる感じが強い。asも理由を示す際に用いられることがあるが積極的利用は避けた方が無難。
対立・対比	though / although（〜だけれども）, even though（たとえ実際に〜だとしても）, even if（たとえ仮に〜だとしても）, while（〜する一方で）
目的	so that, in order that　→　節中に助動詞が置かれることが多い。
程度	so 〜 that, such 〜 that　→　これらは常に「結果」とは限らないので注意が必要。
条件	if（もし〜なら）, unless（〜の場合を除いて）
結果	so（that）, so 〜 that, such 〜 that
時	when（〜とき）, while（〜間）, till / until（〜までずっと）, as soon as（〜すぐに）, by the time（〜までに）

深める！英文法ポイント 157　接続詞thatと関係詞that

節をつくるthatは接続詞と関係代名詞の２つに大別される。
❶ **接続詞**　　　…後ろに必要な名詞がすべてそろった〈完全な文〉がくる。
❷ **関係代名詞**　…後ろに必要な名詞が1つ欠けた〈不完全な文〉がくる。

深める！英文法ポイント 158　副詞節を導くthat

接続詞のthatは名詞節を導くことが多いが、次のものは**副詞節を導く**代表例。

① 「感情の原因」や「判断の根拠」を表す。
▶ We are happy **that** she saw her father again.
（彼女が父親と再会できて私たちはうれしい）

② so 〜 that S＋V やsuch 〜 that S＋Vなどで「程度」や「結果」を表す。
▶ It was **so** cold **that** he was shivering.
（彼が震えるほど寒かった）

深める！英文法ポイント 159　同格のthat

以下の2つの条件を満たすものを**同格のthat**と呼ぶ。関係代名詞と区別できるようにしよう。

① 同格のthatは接続詞なので、後ろに〈完全な文〉が続く。
② 前の特定の名詞の内容を詳しく説明する。
▶ Many people don't accept the fact **that** they are equal.
　　　　　　　　　　　　　　　　　　　　S　 V　 C　（＝完全な文）
（自分たちは平等であるという事実を受け入れない人が多い）

深める！英文法ポイント 160　同格のthatと相性のよい名詞

「同格のthat」をとれる名詞はある程度限られる。**どんな名詞に対しても同格が使えるわけではない。**同格のthat節が説明する名詞は大別すると❶事実・情報・証拠、❷思考・発言、❸可能性のいずれかの意味の範囲に入る**抽象名詞**に限る。各単語を暗記するのではなく、同格がとれる名詞の雰囲気をつかむために利用しよう。

❶ **事実・情報・証拠** …fact, truth, evidence, information, message, news, notice, report, rumor, saying など

❷ **思考・発言** …belief, doubt, hope, idea, notion, knowledge, opinion, thought, view, point, argument, assertion, assumption, claim, explanation, remark, theory, question, impression, pride, realization, recognition など

❸ **可能性** …chance, likelihood, possibility, probability, certainty など

深める！英文法ポイント 161　whetherとif

❶ **whetherの訳し方**
(a) 名詞節　「〜かどうか」
▶ I wonder **whether** she is coming.　（彼女は来るのだろうか）
(b) 副詞節　「〜であろうとなかろうと」
▶ **Whether** he wins or loses, he is our hero.
（勝っても負けても、彼は私たちのヒーローだ）
(c) 同格を導いて　…question, choice, decision, doubtなどの説明。
　　　　　　　　as to whether ... の形も多い。
▶ The question **whether** he knew may never be answered.
（彼が知っていたかどうかという問題には答えが出ないかもしれない）

PART 07　接続詞

❷ **ifの訳し方**
(a) 名詞節 「〜かどうか」 → 他動詞のOの位置にしか置けない。
▶ I wonder **if** it will rain tomorrow. （明日は雨が降るだろうか）
(b) 副詞節 「もし〜なら」
[whetherにはできるがifにはできない用法]

	文頭で主語となる節を形成	前置詞の直後で使用	直後にor notを置く	直後にto Vを置く	名詞の同格節
whether	Whether ... (S)	前＋whether ...	whether or not ...	whether to V ...	名詞＋whether ...
if	If ... (S)	前＋if ...	if or not ...	if to V ...	名詞＋if ...

深める！英文法ポイント 162　接続詞asの用法

「同じようなことを並べる、イコール（＝）の関係を導く」がasの基本的な働き。asの前後の意味を比較しながら以下の例文を確認するとよい。なお、asを「理由」の意味で訳せることもあるが、**asは訳し方が多様であいまいになる**ので、英作文などでの使用は避けたほうが無難。

▶ When in Rome, do **as** the Romans do.
（ローマではローマ人のするようにせよ［郷に入っては郷に従え］）
→ ローマ人がするのと同じようにやりなさい（いわゆる《様態》）。

▶ Someone called me **as** I was leaving the office.
（会社から帰ろうとしたとき、誰かが私を呼んだ）
→ 帰ろうとしたのと同時に誰かが私を呼んだ（いわゆる《時》）。

▶ **As** time went on, our hopes sank.
（時間が経つにつれて我々の希望は消えた）
→ 時が経つのと同時進行で希望が消えた（いわゆる《比例》）。

▶ the Japanese way of life **as** I know it
（私の知っている日本の生活様式）
→ 私が知っているのと同じ日本の生活様式（いわゆる《名詞を限定》）。

（プラスα）　接続詞asの前に、形容詞・副詞・無冠詞の名詞などが倒置されることがある。この場合に限って、asは「〜けれども」《譲歩》の意味になる。

▶ Small **as** it is, this is an object of enormous value.
（小さいけれども、これはたいへん価値のある物だ）
→ smallを文頭に出すことで「小さいんです（small）＝現にそれは（it is）」と現状を際立たせ、後続の文の「価値がある」との対比を演出。そこから、「小さいけれど、価値がある」という《譲歩》の意味が生じたと考えられる。名詞を倒置させるときに無冠詞になるのは、具体的な個々の名詞を指すというよりは、その名詞がもつ一般的な意味に重点があるからだろう。次の例文では、geniusという性質をクローズアップしている。

▶ Genius **as** she is, she is quite unassuming.
（彼女は天才だが、まったく気取るところがない）

深める！英文法ポイント 163　「理由」を表す接続詞の使い方

	because	since	as（極力使用しない）	for（等位接続詞）
文中での位置	文頭は避けて、なるべく文の後半に。	文頭が多い。	文頭が多い。	文頭には置かず、文の後半が原則。
使い方	相手にとって未知の理由。意味は強い。	相手にとって既知の理由。意味は弱い。	相手にとって既知の理由。意味は弱い。	理由を補足説明。

❶ **because**　…相手にとって未知の理由　→　文頭は避ける。
- We sat down **because** we were so tired from walking.
（歩いてとても疲れたので我々は腰をおろした）

❷ **since**　…相手にとって既知の理由　→　文頭が多い。
→ becauseの前にはpartly, just, only, simply, chieflyなどの副詞を添えることができるが、理由を表す**sinceは不可**。また、It is ... thatの強調構文で「...」の部分に置けるのはbecauseのみでsinceは不可。

深める！英文法ポイント 164　〈not ... because S＋V 〜〉の解釈

notがどこまで作用しているかで訳し方が異なる。notの作用する範囲をbecause以降に及ぼしたくない場合は、❶のようにbecauseの前にコンマを置いて、いったん文を区切るのが原則。

❶ She didn't marry him, because he was poor.
（彼女が彼と結婚しなかったのは、彼が貧乏だったからだ）
→ 結婚しなかった理由はあくまでも彼が貧乏だったから。

「〜だからといって…ということはない」のように、notの作用する範囲をbecause以降にも及ぼしたい場合は、becauseの前にコンマを置かないのがふつう。また、こちらの場合はbecauseの前にpartly, only, simplyのような副詞を添えることが多い。

❷ She didn't marry him simply because he was rich.
（彼が金持ちだったからといって彼女は彼と結婚したわけではない）
→ 他に結婚を決めた理由があることを暗示。

深める！英文法ポイント 165　〈so that S＋V 〜〉の2つの用法

〈so that S＋V 〜〉には2つの解釈が可能。また、どちらの用法でも**thatは省略できる**。結果用法のthatを省略した〈, so S＋V 〜〉が、長文などでよく見かけるso「だから〜」となる。

❶ 目的　…そしてその目的は〈S＋V〉だ
- He spoke slowly **so** (**that**) the kids could understand what he said.
（彼は子どもたちが理解できるようにゆっくりと話した）

❷ 結果　…そしてその結果は〈S＋V〉だ
- It was extremely hot, **so** (**that**) I took my coat off.
（とても暑かったので上着を脱いだ）

● 〈so that S＋V 〜〉の判別法（あくまでも目安。最終的には文脈判断が必要）
(a) 目的→so thatの前にコンマなし。節中には助動詞あり。
(b) 結果→so thatの前にコンマあり。節中には助動詞なし。

深める！英文法ポイント 166　in order that S will[can / may] V〜

「SがVするために」という**目的**を表す接続詞では、〈so that S＋V 〜〉の方が好んで使われる。また、どちらの表現でもwillなどの助動詞が置かれることが多い。**「目的」には話し手の気持ち(主観)が込められる**ので、助動詞が使われるのは必然！

▶ The decision was made **in order that** peace should prevail.
（世の中が平和になるようにその決定がなされた）

→ 不定詞を用いて「目的」を表すin order to Vと混同しないように注意しよう（→深める！英文法ポイント 132）。

深める！英文法ポイント 167　for fear (that) S＋should[may / might] V〜

fearが「恐れ」という意味の名詞なので、「〜するのを恐れて」が基本の意味。「〜するといけないから」や「〜しないように」《否定の目的》とも訳せるが、**すべて「〜するのを恐れて」からの派生**であり意訳しただけ。

▶ He didn't give his name **for fear that** his family might find him.
（家族に見つかるのを恐れて彼は名前を言わなかった）

プラスα　for fear thatを**接続詞lest**に書き換えることもできる。その際は、〈lest S＋should V 〜 / lest S＋V(原形)〜〉のような形で使うのが原則。ただし、古風で堅苦しい表現となるため、今ではほとんど使われていない。

深める！英文法ポイント 168　in case S＋V〜

「〜の場合に備えて、〜の場合に必要になるから」のような事前の用心を表す。

▶ I'll leave my number **in case** you want to call me.
（私に電話をかけたいときのために電話番号を教えておきましょう）

プラスα　in caseが、**条件を表すifと同じように**用いられることがある。caseが「場合」を表す名詞ということを考えれば、「〜する場合には→もし〜の場合には」という訳し方も納得できるはず。

▶ **In case** I miss the train, don't wait to start.
（もし私が電車に乗り遅れたら、待たずに始めちゃって）

深める！英文法ポイント 169　until[till] S＋V〜

この表現は、「SがVするまで(ずっと)」という**継続**を表すため、主節の動詞は瞬間で終わる動作ではなく、ある程度**継続性のある表現**が用いられるのが原則。下の例文のdo your readingなどからもそれがわかるだろう。

▶ Would you please do your reading in your room **till** dinner is ready?
（食事の用意ができるまで部屋で本でも読んでいてくれますか）

→ until[till]は接続詞の他に、前置詞としても用いることができる（→深める！英文法ポイント 212）。

深める！英文法ポイント 170　by the time S＋V〜

「SがVするときまでに」という**期限**を表す。

▶ Dinner will be ready **by the time** you get home.
（あなたが家に着くころまでには夕食の準備ができているだろう）

［前置詞 vs. 接続詞］

「〜までに」《期限》… 前 by＋名詞　vs.　接 by the time S＋V

▶ Come back **by** 11:30.
（11時半までには戻ってきなさい）

▶ **By the time** we got to Hong Kong, it was quite dark.
（我々が香港に着いたころにはすっかり暗くなっていた）

深める！英文法ポイント 171　「〜するとすぐに」を表す接続詞

「〜するとすぐに」を表す接続詞はas soon asが有名だが、以下のものも同じ使い方ができる。一見、名詞や副詞にしか見えないものが多いので注意しよう。

● **as soon as S＋V 〜**

＝the moment＝the instant＝the minute＝the second S＋V 〜
＝instantly＝directly＝immediately S＋V 〜

▶ I telephoned her **instantly** I came home.
（私は家に帰るとすぐに彼女に電話をした）

深める！英文法ポイント 172　「AするとすぐにBした」を表す重要構文

hardly[scarcely] A 〜 when[before] B ...や、no sooner A 〜 than B ...などを使って表現する。

▶ I had **hardly** arrived in the office **when** the phone rang.
＝**Hardly** had I arrived in the office **when** the phone rang.
＝**No sooner** had I arrived in the office **than** the phone rang.
（事務所に着くなり電話が鳴った）

→ [A]の主節の動詞には過去完了、[B]には過去形を用いるのが通例。
→ 否定語であるhardly, scarcely, no soonerが文頭に来ると、疑問文型の倒置になる。

深める！英文法ポイント 173　timeを用いた接続詞の使い分け

以下のものはtimeを用いた接続詞として機能できる点に着目しておこう。

□ every time / each time　　　　　　「〜するたびに、〜するときはいつも」
→ wheneverに置き換えOK。

▶ **Every time** I think of her, I feel angry.
（彼女のことを思うたびに腹が立つ）

□ any time　　　　　　　　　　　　「〜するときはいつでも」
→ 24時間365日いつでもOKといった感じ。

□ the first time　　　　　　　　　　「初めて〜するとき」
□ the last time　　　　　　　　　　「最後に〜したとき」
□ (the) next time　　　　　　　　　「次に〜するとき」　→ theは省略する方が一般的。

▶ Why don't you drop in my house **next time** you come here?
（今度こちらにお越しの際には我が家に立ち寄ってください）

PART 07　接続詞

深める！英文法ポイント 174　条件を表す接続詞

英語には、if以外にも「条件」を表す接続詞が多く存在する。suppose thatという接続詞はあっても、provide thatという接続詞はなかったり…。形が紛らわしいので正確に覚えよう！

● **if**
＝supposing (that)＝suppose (that)
＝providing (that)＝provided (that)
＝granting (that)＝granted (that)
＝on (the) condition (that)
＝as[so] long as
＝given (that)

S＋V〜　　→「もし〜なら」《条件》

▶ I will agree with your plan **providing** (**that**) you take all the responsibility.
（君が全責任を負うのであれば計画に賛成しよう）

→ 仮定法のifの代用としても用いられるのはsuppose (that), supposing (that)のみ。

▶ **Suppose**[**Supposing**] (**that**) you lost your job tomorrow, what would you do?
（もしも明日失業したら、あなたはどうしますか）

深める！英文法ポイント 175　as long asとas far as

❶ **as**[**so**] **long as S＋V 〜**　「（他のことはいいから）〜しさえすれば」《条件》（＝if only）

▶ I'll lend it to you **as long as** you handle it with care.
（丁寧に扱ってくれるなら貸してあげます）

プラスα　〈as[so] long as S＋V 〜〉は、時間を制限して、「〜している間は（≒while）」の用法が本来の意味。そこから、上のような条件の意味が生まれたと考えるのが自然。

▶ **As long as** he keeps playing well, he'll keep winning games.
（彼がいいプレーをしている間は勝ち続けるだろう）

❷ **as**[**so**] **far as S＋V 〜**　「〜の範囲内では」《範囲の限定》

▶ He's studying French, **as far as** I know.
（私の知る限り、彼はフランス語を勉強している）

プラスα　as far asは、知識・関係・認識などが及ぶ範囲を区切る場合に使われる。

☐ as far as I know　　　「私の知る範囲では」　→　知識の及ぶ範囲
☐ as far as A be concerned　「Aに関する範囲では」　→　関係の及ぶ範囲
☐ as far as the eye can see　「目の届く範囲は（見わたすかぎり）」　→　認識の及ぶ範囲

→ as far asには、前置詞としての使い方があり、「（場所的に）〜まで」の意味になる。

▶ The road continues **as far as** the station.　（道は駅までずっと続いている）

深める！英文法ポイント 176　unless S＋V 〜

「SがVする場合を除いて」（≒except that S＋V）→「SがVしない限り」

▶ **Unless** we raise some extra money, the theater will close.
（もう少し金を工面しないと、劇場は閉鎖されてしまう）

深める！英文法ポイント 177　　接続詞ifとwhenの使い分け

ifとwhenを未来時に対して用いる場合は、以下の区別が重要になる。
- **❶ if**　　…そうならない場合もあるということが前提
- **❷ when**　…いつかは必ずそうなることが前提
  - ▶ What do you want to be when you grow up?
    （大人になったら何になりたいの）

深める！英文法ポイント 178　　though[although] S＋V～

thoughやalthoughは「SはVだけれども」という**逆接・譲歩**を表す最も一般的な接続詞。
- ▶ **Though[Although]** he had no money, he wanted to buy the car.
  （彼は金もないのにその車を買いたかった）
- → thoughにevenを添えて強調した形がeven thoughだが、althoughにはevenを添えることは不可。

深める！英文法ポイント 179　　even if S＋V～とeven though S＋V～

どちらも日本語にすると「たとえ～であっても」《譲歩》のような意味になるが、根本的にはまったく別物だと認識しておこう。

- **❶ even if S＋V～**　「（実際にそうであるかは別として）たとえ～としても」
  - → **仮定的なニュアンスが強い**。時に仮定法とともに使える。
  - ▶ We're going **even if** it's raining.
    （たとえ雨が降っても私たちは行くつもりだ）
- **❷ even though S＋V～**　「（実際にそうであるという前提で）確かに〔実際に〕～だけれども」
  - → 事実を前提にするので**仮定法では用いない**。
  - ▶ **Even though** she can't drive, she bought a car.
    （確かに彼女は車を運転できないが、車を買った）

深める！英文法ポイント 180　　接続詞whileの用法

S＋V ... while S＋V～　「～している間に…している」を基本に、次のような意味が派生。
- ❶「～している間に」
  - ▶ She took care of the children **while** I did the shopping.
    （私が買い物をする間ずっと彼女が子どもたちの面倒を見てくれた）
- ❷「～なのに対して」《対比》
- ❸「～だけれど」《譲歩》
- → ❷と❸の意味ではwhereasが用いられることもある。

深める！英文法ポイント 181　　duringとwhile

- ●「～間」　…前during＋名詞 vs. 接while S＋V
  - ▶ The hotel is closed **during** the summer time.
    （そのホテルは、夏期の間、閉鎖している）
  - ▶ They prepared for a trip **while** their children were sleeping.
    （彼らは子どもたちが眠っている間に旅行の準備をした）

深める！英文法ポイント 182　接続詞howeverの用法

howeverは接続詞として使えるが、用法は2つ。

❶ **however＋形容詞・副詞 S＋V 〜, S＋V 〜**　「(程度を表し)どれほど〜でも」
- ▶ **However** careful they are, everyone makes mistakes.
  （どれほど気をつけていようと、誰でも間違いを犯す）

❷ **however＋S＋V 〜, S＋V 〜**　「(手段・方法を表し)どのような手段で〜しようとも」
- ▶ **However** she approaches the problem, it's still impossible to solve.
  （彼女がこの問題をどう対処しようと、やはり解決は不可能だ）

深める！英文法ポイント 183　接続副詞

以下に挙げるものは副詞の仲間で**接続副詞**という。andやbutなどの等位接続詞とは違い、あくまで副詞なので**文と文を直接つなぐことはできない。**

❶ **結果**（⇒）
therefore「それゆえに」, consequently「したがって」, as a result「その結果」

❷ **逆接**（⇔）
however「しかしながら」, nevertheless「それでも」, on the contrary「それどころか」, though「けれども」

→ 接続詞のthoughは文頭で使用可能だが、接続副詞のthoughは文頭では使用不可。
　×Mary is thin. Though, she is strong.
　（メアリーはやせている。けれども、彼女は丈夫だ）
　→ Howeverなどに変えれば可。
　○**Though** she lived in Germany, she does not speak German well.
　（彼女はドイツに住んでいたのだが、ドイツ語はうまく話せない）

❸ **対比**（⇔）
on the other hand「一方」, by comparison「対照的に」

❹ **具体例**（＝）
for example, for instance, say「たとえば」

❺ **追加**（＋α）
besides, in addition「さらに」
- ▶ It is rather too late to go out; **besides**, I am tired.
  （外出するにはちょっと遅すぎる。その上、疲れてもいる）

深める！英文法ポイント 184　the way S＋V 〜の2用法

the wayを接続詞として用いた場合、節の種類に応じて2つの訳出が可能。

❶ **the way S＋V 〜**　名詞節で「どのようにSがVするか、SがVするやり方(＝how)」
- ▶ I don't like **the way** young people today talk.
  （今の若者の話し方は好きではない）

❷ **the way S＋V 〜**　副詞節で「SがVするのと同様に(＝as)」
- ▶ Do it **the way** I told you.
  （私が言った通りにしなさい）

深める！英文法ポイント 185　whenとwhereのまとめ

whenとwhereは意味こそ違うが、**用法には共通する点が多い。**形容詞節は、関係副詞としての用法を指すので、❶名詞節と❷副詞節の判別ができればOK。また、❶の名詞節で用いられるwhen / whereを疑問副詞と呼ぶこともある。

用法	when / whereの意味や機能	対応する例文
❶ 名詞節(文中から取り去れない)	いつ／どこで～か	(a)
❷ 副詞節(文中から取り去ってもOK)	～のとき／～の場所で	(b)
❸ 形容詞節(関係副詞としての用法)	前の名詞(時／場所)の説明	(c)

(a) Do you know **when** she will get home?　（彼女がいつ帰宅するかご存じですか）
(b) I will be in Mexico **when** she is in New York.
　　（彼女がニューヨークにいるとき、私はメキシコにいるだろう）
(c) I remember the day **when** I first met John.
　　（私は初めてジョンに会った日を覚えている）

深める！英文法ポイント 186　強調構文(分裂文)

It isとthatではさむことで他と区別し目立たせる手法。
❶ さまざまな要素を強調できるが、動詞や形容詞、Cになる名詞を強調することはできない。
❷ 強調する要素が「人」の場合はthatをwhoで、「モノ」の場合はthatをwhichにそれぞれ書き換えてもOK。

強調したい要素	［もとになる文］　Haruichi played *Agehacho* on the guitar.
主語	**It was** Haruichi **that**［**who**］played *Agehacho* on the guitar. （ギターで『アゲハ蝶』を弾いたのはハルイチだった）
目的語	**It was** *Agehacho* **that**［**which**］Haruichi played on the guitar. （ハルイチがギターで弾いたのは『アゲハ蝶』だった）
副詞(句・節)	**It was** on the guitar **that** Haruichi played *Agehacho*. （ハルイチが『アゲハ蝶』を弾いたのはギターでだった）

深める！英文法ポイント 187　強調構文と形式主語構文の判別法

It is A that ... において
❶ A＝圈なら形式主語　→　強調構文で圈を強調することはできない。
　▶ **It is important that** we help each other.　（我々はお互いに助け合うことが重要だ）
❷ A＝副なら強調構文　→　副が補語になることはないから。
　▶ **It was on Tuesday that** Amanda came.　（アマンダが来たのは火曜日だった）
❸ A＝名ならthatの後ろをチェック。〈完全な文〉なら形式主語構文、〈不完全な文〉なら強調構文（〈完全な文〉〈不完全な文〉については、深める！英文法ポイント 188 を参照）。
　▶ **It was her opinion that** ____ made him change his mind.　→　____は名の欠落を意味する。
　　（彼の決意を変えさせたのは他でもなく彼女の意見だった）　…強調構文
　▶ **It is pure coincidence that** I met him in the park.
　　（私が彼と公園で会ったのはまったくの偶然です）　…形式主語構文

> **プラスα**　itは、前後に書かれているさまざまな語句や状況を**受ける**ことが得意。以下の文は、形式主語構文だが、いったんitで**受け**ておいて、後で具体的な情報がくることを予告している。
> ▶ **It is difficult for him to use this cell phone.**　（彼がこの携帯電話を使うのは難しい）
>   ↳「それって難しい」と受けておいて、後半の〈for ... to V〉で詳しく説明
> ★これと似た感覚でいわゆる「強調構文」を説明することもできる。もちろん、上記の形式主語構文とは文法上異なるものと分類されるが、itを用いる感覚は近いものがあると言える。
> ▶ **It was John who [that] revealed the secret.**　（その秘密を漏らしたのはジョンだった）
>   ↳「それってJohnだった」と受けておいて、後半のwho [that] 以下で詳しく説明。

PART 08　関係詞

深める！英文法ポイント 188　関係詞を考える際の大切なお約束

〈完全な文〉と〈不完全な文〉の見極めが、関係詞を攻略する際には必須！〈完全な文〉や〈不完全な文〉を考えるときは、**意味よりも形を優先**することが重要。
① **完全な文**　…本来必要な名詞（S・O・C・前置詞の後ろの⑧）がすべてそろっている。
② **不完全な文**…本来必要な名詞が1つ欠けている。

[完全or不完全を判別する際の注意事項]
(a) 例えば、文の最後が… I visitedなら他動詞であるvisitの目的語が欠落しているため〈不完全〉だが、… I stayedならstayが自動詞であるため後ろに目的語は不要である。よって意味的には〈不完全〉に見えるが形式的（文法的）には〈完全な文〉と判別される。
(b) The man whose car I boughtでは、他動詞boughtの目的語がない〈不完全な文〉に見えるが、whoseに引っぱられて〈O＋S＋V〉となっている。たとえ語順の入れ替えがあったとしても、要素が足りているものは〈完全な文〉と考えることにする。

深める！英文法ポイント 189　関係代名詞の格変化

先行詞 ＼ 格	主格	所有格	目的格
人	who [that]	whose	who [whom / that]
人以外	which [that]	whose	which [that]

→ 目的格の関係代名詞は省略するのが通例。

深める！英文法ポイント 190　不完全な文をとる関係代名詞

① **who, whom, which**

who, whom, whichを関係代名詞として用いた場合、通例、**後ろが〈不完全な文〉になる**。さらに、この3つには先行詞を詳しく修飾する（**形容詞節をつくる**）働きがある。
▶ We employ people **who** ＿＿＿ can speak French.
（わが社はフランス語を話せる人を雇います）
▶ This is the book **which** I told you about ＿＿＿.（これがお話しした本です）
▶ I have got a car **which** my dad gave me ＿＿＿.（私は父がくれた車を持っている）
→ 例文中の ＿＿＿ は⑧の欠落を意味する。

❷ that

thatは接続詞としての使い方もあるが、**後ろが〈不完全な文〉だと関係代名詞として用いることができる。**
　(a) 関係代名詞who, whom, whichの代用（ただし、コンマの付いた非制限用法では代用不可）
　　▶ She is the only one **that** I can trust ＿＿＿.
　　　（彼女は私が信頼できるたった一人の人です）
次のthatは〈完全な文〉をとる接続詞の例。
　　▶ She told me that I had better go to school.
　　　（彼女は私に学校に行ったほうがいいと言った）

（プラスα）　なお、先行詞にallやthe onlyがある場合、thatを用いることが多いと言われるが、その強制力は極めて弱い。実際、「人」が先行詞の場合はこれらの語句がついてもwhoが使われていることが多い。

　(b) 補語になる関係代名詞
　　▶ He is not the shy boy **that** he used to be ＿＿＿.　（彼は昔のような内気な男の子ではない）
　(c) 疑問詞が先行詞の場合
　　▶ Who **that** understands science can say he is a good scientist?
　　　（科学がわかる人の誰が、彼はすぐれた科学者だと言えるだろうか）
　(d) 先行詞が〈人＋人以外〉の場合
　　▶ The boy and his dog **that** were running in the park live next door to me.
　　　（公園を走っていた少年と彼の犬は私の隣の家に住んでいる）
　　→ この場合、関係代名詞に近い先行詞に合わせて、whichやwhoが使われることもある。

深める！英文法ポイント 191　関係代名詞の省略に気がつくためのヒント

ボーっと眺めているだけでは関係代名詞の省略は見抜けない。省略が起こる場合のいくつかの痕跡を見逃さないこと。以下に関係代名詞の省略を見抜くポイントを挙げる。英文読解なら、❶から❷へと進む中で気づき、整序問題なら❸あたりで省略に気がつくはず。

❶ 不自然に名詞が2つ並ぶ。
　　▶ The diagnosis the doctor gave him was ...
❷ 2つ目の名詞を含む文が〈不完全な文〉となる。
　　▶ The diagnosis the doctor gave him ＿＿＿ was ...　→　〈give＋O_1＋O_2〉のO_2がない！
❸ 述語動詞が2つあるのに、それらをつなぐ接続詞や関係詞にあたるものがない。
　　▶ The diagnosis the doctor gave him was ...
　　したがって…
　　→The diagnosis (**which**) the doctor gave him was ... のように、関係代名詞whichが省略されているとわかる。

深める！英文法ポイント 192　関係代名詞whatの用法

❶ 不完全な文をとる。
❷ what節全体で名詞節を作る。
❸ 原則として「〜こと、〜もの」と訳す。
　→　文脈に応じてさまざまな意味の名詞に訳せることがある。
　　▶ **What** he says is different from **what** he does.　（彼は言うこととやることが違う）

深める！英文法ポイント 193　コト=whatではないもの

「コト」という日本語がすべてwhatに対応するわけではない。関係代名詞whatを使う際には、訳し方以前に、形式的な条件がきちんとクリアできているかを確認すべき！

[接続詞のthat vs. 関係代名詞のwhat]

❶ 後ろに名詞がすべてそろった〈完全な文〉　…**接続詞that**
  ▶ **That** he once lived in Japan is true.
  （彼が昔日本に住んでいたことは事実だ）

❷ 後ろに名詞の欠けた〈不完全な文〉　…**関係代名詞what**
  ▶ I believe **what** she told me ＿＿.
  （彼女から聞いたことを信じる）

→ どちらも名詞節を作ることができ、訳した場合に「こと」という日本語が語尾につくことが多いという点では共通。

深める！英文法ポイント 194　関係詞whatを用いた慣用表現

☐ what S be 「Sの姿・状況」
▶ He is now **what a gentleman should be**.
（彼は今では理想的な紳士である）
→ beの部分はバリエーション豊富。時制を変えたり、助動詞を追加したりしてさまざまな意味を作れる。
▶ You must not draw a conclusion by **what things seem to be**.
（物事を見かけで断定を下してはいけない）
→ what S seem to be 「見かけのS（の姿・状況）」

☐ what is more 「おまけに、そのうえ」
▶ Natural gas is an efficient fuel. And **what's more**, it's clean.
（ガスは効率のよい燃料だ。そのうえ、環境にもいい）

☐ what is＋比較級 「さらに…なことには」
▶ He lost his way, and **what was worse**, it began to rain.
（彼は道に迷い、さらに悪いことに、雨が降り始めた）

☐ A is to B what[as] C is to D 「AのBに対する関係はCのDに対する関係と同じだ」
▶ Air is to humans what water is to fish.
　S V　　　　　　　　　C

（空気と人間の関係は水と魚の関係と同じだ）

プラスα　asはイコール（＝）だからwhatの位置に置けば左右の関係をイコールでつなぐことができる。
▶ Air is to humans as water is to fish.
　A V　　　　　（＝）　　　C

（人間にとっての空気とは、魚にとっての水と同じである→空気：人間＝水：魚）

☐ what is called A（=what we[they / you] call A）「いわゆるA」
▶ He is **what's called** a second Elvis Presley.
（彼はいわゆるエルビス・プレスリーの再来だ）

□ what with A and (what with) B 「AやらBやら」 → ( )内は省略可。
▶ **What with** Mr. Smith out of the office **and** the secretary on holiday, there was no one to answer the phone.
（スミスさんは事務所にいないし、秘書は休暇だし、電話に出る人はだれもいなかった）
→ 〈what is more〉、〈what is＋比較級〉、〈what is called A〉、〈what with A and (what with) B〉は**副詞的に機能**する。

深める！英文法ポイント 195　〈前置詞＋関係代名詞〉のポイント

ふつうの関係代名詞(前置詞がつかない場合)と比較しつつマスターしていくのがコツ。
❶〈前置詞＋関係代名詞〉のパターン
　(a) 先行詞が「人」のとき　　…前置詞＋whom
　(b) 先行詞が「人以外」のとき　…前置詞＋which
❷ 関係代名詞 vs.〈前置詞＋関係代名詞〉
　(a) 関係代名詞(whom, which)　…後ろは〈不完全な文〉
　▶ This is the house **which** Ohgai Mori was born in ▢.
　(b) 前置詞＋関係代名詞(whom, which)　…後ろは〈完全な文〉
　▶ This is the house **in which** Ohgai Mori was born.
　（これは森鷗外が生まれた家です）
→ この用法で使われるwhomやwhichを**thatで代用することはできない**。また、前置詞の直後のwhomやwhichを**省略することもできない**。

深める！英文法ポイント 196　〈前置詞＋関係代名詞〉の前置詞の決定

〈前置詞＋関係代名詞〉の前置詞の決定方法は、大別すると2つ。
❶ 後ろに続く語句との関係で決定。
　関係詞の後ろの文をよく見て、**熟語的なつながり**などから前置詞を考えていく。
　→ ❶の方法を試しても、想定される前置詞が何も出てこない場合は次のことを考える。
❷ 先行詞となる**名詞との関係**で決定。
　▶ the reason for which ...　（…な理由）
　▶ the extent[degree] to which ...　（…な程度）
　▶ the way in which ...　（…なやり方）
　→ reasonはforと相性が良いなど、ある程度の知識が必要。上の3つは最頻出！

深める！英文法ポイント 197　完全な文をとる関係副詞

❶ **when, where, why**　…先行詞を修飾(形容詞節を作る)。
　▶ There is a reason **why** he sticks to the plan.
　（彼がその計画に固執するのには理由がある）
❷ **how**　…名詞節をつくる。
　▶ This is **how** I met him.
　（こうして私は彼と出会った）

深める！英文法ポイント 198　関係副詞の省略

先行詞に多少の制約があるが、関係副詞そのものを省略することがある。なお、先行詞と関係副詞が離れるような場合には省略不可。また、先行詞がthe wayの場合、howが必ず省略される点は特に重要。

関係副詞	省略の有無
where	先行詞がplaceの場合に限り省略OK。
when	省略OK → ただし、先行詞とwhenが離れる場合は省略不可。
why	省略OK → ただし、先行詞とwhyが離れる場合は省略不可。
how	the wayとhowの併記は不可なので、必ずどちらかを省略。

深める！英文法ポイント 199　関係副詞の先行詞の省略

関係副詞の先行詞the place, the time, the reasonなどは、しばしば省略される。ただし、先行詞の省略されたwhereやwhenは、「SがVする場所に」や「SがVするとき」のように、接続詞のように考えた方が合理的なことも多い（→深める！英文法ポイント185も参照）。

関係副詞	先行詞	先行詞の省略の有無
where	placeなどの場所、case, situation, point, circumstancesなど	省略OK
when	time, day, week, yearなど	省略OK
why	reason	省略OK
how	way	howを書くなら必ず省略

深める！英文法ポイント 200　関係副詞howの注意点

関係副詞howの先行詞はthe way「方法」を前提としているが、the way howのように**両者を並べて書くことはできない**。どちらか一方を必ず省略しなくてはならない。

▶ He told me { the way / how / the way in which } we should do it.
（彼は私に、それをする方法［どうやってそれを行うべきか］を教えてくれた）

深める！英文法ポイント 201　完全な文をとる関係形容詞

❶ **what** …名詞節を作る（訳し方は「すべての〜」）。
　▶ I'll give you **what** money I have.
　　（私の持っているお金はすべて君にあげよう）
　→ 名詞節を作る点では関係代名詞のwhatと同じだが、関係形容詞のwhatの後ろには〈完全な文〉が置かれる。

❷ **which** …原則、**非制限用法で用いる**。whichは、前の節全体（またはその一部）を受けつつ直後の名詞を修飾する。〈前置詞＋which＋名詞〉の形で、次のような使用例がほとんど。
　▶ I may have to stay late, **in which case** I'll call you.
　　（遅くまで残らなくてはいけないかもしれないけど、その場合は電話するよ）

深める！英文法ポイント 202　制限用法 vs. 非制限用法

制限用法とは関係詞の前にコンマ(,)がつかない用法。**非制限用法**では関係詞の前にコンマ(,)がつく。つく感覚とつかない感覚を整理しよう。

❶ **制限用法**　…同類のものと区別するために関係詞節で限定。
- ▶ Do you know the boy **who** is dancing now?
  (あなたは今踊っている男の子を知っていますか)

❷ **非制限用法**　…他に同じものがないこと（限定する必要がないこと）を前提に、先行詞を補足説明。先行詞が固有名詞など、1つしか存在しないことが前提ならば、この用法を用いる。
- ▶ This is Bob, **who** I mentioned earlier.
  (こちらはボブ、彼のことは以前に話したよね)

→ 非制限用法で**that**を使うことはできない。また、非制限用法では**目的格の関係代名詞であっても省略できない**。
- ▶ He went to Paris, **where** he studied painting.
  (彼はパリへ行き、そこで絵画の勉強をした)

深める！英文法ポイント 203　非制限用法が表す論理関係

固有名詞など、他に同じものがなく、限定する必要がない場合には必然的に**非制限用法**を用いることになる。しかし、それ以外の場合でも非制限用法が好んで用いられる例がある。

❶ 前後に因果関係や逆接などの論理関係を持たせたい場合。
- ▶ My father sang a song, the **title of which** was unknown to me.
  (父は歌を歌った。しかし、私にはその歌の題名はわからなかった)

❷ 書き手の判断や評価を示したい場合。
- ▶ Bill came home yesterday, **which** was a pleasant surprise.
  (ビルは昨日帰宅した。そしてそのことは嬉しい驚きであった)

→ これらは、関係詞の標準的な機能（先行詞に対する補足説明）で片づけてはいけない。むしろ、内容的には重要な情報だと言える。

深める！英文法ポイント 204　特殊な関係代名詞 —as

関係代名詞**as**には、以下の2つの用法がある。

❶ 前後の節（または節の一部）を先行詞とし、**非制限用法で用いる**。
❷ 先行詞に**such**や**the same**などがついた**名詞と相関的に用いる**。
- ▶ I have never seen **such** a scene **as** he described to us.
  (彼が言うようなそんな景色は一度も見たことがない)
- ▶ She took **the same** way **as** had been shown by him.
  (彼女は彼に教えられたとおりの道をたどった)

深める！英文法ポイント 205　節全体(またはその一部)を先行詞にできる関係代名詞asの位置

節全体(またはその一部)を先行詞にできるas節は、whichとは違い、さまざまな場所に置ける。

❶ **先行詞となる文の後**(whichにはこの使い方しかない！)
- ▶ She was a rich girl, ⟨**as** is well known⟩.
  　　先行詞となる文
  (よく知られていることだが、彼女は裕福な少女だった)

❷ **先行詞となる文の前**
- ▶ ⟨**As** is well known⟩, she was a rich girl.

❸ **先行詞となる文中に挿入**
- ▶ She was, ⟨**as** is well known⟩, a rich girl.
- → このasは、接続詞asの変形と考えてもよい。as節の主語として、主節の内容を受ける代名詞itを補えば、接続詞asと同様に考えられる。上の文では、as it is well known, ... のように考えてみる。

深める！英文法ポイント 206　特殊な関係代名詞 —than, but

▶ She has more money **than** I have.
　(彼女の方が私よりも金がある)

▶ There is nobody **but** has his faults.
　(欠点のない人はいない)

深める！英文法ポイント 207　連鎖関係詞

関係詞の直後に⟨S(人)＋V(思考・発言系)⟩が挿入されているように見える関係詞のことを**連鎖関係詞**と呼ぶ。

❶ 関係詞の後ろに⟨S(人)＋V(思考・発言系)⟩が挿入されているように見える(厳密な意味では挿入ではない)。
- → 思考・発言系の動詞とはsuppose, think, say, hope, believeなど。

❷ この場合、その⟨S＋V⟩は、いったん飛ばして考える。関係詞を入れるときは飛ばした後ろとの関係で考えなければならない。

▶ I saw a man **who** [I thought] was a friend of my father's.
　　　　　　　　　　　S　　　　V
(私は父の友人と思われる男性を見かけた)

深める！英文法ポイント 208　複合関係代名詞

関係代名詞who, which, whatのときと同様、**複合関係代名詞の後ろも⟨不完全な文⟩**。違いは、作る節の種類なので、節ごとに訳し方の基本をおさえておこう！

	whoever[whomever]	whichever	whatever	訳し方の基本
名詞節	～する人は 誰でもすべて	～するものは どちらでもすべて	～するものは 何でもすべて	「すべて」を意識した訳し方
副詞節	たとえ誰が ～しようとも	たとえどちらが ～しようとも	たとえ何が ～しようとも	「たとえ～でも」と《譲歩》を意識した訳し方

> **プラスα**　no matter 〜に書き換えられるのは**副詞節**のときのみ。

▶ Don't tell anybody about it [**whatever** happens].
　（何が起きてもそのことはだれにも話すな）
　→ 副詞節なのでno matter whatへの書き換え可能。

▶ You may eat [**whatever** you like]. （君の好きなものは何でも食べていい）
　→ 名詞節なのでno matter whatへの書き換え不可。

深める！英文法ポイント 209　複合関係副詞

関係副詞when, where, howのときと同様、**複合関係副詞の後ろも〈完全な文〉**。取りうる節は**すべて副詞節**なので、文脈に応じて訳し分けよう！

	whenever	wherever	however	訳し方のコツ
副詞節	〜する時は いつでも	〜するところは どこでも	たとえどれほど （どのように） 〜でも	すべて副詞節なので、文脈から判断すること。〈譲歩〉のときはmay / mightがあることが多い。howeverは〈譲歩〉の訳し方のみ。
	たとえいつ 〜でも	たとえどこで 〜でも		

→ wheneverやwhereverは、《譲歩》の意味で用いられている場合に限り、それぞれno matter whenやno matter whereに書き換え可能。

▶ [**Wherever** you may go,] I will find you.
　（おまえがどこへ行こうがきっと見つけ出してやる）
　→ 《譲歩》の意味なのでNo matter whereに書き換え可能。

深める！英文法ポイント 210　複合関係形容詞

複合関係形容詞は、直後に名詞が置かれる。名詞節と《譲歩》の副詞節を導く用法があるが、no matter 〜で書き換えられるのは**副詞節**の場合のみ。

	whatever	whichever
名詞節	〜するどんな⑧でもすべて	〜するどちらの⑧でもすべて
副詞節	たとえどんな⑧が〜でも （＝no matter what＋⑧）	たとえどちらの⑧が〜でも （＝no matter which＋⑧）

▶ I'll follow [**whatever** advice she will give me].
　S　V　　　　　O（名詞節）
　（彼女が与えてくれるどんな助言にも、私は従おう）

▶ I'll follow her [**whatever** advice she gives me].
　S　V　　O　　　副詞節（＝no matter what 〜）
　（彼女がたとえどんな助言をしようとも、私は彼女についていこう）

PART 09 前置詞

深める！英文法ポイント 211　前置詞by ―そば

❶ そば
- ▶ Will you come here and sit **by** us?　（こっちに来て私たちのそばに座りませんか）

❷ そば(交通手段) → 「そばに自転車→移動手段」として用いることができる。
- ▶ I go to school **by** bike.　（私は自転車で学校に行く）

❸ そば(通信手段) → 「そばに電話→通信手段」として用いることができる。
- ▶ You can reserve a table at this restaurant **by** phone.
  （電話でこのレストランが予約できます）

❹ 手段→単位・基準・尺度
- ▶ They are paid **by** the day.　　　▶ **By** my watch, it is three o'clock.
  （彼らは日給です）　　　　　　　　　（私の時計では3時です）
  → 日給→1日単位で給料をもらう。　　→ そばにある時計を基準に時間を知る。

❺ A地点とB地点をつなぐ手段→経由
- ▶ My older brother will come home **by** way of London.
  （私の兄はロンドン経由で帰ってきます）　→　by way ofはviaまたはthroughと1語で表せる。

❻ 時間的にそば(期限「～までに」) → untilとの使い分けに注意！
- ▶ Be here **by** eight o'clock.　（8時までにここに来なさい）
  → 8時のそば(7時57分とか7時59分とか)→8時までに

❼ そば→差、隔たり
- ▶ Bob is older than I **by** three years.
  （ボブは私より3才年上だ）
  → ボブと私の年の差が3才。
- ▶ day **by** day　（日ごとに≒gradually）
  → 1日ごとに差(≒隔たり)が生まれる(階段のように一段一段と)。

プラスα　day after day（来る日も来る日も）
→ 変化のない状態が継続するイメージ。

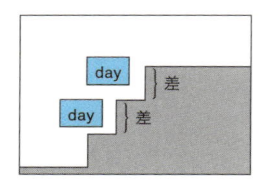

深める！英文法ポイント 212　byとuntil

□ until / till　「～までずっと」(継続)　　□ by　時間的にそば(期限「～までに」)
- ▶ Be here **by** eight o'clock.　（8時までにここに来なさい）
  → 8時のそば(7時57分とか7時59分とか)→8時までに

深める！英文法ポイント 213　前置詞in ―ワクの中(内包)

❶ 場所(または空間)という「ワクの中」
- ▶ There is a gift for you **in** this box.　（この箱の中に君にあげたいプレゼントが入っている）

❷ 時間の「ワクの中」(ある程度幅のある時間帯)
- ▶ A student from abroad came to Japan **in** May.　（5月に、日本に1人の留学生が来た）

③ 時の経過
▶ This job will be done **in** a day or two. （この仕事は1日か2日でできるだろう）
→ 1日か2日という時間の「ワクの中」で仕事を済ませる。

④ 着用
▶ He is dressed **in** a new suit. （彼は新しいスーツを着ている）
→ 彼が新しいスーツという「ワクの中」にすっぽり。inの後には「着用する服など」を置く。

（プラスα） onのうしろには「着用する体の部位・場所」が置かれる。
▶ He wears a ring **on** his third finger. （彼は薬指に指輪をしている）

⑤ 手段・方法
▶ They are speaking **in** Japanese. （彼らは日本語を話している）
→ 「日本語」という「ワクの中」でコミュニケーション→手段・方法

⑥ 形態・配置
▶ Put the name list **in** alphabetical order.
（その名簿をアルファベット順に並べなさい）
→ 「アルファベット順」という「ワク」で→形態や配置など

⑦ 方向・方角
▶ The sun rises **in** the east and sets **in** the west. （太陽は東から昇り、西に沈む）
→ 東西南北は、360度を4分割し、90度ずつに区切られた「ワク」と考える。

（プラスα） 東西南北でtoを用いるのは、以下のような場合に限る。
▶ France is **to** the south of England. （フランスはイギリスの南方にある）
→ この場合はイギリスから南方に進めば、フランスに到達する。よって、到達を表す前置詞toが用いられるのだ。

⑧ 分野・範囲の限定
▶ He is majoring **in** economics at university. （彼は大学で経済学を専攻している）
→ 専攻の「ワク(in)」が経済学(economics)という分野。

⑨ 状態・環境
▶ My grandfather is **in** good health. （私の祖父は元気です）
→ 祖父が元気(good health)という状態の「ワクの中(in)」にいる。
▶ I left my bike out **in** the heavy rain.
（私は自転車をどしゃ降りの中に出しっぱなしにしてしまった）
→ 自転車がどしゃ降り(the heavy rain)という環境の「ワクの中(in)」にいる。

⑩ 活動・従事・所属
▶ She is **in** business. （彼女は商売をしている）
→ 商売(business)という「ワクの中(in)」に彼女がいる。

深める！英文法ポイント 214　前置詞on ―接触・べったり

① 接触
▶ The rabbit is **on** the chair. （うさぎがイスの上にいる）
→ うさぎがイスに接している。ひじかけのイスなどにすっぽり収まって座っているなら<u>in</u> the chairとも言う。
▶ Mr. Carter lives **on** Orange Street. （カーターさんはオレンジ通りに住んでいる）
→ カーターさんの家がオレンジ通りに接している→オレンジ通りに住んでいる。

❷ 触れることで→影響
- ▶ Parents have a great influence **on** their child. （両親は子どもに多大な影響を与える）
  - → 「接触」のonは「影響」へと展開。「影響」は何かに触れることで生じるもの。

❸ 良いもの、悪いものなどに触れることで→印象
- ▶ He wanted to make a good impression **on** his new boss.
- （彼は新しい上司によい印象を与えたかった）

❹ 時間と時間の接触→連続・同時
- ▶ **On** arriving in England, I called him. （イギリスに着くとすぐに彼に電話をかけた）
  - → イギリスに到着(arriving in England)と電話をかける(I called…)が、時間的に接している(on)
    →(連続して)すぐに

❺ 連続→継続：〜中、〜の最中
- ▶ The barn is **on** fire. （小屋が燃えている）
  - → 点と点が接触して線状のつながりになると、連続性を生む。連続から継続へと展開。

❻ べったり→依存・基礎・根拠
- ▶ This city depends **on** the automobile industry.
- （この都市は自動車産業に依存している）
  - → this cityが自動車産業にべったり→自動車産業に依存。
- ▶ Marriage is founded **on** love and respect. （結婚は愛と尊敬に基づいている）

❼ 依存→特定の日や曜日→日に依る
- ▶ I'll see you **on** Saturday. （土曜日にお会いしましょう）

❽ ある分野にべったり→専門的なことについて
- ▶ a book **on** sociology （社会学に関する本）
  - → 社会学にべったりの本→社会学について専門的に書かれた本。

❾ 情報が電波や電線にのっかって→通信手段(電話、TV、ラジオ、インターネットなど)
- ▶ We watched the news **on** the Internet. （私たちはインターネットでそのニュースを見た）

❿ 不利益や災難
- ▶ This coffee is **on** me. （このコーヒーは私が払います）
  - → コーヒーが私にのしかかっている。

深める！英文法ポイント 215　前置詞at ― 一点集中

❶ 一点集中→目標、標的、ねらい
- ▶ Look **at** this picture. （この写真を見よ）　→ this pictureという一点に注目。

❷ 時間の一点→時点
- ▶ My mother gets up **at** six o'clock every morning. （母は毎朝6時に起きる）
  - → 6時という時の一点。

❸ 場所の一点→地点
- ▶ She stayed **at** this hotel. （彼女はこのホテルに滞在した）

❹ 目盛りの一点→スピード、割合、温度など
- ▶ Water boils **at** 100 degrees Celsius. （水は100℃で沸騰する）

❺ 従事・状態
- ▶ Three children are **at** play. （3人の子どもたちは遊んでいる）
  - → 遊びという一点に集中している。

❻ 瞬間的な感情の原因
- ▶ I was surprised **at** the news.　（私はその知らせに驚いた）

深める！英文法ポイント 216　前置詞from ―出所

❶ 出所・出身
- ▶ This is a letter **from** Ken.　（これはケンからの手紙です）　→　手紙の出所がケン。
- ▶ I am **from** Tokyo.　（私は東京出身です）　→　私の出所が東京→東京出身。

❷ 出発点・起点
- ▶ Subtract two **from** seventeen.　（17から2を引きなさい）
  - → 2を何から引くか？→from seventeenと考える。
- ▶ The price had risen **from** $25 to $35.　（価格は25ドルから35ドルに上がっていた）

❸ 間接的な原因
- ▶ He was exhausted **from** the journey.　（彼は長旅のせいで疲れ切っていた）
  - → 疲れの出所が長旅。

❹ 原料
- ▶ Butter is made **from** milk.　（バターは牛乳からできている）
  - → バターの出所が牛乳。

❺ 判断の根拠や観点
- ▶ **From** what I've heard, he is married.　（聞くところによると彼は結婚しているらしい）

❻ 離れて（分離）
- ▶ Don't take the toy **from** your sister.　（妹からおもちゃを取り上げてはいけません）
  - → 妹とおもちゃを分離→妹からおもちゃを取り上げる。

❼ 妨害・禁止
- ▶ An elbow injury is preventing her **from** playing tennis.
  （ひじの怪我のせいで彼女はテニスができない）
  - → 彼女とテニスを分離（from）→妨害。

❽ 区別、相違・隔たり
- ▶ Can you tell right **from** wrong?　（善と悪を区別できますか）
- ▶ My ideas are different **from** his.　（私の意見は彼のとは異なる）

❾ 保護
- ▶ Protect your eyes **from** the sun.
  （目を太陽から守りなさい）
  - → protect, rescue, saveなどとともに用いる。

深める！英文法ポイント 217　前置詞to ―到達

❶ 到達
- ▶ I went **to** the station.　（私は駅に行った）
- ▶ How do I get from the station **to** the university?
  （駅から大学へはどうやって行けばいいですか）
  - → 出発点（from）が駅、到達点（to）が大学という関係。

❷ 到達対象→所属先、帰属先
- ▶ He gave the money **to** the girl. （彼は女の子にお金をあげた）
  - → お金(the money)が到達した先→女の子(the girl)。

プラスα ここでのthe girlはお金の「所有者」とみなすこともできる。これが、「所属先」や「帰属先」を表すtoの用法へと展開。belong to the clubやShe is married to Bob.などのtoが典型例。

❸ 適合・一致
- ▶ My son sang along **to** the piano. （私の息子はピアノに合わせて歌った）
  - → 息子の歌声がピアノの音程に到達。

❹ 付加追加・付着
- ▶ add 2 **to** 5 （2を5に加える） → 2が5に到達。
- ▶ Attach a name tag **to** all your baggage.
  （手荷物すべてに名札をつけなさい）

❺ 結果・目的
- ▶ The vase was broken **to** pieces. （花瓶が粉々に割れた）
  - → 花瓶が壊される→結果(to)→粉々。

プラスα 「結果」を表すtoと表裏一体の関係にあるのが「目的」を表すto。「合格した」という結果には、「合格するために」という目的がその前提にあったはず。どちらで訳すかは文脈によるが、to以下の事柄に対して、主語の意志が強く働いていれば「目的」、そうでなければ「結果」で訳す傾向がある。次の文は、to以下のour rescueに対して、主語のThe firefightersの意志が強く感じられるので、「目的」で訳すと自然だろう。

- ▶ The firefighters came **to** our rescue.
  （消防隊員が我々の救助に来た）

❻ 到達→限界、制限
- ▶ restrict the number of students in one class **to** ten
  （1クラスの学生数を10名までとする）
  - → 1クラス10名に達すると→それ以上は受け付けない→制限。

❼ to one's＋感情⊗　「⊗したことに」
- ▶ **To** my great delight, I passed the entrance exams.
  （大いに嬉しいことに、私は入試を突破した）
  - → 「嬉しい」という「結果」が先に書かれているからわかりにくいが、「入試を突破→到達(to)→嬉しくなった(delight)」と考える。このtoは一種の結果を表していると言える。

プラスα このほかにto one's surprise「驚いたことに」、to one's joy「嬉しいことに」、to one's disappointment「がっかりしたことに」などの表現もある。

深める！英文法ポイント 218　前置詞for　―意識の向かう先

❶ 目的地
- ▶ a plane bound **for** Paris （パリ行きの飛行機）
  - → forは行き先を示すだけで、toのような到達の意味は含まない。

❷ 目的、用途、利益
- ▶ play tennis **for** exercise （運動のためにテニスをする） → 目的
- ▶ a knife **for** cutting meat （肉を切るためのナイフ） → 用途
- ▶ government **for** the people （人民のための政治） → 利益

❸ 要求
- **For** more information, click here. （さらに詳しい情報はここをクリック）
  → さらなる情報（more information）に意識を向けて（for）クリック。

❹ 賛成
- How many people voted **for** this plan?
  （その計画に賛成票を投じた人は何人いましたか）
  → この計画（this plan）に意識を向けて投票→賛成投票。

❺ 理由
- We can't see anything **for** the fog.
  （霧のせいで私たちは何も見ることができない）
  → 「理由」のforは、thank A for B「BのことでAに感謝する」やpunish A for B「BのことでAを罰する」など定番の動詞とのセットか、定型表現の一部で使用されることが多い。一般的にはbecause of Aなどを用いるのが無難だろう。

❻ 期間
- I have lived here **for** two years. （私はここに2年間住んでいる）
  → two yearsという全期間に意識が向いている→2年間ずっと。

❼ 代用・代表→相当・同等→交換
- use a box **for** a chair （イスの代わりに箱を使う）
  → 本来、使いたいのはa chair（意識の向かう先はa chair）だが、a boxで代用している。ここから、a boxはa chairに「相当、同等」の意味へと展開。「相当、同等」なら「交換」OKへと発展する。どの用法でもfor以下の事柄に意識が向いている点は変わらない！
- I speak **for** everyone. （みなさんを代表してお話しします）
  → 本来話すべきはeveryone（意識の向かう先はeveryone）だが、私が話す→私はeveryoneの「代表」。
- EC stands **for** European Community.
  （ECとはEuropean Communityを表す）
  → 正式な言い方はEuropean Community（意識の向かう先はEuropean Community）だが、ECで「代用」。よって、ECはEuropean Communityに「相当、同等」の意味をもっていることになる。
- He bought the book **for**[at] six dollars.
  （彼はその本を6ドルで買った）
  → 6ドルという値段に意識を向けつつ、本を購入。なお、6ドルという値段ぴったりで本を買っているためat（一点）も使用可能。

❽ 判断の基準となる対象
- It's very warm **for** January. （1月のわりにはとても暖かい）
  → 「とても暖かいな」と思い（very warm）、何月かに意識を向けたら（for）、1月（January）だった。

> **深める！英文法ポイント 219　前置詞of　―分離→起源**

ofは意味の広がりが大きく厄介な前置詞だが、「あるものから切り離す（分離）」を基本イメージとしよう。John is independent of his family.からofのさまざまな側面を分析する。
「his familyからの独立」は、まさに**分離・独立**のイメージ。そして、his familyは、Johnの起源（原点・出発点）とみなすこともできる。独立してもJohnとhis familyとの関係は切っても切れず、性格や容姿などの**起源**は家族（his family）にあるというわけだ。

[分離・起源]
- ❶ 分離・独立
    - ▶ She is independent **of** her family. （彼女は家族から独立している）
        - → 家族から離れる→分離・独立。
- ❷ モノの起源→材料・構成要素
    - ▶ a handkerchief **of** pure silk　（正絹でできたハンカチ）
        - → ハンカチの起源がシルク→シルクがハンカチの材料。
    - ▶ This club consists **of** 20 members.　（このクラブは20人の会員から構成されている）
- ❸ 出来事の起源→直接的な原因
    - ▶ The man died **of** a stroke.　（その男は脳卒中で死んだ）
        - → その男の死の起源が脳卒中→脳卒中が彼の死因。
- ❹ 性質の起源
    - ▶ It's very kind **of** him to help me.　（私を助けてくれるなんて、彼はとても親切だ）
        - → kindという性質の起源がhim。
- ❺ 行為の起源→行為者・動作主
    - ▶ the arrival **of** a visitor　（客の到着）
        - → the arrival という行為・動作の起源(of)がa visitor→客が到着。このofを「主格のof」と呼ぶことがある。

[構成要素、部分 of 全体(同格)、関連、対象]
また、独立してもJohnはhis familyの一員、すなわち構成要素である。この関係を一歩進めると、John ... of his familyは**John（部分） ... of his family（全体）**の関係とみなすこともできる。親から分離（独立）してもJohnはhis familyの性格や容姿などを受け継ぎ、彼らとの関係・関連は残るであろう。これが、ofのもうひとつの側面である「**関連・対象**」の用法につながる。

- ❶ 部分
    - ▶ some **of** these songs　（これらの曲の中の何曲か）
        - → someが「部分」でthese songsが「全体」。
- ❷ 同格
    - ▶ the three **of** us　（我々3人）
        - → 部分(A)が100%になると全体(B)と一致→同格(A＝Bの関係)。
    - ▶ the game **of** mah-jongg　（麻雀というゲーム）
        - → そのゲーム(the game)＝麻雀(mah-jongg)。
- ❸ 関連
    - ▶ speak **of** culture　（文化について話す）
        - → このofはspeakの「対象」を表しているとも言える。以下は「対象」の例。
- ❹ 感情や行為の対象
    - ▶ be frightened **of** spiders　（クモを怖がっている）
        - → frightenedという感情の対象がspiders。
    - ▶ the consumption **of** oil resources　（石油の消費）
        - → the consumption「消費」の対象がoil resources「石油資源」→石油を消費すること。このofを「目的格のof」と呼ぶことがある。

[所有、of＋抽象名詞]

独立してもJohnはhis familyの性質をもっていることになる。これが、「**所有**」の意味のofへと発展した。この「所有」の用法はofの歴史では比較的新しい用法。

❶ 所有
- ▶ the pride **of** the police　（警察の誇り）

❷ of＋抽象㊂(㊂の性質をもった)
- ▶ a book **of** use　（役に立つ本＝a useful book）
  - → このofも上記の「所有」のofの一種とみなすことができる。「有用さ(use)」をもっている(of)本(a book)→役に立つ本」という展開。また、of useの部分を補語の位置に置いたのが以下の例。
- ▶ This book is **of** great use.　（この本は非常に役に立つ）
  - → このof great useの部分はvery usefulという形容詞句に相当する。

深める！英文法ポイント 220　前置詞with　―もって、もっている

[もって、もっている]

❶ 付随
- ▶ a book **with** a red cover　（赤い表紙の本）
  - → 赤い表紙をもった本→赤い表紙の本。

❷ 道具
- ▶ write **with** a pencil　（鉛筆で書く）
  - → 鉛筆をもって書く→道具

❸ 原因
- ▶ He was trembling **with** cold.　（彼は寒さで震えていた）
  - → 彼は震えていた→それに伴う状況(with)は？→寒さ(cold)。

❹ 比例
- ▶ The air thinned **with** the rise in altitude.　（高度が上がるにつれ空気は薄くなった）
  - → 高度の上昇でもって(with the rise in altitude)→高度が上がるにつれて。

[一緒・同伴、相手・遭遇、関係・関連、〈V＋A＋with＋B〉型]

❶ 一緒・同伴
- ▶ Lisa lives **with** her aunt.　（リサはおばさんと暮らしている）
  - → おばさんと一緒ということは、そのおばさんを同居の「相手」とみなすこともできる。また、一緒にいることでおばさんと「関係・関連」が生まれるのは必然。以下の2例で確認しよう。

❷ 相手・遭遇
- ▶ Yuka met **with** an accident yesterday.　（ユカはきのう事故に遭った）
  - → 遭遇の相手が事故。

❸ 関係・関連
- ▶ Something is wrong **with** this computer.　（このコンピューターはどこか調子が悪い）
  - → このコンピューターに関して(with)、何かおかしいところがある→故障している。

❹ 〈V＋A＋with＋B〉型(AにBを与える、AをBと結びつけて考える)
- ▶ provide the sufferers **with** food　（被災者に食料を提供する）
  - → 被災者が食料をもつ(with)ことになる。
- ▶ associate Switzerland **with** the Alps　（スイスと言うとアルプスを連想する）
  - → スイスとアルプス(the Alps)を結び付けて考えている。

[with＋抽象名詞、付帯状況]
❶ with＋抽象名詞
▶ Tom solved the puzzle **with** ease.　（トムはそのパズルを楽に解いた）
→ 「容易さ（ease）をもって（with）→容易に」と理解していれば、〈with＋抽象名詞＝副詞〉のような無味乾燥な公式を覚えなくてもよい。
❷ 付帯状況
▶ I lay in bed **with** the window open.　（私は窓を開けたままベッドで寝ていた）
→ 窓が開いたままの状態でもって→窓を開けたまま。

深める！英文法ポイント 221　前置詞over ―覆いかぶさって、越えて（向こうに）

[覆いかぶさって、越えて（向こうに）]
❶ 〜を越えて（向こうに）
▶ climb **over** a wall　（塀を乗り越える）
❷ 〜にわたって（期間）
▶ Did you go anywhere **over** summer vacation？
（夏休みの間にどこかへ出かけましたか？）
❸ （ある基準）を越えて
▶ **over** a hundred people　（100人以上の人々）
→ more thanとする方が一般的。over[more than] fiveは5を含まない。含む場合はfive and overとするのが正式。
❹ 通信手段（電話、ラジオなど）
▶ **over** the radio　（ラジオで）
→ on the radioのようにonとすることも多い。

[その他]
❶ 従事（〜しながら）
▶ We talked an hour **over** a cup of tea.　（私たちはお茶を飲みながら1時間話した）
→ お茶をはさんで2人で会話する。
❷ 支配・優位
▶ The man rules **over** the team.　（その男がチームを支配している）
→ 覆う→支配・優位へ展開。
❸ 関連
▶ They quarreled **over** money.　（彼らはお金のことでケンカをした）

深める！英文法ポイント 222　前置詞above ―ある基準よりも上の方

❶ 〜を越えている（→〜できない）
▶ **above** suspicion　（疑いのレベルを越えて→疑問の余地がない）
▶ **above** imitation　（模倣のレベルを越えて→独自のスタイルで）
❷ above Ving（→Vするようなレベルは越えている＝Vのようなことはしない）
▶ He is **above** telling lies.　（彼はうそをつくような男ではない）
→ 以上の例は、全体としてプラスの意味になっている。

深める！英文法ポイント 223　前置詞 beyond　—はるかに越えて手が届かない

● (能力的に)〜をはるかに越えて(→〜できない)
- ▶ The book is **beyond** me.　（この本は私には難しすぎる）
- ▶ **beyond** comprehension　（把握できない）
- ▶ **beyond** repair　（修理できないほど）
  - → beyondの後ろに能力などを表す表現などがくれば「能力を越えている→できない」という展開になる。aboveと違い、全体としてマイナスの意味になるものが多いが、どちらを使ってもよい場合もある。目安程度にしておこう。
- ▶ **beyond** all praise　（いくらほめてもほめきれないほど）
  - → beyondでも全体としてプラスの意味になる例。
- ▶ **above** my understanding　（私には理解できない）
  - → aboveでも全体としてマイナスの意味になる例だが、ここではbeyondとする方が一般的だろう。

深める！英文法ポイント 224　前置詞 under　—〜の下に

❶ 〜の下に
- ▶ Tama is **under** the table.　（タマはテーブルの下にいる）

❷ (条件や状態など)の下に
- ▶ Russia **under** Putin　（プーチン体制下のロシア）
  - →「支配や影響」を表す語と共に用いられることが多い。underを使った以下の表現も重要。
- □ under pressure　「圧力を受けて」
- □ under any circumstances　「いかなる状況下でも」
- □ under the law　「法の下で」
- □ under the influence of alcohol　「酒に酔って」

❸ 〜の状況下にある
- ▶ This bridge is **under** construction.　（この橋は建設中である）
  - →「construction(建設)の状況下にある→建設中である」と考える。同様の考え方で以下の表現も重要。
- □ under discussion　「議論中」
- □ under examination　「調査中」
- □ under way　「進行中」
- □ under repair　「修理中」

深める！英文法ポイント 225　「理由」を表す前置詞句

□ because of = on account of ＋名詞　（〈プラス、マイナス両方〉で用いる）
- ▶ The event was canceled **because of** bad weather.
  （そのイベントは悪天候のため中止された）

□ owing to = due to ＋名詞　（〈マイナスイメージ〉で用いる）
- ▶ **Owing to** the snow, the trains were delayed.
  （雪のために列車が遅れた）

PART 09

前置詞

081

□ thanks to = by virtue of ＋名詞　(〈プラスイメージ〉で用いる)
▶ **Thanks to** the good weather, we had a great picnic.
(好天のおかげですばらしいピクニックだった)

深める！英文法ポイント 226　　exceptとexcept forの使い分け

両者の使い分けはレベルが高いが、一覧にしておくので適宜活用しよう。

	except	except for
例文	He gets up early every day **except** Sunday. (彼は日曜日以外は毎朝早く起きる)	**Except for** this mistake, your letter is perfect. (この間違いがあった以外は、あなたの手紙は完璧だ)
位置	文頭では用いない。	文頭や文末で用いる。
前に伴う語	all, every, each, any, noなどを伴うのが通例。	all, every, each, any, noなどがなくても使える。
後ろに置かれる語	名詞、副詞的要素、(動詞の原形)	名詞
その他	前にくる表現と同等のものを除外する。上の例だと、月〜日曜日(every day)の中で日曜日を除外(except Sunday)。	文全体に対する修飾。前置き、ただし書きのような働き。all, every, each, any, noなどを伴うとexceptと同じような意味で使える。

深める！英文法ポイント 227　　up toのまとめ

up toはさまざまな意味をもつため攻略しにくいが、以下の基本をしっかり押さえておけば心配ない。

❶ **A be up to B**　「AはB次第だ、AはBの責任だ」
▶ That decision is **up to** Bob.
(その決断は完全にボブ→ボブ次第だ)
→　ここでのupは副詞で「完全に」の意味。前置詞toは「到達の右向き(→)」を表す。
▶ It is **up to** you to finish this job.
(この仕事を終えるのは完全にキミだ→君の責任だ)

❷ **up to A**　「(時間的に、場所的に)Aに到達するまで」
▶ **up to** now　(完全に現在に到達するまで→今までずっと)
▶ **up to** the top of the hill　(完全に山頂に到達するまで→山頂まで)

PART 10 比較

深める！英文法ポイント 228　比較の3つの表現形式

1. 2者を比べて「同じ」　→原級
2. 2者を比べて「差がある」　→比較級
3. 3者以上の「順番をつける」→最上級

→ 「最上級＝1番」という暗記は少々短絡的。3者以上の「順番をつける」のが基本だから、1番でも88番でも最下位でも最上級を用いることができる。順番を表す時は〈**the＋序数＋最上級**〉の語順となる。

▶ It is **the second strongest** political party in Japan.
（それが日本で2番目の勢力を持っている政党だ）

→ 最上級にはtheがつくことが多いが、以下のような場合にはつけない方が好まれる。他の湖と比較しているわけではなく、1つに決まるという感覚も生じないので**theは必要ない**のだ。

▶ This lake is **deepest** at that point.　（この湖は、あの地点が一番深い）

深める！英文法ポイント 229　比較の基本原則

比較の対象（**A・B**）は、文法上、意味上対等なレベルものを置くのが原則！

▶ <u>The population of Tokyo</u> is ten times **as large as** <u>that of Sendai</u>.
　　　　　　A　　　　　　　　　　　　　　　　　　　　B

（東京の人口は仙台の人口の10倍だ）　→　thatはthe populationを受ける代名詞。

深める！英文法ポイント 230　原級を用いた表現〈as ... as 〜〉

〈as ... as 〜〉の働きを整理しておこう。

1. 最初の〈as ...〉は比較する際の「基準」で、asの品詞は副詞。
2. 後半の〈as 〜〉は「比較対象」が置かれ、asの品詞は接続詞（または前置詞）。

→ 〈as ... as 〜〉の形式は、倍数表現など一部特定の形式で使われることが多い。意味は〈A＝B〉というよりは〈A≧B〉といった印象が強い。Ann is as clever as David.なら「Annは少なくともDavidと同じくらいの賢さがある」くらいの意味。場合によっては「Annの方が賢いかも」くらいの含みをもつ。〈A＝B〉を正確に言い表したいなら、justやexactlyなどを添えて、次のような表現にするとよい。

▶ The second sentence was **just as long as** the first.
（2番目の文も最初の文とちょうど同じ長さだった）

深める！英文法ポイント 231　倍数表現

倍数表現は、①倍数＋②比較の基準＋③比較対象の順序で並べるのが基本。

▶ His bicycle is <u>twice</u> <u>as expensive</u> <u>as mine</u>.　（彼の自転車は僕の自転車の2倍の値段だ）
　　　　　　　　①　　　　②　　　　　　③

→ 倍数表現は〈as ... as 〜〉の構文の最初のasの直前に「倍数」が加わったものと考えればシンプルに理解できる。上の例文も①を取り除けば自転車の値段が同じだということを表す文になる。

プラスα　その他の倍数表現

● size（大きさ）、weight（重さ）、age（年齢）、height（高さ）、length（長さ）などの名詞を使った倍数表現にも注意。

▶ This novel is **twice the length of** that one.　（この小説はあの小説の2倍の長さだ）

- ●〈倍数＋as＋原級＋as 〜〉を、〈倍数＋比較級＋than 〜〉で書くこともある。ただし、倍数がtwiceの場合は〈倍数＋as ... as 〜〉で書くのが通例。
  - ▶ The earth is **four times larger than** the moon. （地球は月の4倍の大きさだ）

深める！英文法ポイント 232　原級を使った重要表現

❶ **as 〜 as any＋単数⑧**　「どんな⑧にも劣らず〜」
- ▶ He was **as** concerned about his teenage daughter **as any** father.
  （彼はどの父親よりも10代の娘のことを気にかけていた）

❷ **as 〜 as ever＋動詞の過去形**　「きわめて〜、並はずれて〜」
- ▶ Haruichi is **as** great a guitarist **as ever** lived. （ハルイチはきわめて偉大なギタリストだ）

❸ 強調の〈as 〜 as〉
この表現は〜の部分に置かれるパーツによって様々な強調表現が作れる。代表的なものが以下の2つ。
- □ as many as　「（数を強調して）〜もの」
  - ▶ **As many as** 1.5 million visitors come here every year.
    （150万もの観光客が毎年ここにやって来る）
- □ as much as　「（量を強調して）〜もの」

❹ **not so much A as B**（＝B rather than A）　「AというよりむしろB」
- ▶ I lay down **not so much** to sleep **as** to think. （眠るというよりも考えるために横になった）

❺ **not so much as V**　「Vさえしない」
  - → without so much as Vingの場合はVingとなる点に注意。
- ▶ Lucy did **not so much as** raise an eyebrow.
  （ルーシーはまゆ一つ上げようとすらしなかった）

❻ **as 〜 as S can**（＝as 〜 as possible）　「できるだけ〜」
- ▶ Come **as early as you can**. （できるだけ早く来なさい）
  - → 過去時制のときはcanはcouldになる！
  - → 「あなたが可能なのと(you can)同じレベルの早さで来い(Come as early as)→できるだけ早く来なさい」の展開。

深める！英文法ポイント 233　比較級の強調表現

❶❷のグループと❸は異なる強調語として捉えよう。
❶ 差を量的にとらえるとき→much, a good[great] deal, a lot, lots
❷ 差を距離感としてとらえるとき→far, by far
❸ あるものに加えて「さらに」というニュアンスを加えるとき→even, still
- ▶ That is a good idea, but I have a **still** better one.
  （それはいい考えですが、私にはさらにいい考えがある）

深める！英文法ポイント 234　比較級とその差の表し方

比較級の前に置く語句によって、「差」を表すさまざまな表現ができる。

Mike is { **two years** （年の差2歳） / **much** （年の差がかなり） / **a little** （年の差が少し） / **no**（年の差ゼロ＝同じ年） } older than Kei.

→ 特に最後のnoを使ったパターンは注意が必要。

深める！英文法ポイント 235　最上級の強調表現

❶と❷で置かれる位置が違うので気をつけること。

❶ $\begin{cases} \text{(by) far} \\ \text{または} \\ \text{much} \end{cases}$ ＋the＋最上級

❷ the very＋最上級

▶ She is **much the best** student. （彼女はずばぬけて優秀な学生だ）

深める！英文法ポイント 236　all [none]＋the＋比較級＋理由表現

それぞれのパーツがどんな働きをしているか理解していこう。丸暗記するのは、かなりきつい構文。
❶ theは指示副詞で「その分だけ」。
❷ allは〈the＋比較級〉の「強調」で、noneなら「否定」を表す。
❸ forやbecauseなどの「理由表現」がセットになる。

▶ She was **none the wiser** because of the seminar.
（彼女はそのセミナーを受けたがそれでもわかるようにはならなかった）

→ 理由にあたる語句は、becauseなどのわかりやすいものとは限らない。ifやwhen節、分詞構文、前文の内容などさまざまあり得る。

▶ If you take a vacation, you will feel **all the better**.
（休暇をとればそれだけ気分も一新するだろう）

深める！英文法ポイント 237　The＋比較級 … , the＋比較級 〜

この構文の特徴をまとめておこう。
❶ それぞれの〈the＋比較級〉は後ろの〈S＋V〉の中に戻して考えられる。
❷ 〈S＋V〉が2つでもandのような等位接続詞は不要。
❸ 後半の〈the＋比較級〉のtheは指示副詞。「その分だけ〜」の意味を表す。
❹ 比例関係を意識して「…すればするほど、その分だけより〜」と訳してみる。

▶ **The older** he grew, **the more** dignified he became.
（年を取るにつれて彼はより威厳が増していった）

→ この表現では、be動詞などの省略、主語の省略、倒置などがよく起こる。

[書き換え]

〈The＋比較級 … , the＋比較級〜〉の構文は、「同時」を表す接続詞asなどを使って書き換え可能。
▶ The older you **grow**, the **wiser** you will become.　（年をとるにつれて賢くなるものだ）
　＝As you grow **older**, you will become **wiser**.
　＝You will become **wiser** with age.

深める！英文法ポイント 238　still less, much less, let alone　「まして〜ない」

否定的な文 … , $\begin{cases} \text{still less 〜} \\ \text{much less 〜} \\ \text{let alone 〜} \end{cases}$ 「まして〜ない」

PART 10

比較

▶ No explanation was offered, **still less** an apology.
(何の説明もなかった。まして謝罪などあるはずもなかった)

深める！英文法ポイント 239　more 原級(A) than 原級(B)

同一(人)物の中にある、2つの異なる性質を比較する際には以下の形を使う。
□ more 原級(A) than 原級(B)　「BというよりむしろA」
▶ Mary is **more** pretty **than** beautiful.　(メアリーは美しいというよりむしろかわいらしい)
→ 1者の中にある2つの性質を比較している。ちなみに、メアリーとアンのように異なる人物を比較するなら、ふつうの比較の形を使えばよい。
▶ Mary is prettier **than** Anne.　(メアリーはアンよりかわいらしい)

深める！英文法ポイント 240　比較対象にthanではなくtoを用いる重要表現

以下の表現は比較対象にthanではなく**to**を用いる点に注意。また、-orで語尾が終わる比較級を「ラテン比較」と呼ぶことがある。
□ be superior to A⇔be inferior to A　「Aより優れている」⇔「Aより劣っている」
□ be senior to A⇔be junior to A　「Aより(地位や役職が)上だ」⇔「Aより(地位や役職が)下だ」
□ be preferable to A　「Aより好ましい」
□ prefer A to B　「BよりもAを好む」
□ prior to A　「Aに先だって(≒before)」

深める！英文法ポイント 241　no more than Aとno less than A

no more than $100とno less than $100を例に、違いをしっかり理解しよう！
❶ 共通点…どちらの表現を用いても100ドルぴったり。
❷ 相違点…100ドルに対する感覚。
　(a) **no more than**　…no moreで「多くはないなあ(少ない！)」を強調→「〜しか、わずか〜」
　▶ **No more than** seven people came to the party.
　(パーティーにはわずか7人しか来なかった)
　(b) **no less than**　…no lessで「少なくないなあ(多い！)」を強調→「〜もの」
　▶ **No less than** seventy people came to the party.　(パーティーには70人もの人が来た)
❸ それぞれの書き換え
　□ no more than A = only A
　□ no less than A = as many as A(数の場合)、as much as A(量の場合)
　→ 以下の表現との区別は重要！
　□ not more than $100 …
　　「100ドル以上ではない→多くとも100ドル(=at most $100)」
　□ not less than $100 …
　　「100ドル以下ではない→少なくとも100ドル(=at least $100)」

深める！英文法ポイント 242　いわゆる「クジラの構文」

□ no more ... than 〜　…thanの左右をどちらも否定される。thanの左側が主張。
□ no less ... than 〜　…thanの左右をどちらも肯定される。thanの左側が主張。
プラスα　no more ... than 〜のthan以下には「積極的に評価したくないこと」や「事実ではないこと」

が置かれ、no less ... than ～のthan以下には「誰もが納得できる明白な例」が置かれる。
→ このタイプの文を解読するには以下の2つの下準備が大切。

❶ thanを中心に左右に分ける。
❷ than以下には省略が多く見られるのでそれを補っておく。
▶ A whale is **no more** a fish **than** a horse is (a fish).
　　S　V　　　　　　C　　　　　　S　V　　C

❸ no moreがA whale is a fishの部分を強く否定。
❹ ❸と同時にthanの右側の情報も否定される。
▶ A whale is no more a fish **than** a horse is (a fish).
　（クジラは魚ではない…主張）　（馬は魚ではない…事実ではないこと）

深める！英文法ポイント 243　最上級相当表現

英語では最上級を使わずにそれと同等の意味を表す方法がいくつもある。それぞれの表現を理解してインプットしておこう。

❶ This is **the most exciting** movie (that) I have ever seen.
　＝I have never seen such an exciting movie as this.
　＝I have never seen so[as] exciting a movie as this.
　（これは私が今まで見た中で最もわくわくした映画だ）
→ これらの表現は1番は1番でも、「自分が見た中で」とか「自分が出会った人の中で」のような「1番」の意味の範囲を限定したい時に好んで使われる。

❷ Russia is **the largest** country in the world.
　＝Russia is larger than any other country in the world.
　＝No other country in the world is as[so] large as Russia.
　（ロシアは世界で最大の面積の国である）
→ 厳密に言うと、No other country in the world is larger than Russia.は最上級相当表現とは異なる。ロシアが1番かどうかではなく、かなり大きな国だということを伝えているに過ぎない。「ロシアより大きな国はないけど、同じ程度の国はあってもおかしくない」というような解釈となる。

❸ Time is **the most precious** thing of all.　（時間は一番貴重である）
　＝Time is more precious than anything else.
　＝There is nothing so[as] precious as time.
　＝Nothing is so[as] precious as time.
→ 厳密に言うと、There is nothing more precious than time.やNothing is more precious than time.も上と同様の理由で最上級相当表現とは異なる。

PART 11 冠詞・名詞

深める！英文法ポイント 244　名詞の捉え方による冠詞の違い

冠詞の有無や何をつけるかは、対象となる名詞を話者がどう捉えているかで決まる。「物質名詞だからaはつかない」とか、「楽器名だからtheが必要」など、はじめからルールにあてはめてしまうのは危険。楽器名だから必ずtheが必要だと決まっているわけではなく、theをつけることが多いというだけである。以下の例文でそれぞれの形がもつイメージを理解してしまおう！

❶ Haruichi plays the guitar.
　〈the＋単数名詞〉なら、話し手も聞き手も知っている一般的なギターを弾く感じ。

❷ Haruichi plays a guitar.
　〈a＋単数名詞〉なら、カタチあるギターを弾いていることには違いないが、聞き手は「どんなギター？」と思うかもしれない。どんなギターかの詳細がわからず、何か特別なギターでも弾いているかのような印象を与える。

❸ Haruichi plays guitars.
　〈単なる複数形〉なら種類を問わずさまざまなギターを弾いている感じ。Dogs are faithful animals.も、「（種類を問わず）犬というものはすべて忠実な動物だ」といった印象になる。

❹ Haruichi plays the guitars.
　〈the＋複数名詞〉なら、その場にある（the）ギターをひとまとめにして全部を弾いている感じ。状況はかなり限られる。

❺ Haruichi teaches guitar.
　〈無冠詞〉だと弦のついた具体的なカタチをもったギターはイメージされない。音楽学校などの学科としての「ギター」だったり、ギターがもつ音色そのものを意識している場合などは、冠詞をつけずに使うことだってある。

深める！英文法ポイント 245　不定冠詞（a / an）がつく固有名詞

一般的に固有名詞にはa / anをつけない。ただし、「同類のものがいくつかある中の1つ」のような場合にはaをつける！

❶「～という人」
　▶ I have **a Mr. Tanaka** on the phone.　（田中さんという方から電話です）
　　→ 世の中にたくさんいる田中さんの中の「どなたかおひとり」といったニュアンス。

❷「～のような人」
　▶ He is **a Lincoln**.　（彼はリンカーンのような人だ）
　　→ 本物のリンカーンは1人しかいないが、彼と同じような人物は複数いるという前提。

❸「～家の人」
　▶ She is **a Tanaka**.　（彼女は田中家の一員だ）
　　→ 田中の姓を名乗る人間が家族内に複数いる。その中の1人を指す。

❹「～の作品・製品」
　▶ I have **a Pornograffitti**.　（私はポルノグラフィティの作品を持っている）
　　→ 数あるポルノグラフィティの作品のうちの1つを持っている。

深める！英文法ポイント 246　theをイメージごとに整理

（Ⅰ）紐でくくる・1つに束ねる

❶ さまざまな州(states)を1つにまとめて「合衆国」。
- ▶ the United States　（合衆国）

❷ 田中家の父・母・息子・娘を1つにまとめて「田中家の人々」。
- ▶ the Tanakas　（田中家の人々）

❸ さまざまなお金持ちをひとまとめにして「お金持ちの人々」。
- ▶ the rich　（お金持ちな人々）　→　年代(the 1970s)、山脈(the Alps)、諸島(the Philippines)、チーム名(the New York Mets)などにtheがつくのも上記と同じ考え方。

（Ⅱ）他のものと区別

❶ 方角・方向にtheがつく…他の方角と区別。
- ▶ the south　（南）

❷ 戦争にtheがつく…平和な状態と区別。
- ▶ the War in the Pacific　（太平洋戦争）

❸ 海洋・河川・砂漠にtheがつく…住宅地や畑など他の土地と区別。
- ▶ the Japan Sea　（日本海）　　▶ the Amazon　（アマゾン川）
- ▶ the Sahara　（サハラ砂漠）

→　河川・半島・運河・海峡・トンネル・電車の路線など「比較的長いもの」にはtheがつく傾向がある。これらは、ある意味漠然としていて、はっきりとした輪郭がないように思える。だが、theをつけることで、他の土地や他の路線とはっきり区別したいというキモチを表していると考えられる。

- ▶ the Crimea　（クリミア半島）　　▶ the Panama Canal　（パナマ運河）
- ▶ the Yamanote Line　（山手線）

（Ⅲ）すべて→それだけ・唯一（皆が同じものを想定）

それだけがすべて・唯一なら、話し手と聞き手が想定するものは同じもののはず！

❶ 月や太陽にtheがつく…太陽系に1つだけ。　▶ the moon　（月）

❷ the clock in my roomにtheがつく…私の部屋に1つだけ。
- ▶ a clock in my room　（部屋に複数ある時計の中のどれか1つ）

❸ 序数にtheがつく…順番の中でひとつだけ。　▶ the first　（第一の）

深める！英文法ポイント 247　〈V＋A＋前置詞＋the 身体の部分〉

この表現はAに全体を表す〈人〉が、その後に〈the＋身体の部分〉が置かれるという情報構造をもつ。このような全体から部分という流れは、英語が最も得意とするところ。動詞の意味が「つかむ系」「たたく・触れる系」「じっと見る系」によって、次のように使われる前置詞が大別される。なお、他の身体の部位と区別するためにtheが用いられている点にも注目。

つかむ系	catch A by the arm「Aの腕をつかむ」　→　手段のby	
	その他…take, hold, grasp, seize, grab「つかむ」	
たたく・触れる系	pat A on the shoulder「Aの肩を(軽く)たたく」　→　接触のon	
	その他…tap, slap「たたく」, strike, hit「なぐる」, kiss「キスする」	
じっと見る系	look A in the eye「Aの目をじっと見る」　→　ワクの中のin	
	その他…stare「じっと見る」	

深める！英文法ポイント 248　注意すべき無冠詞の用法

可算名詞でも、a / an や the をつけないことがある（無冠詞）。具体的にカタチあるものをイメージしているわけではなく、その名詞の**「目的や機能」にスポットライトをあてた表現方法**。

カタチあるものをイメージせず→目的や機能	具体的にカタチあるものをイメージ
□ go to school 「(勉強目的で)学校へ行く→学生である」	□ go to the school 「(建物としての)学校へ行く」
□ go to bed 「(寝る行為のために)ベッドのところに行く」	□ go to the bed 「(家具としての)ベッドのところに行く」
□ be in hospital 「(治療目的で)病院にいる→入院中」	□ go to the hospital 「(建物としての)病院に行く」
□ travel by car 「(どんな車かは話題にせず)車で移動する」	□ was run over by the[a] car 「その(とある)車にひかれた」
□ watch TV 「(映像などの)TVを見る」	□ turn off the TV 「(家電としての)TVを消す」
□ She is with child. 「彼女は(まだ形ははっきりしないが) 　子どもがいる→妊娠している」	□ She has a child. 「彼女は子どもがひとりいる」

→ 右側は the を用いた表現を多く示したが、状況によっては a / an が好まれる場合もある。冠詞はルールで丸暗記するのではなく、話者がどんなキモチで使っているのかを想像しながら学習しよう！

深める！英文法ポイント 249　不可算名詞

可算・不可算の区別は日本語と大きく考え方が異なる部分。また、この区別は絶対的なものではなく、可算・不可算の両方で用いられるものも多い。不可算名詞の前には不定冠詞(a / an)を置くことはできない。

❶ 一部分を取り出してもその基本的な性質は変わらない(物質系)

　このグループはわりとイメージしやすいせいか、paper 以外は入試で問われることはそう多くない。

- □ paper 「紙」　→　a piece of paper 「1枚の紙」 (a sheet of paper でもOK)
- □ water 「水」　→　a glass of water 「1杯の水」
  (a glass of milk [wine / juice / beer] なども同様)
- □ sugar 「砂糖」　→　a lump of sugar 「角砂糖1個」
  (a cube of sugar でもOK、a spoonful of salt なら「ひとさじの塩」)
- □ bread 「パン」　→　a slice of bread 「1枚のパン」 (a piece of bread でもOK)
- □ soap 「石けん」　→　a cake of soap 「石けん1個」 (a bar of soap でもOK)
- □ butter 「バター」　→　two pounds of butter 「2ポンドのバター」
- □ medicine 「薬」　→　a dose of medicine 「1服の薬」
  (薬の種類なら可算でもOK、「医学」の意味では必ず不可算)
- □ air 「空気」
- □ rice 「米」

❷ ひとまとめ・ひっくるめて

椅子・机・タンス・ベッドをひとまとめにして「家具類」。さまざまな事実・詳細をひっくるめて「情報」。

- ☐ information 「情報」 → a piece of information「1つの情報」
- ☐ advice 「忠告」 → a piece of advice「1つの忠告」
- ☐ news 「知らせ」 → two pieces of news「2つのニュース」
- ☐ furniture 「家具類」 → a piece of furniture「1つの家具」
- ☐ baggage / luggage 「手荷物」 → a piece of baggage[luggage]「1つの手荷物」
- ☐ machinery 「機械類」 → 個々の「機械」ならmachineで可算名詞。
- ☐ poetry 「詩歌」 → 個々の「詩」ならpoemで可算名詞。
- ☐ scenery 「風景」 → 個々の「場面」ならsceneで可算名詞。
- ☐ mail 「郵便(物)」 → 小包・はがき・手紙などの総称
- ☐ evidence 「証拠」
- ☐ wealth 「富、財産」
- ☐ equipment 「設備類」
- ☐ money 「お金」
- ☐ clothing 「衣類」
- ☐ traffic 「交通(量)」

❸ 目に見えない・具体的な形が描けない

- ☐ work 「知的・肉体的な仕事(量)」 → 個々の具体的な仕事はjob(働き口)で可算名詞。
- ☐ knowledge 「知識」
- ☐ damage / harm 「(損)害」
- ☐ peace 「平和」
- ☐ homework 「宿題」
- ☐ room 「余地」
- ☐ weather 「天候」
- ☐ luck 「運」
- ☐ progress 「進歩」
- ☐ energy 「エネルギー」
- ☐ truth 「真実」
- ☐ housework 「家事」
- ☐ time 「時間」
- ☐ fun 「楽しみ」
- ☐ music 「音楽」

深める！英文法ポイント 250　衣服関係

	どんな衣服？	補足
clothes	上着・ズボンなどの個々の衣服	複数扱い。some new clothes「何着かの新しい服」
clothing	集合的に衣類	不可算名詞。a piece of clothing「衣類一着」
dress	(可算で)ドレス、(不可算で)服装	他動詞だと「Oに着せる」の意味。
suit	上下そろった服装	「訴訟」の意味もある。a civil suit「民事訴訟」

→ suitは「一貫している」といった意味をもち、上下が一貫したものなら「スーツ」。これが、「一貫した追及」のように使われると、「訴訟」のような意味に発展する。

▶ We need to buy some new **clothes**.
（我々は新しい服をいくつか買わなければならない）

▶ the basic necessities such as food and **clothing**
（食料や衣類といった基本的な必需品）

▶ I was wearing a blue **dress**. （私は青いドレスを着ていた）

▶ She was wearing a dark **suit**. （彼女はダークスーツを着ていた）

深める！英文法ポイント 251　可算・不可算の両方で使い、意味が異なる名詞

「work(仕事)→a work(作品)」のように結果として生み出されたり、「room(余地)→a room(部屋)」のようにそれを区切って境界線が明確になったりすると、可算名詞になる傾向がある。

不可算名詞	可算名詞
work(仕事)	a work(作品)
paper(紙)	a paper(新聞, 論文)
room(余地)	a room(部屋)
fire(火)	a fire(火事)

いわゆる集合名詞にも、可算・不可算の使い分けをするものがある。

	不可算名詞として扱う場合は？	可算名詞として扱う場合は？
fish	魚類全般を表す	個々の魚を表す
food	食物全般を表す	食物の種類を表す
fruit	果物全般を表す	果物の種類を表す
sport	スポーツ全般を表す	個々の競技を表す

▶ She doesn't eat **fish**.　(彼女は魚を食べない)　→　魚類全般
▶ catch **a fish**　(魚を釣る)　→　個々の魚

深める！英文法ポイント 252　集団・群れ・一連の言い方

集団・群れは、名詞に応じてそれぞれ特有な数え方をする。

- □ a school of fish　　　　　「魚の群れ」
- □ a pack of wolves　　　　「オオカミの群れ」
- □ a flock of sheep　　　　　「羊の群れ」　→　羊・ヤギ・鳥など
- □ a herd of cattle　　　　　「家畜の群れ」　→　牛・馬など
- □ a bunch of flowers　　　「一束の花」
- □ a cluster of stars　　　　「星の集まり」
- □ a group of high school students　「高校生の一団」
- □ a crowd of reporters　　「大勢の記者」
- □ a series[chain] of events　「一連の出来事」
- □ a variety of books　　　「さまざまな本」
- □ a diversity of opinions　「さまざまな意見」

深める！英文法ポイント 253　常に複数形をとる表現(相互複数)

必ず相手を必要とするなどの理由で、常に複数形で用いられる表現を押さえよう。

- □ make friends with A　「Aと友達になる」
- □ shake hands with A　「Aと握手する」
- □ change trains　　　「電車を乗り換える」
- □ take turns at[in] Ving　「交代でVする」

深める！英文法ポイント 254　大きな数字とその読み方

コンマで区切られた3桁ごとに大きく単位が変わることに着目。

日本語	数字	英語
百	100	one hundred
一千	1,000	one thousand
百万	1,000,000	one million
十億	1,000,000,000	one billion
一兆	1,000,000,000,000	one trillion

1,234,567,890,123を読む場合は、3桁の単位をコンマで束ねてあるので、3桁の単位ごとに読むのが基本。次に束ねた数字の位の単位を言えばよい。

数字：	1,	234,	567,	890,	123
単位：	trillion	billion	million	thousand	hundred

→ この数字を英語で読むと、次のようになる。

one <u>trillion</u>, two hundred thirty-four <u>billion</u>, five hundred sixty-seven <u>million</u>, eight hundred ninety <u>thousand</u>, one <u>hundred</u> twenty-three

深める！英文法ポイント 255　時を表す語

英語には、具体的な数字を使わずに、ある一定期間を表す語がある。

- ☐ week 「7日間」
- ☐ fortnight 「2週間」
- ☐ decade 「10年」
- ☐ score 「20年」
- ☐ generation 「30年」
- ☐ century 「100年」

▶ I last saw her almost a **fortnight** ago.
（彼女に最後に会ってからほぼ2週間経つ）

深める！英文法ポイント 256　mean関係

	それぞれの用法	
mean	他動詞…（モノが主語で）「～を意味する」 （人が主語で）「～を本気で言う、～のつもりで言う」	形容詞…「卑劣な、意地悪な」
means	名詞…「手段」　→　単数形も複数形もmeans（単複同形）。 → meansを用いたイディオム 　 by no means「決して～ない」, by all means「ぜひとも」, by means of ～「～の手段で」	
meaning	名詞…「意味」　→　動名詞と勘違いしないように！　複数形はmeaningsとなる。	

▶ Do you have any **means** of getting home?
（何か家に帰る手段はあるの？）

▶ I don't know the **meaning** of this word.
（この単語の意味を知らない）

深める！英文法ポイント 257　複数形になると意味に変化が生じる名詞

単数形		複数形		補足
arm	腕	arms	武器	腕は力の象徴。それが複数集まって武力を表す。
custom	慣習	customs	関税・税関	通行人から習慣的に徴収していた通行税から派生。
good	善	goods	商品	do him good「彼に利益を与える」が有名。
manner	やり方	manners	礼儀作法	日本語の「マナー」は英語ではmanners。
air	空気	airs	気取った態度	put on airs「気取る」などが有名。
authority	権力	authorities	当局	官庁・警察など「権力」を有する集合体。
interest	興味	interests	利益	人間の興味の向く先→金→利益
cloth	布きれ	clothes	衣服	two clothesなど数詞NG→two pieces of clothes
price	個々の値段	prices	物価	at any priceで「どんな犠牲を払っても」の意。
force	力	forces	軍隊	力が集まって軍隊。
letter	文字	letters	文学	文字が集まって文学。
regard	尊敬	regards	よろしくというあいさつ	give my (best) regards to Aが有名
pain	痛み	pains	苦労	take great pains「非常に苦労する」が有名。

▶ The **manner** is very aggressive.
（そのやり方はかなり攻撃的だ）

▶ The children have very good **manners**.
（その子どもたちはとても行儀がよい）

深める！英文法ポイント 258　意味が紛らわしい名詞

約束	reservation	（列車・ホテルなどの）予約	
	appointment	（医者や美容院などの）予約、人と会う約束	
陰と影	shade	日陰（光のさしていない空間）	
	shadow	影（地面などに映った形そのもの）	
習慣	habit	（個人的な）習慣・癖	
	custom	（社会的な）習慣・慣習	
天気	weather	（ある特定の地域の）一時的な天気の状態	→ 不可算名詞で用いる！
	climate	（ある地域の）年間を通しての気候	→ 可算名詞で用いる！
利益	profit	金銭的な利益（もうけ）	
	benefit	金銭的な利益に限らず、広い意味での利益	
関係	relation	集団や国家間の関係など私情の入らない関係 →通常複数形（relations）で用いる。	
	relationship	個人と個人の関係 →親密だったり、感情的であったりする関係を表すことが多い。	
	connection	一方が他方へ影響を及ぼすような関係	
	concern	事件や問題などへの関与、利害関係	

▶ It is lovely **weather** today.
（今日はすばらしい天気だ）

▶ Los Angeles has a warm **climate**.
（ロサンゼルスはあたたかい気候だ）

プラスα　形・意味の紛らわしい名詞

- success　「成功」　→　succession　「継続」
- attention　「注意」　→　attendance　「出席」
- observance　「法を守ること」　→　observation　「観察」
- reception　「受け入れること・宴会」　→　receipt　「レシート」
- composition　「作文・作曲」　→　composure　「落ち着き」
- object　「物体」　→　objection　「反対」

深める！英文法ポイント 259　affect, affection, effectの語法

- affect〈他動詞〉　「～に影響を与える」　　□ affection〈名詞〉　「愛情」
- effect〈名詞〉　「影響、結果」　　□ effection　→　この形はない。

▶ The new law doesn't **affect** me.　（その新しい法律は私には影響ない）
▶ My father never showed me much **affection**.
（父親は私に対してあまり愛情を見せなかった）
▶ the **effect** of smoking　（喫煙の影響）

深める！英文法ポイント 260　多義名詞 term

「端と端を区切り、はっきりさせる」が基本イメージ。

❶ 学期、期間　❷ 条件　❸（専門）用語　❹ 間柄

▶ the summer **term**　（夏の学期）
▶ These **terms** are completely acceptable.
（このような条件は完璧に受け入れられる）
▶ These are **terms** used in nutrition.
（これらは栄養学で使われる用語だ）

深める！英文法ポイント 261　多義名詞 life

「生きているもの、こと」が基本イメージ。

❶ 生命　❷（集合的に）生物（＝living things）　❸ 人生・一生　❹ 生活　❺ 伝記（＝biography）　❻ 活気

▶ Their **lives** are at risk.　（彼らの命が危険にさらされている）
▶ **Life** is not all roses.　（人生は楽しいことだけではない）

深める！英文法ポイント 262　多義名詞 command

「意のままにする〔できる〕」が基本イメージ。

❶ 命令　❷ 指揮（権）　❸（言語を）自由に扱う力

▶ He gave the **command** to advance.　（彼は進軍を命じた）
▶ Risa has a good **command** of Chinese.
（リサは中国語を自由に使いこなす）

深める！英文法ポイント 263　「図形」を表す表現

- ☐ rectangle 「長方形」　☐ triangle 「三角形」　☐ circle 「円」
- ☐ oval 「楕円」　☐ sector 「扇形」　☐ diamond 「ひし形」
- ☐ parallelogram 「平行四辺形」　☐ pentagon 「五角形」　☐ trapezoid 「台形」
- ☐ square 「正方形」

→ line「線」、dot「点」、side「辺」、face「面」、center「中心」、radius「半径」、diameter「直径」なども覚えておこう！

深める！英文法ポイント 264　「割合・計算」を表す表現

❶ 割合・比率
- ☐ proportion[ratio] of men to women 「男女比」
- ☐ unemployment rate 「失業率」
- ☐ interest rate 「利率」
- ☐ a high percentage of senior citizens 「高齢者の高い割合」

❷ 計算
- ☐ addition 「足し算」　A+B=C 「A plus[and] B equals C」
- ☐ subtraction 「引き算」　A−B=C 「A minus B equals C」
- ☐ multiplication 「掛け算」　A×B=C 「A times B equals C」
- ☐ division 「割り算」　A÷B=C 「A divided by B equals C」

→ 「=」はequalsの他に、isやmakesなどで表してもよい。

深める！英文法ポイント 265　意外な意味をもつ名詞

| trick | 秘訣・いたずら | spell | 魔法・ひと続き |
| spring | 湧き出るもの→井戸・温泉 | shape | （健康）状態 |

▶ There are many hot **springs** there. （そこには多くの温泉がある）
▶ He has had a **spell** of bad luck.
（彼にはついていないことがひとしきり続いた）

| subject | 支配する側…主題・科目・主語
支配される側…臣民・被験者 | bill | 請求書・ビラ・法案・紙幣
→ 紙上に表したもの。 |
| safe | 金庫 | study | 書斎 |

▶ a Japanese **subject** （日本国民）
▶ Half of the **subjects** were given medicine. （被験者の半分が薬を飲まされた）

will	意志・遺言	game	獲物
like	似た人・似た者	well	井戸
must	不可欠なもの、必需品	party	同種の人の集合→政党・一団・関係者

▶ He comes here to hunt **game**. （猟の獲物を求めて彼がここにやって来る）
▶ a political **party** （政党）

sentence	判決・刑→裁判長が発する一文	want	不足 → 不足しているから→欲しいに発展。
article	品物・記事・項目・冠詞	capital	資本・大文字
court	法廷・宮廷	diet	食事・国会
stranger	(場所に)不案内な人、見知らぬ人	japan	漆(うるし) → chinaは「瀬戸物」。

▶ The shop might close down for **want** of funding.
　(その店は資金不足で閉鎖される可能性がある)

▶ a light **sentence**　(軽い刑)

command	(言語などを)操る能力、支配	figure	形作られたもの…人物・姿・数字・計算
image	生き写し(＝picture)	line	一本の線→職業・一筆・電話(回線)
might	力	notice	知らせ
chance	可能性、危険・冒険	service	礼拝・祈り

▶ Japan's military **might**　(日本の軍事力)
▶ What **line** of work are you in?　(ご職業は何ですか)
▶ take a **chance** on you　(一か八か君に賭けてみる)

end	目的	fashion	方法
lot	くじ・運命・土地の一区画・分け前	mine	鉱山
toast	乾杯	tongue	言語(舌を使って話すものから)
drop	滴、飴玉・ドロップ → 「下へ落とす」が原義。	company	仲間・同席・来客 → これらの意味では不可算名詞。

▶ The cars are arranged in an orderly **fashion**.　(車は整然と並べられている)
▶ We drank a **toast** to her.　(彼女のために乾杯した)

深める！英文法ポイント ❷❻❻　さまざまな「料金、お金」

どんな場面で用いられる「料金・お金」なのかをしっかり区別できるようになろう！

bill	紙幣	check	小切手
cash	現金(紙幣も貨幣も含む)	change	つり銭・小銭

▶ a two-dollar **bill**　(2ドル札)
▶ She had about $100 in **cash**.
　(彼女は現金で100ドルくらい持っていた)
▶ Can I pay by **check**?　(小切手で買えますか)

interest	利子・利息 → この意味では通例不可算名詞。「利益」の意味ではinterestsと複数形が通例。		
commission	手数料・歩合	rent	家賃
fine / penalty	罰金	tuition	授業料

▶ the **interest** on the loan　(ローンの利子)
▶ They make a 25% **commission** on their sales.
　(彼らは売り上げの25％の手数料をとる)
▶ I paid the **rent** on the apartment.　(アパート代を払った)

charge	(サービスに対して支払う)料金、(電気・ガスなどの)公共料金		
toll	(道路や橋などを通行する際に支払う)通行料		
fare	(乗り物の)運賃	admission	入場料

- ▶ free **admission** （入場料無料）
- ▶ highway **tolls** （高速道路の通行料）
- ▶ There is a $4 **charge** for delivery. （配達には4ドルの料金がかかります）

pay	(あらゆる仕事に対して支払われる一般的な)給与		
salary	給料(主に知的労働の固定給) → wage…賃金(主に肉体労働の対価)		
income	個人の収入		
fee	何かに入るための費用全般、専門職に対して支払う報酬・謝礼		
earning	稼ぎ	allowance	手当・小遣い
cost	経費	fund	(ある目的のための)資金・基金
debt	借金	tax	税金

- ▶ a **salary** of 6 million yen a year （年収600万円の給料）
- ▶ His **wages** barely cover the rent. （彼の賃金では家賃を払うのがやっとだ）
- ▶ Record your **earnings**. （収入を記入してください）
- ▶ living **costs** （生活費）
- ▶ I have **debts** of around $1,000,000. （私はおよそ100万ドルの負債を抱えている）
- ▶ He sets up an investment **fund**. （彼が投資資金を調達する）

深める！英文法ポイント 267　さまざまな「客」

どんな場面で用いられる「客」なのかをしっかり区別できるようになろう！

audience	(コンサートや劇場などの)観客・聴衆
client	(知識や技術などを求めてくる)依頼人 → 「患者(=patient)」の意味でも用いる。
customer	お店の客
guest	招待された客・宿泊客
passenger	乗客

- ▶ The **audience** stands up and cheers. （聴衆は立ち上がって声援を送る）
- ▶ a meeting with a **client** （依頼人との打ち合わせ）
- ▶ The **guests** arrived at half past six. （6時半になると招待客が到着した）
- ▶ There were three **passengers** in the train. （列車には乗客が3人いた）

visitor	訪問客
viewer	テレビの視聴者
tourist	観光客
spectator	(スポーツなどの)観戦客

- ▶ She is a frequent **visitor** to this store.
  （彼女はこの店にしょっちゅうやって来る）
- ▶ The ceremony was watched by many television **viewers**.
  （その式典を多くのテレビ視聴者が見た）
- ▶ More than 2 million **tourists** visit there every year.
  （毎年200万人以上の観光客がそこを訪れる）

深める！英文法ポイント 268　さまざまな「能力・才能」

	何の能力？	どういう能力？
ability	人	先天的であれ後天的であれ、肉体的能力・知的能力どちらも表す。
capacity	人やモノ	受け入れたり運用したりする秘められた能力。（人…受容力）（モノ…収容力）
talent / gift	人	生まれつきの音楽・芸術などの分野での才能。 giftだと神から与えられた感じ。
faculty	人	ある特定のことをする能力・機能。

- ▶ He showed great leadership **ability**.
  （彼はすばらしい指導力を発揮した）
- ▶ You have a natural **talent**.　（あなたには天賦の才能がある）
- ▶ He has a great **faculty** for music.
  （彼には優れた音楽的才能がある）

深める！英文法ポイント 269　さまざまな「環境」

	どんな環境？
environment	広い意味での社会・自然環境　→　自然環境の場合はthe environmentとtheをつけるのが通例。
surroundings	人や物を囲んでいる周囲の環境
circumstances	人が置かれている事情

- ▶ We explored Tokyo and its **surroundings**.
  （東京とその周辺を探索した）
- ▶ under the **circumstances**　（こういう状況では）

深める！英文法ポイント 270　見た目は単数だが複数扱いをする集合名詞

次の名詞は一見すると単数形に見えるが、複数扱いで用いられるので注意！

	意味	補足
cattle	牛の群れ	cow, bull, steerなどの総称
people	人々	a personなら「人間1人」
police	警察	a policemanなら「警察官1人」

→　audience「聴衆」、crew「乗組員」、family「家族」、jury「陪審員」、personnel「職員」、staff「職員」なども集合名詞と呼ばれるが、単数にも複数にも扱われる。

深める！英文法ポイント 271　見た目は複数だが単数扱いをする名詞

学問の名前は語尾がsで終わることが多いので複数形と勘違いしやすい。扱いは単数なので注意が必要。
- □ mathematics 「数学」
- □ physics 「物理学」
- □ politics 「政治学」
- □ economics 「経済学」
- □ ethics 「倫理学」
- □ linguistics 「言語学」
- □ statistics 「統計学」　→　statisticsは「統計（の数字）」の意味では複数扱い。
- □ electronics 「電子工学」

深める！英文法ポイント 272　単数形と複数形の形に注意が必要な語

単数形→複数形の順
- □ phenomenon→phenomena 「現象、事象」
- □ datum→data 「データ、資料」
- □ medium→media 「媒体」
- □ curriculum→curricula 「教科課程」
- □ child→children 「子ども」
- □ foot→feet 「足」
- □ tooth→teeth 「歯」
- □ mouse→mice 「ネズミ」

PART 12　代名詞

深める！英文法ポイント 273　人称代名詞の格変化

		主格	所有格	目的格	所有代名詞（独立所有格）
1人称	単数	I	my	me	mine
	複数	we	our	us	ours
2人称	単数	you	your	you	yours
	複数				
3人称	単数	he	his	him	his
		she	her	her	hers
		it	its	it	—
	複数	they	their	them	theirs

深める！英文法ポイント 274　冠詞に相当する語＋㉓of＋所有代名詞

1つの名詞に対して、the my friendのように所有格と冠詞に相当する語（a, the, this, that, some, anyなど）を一緒に並べて用いるのは**不可**。このような場合は〈冠詞に相当する語＋㉓of＋所有代名詞〉という形にする。

- × this my old car → ○ this old car of mine
    → Janeやmy sisterなどの名詞には、a friend of Jane's やa friend of my sister'sなどのように-'sをつけた形を用いる。

（プラスα）ownはmy ownやyour ownなどのように、直前にmy, your, hisなどの所有格を置いて用いる。これは、その名詞が「私、あなた、彼」などの所有物だということを強調し、他人から借りたものではないことを表している。

▶ my own car（× an own car）　（私自身の車）

深める！英文法ポイント 275　代名詞と修飾語句の関係

代名詞には前からも後ろからも修飾語句をかけられない。例外が次の2つ。

❶ **one / ones** …前から修飾されるのが得意（可算名詞しか受けられない）。
- ▶ This bag is a bit small. Can you show me a bigger **one**?
  （このバッグは少し小さい。大きいものを見せてもらえますか）
- ▶ The film is more boring than the **one** that we saw yesterday.
  （その映画は私たちが昨日見た映画よりもつまらない）

（プラスα）　後ろからも修飾できるが、one of ～という形になった場合には「～のうちの1つ」という意味に解釈されてしまうので注意しよう。
- ▶ one of the students　（生徒のうちの1人）

❷ **that / those** …後ろから修飾されるのが得意だが、前からは修飾できない（可算・不可算名詞の両方を受けられる）。
- ▶ The economy of Tokyo is larger than **that** of Osaka.
  （東京の経済は大阪の経済より大きい）

深める！英文法ポイント 276　「人々」を表すthose

thoseは関係代名詞whoや形容詞などで修飾されると、people「人々」の意味を表すことがある。those presentなら「出席している人々（＝出席者）」だが、those (people who are) presentという表現から（　）内の語句を省略して、those presentとしたものと考えてもよい。以下は類例。

☐ those concerned　「関係者」　　　　☐ those involved　「当事者」
☐ those wounded　「負傷者」　　　　☐ those accused　「被告」
☐ those for[against]　「賛成者〔反対者〕」

深める！英文法ポイント 277　itとone

itとoneは使い方がそれぞれ異なる。正確にインプットしておこう！

	働き	受ける名詞の種類	補足
it	前に出てきた名詞そのものを指す。	可算・不可算の両方OK。	前後どちらからも修飾語はかけられない。
one	前に出てきた名詞と同類ならOK。	不可算名詞はNG。	前後から修飾語をかけられる。複数形はones。

- ▶ I bought a computer, but I returned **it** this morning.
  （パソコンを買ったが、今朝それを返品した）
- ▶ This dress is too big. Bring me a smaller **one**.
  （このドレスは大きすぎる。もっと小さいドレスを持ってきてください）

深める！英文法ポイント 278　itの用法

itは細かく分類すると、その用法は膨大。ここでは、itはitというスタンスでまとめてみる。

❶ 前に出てきた語句や内容を受ける…話し手と聞き手で共有できるものを「受ける」。形のあるものも、そうでないものも受けることが可能。
- ▶ "The phone is ringing." "I'll get **it**."　（「電話が鳴ってるよ」「俺が出るよ」）
  ↳「電話」を受けている

▶ The house was on fire. It was terrible! （家が炎上してたんだ。ひどかったよ！）
　　　　　　　　　　　　↳「家の炎上」を受けている

❷ いったんitで受けておいて、後で具体的な情報がくることを予告させる。
▶ It is difficult for him to use this cell phone. （彼がこの携帯電話を使うのは難しい）
　→ 「それは難しい」と受けておいて、後半の〈for ... to V〉で詳しく説明。
▶ I would appreciate it if you could call me back by tomorrow.
　（明日までに折り返し電話をいただければありがたいのですが）
　→ 「それ(it)をappreciateする」と受けておいて、後続するif節で詳しく説明。

❸ 周囲の状況（時間・天候・距離・明暗など）を漠然と受ける。
　→ 「非人称のit」と呼ばれることもある。
▶ It's cold today. （今日は寒い）
　↳「周囲の寒暖」を受けている。
▶ It is very far from here to the station. （ここから駅まではかなり遠い）
　↳「ここから駅までの距離感」を受けている。
▶ Take it easy. （気楽に考えろ）
　　　　↳「その場の状況」を受けている。

👆 深める！英文法ポイント **279**　形式目的語itの直後に〈that S+V〉が置かれる重要表現

次の表現はすべて形式目的語のitを用いた表現だが、そのすぐ直後にthat節が置かれるという特徴をもつ。
☐ see (to it) that S+V 〜　　　　　　　「SがVするように取り計らう」
☐ depend on[upon] it that S+V 〜　　　「SがVするのを当てにする」
☐ take it that S+V 〜　　　　　　　　　「SがVだと思う」
☐ Rumor[Gossip, Report] has it that S+V 〜　「噂によればSはVだ」
▶ You may depend on it that he will join us.
　（彼が私たちに加わることを当てにしてもいい）
▶ I take it that they have already met.
　（彼らは面識があるかと思う）

👆 深める！英文法ポイント **280**　itを用いた定型表現

次の構文のitは伝統的には形式主語で、that以下を受けていると考える。しかし、実際には定型表現として次に示す訳し方で覚えておくようにしよう。
❶ It (so) happens[chances] that S+V 〜　「たまたま〜だ」
❷ It follows that S+V 〜　「（論理的に考えると）〜ということになる」
　→ ここでのfollowは自動詞で「（結果として）生じる」の意味。判断の根拠として、〈from A〉や〈just because ...〉などを伴って用いられることが多い。
▶ It follows from this that she was aware of the fact.
　（このことからすると、彼女はその事実を知っていたということになる）
▶ Just because he's rich, it doesn't follow that he is happy.
　（彼が金持ちだからといって、彼が幸せだということにはならない）

深める！英文法ポイント 281　〈it seems that S＋V 〜〉の表現

このitも非人称の一種で、周囲の漠然とした状況を受ける。that以下を受ける形式主語ではない。seem, appearは〈S+V+C〉の文型で用いるため、that節はCとして機能させなくてはならない。そのため、itには代入できないのだ。

□ It seems[appears] that S+V 〜＝S seems[appears] to V 〜　「〜であるように思える」

プラスα　seem, appearがthat節をとれるのは、主語にitがある場合に限る。主語に具体的な名詞を置く場合は、S seems[appears] to V 〜 の形となるので注意しよう。

▶ He **seemed to know** everything about her.
（彼は彼女についてすべてを知っているようだった）

深める！英文法ポイント 282　「残りすべて」の表現方法

「残りすべて」を表したい場合には単数・複数にかかわらず、theがつく点に注目。

● 車が2台の場合　　　　　　　　　　● 車が3台以上の場合

one　**the** other（残りすべて）　　　one　**the** others（残りすべて）

深める！英文法ポイント 283　「残りの一部」の表現方法

「残りの一部」を表したい場合には単数・複数にかかわらず、theはつかない。

● 残っている車の中からどれか1台の場合　　● 残っている車の中から何台か複数の場合

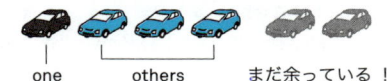

one　another　まだ余っている！　　　one　others　まだ余っている！

プラスα　〈Some ... others[some]〜 .〉と相関的に使うと「…なものもあれば〜なものもある」と「対比」を表すことができる。

▶ **Some** trees lose their leaves in winter, while **others** are green throughout the year.
（冬に葉を落とす木もあれば、一年中葉が緑の木もある）

プラスα　one thingとanotherを相関的に使うと「…は1つのこと（one thing）で、〜はもう1つのこと（another）だ」、つまり「…と〜は別物だ（→雲泥の差だ）」のような意味を表すことができる。

▶ To know is **one thing**, and to teach is (quite) **another**.
（知っていることと、教えることは全く別物だ）

深める！英文法ポイント 284　both / either / neitherなどの使い分け

次の表にある語のほとんどは形容詞・代名詞のどちらの品詞でも使える。

	すべて	どちらでも・どれでもOK	ゼロ
2者	both each	either	neither
3者以上	all each every（形容詞のみ）	any	no（形容詞のみ） none（形容詞の用法なし）

→ 形容詞であるeveryやnoは、~~every of~~ ~のような形で用いることはできない。

深める！英文法ポイント 285　代名詞noneの語法

代名詞のnoneは、「どれも〔誰も〕〜ない」という意味を表し、先行する名詞を受けることに注意。nothingやno oneとの区別を確認しておこう。

▶ John wanted some cookies, but there were **none** left.
（ジョンはクッキーが欲しかったが、1つも残っていなかった）

→ ここで、... there was nothing left.とするのは不自然。nothingだと「クッキー」以外のことにも言及して「あらゆるものが何も残っていなかった」という意味になる。

深める！英文法ポイント 286　再帰代名詞の基本用法

▶ Eric introduced **himself** to the other guests.
（エリックは他のゲストに自己紹介をした）

この例文では、Eric（主語）＝himself（目的語）であるから**再帰代名詞**を使用できる。このように、主語と目的語が同一の人やものを表す場合、目的語にmyself, yourself, himselfなどの再帰代名詞を用いる。

人称＼数	単数	複数
1人称	myself	ourselves
2人称	yourself	yourselves
3人称	himself, herself, itself	themselves

（プラスα）以下の例文で違いを確認しよう。

▶ He killed himself.　（彼は自殺した）
→ Heとhimselfがイコール（＝）だから「自殺」となる。

▶ He killed him.　（彼は〈自分以外の別の〉彼を殺した）
→ Heとhimがイコールではない（≠）から「他殺」となる。

深める！英文法ポイント 287　再帰代名詞の強調用法

主語と目的語が同一ではない場合にも、再帰代名詞を用いることがある。その場合、主語・目的語・補語となる名詞の後ろに同格的に置かれ、その名詞を強調する。

❶ 主語を強調している例

▶ She **herself** repaired it.　（彼女は自分でそれを修理した）
→ She repaired it herself.のように文末に再帰代名詞herselfを置いてもよい。

❷ 補語を強調している例…〈抽象❷＋itself〉の形で抽象名詞を強調し、「❷そのもの」

▶ He is kindness **itself**.　（彼は親切そのもの→彼はとても親切だ）
→ kindness itself＝very kindの関係が成り立つ。補語に単独の抽象名詞を置いた、He is kindness. という言い方は通例しない。また、happiness itself（＝very happy）やsimplicity itself（＝very simple）なども押さえておくとよい。

深める！英文法ポイント 288　再帰代名詞を用いた定型表現

oneselfは主語などに合わせて、himselfやthemselvesなどになるので注意しよう。

beside oneself	我を忘れて → be beside oneself with A「Aで我を忘れている」の形で使われることが多い。
in itself	それ自体では、本来 → モノに対して使うことが多い。複数のモノを受ける場合にはin themselvesになる。
between ourselves	ここだけの話だが（＝between you and me） →「あなたと私だけの秘密で」といったニュアンス。
to oneself	自分だけで（独占して）、自分の心の中で → have A to oneself「Aを独占する」, keep A to oneself「Aを秘密にしておく」

▶ We kept the secret **between ourselves**. （私たちだけの秘密にしておいた）
▶ He has a computer **to himself**. （彼は自分専用のコンピュータを持っている）

by oneself	❶ ひとりぼっちで（＝alone）　❷ 独力で（＝without help）　❸ ひとりでに、自然と → ❶ の意味で使われることが多い。
for oneself	独力で → by oneselfとは異なり「自分の利益になるように」という意味合いが強い。
in spite of oneself	思わず、我知らず ▶ I laughed **in spite of myself**. （私は思わず笑ってしまった）

→ of oneself「ひとりでに」は、現在ではほぼ用いられないと考えてよい。「ひとりでに」ならby oneselfを使うのが一般的。

深める！英文法ポイント 289　〈動詞＋代名詞＋副詞〉の語法

〈動詞＋副詞〉からできている**句動詞**は、代名詞を〈**動詞＋代名詞＋副詞**〉のようにはさまなければならない。この語順は「**旧情報はなるべく前へ、新情報をなるべく後ろへ**」という原則を念頭に置けば説明がつく。例えば、〈put it off〉という表現の場合、一度出てきている代名詞it（旧情報）より、動詞の意味を決定する副詞off（新情報）の方が重要情報のため、より後ろに置かれている。なお、ふつうの名詞の場合は、はさんでもはさまなくてもOK。こうした語順をとる句動詞には、次のようなものがある。

□ put on 　　「～を着る」　　□ carry out 　「～を実行する」　　□ put off 　「～を延期する」
□ see off 　「～を見送る」　　□ think over 　「～を熟考する」　　□ give up 　「～をあきらめる」
□ take off 　「～を脱ぐ」　　□ use up 　　「～を使い果たす」
□ call back 　「～に折り返し電話する」

深める！英文法ポイント 290　I hopeとI'm afraidの違い

I hopeとI'm afraidは、**後ろにどんな情報がくるかを予告する**表現。

❶ **I hope** 　…〈プラスの内容〉を予告。
❷ **I'm afraid** 　…〈マイナスの内容〉を予告。

［問］ "Do you have to work late tomorrow?" "I hope not."は正しい文か？
［答］ 質問文に対してnotで受けているので、I don't have to work late tomorrow.とnotを入れた形の文と同じ内容になる。一般に「明日は遅くまで働く必要はない」は〈プラスの内容〉と考えてOK。よって、〈プラスの内容〉を予告させるI hopeがセットになった"I hope not."は正しい表現。

（プラスα）　プラスでもマイナスでもない中立の内容を述べる場合は、I think［suppose］などを用いる。また、~~I don't hope so~~ や ~~I'm not afraid so~~ のように、I hopeとI'm afraidを否定の形で用いることはできない。

PART 12　代名詞

深める！英文法ポイント 291　節の代用表現としてのsoとnot

ここでは**代用表現**として用いられるsoとnotの区別を理解しよう。間違っても、「良いことはI hope so.で、悪いことはI'm afraid not.」なんて考えないように！
soとnotは、どちらも前の節を受けることができるが、受け方が異なる。

❶ **so** 　…前文をnotを入れない形で受ける。
❷ **not** 　…前文をnotを入れる形で受ける。
　[例]　Are you feeling better?という文を、
　・soで受ければ→I'm feeling better.
　・notで受ければ→I'm not feeling better.
　→　注意点…**前文が肯定文ならso、否定文ならnotになるわけではない！**　話者が前文をどのような意味で受けたいのかで、どちらを使うかが変わる。

PART 13　形容詞

深める！英文法ポイント 292　形容詞の働きとその位置

形容詞は名詞を修飾するが、名詞の前と後ろのどちらに置かれるかによって表す意味が異なる。
❶ **前から直接名詞を修飾**…(1) 永続的な（比較的長い時間変化しない）性質。
　　　　　　　　　　　　　(2) 他と区別（して分類）。
　(a) **sleeping** students　…いつも居眠りばかりしている生徒
　(b) Eric is a **kind** boy.　…エリックは常に親切な少年だ。
　(c) every **available** means　…（利用不可の手段と区別して）利用できるすべての手段
❷ **後ろから修飾**…一時的な状態・性質
　→　後ろから直接名詞を修飾する場合も、Cとして名詞の後ろに置かれる場合も共通。
　(d) a student **sleeping**　…（いま一時的に）居眠りしている生徒たち
　(e) every means **available**　…（いま一時的に）利用できるすべての手段
　(f) Eric was very **kind** to me yesterday.
　　　　　　　　　　…エリックは、昨日はいつになく親切だった（常に親切かどうかは不明）。

深める！英文法ポイント 293　前から名詞を修飾する形容詞(限定用法)

❶ 前から名詞を修飾する形容詞は、他と区別（して分類）させるような意味合いのものが多い。
「主な・唯一」など、絞り込んだり強く限定したりする。
　□ the main / chief / leading / principal / primary　「主な」
　□ the only / sole　「唯一の」　　□ the very　「まさにその」　　□ the same　「同じ」
　□ a lone　「ただ一人の」　　□ an utter　「完全な」　　□ a mere　「単なる」
　□ the following　「次の」　　□ the total　「全体の」
　▶ the main dish　（主菜）
　▶ The price is a mere 3 dollars.　（値段はたった3ドルだ）

❷ 前から名詞を修飾する形容詞のうち、「比較級」に由来する語は-erで終わるものが多い。
- □ elder 「年上の」　□ former 「前の」　□ latter 「後のほうの」
- □ inner 「内部の」　□ outer 「外部の」
  - ▶ an inner pocket （内ポケット）
  - ▶ the former part of the game （試合の前半）
    - → 「材質」を表すwooden「木製の」やgolden「金の」なども、前から名詞を修飾する形容詞。語尾が-enで終わるものが多い。
  - ▶ a wooden chair （木の椅子）
  - ▶ a golden country （金の豊富な国）

深める！英文法ポイント 294　後ろから名詞を修飾する形容詞（叙述用法）

次に挙げるものはすべて後ろから名詞を修飾する（〈S＋V＋C〉などのCになる）のが原則。名詞を前から修飾する、いわゆる限定用法で用いるのはNG。特徴として、アルファベットのaで始まるものが多い。また、感情や健康状態など、一時的な状態・性質を表す語が多い。

- □ afraid 「恐れて」　→ 限定用法：frightened
- □ alike 「似ている」　→ 限定用法：similar
- □ alive 「生きて」　→ 限定用法：living
- □ alone 「一人で」　→ 限定用法：lone
- □ asleep 「眠って」　→ 限定用法：sleeping
- □ awake 「目が覚めて」　→ 限定用法：waking
- □ aware 「気がついて」
- □ ashamed 「恥じて」
- □ akin 「同種の」
  - ▶ **He** is afraid of barking dogs. （彼はほえる犬をこわがる）
  - ▶ **The brothers** are exactly alike. （その兄弟はまったくよく似ている）

→ この方法で用いる形容詞は他に、content「満足して」、ignorant「無知の」、well「元気で、好都合で」、worth「価値がある」、glad「喜んで」、subject「従属している」などがある。

深める！英文法ポイント 295　「生きている」の用法

❶ 前から名詞を直接修飾する（限定用法）のみ
- □ live [láiv]　「（動植物が）生きている」　　▶ a live dog （生きている犬）

❷ 後ろから名詞を修飾orCで使うのみ
- □ alive　「生きて」　　▶ The fish is **alive**. （この魚は生きている）

❸ ❶や❷で示したどちらの使い方でもOK
- □ living　「（人・動植物が）生きている」　　▶ He is **living** proof. （彼は生きた証拠だ）
- □ lively　「活発な、生き生きした」　　▶ **lively** children （活発な子どもたち）

深める！英文法ポイント 296　名詞の前に置かれるか、後ろに置かれるかで意味の異なる形容詞

英語の形容詞の中には置かれる位置によって意味が異なるものがある。名詞の前に置かれるか、後ろに置かれるかが重要。

	前から名詞を修飾（限定用法）	後ろから名詞を修飾（叙述用法） ※補語の例も含む
present	現在の	出席して、居合わせる
certain	ある種の	確信している
ill	悪い	病気で
late	故〜（the late 〜）	遅れて
able	有能な	〜できる
fond	愛情のこもった	好きで
ready	すぐの	用意できた
due	正当な	（〜する）はずだ

▶ an **able** child　（有能な子ども）
▶ **She** is **able** to speak three languages.　（彼女は3つの言語を話せる）
▶ **ready** money　（現金）
▶ Are **you ready** to eat?　（食事の準備はできましたか）

深める！ 英文法ポイント 297　名詞＋1語の分詞（形容詞）

名詞の直後に1語の分詞（形容詞）が置かれて、熟語的なフレーズを作るものがある。
☐ people present　　「出席者」
☐ people concerned　「関係者」
☐ people left　　　　「残された人々」

深める！ 英文法ポイント 298　人を主語にとらない形容詞

形容詞の中には「人」を主語にとれないものがあるので注意。
☐ (in)convenient　「時間や場所などの都合がいい（悪い）」
☐ (un)necessary　「（不）必要な」
☐ possible　　　　「可能な」
☐ enjoyable　　　「（物事や経験が）楽しい、愉快だ」
▶ It is **necessary** for her to prepare for the worst.
　（彼女は最悪の事態に備えておく必要がある）

深める！ 英文法ポイント 299　人を主語にとる形容詞

人の感情・意志・能力を表す形容詞の多くは「人」を主語にして使うものが多い。
☐ (un)able　「できる（できない）」
→ **capable**なら、〈be capable[incapable] of Ving〉の形で、主語は「人・モノ」の両方OK。

☐ happy	「幸せな」		☐ glad	「うれしい」
☐ thankful	「感謝して」		☐ sorry	「気の毒に思って」
☐ proud	「誇りに思って」		☐ willing / ready / eager	「〜したい」
☐ angry	「怒っている」		☐ unwilling / reluctant	「気が進まない」
☐ furious	「激怒して」		☐ afraid / anxious / worried	「心配している」

▶ I am **happy**.　（私は幸せだ）

深める！英文法ポイント ③⓪⓪　紛らわしい形容詞

- □ a **sensible** person 　　　　「常識(分別)のある人」
- □ a **sensitive** heart 　　　　「敏感な心」
- → sensibleはwiseの意味合いが強い単語。ゆえに「賢明な」という意味が含まれている。また、sensitiveは意味の広がりが大きく、単に「感覚が鋭い」「敏感な」「影響を受けやすい」という意味だけでなく、「神経質な」というマイナス面、「気が利く」「(機械などの)感度がよい」というプラス面の両方を表す。

- □ a **successful** businessman 　「成功した実業家」　→ success(成功)＋ful(いっぱい)
- □ win five **successive** games 　「5連勝する」　→ successive 「連続した」
- □ my **favorite** musician 　「私のお気に入りの音楽家」
- □ **favorable** conditions 　「好都合な条件」
- □ **artistic** works 　「芸術作品」
- □ **artificial** flowers 　「造花」
- □ an **imaginary** person 　「架空の人物」
- □ an **imaginative** design 　「想像力豊かな[独創的な]デザイン」
- □ every means **imaginable** 　「考えうる方法」
- → imaginableは、the **worst** crime imaginableのように最上級の形容詞やall, every, noなどを強調して用いるのが通例。

- □ **respectable** language 　「きちんとした言葉遣い」
- □ **respectful** to my boss 　「上司に対して敬意を表して」
- □ **respective** seats 　「それぞれの席」
- → -fulはfull「いっぱい」と親戚。respect ful …尊敬＋ いっぱい ＝敬意を払う
- → -ableや-ibleは受動、または可能の接尾辞。respect able …尊敬＋ されている ＝立派な

- □ a **considerable** income 　「かなりの収入」
- □ a **considerate** girl 　「親切な少女」
- → considerateはconsider「よく考える」＋ate〈形容詞化〉と考える。「(他人のことを)よく考えてくれる→思いやりがある、親切な」

- □ **comparative** figures 　「類似した数値」
- □ It is **comparable** to this. 　「それはこれに匹敵している」
- □ **economic** policy 　「経済政策」
- → 通例、限定用法で用いる。

- □ an **economical** heater 　「経済的な(コスト的に安上がりな)ストーブ」
- □ a **historic** day 　「歴史に残る日」
- → historicは「歴史的に有名な、歴史に残る」の意。

- □ **historical** studies 　「歴史学」
- □ **elementary** education 　「初等教育」
- □ **elemental** forces of nature 　「自然の力」
- □ **literal** meaning 　「文字通りの意味」
- □ **literary** history 　「文学の歴史(文学史)」

- □ **literate** people 「読み書きのできる人々」
- □ a **memorable** occasion 「記憶に残る出来事」
- □ a **memorial** prize 「記念賞」
- □ He is **forgetful**. 「彼は忘れっぽい」
- □ a **forgettable** movie 「忘れてもよい映画→どうでもよい映画」
- □ **childlike** innocence 「子どものような純真さ」
- □ a **childish** remark 「子どもじみた意見」
- □ **industrial** pollution 「産業汚染」
- □ an **industrious** people 「勤勉な国民」
- □ be **confident** in oneself 「自信がある」
- □ **confidential** documents 「秘密書類」
- □ **social** problems 「社会的な問題」
- □ a **sociable** man 「人づきあいが上手な男性」
- □ It is **regrettable** that this evidence was not available. 「この証拠が使えなかったのは残念だ」
- □ a **regretful** apology 「後悔した謝罪」
- □ a **momentary** pause 「一瞬の間」
- □ a **momentous** occasion 「重要な機会」

深める！英文法ポイント 301　far from A と free from [of] A の違い

どちらの表現も「Aでない」と訳せるので、Aに置かれる語句の性質に着目して覚えるとよい。

- □ far from A 「Aからほど遠い→Aではない」
  - → Aにはプラスの意味を表す(動)名詞・形容詞が置かれるのが通例。
  - ▶ His daughter is **far from** (being) happy. （彼の娘は決して幸せではない）
- □ free from [of] A 「A(マイナスなもの)がない」
  - → Aにはマイナスの意味を表す名詞が置かれるのが通例。
  - ▶ He is **free from** stress. （彼はストレスのない人である）

深める！英文法ポイント 302　most と almost

最大のポイントは**most**が**形容詞・代名詞**として機能し、**almost**が**副詞**として機能する点。

❶ most
- (a) 形容詞　…Most students ... → Most は students を修飾する形容詞。
  - ▶ **Most** parents have to worry about their sons and daughters.
    （大半の親は自分の子どもに関する心配をせざるを得ないものだ）
- (b) 代名詞　…Most of the students are ...
  - → Most は are に対する主語で代名詞として機能。

❷ almost　…意味は「ほとんど」ではなく「一歩手前」。
- 副詞のみ　…Almost all (of) the students are ... → Almost は all を修飾する副詞。
- ただし、almost everyone のような場合は、almost が every の部分のみを修飾すると考えて、文法的には OK となる点に注意。
  - ▶ That is **almost** correct. （それはほぼ正しい）
  - ▶ **Almost** everyone we spoke to agreed. （呼びかけたほぼすべての人が賛成だった）

深める！英文法ポイント 303　名詞の数量を表す表現

	可算名詞	不可算名詞	可算・不可算両方OK
多い	many a number of numbers of not a few quite a few	much a good deal[amount] of a large amount[quantity] of not a little quite a little	a lot of lots of plenty of
ぼかす	some[anyは種類を問わない]		
少ない（肯定的）	a few	a little	
ほとんどない （否定的）	few only a few	little only a little	hardly[scarcely] any
ゼロ	no		

→ 可算名詞について「いくつかの（3〜7つくらい）」を示すのはseveral。

深める！英文法ポイント 304　特定の名詞の「多いor少ない」

manyやmuchを使わずに特定の名詞の「多いor少ない」を表す形容詞を押さえよう。

〈high⇔low〉を用いる	〈large⇔small〉を用いる	〈high⇔low〉と 〈large⇔small〉の両方OK
□ cost　「費用」 □ fee　「謝礼」 □ pay　「報酬」 □ price　「値段」 □ wage　「賃金」	□ amount(=quantity)　「量」 □ number　「数」 □ sum　「金額」 □ expense　「出費」 □ audience　「聴衆」 □ crowd　「群集」 □ population　「人口」 □ family　「家族」	□ income　「収入」 □ salary　「給料」

→ 「お金」関係の名詞は〈high⇔low〉、「人」に関係する名詞は〈large⇔small〉をとるものが多い。

深める！英文法ポイント 305　「濃いor薄い」の表現

日本語ではすべて「濃いor薄い」で済むことが多いが、英語では使われる名詞によって、形容詞も変化する。

❶ dense[thick / heavy] fog ⇔ light fog　「霧が濃い⇔薄い」
　→ 薄霧の場合は、fogではなく、mistを用いることが多い。
　▶ a light[thin / faint] mist　（薄霧）

❷ dark ⇔ light　「色が濃い⇔薄い」
　→ darkは「光がない状態」を表すので、単に色だけではなく、心理的・見通しなどの「暗さ」も表せる。
　▶ the dark clouds　（黒い雲）　　▶ a dark future　（暗い将来）

❸ strong ⇔ weak　「味が濃い⇔薄い」
　▶ strong coffe　（濃いコーヒー）
　→ weak teaなら「薄い紅茶」、「ドロッとした濃さ」ならthick soupという。

深める！英文法ポイント 306　意外な意味をもつ形容詞

最初に習う意味とはかなりかけ離れた意味をもつ形容詞に注意しよう。

☐ a **minute** improvement　「ごくわずかな進歩」
→ minute [mainjúːt]「小さい・詳細な」は、名詞だと「分、瞬間」の意味で、発音は [mínit]。

☐ a **novel** technique　「斬新な手法」
→ novel「目新しい、斬新な」は、名詞だと「(長編)小説」。

☐ a **fair** distance　「相当な距離」
☐ a **fair** lady　「美人」
☐ **fair** skin　「まっ白い肌」
→ fairは、「汚れがなくきれいな」が原義。そこから「美しい」「公平、公正な」「かなりの、まずまずの」などに発展。

☐ a **handsome** profit　「相当な利益」
→ handsomeは、男性や女性に対して「ハンサムな、きりっとして魅力的な」の意味が有名。

☐ keep[stay] **fit** by swimming　「水泳で健康を保つ」
→ fitは、形容詞で用いると「適した、健康な」の意味。

☐ I got a **flat** tire.　「車がパンクした」
→ 名詞のflatには「アパート」の意味がある。

☐ the **given** time　「定められた時間」
→ given「与えられた→定められた、一定の」。

☐ A **sound** mind in a **sound** body.　「健全な身体に健全な精神」
→ soundは副詞だと「ぐっすりと」。

☐ I am **mean** to tell a lie about it.　「そんなことでうそをつくなんて私は卑劣だ」
☐ a **missing** person　「行方不明者」
☐ a **cool** head　「冷静な人」
☐ **gentle** birth　「名門の出身」
☐ **strong** yen　「円高」
☐ **poor** memory　「悪い記憶力」
→ poorは「程度が低い」が原義。

☐ a **tall** story　「大げさな話、とても信じられない話」
☐ a **foreign** body in the eye　「目の中に入った異物」
→ 「異質な、なじみのない」の意味。

☐ two minutes **fast**(⇔**slow**)　「(時計が)2分進んで(⇔遅れて)」
☐ a **hot** curry　「辛いカレー」
→ 反意語はmild。hot news「最新ニュース」なども重要。

深める！英文法ポイント 307　eachとeveryの使い分け

eachとeveryは「すべて」という訳語から考えると複数扱いに思えるが、単数扱いで用いる点に注意。

	each	every
基本イメージ	複数あるものを1つずつ意識する。「おのおの」「めいめい」のイメージ。	複数あるものを1つの集合体としてとらえるイメージ。
2者に対して用いる	○　→　each team	×
形容詞として⑧にかける	○　→　each student	○　→　every book
単独での用法	○　→　Those postcards are 50 cents each.	×
ofを用いた用法	○　→　each of the students ～	×
「～毎」の用法	×	○　→　every ten miles

▶ **Each** student should wear the clothes he or she likes.
（生徒はそれぞれ自分の好きな服を着るべきだ）
▶ **Every** student should wear the same clothes. （生徒はみな同じ服を着るべきだ）

深める！英文法ポイント 308　「…ごとに」の表現方法

● **every ＋序数＋単数名詞**　▶ every third day　（3日ごとに）
● **every ＋基数＋複数名詞**　▶ every three days　（3日ごとに）

[理解の仕方] …third「3番目」は1つしかないので単数形を、three「3つ」は複数概念なので複数形を従える。

▶ There is a train **every** ten minutes.　（10分ごとに電車がある）

深める！英文法ポイント 309　someとanyの使い分け

（Ⅰ）基礎編

「肯定文だからsomeで、否定文だからany」というような単純な使い分けでは攻略できない。

❶ some　…存在することは確かだが、具体的なところはぼかしたい。
　□ some books　（本があることは確かだが、具体的に何冊かはぼかしたい）
　□ some water　（水があることは確かだが、どれほどの量かはぼかしたい）
❷ any　…種類を問わず何でもOK。
　▶ **Any** car will do.　（どんな車でもOKです）
　▶ I don't have **any** friends here.
　（ここにはどんな（種類の）友達もいない→ここには友達がまったくいない）

（Ⅱ）応用編

❶ someを使う疑問文
　▶ Did you spend **some** time with her?　（彼女と一緒の時間を過ごしましたか）
　→　「もちろん過ごしたよ！」という肯定的な答えを期待するならsomeでOK。
　▶ Did you spend **any** time with her?　（彼女と一緒の時間を過ごしましたか）
　→　「たとえどんな時間でも」といった感じならanyが適切。
❷ someを使う否定文（見かけることは少ない）
　▶ He could**n't** answer some of these questions.
　（彼はこれらのいくつかの質問に答えることができなかった）

→ 否定語のnotはanswerを否定するのみで、someは否定できない。anyにするとnotがanyにまで作用して以下のようになる。
▶ He could**n't** answer any of these questions.
（彼は、これらのどの質問にも答えることができなかった）

深める！英文法ポイント ３１０　冠詞の前に出たがる形容詞

a pretty girlのように、形容詞はa / anやtheと名詞の間にはさんで使うのが一般的。しかし、次に挙げるものは冠詞の前に出たがる性質があるため語順に注意！
☐ such
☐ all / both
☐ twice / double / half
　▶ **half** an hour　（30分）　　▶ **twice** the size　（2倍の大きさ）

→ 英語は「強＋弱＋強＋弱」で読まれるのが自然とされる。上に挙げた語は強く読まれることが多く、後に続く名詞も強く読まれる傾向がある。「強＋強」のリズムを避けるために、比較的弱く読まれる冠詞を間にはさむことで「強＋弱＋強」という自然なリズムが作れる。

深める！英文法ポイント ３１１　〈the＋形〉の使い方

〈the＋形〉が「（一般的に）形な人々」という意味で名詞として使われるときがある。この定冠詞のtheは、形容詞で特徴づけられる人々を「ひとくくりにする働き」をしている。形には、分詞形容詞、比較級、最上級などが置かれてもOK。

❶〈the＋形〉「形な人々」　→　通例、複数扱いだが、単数扱いするものもある。
　☐ the young　　「若者」　　☐ the learned　「博学な人」　　☐ the injured　「負傷者」
　☐ the accused　「被告人」　☐ the sick　　「病人」　　　　☐ the elderly　「年上の人」

❷〈the＋形〉「形なもの、こと」　→　抽象名詞的に用いる。通例、単数扱い。
　☐ the beautiful　　　「美しいもの（≒美：beauty）」
　☐ the supernatural　「超自然的なもの（≒奇跡：miracle）」
　☐ the inevitable　　「避けられないこと（≒運命：fate, destiny）」

❸〈the＋国名の形〉　「その国の人」　→　ある国に属する国民全体を表す。通例、複数扱い。
　☐ the Japanese　「日本人」　　　☐ the English　「イギリス人」
　☐ the French　　「フランス人」　☐ the Dutch　　「オランダ人」
　☐ the Spanish　　「スペイン人」

深める！英文法ポイント ３１２　「価値のある」を表す形容詞

valuelessやworthlessは、文字通り「価値のない」の意味だが、以下のものは正反対の意味を表すので注意。
❶ **invaluable**　「（価値なんてつけられないくらい）非常に貴重な」
❷ **priceless**　「（値段なんてつけられないくらい）非常に貴重な」
　▶ **invaluable** art collection　（貴重な美術コレクション）

深める！英文法ポイント ３１３　idleとlazy

両者は似た意味をもつように思えるかもしれないが、そうではないので区別して覚えよう。
☐ idle　「（人が）何もしていない、（ものが）動いていない」

→ 車などの「アイドリング」をイメージしよう。また、常に悪い意味とは限らない。また、日本語の「アイドル」は、idolと綴る。

□ lazy 「(人が)やるべきことをやらないで怠惰な」
→ idleとは違って、常に悪い意味で用いる。

深める！英文法ポイント 314　「狭い」を表す形容詞の使い分け

□ narrow …横幅が狭い　　▶ a **narrow** path　（細い道）
□ small …面積が狭い　　▶ a **small** garden　（狭い庭）
□ limited …範囲などが狭い（限定された）　▶ **limited** number　（限られた数）

深める！英文法ポイント 315　worthを用いた重要表現

worthを用いた「〜する価値がある」という表現には、複数の言い方が存在する。それぞれの特徴をしっかり理解して表現できるようにしよう。「この本は、読む価値がある」の言い方は以下の通り。

❶ This book is **worth** reading.　（具体的な名詞を主語にしたパターン）

→ このパターンでは、〈worth＋Ving〉のVingの後ろに、Vingの目的語となる名詞が1つ欠落し、それが文全体の主語と同じになっていることがポイント。ここでは、他動詞readingの目的語が、文全体の主語であるThis bookとなっている。

This book is worth reading　readに対する⑩が不足．

文全体の主語と共通

❷ It is **worth** while { reading this book.
　　　　　　　　　　　　 to read this book.　（形式主語のit＆whileをはさむパターン）

→ ここでのwhileは、for a while「しばらくの間」のwhileと同じで、「時間」の意味を表している。ゆえに、形式主語Itが、reading this bookやto read this bookを受けて、「この本を読むことは、時間分だけの価値がある→この本は読む価値がある」と考えることができる。worth whileを1語にしてworthwhileとすることもある。

深める！英文法ポイント 316　dueの語法

dueは意味の広がりの大きい重要単語。根本を押さえて応用できるようにしよう。dueは「当然払うべき→当然なすべき」が基本と考える。根っこは「当然、しかるべき」。親戚の単語がduty「義務」だということも考慮に入れるとイメージしやすい。

❶ The debt is **due** on May 25.
　（その借金は当然払うべき(いつ？)。5月25日に。→その借金は5月25日が支払期日だ）

❷ The train is **due** at 8：00.
　（その電車は当然(何時？)だ。8時に着く。→その電車は8時に到着予定だ）

❸ **in due time**[course]
　（しかるべき時に→やがて、そのうち）

❹ Her success was **due** to diligence.
　（彼女の成功は当然だ(toは右向き矢印→)。勤勉による。→彼女の成功は勤勉のたまものだった）

→ この❹ の用法のdue toが〈due to A〉と独立し、「Aのせいで」と、原因・理由を表す前置詞句に発展した。〈because of A〉や〈on account of A〉〈owing to A〉などと書き換えできる。また、〈due to A〉のAには

マイナスイメージの語句が置かれることが多い。
▶ **Due** to bad weather, the train was delayed. （悪天候のせいで、電車の到着は遅れた）

深める！英文法ポイント 317　「〜歳」の表し方

年齢の言い方にはさまざまなものがある。「4歳の少年」を例に、次の表現方法をおさえておこう。

❶ a boy **of four years**
→ of four years oldとしないこと。oldをつけると形容詞化してしまい、前置詞ofの後ろに置けなくなる。

❷ a boy **four years old**
→ four years oldという形容詞句がboyを修飾している。

❸ a boy **aged four**（**years**）
→ 形容詞aged「〜歳の」を用いた言い方。aged four years oldとしないこと。agedとoldの意味が重複してしまう。

❹ a **four-year-old** boy
→ four-yearがハイフンで結ばれている場合は、数詞がfourのような複数を表すものでも、複数形yearsにしないことがポイント。ここではfour-year-oldが1語の形容詞のように働きboyを修飾している。

深める！英文法ポイント 318　色から連想されるイメージ

色はさまざまな心理や状態を表すが、日本語のイメージと異なるものも多い。

☐ blue 　　…希望（hope）、誠実（sincerity）、憂鬱（depression）
　→ プラスの意味とマイナスの意味があるため注意。
☐ green 　…環境に優しい（eco-friendly）、新鮮さ（freshness）、若さ（youth）、嫉妬（jealousy）
☐ white 　…純粋（pure）、潔白（innocent）、顔面蒼白（pale）
☐ black 　…悲しみ（grief）、絶望（despair）、死（death）
☐ gray 　　…経験を積んだ（mature）、年を重ねた（old age）
☐ red 　　…情熱（passion）、怒り（anger）、危険（danger）、革命（revolution）
☐ yellow 　…臆病（cowardice）、嫉妬（jealousy）
　→ 色の中では、非常に悪い印象を与える語。
☐ pink 　　…健康（healthy）
☐ silver 　…雄弁さ（eloquence）
☐ gold 　　…富（wealth）、美（beauty）、親切な（kind）
☐ purple 　…怒り（anger）、王族（royalty）

深める！英文法ポイント 319　色を含むイディオム

☐ out of the **blue** 　　　「不意に」 　　　　　→ bolt out of the blueとも書く。
☐ once in a **blue** moon 　「ごくまれに」 　　　→ 月が青く見えることはめったにないことから。
☐ as **green** as grass 　　「未熟な、青二才の」 → 若さ（youth）を強調した表現。
☐ give A the **green** light 「Aに許可を与える」 → 日本語の「ゴーサインを出す」。
☐ in **black** and **white** 　「文書で」 　　　　　→ 黒は「文字」、白は「紙」を表す。
☐ **black** lie 　　　　　　　「たちの悪い嘘」
☐ **white** lie 　　　　　　　「たわいのない嘘」
☐ in the **black** 　　　　　「黒字で」
☐ in the **red** 　　　　　　「赤字経営である」

- ☐ cut through the **red** tape 「面倒な手続きをクリアする」
  → 役人が書類を結ぶ際に用いた赤いひもから。それを、ほどいたり、結んだりするのに時間がかかったことを揶揄した表現。
- ☐ see **red** 「かっとなる」
- ☐ turn **red** 「すごく怒る」
- ☐ be born to the **purple** 「名門の出身である」
  → ローマ帝国皇帝が、ティルス紫で染めた礼服を使ったことに始まる。

PART 14　副詞

深める！英文法ポイント ③②⓪　副詞を置く位置

副詞はあくまで脇役たる修飾語。主役の前に置くのか後ろに置くのかが重要。

❶ **簡単な文から考える**
　(a) Dan went <u>there</u> <u>safely</u> <u>yesterday</u>. （ダンは昨日無事にそこへ行った）
　　　　　　　　場所　　様子　　時
　→ 上の例から「場所→様子→時」の順で並べればよいとわかる。特にhereやthereのような場所を表す短い副詞は動詞の近くに置かれることが多い。
　(b) You are <u>very</u> lovely. （あなたってほんとうにきれいね）
　　　　　　　強調
　→ 上の例から、強弱をつける副詞は形容詞や副詞の直前に置けばよいとわかる。

❷ **似た系統の副詞が並ぶ場合**
　(a) I waited for Beth <u>at the coffee shop</u> <u>in Omiya</u>. （私は大宮の喫茶店でベスを待った）
　　　　　　　　　　　場所（小）　　　場所（大）
　(b) The Gulf War began <u>on January 17</u>, <u>1991</u>. （湾岸戦争は1991年1月17日に始まった）
　　　　　　　　　　　　時（小）　　時（大）
　→ 上の例から「単位の小さいもの→単位の大きいもの」の順で並べればよいとわかる。

❸ **notを例に考える**…頻度や程度を表す副詞は、否定文のnotが置かれる位置と同じ！
　(a) My father **doesn't** go out at night. （父は決して夜間に外出しない）
　　　　　　　　↓
　▶ My father { **always**「いつも」／ **sometimes**「ときどき」／ **rarely**「めったに～ない」} goes out at night.
　→ always, often, sometimes, rarelyのような頻度を表す副詞、hardly, almost, nearlyのような程度を表す副詞は、一般動詞の前、be動詞や助動詞の後ろに置かれるのが原則（つまり、否定文を作る際のnotが置かれる位置と同じ）。また、具体的な回数（onceなど）や頻度（every week, twice a monthなど）、時（tomorrow, yesterday, last yearなど）を表す副詞は文末（時に文頭）に置かれるのが通例。

❹ **そういっても副詞が置かれる位置は比較的自由**→柔軟に対応すべき！
　(a) Sign **just** here. （ここにだけ署名しなさい）
　　　　　　　↑ → justは直後のhereにかかる。「他のところではダメでここに（here）のみ署名」といった意味。

(b) **Just** sign here. （ここに署名さえしてくればよい）

justは直後のsignにかかる。「署名の他には何もしてはならず、ただ署名だけしてくれ」という意味。

深める！英文法ポイント 321　頻度を表す副詞

ここでは、頻度を表す副詞をまとめるが、示している％は、話者の主観によって異なるものなので、大まかな目安としてほしい。

100%…always
　　　usually, generally
　　　often, frequently

▶ We **always** play soccer on the weekend.
（私たちはいつも週末にサッカーをする）

50%…sometimes

▶ His speech is **sometimes** difficult.
（彼の演説は難しいこともある）

occasionally
rarely, seldom, hardly ever

0%…never

▶ I've **never** been to China. （中国に行ったことはない）

深める！英文法ポイント 322　-lyの有無によって意味が異なる副詞

-lyがつくと意味が大きく異なる単語を整理しよう。同じ語幹をもっている以上、何らかの関係性があるものも多い。

| late | 「（予定より）遅れて、（時間帯、時期が）遅く」 |
| lately | 「最近」 |

→「遅く（late）発売された車ほど→現在に近い車→最近（lately）発売された車」と展開。

most	「最も」
mostly	「たいていは、大部分は」
high	「高く」
highly	「大いに《強調》」

▶ The airplane is flying **high** in the sky. （飛行機が空高く飛んでいる）
▶ I think **highly** of you. （私はあなたを大いに尊敬する）

just	「ちょうど」
justly	「正当に、公平に」
hard	「懸命に」
hardly	「ほとんど〜ない」

▶ We tried **hard** to persuade her to come. （我々は彼女に来てくれるよう懸命に説得した）
▶ She **hardly** knows her neighbors. （彼女は近所の人たちをほとんど知らない）

| near | 「近くに〔で〕」 |
| nearly | 「ほぼ〜、あやうく〜（するところだ）」 |

→ almost「一歩手前」とほぼ同じように使える。

| short | 「急に、突然」 |
| shortly | 「間もなく」 |

| sharp | 「(時刻に)ぴったりと」 |
| sharply | 「鋭く、急激に」 |

深める！英文法ポイント 323　「最近」を表す副詞の区別

「最近」の意味の副詞は、主に4つ。特に時制との関係をしっかり整理しておこう！

最近・近ごろ	相性のよい時制	あまりなじまない時制
nowadays these days	現在形 / 現在進行形	現在完了形 / 過去形
recently lately	現在完了形 / 過去形	現在形

▶ **Nowadays** traffic accidents **are** increasing (in number).
　（最近、交通事故が増えている）
▶ We've **been** really busy **recently**.　（最近、私たちはとても忙しい）

深める！英文法ポイント 324　ten years agoとten years beforeの違い

〜agoも〜beforeも日本語にするとどちらも「〜前」で訳し方が同じだが、使い方は異なるので注意しよう。

	基準時	どんな時制で使う？
ten years ago	**現在**から10年前	過去形
ten years before	**過去の一時点**から10年前	過去完了形

▶ They got married **three years ago**.　（彼らが結婚したのは3年前のことだった）
▶ They said they had got married **a year before**.　（彼らは1年前に結婚したと言った）

深める！英文法ポイント 325　代表的な文修飾の副詞

文修飾の副詞は、一般に文頭に置いて（文中や文尾に置かれることもまれにあるが）、語句ではなく、文全体に対する、**話者や筆者の「判断」や「確信度」などを表す。**この用法でよく使われる副詞はある程度決まっているので、そんなに神経質にならなくてよい。

❶ 判断や確信度

- □ naturally　　　　　　　　　　「当然ながら」
- □ surely / certainly　　　　　　「確かに」
- □ evidently / obviously / clearly　「明らかに」
- □ probably　　　　　　　　　　「十中八九、おそらく」
- □ apparently / seemingly　　　　「見たところでは（どうも）〜らしい」
- □ frankly　　　　　　　　　　　「率直に言うと」

▶ **Naturally**, she behaved well.　（もちろん、彼女は行儀よくふるまった）

❷ 感情

- □ happily　　　　　　　　　　　「幸いにも」
- □ fortunately / luckily　　　　　「幸運にも」

深める！英文法ポイント 326　名詞と間違いやすい副詞

副詞の中には一見すると名詞と勘違いしそうなものがある。以下のものは、原則、副詞なのでtoやatなどの前置詞は不要。

❶ **場所を表すもの**
- □ home 「家へ」
- □ downtown 「繁華街へ〔で〕」
- □ upstairs 「上の階へ〔で〕」
- □ offshore 「沖へ〔で〕」
- □ outdoors 「屋外へ〔で〕」
- □ abroad / overseas 「海外へ〔で〕」
- □ uptown 「住宅街へ〔で〕」
- □ downstairs 「下の階へ〔で〕」
- □ next door 「隣に」
- □ indoors 「屋内へ〔で〕」

▶ Don't run **upstairs**. （2階で走るな）

❷ **その他**　…以下のものは、副詞としても用いるが、形容詞としても使える。
- □ online 「オンラインで」
- □ overnight 「一晩(中)」
- □ full-time 「常勤で」
- □ part-time 「パートで」　→ 日本語の「アルバイト」はドイツ語(Arbeit)。

▶ work **part-time** （パートで働く）

深める！英文法ポイント 327　形式的に注意が必要な副詞

❶ **語尾が-lyで終わる形容詞**

語尾が-lyの単語は副詞である可能性が高いが、次のものは**語尾が-lyでも形容詞**なので注意。
- □ friendly 「親切な、親しみのある」
- □ lovely 「美しい、かわいい」
- □ cleanly [klénli] 「きれい好きな」
- □ orderly 「整然とした」
- □ lively 「元気な」
- □ silly 「バカな」
- □ costly 「高価な」
- □ elderly 「年配の」
- □ lonely 「孤独な」
- □ cowardly 「臆病な」

▶ She has a **lively** mind. （彼女は明るい心の持ち主だ）
▶ a **friendly** smile （親しみのある笑顔）

❷ **形容詞・副詞の両方で使える語**
- □ early 　形「(時間帯、時期が)早い」　副「(時間帯、時期が)早く」
- □ fast 　形「(スピードが)速い」　副「(スピードが)速く」
- □ late 　形「(時間帯、時期が)遅い」　副「(時間帯、時期が)遅く」
- □ enough 　形「十分な」　副「十分に」
- □ daily「毎日の」, weekly「毎週の」, monthly「毎月の」, yearly「毎年の」

〈形容詞〉▶ Mike is a very **fast** runner. （マイクはとても速いランナーだ）
〈副　詞〉▶ Mike can run very **fast**. （マイクはとても速く走れる）

→ この他にも、long, low, farなどがあるが、文中での位置に着目すれば品詞は判別できる。

深める！英文法ポイント 328　紛らわしい副詞

意味や使い分けに注意が必要な副詞をまとめておこう。

❶ **「早い」と「速い」**
- □ early 「(時間帯、時期が)早く」
- □ quickly 「(動きなどが時間をかけず)素早く」
- □ fast 「(動きなどが一定して)速く」
- □ rapidly 「(変化などが)急速に」

❷ **aloudとloudly**
- □ aloud 「声に出して」
- □ loudly 「大声で」

❸ everydayとevery day
- □ everyday　「形 毎日の、日常の」
- □ every day　「副 毎日」

❹ especiallyとspecially
- □ especially　「とりわけ」
- □ specially　「特定の目的のために」

深める！英文法ポイント 329　muchやveryが修飾するもの

muchやveryが強調できるものはかなり多い。強調できるものではなく、強調できないものを優先的に覚えていくことが攻略のカギ！

❶ muchが強調できないもの　…形容詞・副詞の原級
▶ It's <u>much</u> **hot** today.　（今日はとても暑い）
　　　　↳ veryならOK

→ muchやvery muchが動詞を強調するときは注意。特に肯定文では、muchではなく、very muchを用いる。否定文や疑問文はmuchで強調するのが通例。

［肯定文］　I like her **very much**.
［否定文］　I don't like her **much**.
［疑問文］　Do you like her **much**?

❷ veryが強調できないもの　…形容詞・副詞の比較級
▶ It's <u>very</u> **hotter** today than yesterday.　（今日は昨日よりもだいぶ暑い）
　　　　↳ muchならOK

深める！英文法ポイント 330　many more Aとmuch more A

この両者の区別は入試頻出。なぜmany more Aとなるのかをしっかり理解したい。

❶ many more ＋可算名詞
▶ We need many **more** computers.　（もっと多くのコンピューターが必要だ）
→ one more computer
　two more computers
　　↓　〈数詞＋more＋可算名詞〉という法則が見えてくる！
　　　　その数が多く（many）なれば、以下のようになる。
　many more computers

❷ much more ＋不可算名詞
▶ That will take much more **time** to do.　（それをするにはもっと時間がかかるだろう）

深める！英文法ポイント 331　much too Aとtoo much A

この両者の語順は紛らわしい。攻略のコツは中心の意味をなすAから順番に考えていくこと！

❶ much too ＋形容詞・副詞の原級
▶ She is much too young.　（彼女はあまりに若すぎる）
→ 形容詞のyoungを修飾しているのが直前のtoo。そのtooをさらに強めているのがその直前のmuch。

❷ too much ＋不可算名詞
▶ I have too much homework.　（宿題があまりに多すぎる）
→ 不可算名詞のhomeworkを修飾しているのが直前のmuch。そのmuchをさらに強めているのがその直前のtoo。

深める！英文法ポイント 332　already, yet, stillの区別

この3語の使い分けは紛らわしいので、しっかり区別しておこう。

	コア（核心）	意味	補足
already	完了←al(完全)＋ready(準備のできた)	肯定文…すでに～	まれに疑問文や否定文でも使う。
yet	未完	①否定文…まだ～(していない) ②疑問文…もう～(したか？)	文末に置くのが通例。
still	動きがない(静止)	依然として～	否定文で使うと「いらだち・不満」。否定語の前に置く！

- ▶ They **already** knew the news.　(彼らはすでにその知らせを知っていた)
- ▶ Fred has not returned **yet**.　(フレッドはまだ帰っていない)
- ▶ Has she returned **yet**?　(彼女はもう帰ってきましたか)
- ▶ It's nearly noon and Bill's **still** in bed.　(正午近いのにビルはまだ寝ている)

深める！英文法ポイント 333　near, nearly, nearbyの区別

語幹はnearだが、使い方・意味はそれぞれ異なる。品詞の違いなどにも注意しよう。

	品詞	意味
near	前置詞・形容詞	①前置詞…～の近くに ②形容詞…使い方は、下の[形容詞nearの語法]を参照。
nearly	副詞	①(動詞と共に)あやうくVするところだ(≒almost) ②(数量の前で)およそ～(≒about)
nearby	形容詞	近くの～

- ▶ She lives **near** the station.　(彼女は駅の近くに住んでいる)
- ▶ I **nearly** dropped my cell phone.　(私はもう少しで自分の携帯電話を落とすところだった)
- ▶ My brother worked in a **nearby** town.　(私の兄は近くの町で働いていた)
  - → 以下の違いに注意。
    - ▶ a **nearby** station　(近くの駅)　　▶ **near** the station　(駅の近くに[で])

[形容詞nearの語法]

❶ Cとして使う(叙述用法)のが一般的。
  - ▶ His house is near to the station.　(彼の家は駅に近い)
     　　S　　V　　C

❷「(距離的に)近い」という意味で、かつ名詞にかけて使うとき(限定用法)は、比較・最上級で使う。
  - ▶ the near station(×)　→　the nearer station(○)　the nearest station(○)

❸「(時間的に)近い」という意味でなら、限定用法でも原級を使える。
  - ▶ the near future(○)

深める！英文法ポイント 334　otherwise(＝other＋way)の語法

この単語は「さもなければ」という意味を覚えるだけでは不十分。

❶ 副詞

　(a) 別のやり方で(≒in a different way)、違ったふうに(≒differently)
- ▶ people who drink, smoke, or **otherwise** damage their bodies

（飲酒、喫煙、またはほかの何らかの方法で体に害を与えている人たち）
(b) その他の点では（≒in other respects）
▶ The bust is a little tight, but **otherwise** it fits fine.
（胸がちょっときついけど、それ以外はぴったりだ）
(c) さもなければ（≒if not）
▶ You'll have to leave early; **otherwise** you'll miss your train.
（早めに行きなよ。さもなければ電車に乗り遅れるよ）

❷ 形容詞
(d) 違った、異なった
▶ The truth was quite **otherwise**. （真相はまったく異なっていた）

PART 15　特殊構文・その他

深める！英文法ポイント 335　notとno

notとnoは否定の2大看板だが、品詞からして異なるので、しっかり区別できるようにしよう。

❶ 共通点
notやnoの後続の要素を否定する（通例、前の語は否定できない）。

❷ 相違点
not　…副詞　▶ I am **not** ill.　（私は病気なんかではない）
no　…形容詞　▶ She has **no** children.　（彼女には子どもがゼロ→彼女には子どもがいない）

プラスα　noは、be動詞の補語となる名詞につくと「⑧ではない→むしろ⑧の反対だ、逆だ」の意味になる。
▶ He is **no** fool.　（彼は愚か者ではない→むしろ天才だ）
→ notを用いた次の文だと、He is a fool.という文全体を否定することになり、「彼は愚か者ではない」という単なる否定にとどまる。
▶ He is **not** a fool.　（彼は愚か者ではない）

深める！英文法ポイント 336　部分否定と全体否定の比較

部分否定に対して、すべてが否定されて0％になる否定を**全体否定**と呼ぶことがある。
● 部分否定　He did**n't** attend **all** of the meetings.　（彼はすべての会議に参加したわけではない）
● 全体否定　He did**n't** attend **any** of the meetings.　（彼はどの会議にも参加しなかった）

深める！英文法ポイント 337　部分否定

notと100％を表す語がセットになると**部分否定**となる。部分否定は決して難しい理論ではないが、気がつかなくて泣きを見る人が多い。

❶ not＋100％を表す語＝部分否定
❷ 100％を表す語とは？
always「いつも」, necessarily「必ず」, all・every「すべて」, both「両方」, completely「完全に」, altogether・entirely・quite「全く」など、例外を一切認めない語が多い。
❸ 訳し方　「～とは限らない、～というわけではない」
▶ I do**n't always** agree with her.　（私はいつも彼女と意見が合うわけではない）

▶ I don't want both T-shirts. （このTシャツ、両方はいりません（どちらかでよい））

プラスα　notとvery[much / so]が組み合わさったら注意！
▶ That bag wasn't very expensive. （あのカバンはあまり高くなかった）
→ 一種の部分否定で「あまり～ない」と訳そう。

深める！英文法ポイント 338　noと共に働いて強い否定をつくるもの

noを、notとanyで分割して、（　）内のような形も可能。
- by no means (= not ... by any means)
- on no account (= not ... on any account)
- under no circumstances (= not ... under any circumstances)
- in no way (= not ... in any way)
- in no sense (= not ... in any sense)
- in no case (= not ... in any case)

▶ It is by no means easy to satisfy her. （彼女を満足させることは決して容易ではない）

深める！英文法ポイント 339　弱めの否定

ここでは、弱めの否定語を確認しておこう。弱めといっても否定は否定なので、侮れない。ちなみに、次に挙げる否定語は、他の否定語(no, not, neverなど)と一緒には用いないので注意しよう。

	意味	補足
hardly / scarcely	ほとんど～ない	程度
seldom / rarely	めったに～ない	頻度・回数
few / little	少しの～しかない	可算名詞にはfew、不可算名詞にはlittle。

▶ I have hardly studied this term. （私は今学期、ほとんど勉強していない）
▶ He seldom travels. （彼はめったに旅行しない）
→ fewやlittleは、「少しの～しかない」という否定的な意味になるが、a fewやa littleは「少しは～がある」という肯定的な意味になる。これは、話者の意識がどちらにあるかで決まる。少しでも存在している方に意識が向くとaがつく。

深める！英文法ポイント 340　not ... anyの語順

❶ 原則として、any ... notの語順は避けるのが通例。
　×Any teacher cannot do it.
　○No teacher can do it. （どの教師もそれができない）
❷ ⟨any＋名詞⟩の部分に条件的な意味(～ならば)が含まれている場合はany ... notの語順も可。長文などで出てきたら注意する程度でOK。
▶ Any gentleman would not use such language.
（紳士なら誰もそんな言葉遣いはしないでしょう）

深める！英文法ポイント 341　二重否定を含む重要表現

「知らないことはない」や「不可能なことはない」などは、否定語を2つ重ねることで、実質は肯定の内容を表している。次に挙げるものは、この二重否定を使った重要表現。
- cannot ～ without＋Ving　「Vしないで～できない→～すると必ずVする」

→ 最初の直訳の方がしっくりくるときはそれでもOK。また、cannot（助動詞）をnever（副詞）にして書くこともあるが、品詞が異なるため、後続の動詞の形に注意。
  ▶ You **cannot** read this book **without** shedding tears. （この本は涙なしでは読めない）
□ never fail to V 「Vしないことは決してない→必ずVする」
→ fail to Vにneverがプラスされたと考える。
  ▶ He **never fails to** astonish me. （彼にはいつも度肝を抜かれるよ）

深める！英文法ポイント 342　否定語を用いない否定表現（潜在否定）

□ the last A（名詞）「最も〜しそうにないA」　→　順番が一番最後→**最も可能性が低い。**
  ▶ That's **the last** thing we would expect her to do.
  （それこそ彼女がいちばんしそうにないことだ）
□ anything but A 「決して（少しも）Aではない」
→ A以外（but）なら何でもOK（anything）→**決してAではない！**
  ▶ His room was **anything but** tidy. （彼の部屋は全く整頓されていなかった）
  プラスα　nothing but A「Aだけ（＝only A）」と区別しよう。
□ have[be] yet to V 「まだVしていない」　→　haveはbe動詞でもOK。
  ▶ Mike **has yet to** score a point. （マイクはまだ得点していない）
□ beyond A 「Aをはるかに越えて彼方へ→Aできない」
  ▶ **beyond** my control （制御できない）
□ above A 「ある一定レベルよりも上→Aの及ばない、全くAではない」
  ▶ This book is **above** us.
  （この本は私たちの理解できるレベルを越えている（→理解できない））
  プラスα　beyondとaboveが「超越」の意味を表す場合は、beyond me, above meで「私には理解できない」のようにどちらもほぼ同じ意味で使えることも多い。ただし、beyond descriptionなど、aboveで書き換え不可なものもある。一般に、above suspicion「疑いの余地もなく」、above criticism「批判の余地もなく」、above telling lies「うそなどつかず」など、above Aは**全体としてプラスの意味**になることが多い。一方、beyond repair「修理できないほど」、beyond hope「全く絶望的で」のように、beyond Aは**全体としてマイナスの意味**となる傾向がある。
□ before S+V〜 「SがVする前に→SがVしないうちに」
  ▶ **Before** I forget, here's the pen I borrowed from you.
  （忘れないうちに、借りていたペンをお返しします）
□ more than S+can V 「SがVできるレベルより（than）さらに上（more）→SにはVできない」
  ▶ That's **more than** they can stand. （それは彼らにはとうてい耐えられない）
□ Who knows 〜? 「誰が〜を知っていようか（いや、誰も〜を知らない）」
  →　一種の反語（英語では修辞疑問という）。
  ▶ **Who knows** the truth? （誰がその事実を知っていようか（いや、誰も知らない））
□ remain to be Vp.p. 「Vされないで残っている→まだVされていない」
  →　この表現は、remain toの後続の形を、〈be Vp.p.〉のように受動で用いるのが通例。
  ▶ A lot of homework still **remains to be** done.
  （やらねばならない宿題がまだたくさん残っている）
□ fail to V 「Vしない（できない）」　→　fail in A「Aに失敗する」としっかり区別！
  ▶ I **failed to** save the cat's life. （私は猫の命を救うことができなかった）

深める！英文法ポイント 343　have no choice but to V のバリエーション

have no choice but to Vを筆頭に、「Vするしかない」の表現には多くの種類がある。ポイントとなるのは、butの後続をVとするかto Vとするかである。

① **but to Vとなるもの**　…butより前にdoがない→but to V
- □ have no choice[alternative] but to V
- □ have nothing for it but to V
- □ there is no choice[alternative] but to V
  - ▶ We **had no choice but** to believe you.　（あなたを信じる以外なかった）

② **but Vとなるもの**　…butより前にdoがある→but V
- □ have nothing to **do** but V
- □ there is nothing to **do** but V
  - ▶ There was **nothing to do but** go.　（行くよりほかになかった）

深める！英文法ポイント 344　倒置の種類

倒置は大別すると2種類。両者をしっかり区別して理解しよう。

① **強制倒置**　…否定語句が文頭に置かれることにより生じる。否定語が文頭で主節が疑問文の語順。文頭にnot, never, little, hardly, scarcely, onlyなどがあるときは、倒置を疑ってみよう。
  - ▶ **Never** had he felt so ashamed.　（彼はこれほど恥ずかしく思ったことはなかった）
  - ▶ **Not** until we have lost our health do we realize its value.
  （私たちは健康を損なうまでその大切さに気がつきません）

→ 倒置するのはあくまで主節。until節の中は何ら影響を受けないので注意しよう。

② **任意倒置**　…何らかの意図があって語句の入れ替えが起こる。
  - (a) 文末焦点(end-focus)の原則　…アピールしたい情報はなるべく後ろに置かれる！
    - ▶ Into the shop ran Tom.　（お店に駆け込んだのは他でもなくトムだった）
    　　　　M　　　　V　　S
    → Tom ran into the shop.が通常の形だが、Tomをより文末近くに置くことで強調している。
    → 主語となる代名詞は倒置不可。代名詞は旧情報なので文末焦点を嫌う。
  - (b) 予想を裏切り、目立たせる効果　…いつもと違ったことをやれば印象が変わる。

深める！英文法ポイント 345　〈There be A ...〉構文

〈There be A ...〉構文は一種の倒置構文だと言える。thereから書き始めることで、主語に置く「新情報」をなるべく後ろにもってくるテクニック。

① 〈There be A〉のAには、原則として**新情報が置かれる。**
  - ▶ There is a grocery store near here.　（この近くに食料品店があります）
    　　　　V　　S(新情報)

② Aには新情報が置かれるので、the, this, thatなどや所有格を伴う名詞は原則として置かれない。

深める！英文法ポイント 346　〈There be A ...〉構文の変形

〈There be A ...〉のbeは、第1文型〈S＋V〉で用いられる存在・出現・往来などの意味をもつ動詞にすることもできる。

- **存在** …exist, live, stand, lie, remain など
- **出現** …appear, arise, happen, occur など
- **往来** …go, come など
  - ▶ **There came** a strange-looking man.
    （あやしい外見の男がやってきた）

深める！英文法ポイント 347　〈So＋V＋S〉や〈Nor[Neither]＋V＋S〉など

❶ **So＋V＋S**　「（肯定的内容を受けて）Sもまた〜だ」
  - ▶ "Jim went to the movies last night." "**So did I.**"
    （「ジムはゆうべ映画に行ったんだ」「僕も行ったよ」）

（プラスα）　前述の肯定的内容を受けて「Sはその通りだ」と同意する際には、倒置しないで〈So＋S＋V〉となる。この場合、前文と主語（主題）が同じなので見抜くのは簡単。
  - ▶ "John is very lazy." "**So he is.**"　（「ジョンはひどく怠け者だな」「全くだね」）

❷ **Nor[Neither]＋V＋S**　…「（否定的内容を受けて）Sもまた〜でない」
  - ▶ Helen is not kind. **Nor[Neither] is Mary.**
    （ヘレンは親切でないし、メアリーもまた親切ではない）
  - ▶ He doesn't work hard, **nor does his wife.**　（彼は懸命に働かないし、妻もそうだ）
    └→ neitherにはしない！

→ ピリオドやセミコロン（;）で切られていない文と文をつなぐ際は、等位接続詞の機能をもつnorを用いるのが通例。

深める！英文法ポイント 348　さまざまな強調表現

強調構文（分裂文）については、深める！英文法ポイント 186 を参照。

❶ **否定語の強調**　（notと共に働いて強い否定をつくるもの）

強調したい要素	形	補足
not	not ... at all	at all の代わりに in the least, in the slightest, a bit なども用いる。

→ justやsimplyでもnotの強調ができるが、その場合は just[simply] notのように、notの前に置くのがポイント。

❷ **疑問詞の強調**

疑問詞は、〈It is(was) A that ...〉の強調構文を用いて強調することもできるが、ここでは語句を添える形での強調を紹介する。

強調したい要素	形	補足
疑問詞	疑問詞＋on earth	on earthと同様の強調表現としてin the world, the hell, the devilなどがある。

  - ▶ What **on earth** happened?　（いったい何が起こったのだろうか）

→ on earthを on the earth、in the worldを on the world にしたような表現はすべて不可なので、注意。

❸ **no＋名詞の強調**

強調したい要素	形	補足
no＋名詞	no＋名詞＋whatever	no＋名詞の直後に置く。さらに強意のwhatsoeverでもOK。

  - ▶ This computer is no use **whatever.**　（このコンピューターはまったく役に立たない）

❹ 一般動詞の強調 do / does / did

強調したい要素	形	補足
一般動詞	do / does / did＋動詞	このdoは助動詞の一種と考える。置く位置は助動詞と同じ。

▶ I **did** enjoy the party. （パーティーではほんとうに楽しい時を過ごした）

❺ その他の強調表現

強調したい要素	形	補足
形容詞の最上級・all・every	形容詞の最上級・all・every＋possible(imaginable)	最上級より後ろに置くことがポイント。「可能な限り（想像しうる限り〜）」と文字通りの意味を考えれば理解できるだろう。
名詞	the very＋A(名詞)	「まさにその名詞」と訳すとうまくいく。theを伴う。
形容詞・副詞	veryなど多数	It's very[so / extremely / awfully / terribly] cold.

▶ She died in **this very** room. （彼女はまさにこの部屋で死んだのだ）

深める！英文法ポイント 349　省略を用いた慣用表現

if anyやif everは、カンマとカンマではさんで、挿入句として使われることが多い。

□ few[little], if any 「たとえあるにしても、ほとんど〜ない」　→　数量表現few / littleの後ろで使われる。

▶ There are **few** people, **if any**, who will support him.

（彼を支持する人は、たとえいるとしてもごくわずかにすぎない）

□ seldom[rarely], if ever 「たとえあるにしても、めったに〜ない」

→ 頻度・回数表現であるseldom / rarelyの後ろで使われる。

▶ We **rarely**, **if ever**, go to bed before 1 a.m.

（午前1時より前に寝るなんて、たとえあるにしてもまれだ）

プラスα　if anyがfew, littleなどの否定表現を伴わない場合がある。

▶ Tell me the difference between the twins, **if any**.

（その双子にもしも違いがあるなら教えてください）

ここでのif anyは、if (there are) any (differences)で「もしも何らかの違いがあれば」と考える。

□ if anything 「（否定的な内容の文と共に用いて）どちらかと言えば」

□ What about A 〜 ?＝How about A 〜 ? 「Aはどうですか、Aをどう思いますか」

→ What (do you think) about A?を前提としている。

□ What if S＋V 〜 ? 「SがVしたら一体どうなるか」

→ What (would happen) if S＋V 〜 ?を前提としている。

▶ **What if** this plan of ours fails?

（私たちが立てたこの計画が失敗したらどうするのですか）

深める！英文法ポイント 350　2種類の疑問文

疑問文には、YesやNoで答えるものと、そうでないものの2種類がある。疑問文の語順を問われたら、YesやNoで答えられるか否かを考えればよい。答えられるのならDo you 〜 ?やCan you 〜 ?などで始まる疑問文に、YesやNoで答えられない場合は疑問詞から始める疑問文にすればよい。

深める！英文法ポイント 351　疑問詞の種類

疑問詞には、次の3種類がある。

❶ 疑問代名詞	名詞と同様に、文の要素（S・O・Cや前置詞のO）として機能する。 → who, whom, whose, which, whatなど ▶ **Who** is in charge here?　（誰がここの責任者ですか）　…Sとして機能。 ▶ **What** are they talking about? 　（あの人たちはどんなことを話しているの？）　…前置詞aboutのOとして機能。	
❷ 疑問形容詞	直後に名詞を伴って機能する。 → whose, which, what ▶ **Which** car do you like best?　（どの車が一番好きですか） 　　…直後のcarを修飾。	
❸ 疑問副詞	一般の副詞と同じように、文の要素としては機能しない。 → when, where, why, how ▶ **Where** does he live?　（彼はどこに住んでいるの？）	

深める！英文法ポイント 352　間接疑問文

where, why, whatなどの疑問詞を用いた文が、Do you know where 〜 ?やI don't know why 〜.のように、主節の中に組み込まれたものを**間接疑問文**と呼ぶ。以下では、普通の疑問文と間接疑問文の語順の違いに着目してみよう。

　　　　　[もとの疑問文]　　　　　　Who **is** he?　（彼は誰ですか）

　　　　　[間接疑問文]　　Do you know who **he is**?　（彼は誰かわかりますか）
　　　　　→ 間接疑問文中では、平叙文（通常のS＋Vの語順）となることに注意！

深める！英文法ポイント 353　付加疑問文

肯定文には否定の、否定文には肯定の付加疑問をつける。付加疑問を添える効果は次の2つ。
❶ 自信がない内容などを、相手に確かめるとき（一般的に上げ調子↗で言う）。
❷ 自分の意見に対して、相手の同意を求める気持ちが強いとき（一般的に下げ調子↘で言う）。

[付加疑問の種類]
- (a) 肯定文に続く付加疑問　▶ That's interesting, **isn't it**?　（それって面白いですよね？）
- (b) 否定文に続く付加疑問　▶ He won't be late, **will he**?　（彼は遅れないですよね？）
- (c) Let's 〜に続く付加疑問　▶ Let's go for a walk, **shall we**?　（散歩に行きませんか？）
- (d) 命令文に続く付加疑問　▶ Listen to me, **will you**?　（聞いてくれませんか？）

（プラスα）　肯定の命令文にwill you?やwon't you?などの付加疑問を添えると丁寧な感じになる。それらの他にもwould[could] you?やcan[can't] you?などもつけられる。ただし、否定の命令文の場合はwill you?を使うのが通例。

深める！英文法ポイント 354　感嘆文

「なんて〜なんだろう！」のように、驚きや喜びなどの強い感情を表したい場合に用いる表現方法。言い方は、whatとhowを用いた2種類ある。

❶ **What＋〈(a)＋形容詞＋名詞〉…！**
　▶ **What a cute baby** he is!　（なんてかわいい赤ちゃんだろう！）

❷ **How〈形容詞 / 副詞〉…！**
　▶ **How tall** he's grown!　（まあ、彼は大きくなったわね！）
　▶ **How fast** she runs!　（彼女はなんて速く走るんだ！）

深める！英文法ポイント 355　SとVの一致

以下の3つの表現については、「AとBのどちらに動詞の形を一致させるか」がよく問われる。正誤問題では特に出題頻度が高い。

❶ **A and B**　…AとBが足されて複数となるため、複数一致が原則。
　▶ **He and his sister** are going to Kyoto.　（彼と彼の妹は京都に行く予定である）

❷ **A or[nor] B**　…Bに一致。

❸ **A but B**　…Bに一致。
→ not only A but also B（＝B as well as A）などもbutを含む表現なのでBに一致！

深める！英文法ポイント 356　その他の注意すべき一致

年月（期間）、金額、距離などをbe動詞で受ける際には、1つの単位のようにイメージするため単数扱いが原則。

▶ Twenty years **is** a long time.　（20年といえば、長い年月だ）
　→ Twenty years **have** passed since then.（それから20年が過ぎた）の場合は、「1年、また1年」と過ぎていくイメージなので複数扱いが通例。
▶ Twenty thousand pounds **is** a lot of money.　（2万ポンドは大金だ）
▶ Five kilometers **is** a long way to walk every day.　（5キロは、毎日歩くには長距離だ）

MEMO

MEMO